점(點)이 선(線)이 되고 선이 면(面)이 됩니다.
역대 대통령과 저의 '만남'은 이렇게 시작되었고
그 '인연'으로 이 '책'을 썼습니다.

제왕적 대통령의 종언

이 도서의 국립중앙도서관 출판예정도서목록(CIP)은 서지정보유통지원시스템 홈페이지(http://seoji.nl.go.kr)와 국가자료공동목록시스템(http://www.nl.go.kr/kolisnet)에서 이용하실 수 있습니다. (CIP제어번호 : CIP2017004544)

제왕적 대통령의 종언

한국의 대통령 왜 계속 실패하는가
대통령 성공의 다섯 가지 조건

함성득 지음

대통령, 입법 리더십을 키워 정치의 마에스트로가 되라

"이 책은 '사람이 제도보다 더 문제'라는 관점에 기초해
역대 대통령의 실패를 미래 대통령의 성공으로
이끄는 방법을 제시하고 있다."

섬앤섬

감사의 말　　영광스러운 설렘을 기억하며 … 6

프롤로그　　성공한 역사는 있어도 성공한 대통령은 없다 … 17

　　　　　　기대와 좌절의 반복 / 새로운 모색

1
한국의 대통령 왜 성공하지 못하는가

청와대 터와 공간 배치가 문제 … 37

제도가 문제다 … 42

제왕적 대통령제 / 5년 단임 대통령제

사람이 문제다 … 68

영웅 리더십 / 권위주의와 성공의 역설

대통령 리더십 위기의 본질 … 72

2
무엇이 문제인가

성공하려는 패러다임 … 77

문민의 김영삼 대통령 / 통일의 김대중 대통령 / 참여의 노무현 대통령 / 실용의 이명박 대통령 / 창조의 박근혜 대통령

박정희 대통령의 정치적 그늘 … 170

지역병 / 박정희 대통령의 큰 자리매김 / 전두환, 또 하나의 군인 출신 대통령 / 노태우, 또 다른 군인 출신 대통령 / 김영삼 대통령의 박정희 지우기 / 김대중 대통령의 박정희 넘어서기 / 노무현 대통령의 박정희 부정 / 이명박 대통령의 박정희 따라하기 / 신권위주의 박근혜 대통령

정치적 차별화: 전직 대통령 죽이기 … 192

부정적 대통령 문화 / 역사 바로세우기 / IMF 외환위기 책임론 / 대북송금특검 / 박연차 게이트 / 자원외교비리 수사

인사가 망사 … 209

공조직 사조직의 혼란 / 전문성과 충성심의 부조화

낡은 리더십: 행정의 달인 … 231

국회의 경시 / 국정운영 축의 변화 / 노무현 대통령의 원칙주의 / 이명박 대통령의 여의도와 거리두기 / 박근혜 대통령의 마이웨이

3
성공하는 대통령을 위한 5가지 조건

실패하지 않는 패러다임 … 252

박정희 대통령 그늘 벗어나기 … 259

정치적 차별화하지 않기 … 263

대한민국이 성공한 프로젝트 / 전두환·노태우 대통령의 잊혀진 업적들

인사가 만사 … 280

비선 실세 방지 / 전문성과 충성심의 조화 / 준비된 당선인의 필요 / 국정운영팀의 중요성

새로운 리더십: 입법의 달인 … 305

명령자가 아니라 조정자인 대통령 / 정치의 복원, 대통령부터 변해야 / 만남과 경청을 중시해야 / 청와대 정무 기능의 강화

4
정치의 마에스트로

시작은 대통령의 여유와 정치에서 … 324

문제는 정치다, 바보야 … 326

시대정신과 운 … 327

에필로그

위대한 영웅 출현의 어려움 … 332

집단지성의 중요성 / 편견에서 탈피하기 / 통치는 예술

● 감사의 말

영광스러운 설렘을 기억하며

"과거에 어떤 일이 이루어졌는지를 알지 못한다면 항상 어린 아이처럼 지내는 셈이다. 과거의 노력을 무시한다면 세계는 늘 지식의 유아기에 머물러 있을 것이다." —로마의 철학자 키케로[Marcus Cicero 1)]

1

나는 1980년대 민주화의 열망과 최루탄 냄새가 가득한 캠퍼스를 거닐 때부터 '권력과 리더십'에 대해 진지한 고민을 시작했다. 권력과 리더십에 대한 지적 호기심은 나를 운명적으로 '대통령 연구'로 이끌었다. 1997년 '대통령학'이라는 강좌를 한국 최초로 고려대학교 학부에 개설한 이후 우리 대통령에 대한 연구를 지금까지 지속하고 있다.

이 과정에서 전임 대통령들의 성공과 실패의 사례를 보고 학습한 민주화 이후 역대 대통령이 성공할 가능성이 높아졌음에도 불구하고 성공하지 못하는 사실에 주목했다. 불행하게도 민주화 이후 정치적 정통성이 확고한 대통령들이 전임들(특히 대통령으로 선출되는 과정에서 정치적 정통성이 전혀 없었던 군인 출신 대통령)에 비해 업적 면에서 조금은 뒤처지는 '정치적 좌절'을 겪었다. 특히 박근혜 대통령은 그의 말벗이 국정에 불법 개입하고 농단하는 어처구니없는 상황을 초래하면서 정치적으로 추락했고 실패했다. 대통령의 정치적 좌절 나아가 '대통령의 위기$^{presidential\ crisis}$' 또는 '통치의 위기$^{governing\ crisis}$'가 더욱 심화되고 있는 것이다.

민주화 이후 역대 대통령을 괴롭힌 이 정치적 좌절과 통치의 위기를 어떻게 해결해야 할지 고민했다. 구체적으로는 왜 민주화 이후 역대 대통령에게는 '대통령 학습효과'가 없었는지 궁금했다. 이러한 의문점에 대한 답을 구하고자 나는 역대 대통령과 지속적으로 만나면서 통치의 위기를 어떻게 극복할 것인가에 대한 답을 찾으려 했다. 이 책은 지난 20여 년간 축적한 우리 대통령 연구 과정의 결과물이다.

2

나는 대통령을 연구하는 학자로서 영광스럽게도 전두환 대통령과 민주화 이후 우리 역대 대통령, 즉 노태우, 김영삼, 김대중, 노무현, 이명박, 박근혜 대통령과 개인적 만남을 통해서 그들의 정치적 역정과 통치과정을 좀 더 깊게 관찰할 수 있었다. 특히, 김영삼, 김대중, 노무현 대통령 등과는 사적으로 술잔(?)까지 기울이면서 그들의 정치적 선택과 관련된 논의를 하기도 했다. 그들은 연령, 이념,

성별, 지역을 초월하여 대통령 연구를 위한 소중하고 중요한 자료의 '보물창고'였다. 전두환 대통령부터 박근혜 대통령까지 역대 대통령과 맺은 인연에 감사한다. 그 인연의 힘이 이 책을 처음부터 끝까지 지켜주고 있다.

나는 김영삼 대통령과 여러 차례 협의하여 2000년 가을 고려대 대통령학 수업에서 김영삼 대통령, 이홍구 국무총리, 박관용, 한승수, 김광일 비서실장, 이원종, 김정남, 최양부 수석비서관 그리고 장관과 중요 직책을 역임한 한승주, 손학규, 서진영, 김정원 등이 참여하는 '김영삼 정부 심포지엄'을 개최했다. 이 과정에서 2000년 10월 13일 'YS 고대 사태'를 겪기도 했다. 다행히 심포지엄은 2000년 10월 20일 김영삼 대통령의 강의를 시작으로 순조롭게 진행됐다. 이 심포지엄의 결과물을 김영삼 대통령이 직접 쓴 '서문'과 함께 책(《김영삼 정부의 성공과 실패》)으로 발간했다.[2]

미국 조지타운대학교 교수로 재직하던 나는 1996년 가을 고려대학교로 부임했다. 김영삼 정부에서 중소기업중앙회 회장을 역임했고 당시 새정치국민회의 부총재였던 박상규 의원이 주선한 워싱턴에서의 만남을 시작으로 김대중 총재에게 사적으로 대통령학을 강의했다. 김대중 총재에게 강의 수업료 대신, 만약 대통령에 당선된다면 고려대학교에 '김대중 대통령 기념관 및 도서관'을 설립하고, 학부의 대통령학 수업에 현직 대통령으로서 직접 특강을 해달라고 요청했다. 그는 이 제의를 흔쾌히 수락했다. 김대중 총재가 대통령에 당선된 후 위 두 가지 사항의 약속을 지켜달라고 말했다. 김대중 대통령도 이 약속을 다시 한 번 확인해 주었다. 비록 많은 우여곡절이 있었지만 1998년 6월 30일에 '한국 최초로 현직 대통령의 국내대학 특별강좌'가 고려대학교에서 열렸다. 나는 이 특별강연의 사회를 맡기도 했다.[3]

노무현 대통령은 내가 고려대 정책대학원 최고위과정 주임교수를 맡았을 때 김대중 대통령이 당시 노무현 국민회의 부총재를 최고위과정 수강생으로 등록시켜 주어서 인연을 맺게 되었다. 이 때 노무현 대통령과 권양숙 여사 그리고 그의 사람들의 국정비전과 생각을 깊게 알게 되었다. 특히, 권양숙 여사는 2002년 10월 15일 대통령학 수업에서 '내 남편 노무현과 나의 삶'이라는 주제로 특강을 했다. 우연의 일치이겠지만 권양숙 여사의 특강 이후 대선과정에서 급락하던 노무현 대통령의 인기가 회복되기 시작했다.

이명박 대통령과의 개인적 인연은 《월간조선》 2008년 6월호[4]와 2012년에 발행한 저서(《대통령 당선자의 성공과 실패》)에 소개됐다.[5] 박근혜 대통령과의 개인적 인연도 《월간조선》 2013년 1월호[6]와 주요 일간지에 여러 번 소개됐다.[7] 그리고 이 연구와 관련해 두 분 대통령과의 중요한 만남은 본문에서 다시 설명하고 있다.

전두환 대통령과 만남은 대학 후배인 둘째 아들 전재용의 도움으로 인터뷰를 하면서 시작됐다. 노태우 대통령은 김영삼 정부 시절 워싱턴의 인연으로 만났던 손주환 전 공보처 장관의 도움으로 자주 뵐 수 있었다. 노태우 대통령은 내 인터뷰를 마지막으로 건강이 나빠져서 이제는 그 누구와도 인터뷰가 어려운 사정이어서 안타까움을 금할 수 없다. 내가 고등학생 때 타계한 박정희 전 대통령은 직접 만날 수가 없었다. 그래도 박정희 대통령의 리더십을 조금이나마 이해하고자 박정희 대통령의 군 시절 전속부관이자 사위인 한병기 대사, 김정렴 비서실장, 김종필 국무총리와 아들 박지만 등을 자주 뵈었다. 이승만 대통령과 관련해서 나는 국내에서 대학원생 시절 이승만 대통령이 가장 아끼고 사랑했던 사람 중의 한 분인 한표욱 전 영국대사를 가까이에서 모시면서 이승만 신봉자인 그의 존경심을 통해 이승만 대통령의 리더십과 정치적 유산을 조금은 이해했다.[8]

김종필 국무총리는 비록 대통령으로 선출되지는 못했지만 박정희 대통령부터 박근혜 대통령까지 우리 대통령 역사에 오랫동안 직접적으로 영향을 미쳤다. 그는 한국 정치사에서 유일무이하게 민주화 이전 박정희 대통령 아래에서 45세에 국무총리에 올라 4년 6개월(1971~1975)을 재임했다. 민주화 이후에는 김대중 대통령 때 'DJP 공동정부'의 실질적 동반자로서 국무총리(1998~2000)를 역임했다.

김종필 총리는 우리 정치사 특히 대통령 연구에서 정말로 보물 같은 역사의 창고이자 존재이다. 이러한 의미에서 그의 〈김종필 증언록: 소이부답〉은 중요한 자료이다.[9] 나는 김종필 총리와 만남을 통해 역대 대통령의 리더십과 국정운영 과정을 더욱 잘 이해했다.[10] 나는 우리 정치사의 큰 획을 그은 '3김', 즉 김영삼 대통령, 김대중 대통령, 김종필 국무총리의 정치역정과 3김 서로 간의 인간적인 관계에 대해 직접 인터뷰한 유일한 학자라고 자부한다.

우리 정치사는 전임 대통령에 대한 정치적 차별화가 빈번했기 때문에 대통령 개인의 리더십은 물론 국정운영 과정 및 결과에 대한 문헌자료가 빈약한 대통령 문화를 갖고 있다. 이러한 상황에서 역대 대통령은 너무나도 중요하고 생생한 자료의 보고였다. 특히 젊은 시절부터 가슴을 설레게 했던 민주화의 상징이자 우리 현대 정치사의 두 거인인 김영삼 대통령과 김대중 대통령을 처음으로 직접 만났을 때의 그 '영광스러운 설렘'을 나는 영원히 잊지 못하고 있다.

3

이 책을 집필하는 과정에서 나는 인터뷰에 응해주신 분들의 이름을 밝혀야 할지 말아야 할지 무척 고심했다. 하지만 인터뷰에 응하신 대부분의 인물들이 '공인'으로서, 대한민국 역사의 현장에서 경험한 사실들을 생생하게 전달하고자 실명을 사용했다. 이러한 고심에 대해 지면으로나마 인터뷰를 허락해 주신 많은 분들의 깊은 이해와 용서가 있기를 바란다. 그러나 인터뷰 장소와 날짜 그리고 시간 등은 개인 사정을 고려해 밝히지 않았다.

4

대통령 연구과정에서 역대 대통령과 맺은 인연의 힘은 내게 영광의 순간을 안겨주었지만, 성숙하지 못했던 행동거지 때문에 오해를 키우며 시쳇말로 '너무 빨리 뜨고 너무 빨리 지는' 개인적 아픔을 겪었다. 나에 대한 검찰의 수사는 나중에 알게 되었지만 2012년 대선 후부터 시작됐다. 2013년 초 압수 수색과 본격적인 검찰 수사, 구속영장 청구와 기각, 불구속 기소 그리고 제1심 무죄, 2014

년 제2심 법정구속 등을 거쳐 개인적으로 가장 암울하고 어려운 시기에 이 책을 구상했다. 이 책은 개인적 아픔을 극복하는 과정을 함께 했으며, 내가 조금 더 영글어가면서 함께 완성됐다.

김대중 대통령이 말한 것처럼 '감옥에서 책 읽기'는 참으로 독특하다. 일반적으로 독서의 목적은 양식을 얻기 위함이다. 그러나 감옥에서 책을 읽는 목적은 내가 살기 위해서였다. 책을 읽어 내야만 모든 것을 잃고 절망과 시련에 처한 그 험난한 시간을 견딜 수 있었다. 감옥에서는 아무런 방해도 받지 않고 정독할 수 있었다. 역사, 정치, 경제, 문화 등 여러 책들을 누부 탐독했다. 하루에 책 한 권을 50여 쪽씩 읽어 내려가면서 여러 책을 동시에 읽었다. 이때는 집중력도 높아져서 책을 읽으면서 공자, 맹자, 강희제, 이순신 장군, 링컨, 오바마 등을 직접 만나는 느낌까지 들었다.

대학 교수로 재직하면서 대통령과 관련해 꽤 많은 책과 논문들을 발표했지만 그러한 연구 결과물들은 대부분 촉박한 시간 때문에 '짧은 호흡'을 갖고 완성했다. 이 책을 구상하고 집필한 시간은 고통스러웠고 아직도 힘들지만 학자로서는 '긴 호흡'을 할 수 있는 사고의 여유를 제공해 주었다. 내 연구인생에 이런 어려움을 '선물'로 던져준 절대자님께 감사를 표한다.

5

많은 분들 덕분에 원고는 생명을 얻었고 세상에 나오게 되었다. 이 책의 전체 내용을 꼼꼼히 읽고 고쳐준 한국교통대학교 임동욱 교수의 진한 우정에 깊은 감사를 표한다. 또한 이 책에서 설명하고 있는 특정 사건 및 개인과 관련된 법적 문제에 대해 검토해주신 법무법인 강남의 김상봉 대표 변호사의 돌봄에 감사를 드린다. 어려운 출판 환경에서 원고가 세상과 호흡하도록 용단을 내려준 도서출판 섬앤섬의 한희덕 사장님께도 고맙다는 인사를 전한다. 이 어둡고 고단한 과정에서 끝까지 모든 것을 참아주었던 아내 오정미에게도 진심으로 감사를 표한다.

2017년 3월

함 성 득

prologue

"한국은 식민 지배를 청산하고 전쟁을 겪으면서도 수천 년간 고통을 겪어왔던 '먹고 사는 문제'를 해결했다는 것만으로도 한국인들은 위대하다고 할 수 있었다. 더군다나 다른 어느 선진국과는 달리 한 번도 다른 나라를 침탈한 적이 없이 기적을 이루어냈다는 점에서는 세계사적 의미가 있는 일이었다. 게다가 수십 년간의 군사독재를 결국은 무너뜨리고 스스로 민주정부를 이룩한 것도 모든 한국인들의 자랑일 수밖에 없는 일이었다." ―김진명[11]

"제2차 세계대전 이후 독립한 나라들 중 산업화와 민주화에 성공한 유일한 국가가 바로 한국입니다." ―이명박 대통령[12]

"올해 IMF(국제통화기금) 자료를 기준으로 미국의 국내총생산(GDP)은 18조 1,000억 달러이고, 중국은 11조 2,000억 달러, 이어서 일본은 4조 2,000억 달러로 세계 3위다. 한국은 1조 4,000억 달러로 세계 11위 경제규모다. 국토면적 109위, 인구 26위밖에 되지 않는데도 전쟁의 폐허를 이겨내고 여기까지 달려온 것만 해도 현대 세계사의 커다란 사건이다." ―김태효[13]

"한국은행이 발표한 '2015년 국민계정(잠정)'에 따르면 지난해 1인당 GNI는 2만 7,340달러로 잠정 집계됐다… (이를 두고) 일본, 독일, 스웨덴 등 주요 선진국들이 국민소득 2만 달러 진입 후 4~5년 만에 3만 달러 달성을 이뤘다는 점을 고려하면 저성장의 장기화로 '중진국의 함정'에서 탈출하기 어려워지는 것 아니냐는 우려도 나온다 ―《경향신문》[14] …한국경제연구원은 한국의 국민소득이 2023년이 돼서야 4만 달러를 넘길 것이며 한국의 잠재성장률이 2034년에는 1.9%까지 떨어질 것이라고 예상했다." ―《노컷뉴스》[15]

"(기원후) 1,800년 동안 세계 1위의 경제 초강대국(GDP)으로 군림했던 중국도 순식간에

망한 전례가 있는데 고작 20년 정도 세계 10위권을 유지하고 있는 이 허약한 나라가 망하는 데는 얼마가 걸릴 것 같은가. 그리고 또 묻고 싶다. 1800년 동안 세계 1위였던 중국도 한번 망하자 다시 일어서는 데 200년 넘게 걸렸는데, 우리나라가 또 망하면 재기하기까지 얼마가 걸리겠는가." ―이지성[16)]

"숭례문이 불타던 날을 기억한다… 국보 1호에 어쩌다 불을 냈나, 혀를 차면서도 금세 진화할 수 있으리라 믿었다… 그날 밤 숭례문의 2층 누각이 무너져 내리는 장면은 무엇으로도 지울 수 없는 트라우마가 됐다. 세월호가 침몰하던 날을 기억한다… 아주 먼 바다도 아니어서 구조가 크게 어렵지 않겠다 생각했다. 오전 편집회의 중에 '전원 구조'라는 속보가 떴다… 그런데 그게 아니었다. 그 뒤 상황이 어떻게 전개됐는지는 대한민국 국민이면 모두가 안다… 중동호흡기증후군(메르스)이라는 낯선 이름의 공포보다 그 앞에서 우왕좌왕 쩔쩔매는 무능 정부가 주는 불신이 더 예리한 날을 가졌다… 세 가지 사건은 '일어날 수 있는 일'이 정부의 무능 탓에 '일어날 수 없는 일'이 돼버린 대표적 사례들이다… 미치광이 노인의 방화를 어찌 알고 막겠나… 낙타가 옮기는 바이러스의 한반도 상륙이 상상하기 쉽지 않았을 터다. 하지만 문제는 그 다음부터다. 이른바 '초동 대처'다. 이 정부가 특히 못하는 게 그건데, 원래 무능한 사람들이 약한 게 초동 대처다. 일이 터졌는데 상황 판단을 못하니 결단을 못하고, 결단을 못하니 대처가 늦고, 대처가 늦으니 해법이 늘 한 발씩 뒤처지는 거다… 이제 와서 무능 정부를 욕한들 무슨 소용이 있으랴마는…" ―이훈범[17)]

"우리나라 권력 서열 1위는 최순실, 2위가 정윤회, 박(근혜) 대통령은 3위에 불과하다." ―박관천 전 청와대 공직기강비서관실 행정관[18)]

앞의 주장들처럼 우리 대통령, 정부, 나아가 나라는 어떻게 보면 너무도 자랑스럽고 어떻게 보면 너무나도 한심한, 대조적이고 역설적인 모습을 갖고 있다. 이 정도 살면 미국이나 독일 같은 부러운 선진국은 아니더라도 그들과 가까운 선진국 수준의 모습이 분명하다. 그러나 2014년 '세월호 참사'나 2015년 '메르스^{MERS}(중동호흡기증후군) 사태'처럼 전혀 예측하지 못했던 재난이나 위기에 처한 상황에서, 그리고 2016년 '최순실 게이트'처럼 대통령의 말벗이 국정에 개입하고 농단한 상황에서 대통령이, 정부가, 사회가 허둥지둥하고 우왕좌왕할 때에는 아직까지 선진국이라 자평하기에는 부족한 것 같다.

이와 관련해 허화평은 "1948년 이래 대한민국의 성공 스토리는 지금도 계속되고, 제2차 세계대전 이래 출현한 수많은 신생독립국들 중 단연 으뜸이 되어 우리 스스로 자랑스러워한다… 그러나 한 꺼풀을 벗겨내고 우리 자신의 속살을 들여다보면 전혀 다른 모습의 대한민국을 발견할 수 있다. 정치에서 자유주의 체제는 겨우 선거민주주의의 수준이고, 경제에서 자유 시장 자본주의 체제는 관치 시장경제 수준을 벗어나지 못하고 있으며, 사회적으로는 과잉민주 열정 속에서 평등이 자유를 위협하고 있다. 대한민국은 미성년 자유주의체제 속에서 성취가 쌓여갈수록 비례하여 모순은 늘어나고 모순이 늘어나는 만큼 비례하여 상식이 붕괴되어 가고 있는 나라이다."라고 주장했다.[19]

성공한 역사는 있어도
성공한 대통령은 없다

"과거를 기억하지 못하는 자들은 그 과오를 되풀이할 수밖에 없다." —산타야나[George Santayana](하버드대 철학과 교수)[20]

"…1993년 문민정부 출범 이후 대통령 5명이 하나같이 대통령 된 걸 후회하는 것을 보며 그들을 뽑은 국민들은 더 괴롭다. 정치 전문가들은 '제왕적 대통령제'의 문제를 지적한다. 대통령의 제왕적 힘이 친인척·측근의 호가호위를 가능케 한다는 것이다. 결국 대통령 본인들에게 책임이 있다. 특히 박(근혜) 대통령이 그렇다. 그는 이런 비리를 막기 위해 만든 특별감찰관이 최순실에 대해 조사하려 하자 즉각 이를 무력화해 버렸다. 시스템이 아니라 대통령 의지와 주변 관리 문제인 것이다…" —이하원[21]

1945년 해방 이후 대한민국이 세계 10대 경제 강국으로 부상한 것은 우리 국민의 피나는 노력의 결과물이기도 하지만 역대 대통령의 지도력과 정부의 노력도 큰 역할을 하였다.[22] 그러나 우리 국민은 역대 대통령과 관련해 그들의 긍정적 업적보다는 장기 집권, 유신독재와 암살, 5·18 광주학살과 항쟁, 비자금 조성, IMF 외환위기, 대북 불법 송금, 탄핵과 자살, 광우병 사태, 세월호 참사와 최순실 게이트 등과 같은 사건과 사고만을 생생하게 기억하고 있다.

이에 대해 이장규는 "한국은 지난 60여 년 동안에 경제적 산업화와 정치적 민주화를 동시에 이루었다는 평가를 받고 있다. 이는 모든 국민이 노력한 결과지만, 그 중심에는 대통령의 리더십이 있었다"라고 말했다.[23] 이처럼 대한민국의 역사 속에서 역대 대통령의 업적을 총체적으로 살펴보면 긍정적인 면이 많지만 특정 대통령만의 업적을 개별적으로 살펴보면 부정적인 면이 더욱 두드러진다.[24] 이러한 업적의 괴리 또는 역사의 역설에 대해 노무현 대통령은 "성공한 역사는 있고, 성공한 대통령은 없다"라고 주장했다.[25]

《한국갤럽》(2015.08.07)이 광복 70주년을 맞아 실시한 흥미로운 여론조사에서도 이 같은 역사의 역설을 살펴볼 수 있다. 재임기간이 짧은 윤보선 대통령과 최규하 대통령을 제외하고 이승만 대통령부터 이명박 대통령까지 총 8명의 전직 대통령 각각에 대해 잘한 일과 잘못한 일을 물어본 결과 잘한 일이 더 많다는 반응을 얻은 대통령은 박정희·김대중·노무현 대통령 3명뿐이었다.[26]

같은 맥락에서 강원택은 "민주화 이후에만 모두 5명의 대통령이 커다란 국민적 기대 속에 취임했지만, 예외 없이 임기 말이 되면 비리, 실정 등 여러 가지 요인에 의해 비난의 대상으로 전락했다… 그러나 역대 통치자에 대한 부정적 평가에도 불구하고 흥미롭게도 비교 정치적으로 볼 때 한국은… 안정적인 민주주의 공고화 과정을 밟았고, 사회·경제적으로도 지속적인 성장을 계속했다. 다시 말해, 지난 25년간 우리 사회가 거둔 영역에서의 성장에도 불구하고 그 기간 동안 통치한 역대 대통령에 대해서는 비판적 평가를 내리는 역설적 현상이 나타났다."[27]라고 주장했다.

한편 이종률은 "항상 역사적 변화의 순간에는 극적인 사건이 생기기 마련이다."라고 주장한다.[28] 실제로 1987년 1월 박종철군 고문치사 사건과 이어진 6월 민주항쟁의 정치적 압력에 당시 전두환 대통령과 여당인 민주정의당의 노태우 대통령 후보는 '6·29 선언'이라는 정치적 결단을 통해 대통령 직선제를 약속했다. 이에 따라 헌법이 개정되고 현행 5년 단임 대통령제가 채택됐다. 이후 박정희 대통령의 유신체제 이후 16년 만에 처음 실시된 직접투표에서 민주화 세력을 대표하는 김영삼과 김대중의 치열한 경쟁 때문에 어부지리로 노태우 후보가 대통령에 당선되었다.

이후 국민의 직접투표로 선출된 역대 대통령은 각자 야심에 찬 국정운영 목표들을 설정하고 끊임없이 노력했지만, 많은 경우 이를 달성하지 못한 좌절의 역사 즉 '대통령의 위기' 또는 '통치의 위기'에 직면했다. 이는 대통령이 정치·경제·사회적 변화와 정합성을 갖는 국정운영을 하지 못했을 때 발생했다. 또한 민주화 이후 국회 및 정당을 포함한 제도적 기관과 언론 및 시민단체 등의 정치적 자율성 신장은 지역·이념·세대·계층·성별 간의 갈등을 더욱 심화시켜, 국정운영의 안정성을 크게 흔들어 놓았다.

아울러 국가의 주요 정책결정 과정에서 '정치적 거부권political veto power'을 가진 다양한 참여자가 증가하면서 대립과 갈등이 심화하는 악순환도 거듭되었다. 대통령이 국회, 특히 야당과 자주 대립하면서 정치적 교착 또는 마비상태political gridlock가 일상화되었다. 후쿠야마Francis Fukuyama가 주장하듯이 "정부를 통해 공익을 증진하는 것보다 정부로 하여금 아무 일도 못하게 하는 것이 수월해지고 빈번해지는 현상"인 통치의 위기가 초래된 것이다.[29]

민주화 이후 역대 대통령은 각자 성공한 대통령이 되기 위해 노력했지만 시대가 요구하는 지도자의 역할과 리더십, 즉 이들 정치적 참여자간의 대립과 갈등을 완화시키는 조정력을 제대로 발휘하지 못했다. 당연히 기대했던 것만큼의 만족스러운 결과를 낳지는 못하였다. 역대 대통령 모두 권력획득에는 성공했지만 '권력행사 및 운용'에는 실패했다.

평범한 사람도 어렵고 힘든 일에 직면했을 때 본래의 성격과 능력이 나타난다. 마찬가지로 대통령과 정부, 사회도 엄청난 위기와 어려움에 직면했을 때 위대한 지도자와 리더십이 비로소 빛을 발한다. 즉, 위대한 대통령이 되기 위해서는 그 대통령에게 위기 또는 재난을 넌셔주는 '불행', 즉 '운'이 주어져야 한다. 그 위기와 불행 속에서 그 동안 갈고 닦아왔던 실력이 발현되어야 위대한 영웅이 된다. 그리고 성공한 대통령이 많아야 성공한 정부 그리고 명실상부한 선진국 나아가 위대한 나라가 된다.

불행하게도 우리는 짧게는 1987년 민주화 이후 그리고 길게는 건국 이후 이념과 지역을 초월하여 모두가 인정하는 성공한 대통령이 없다.[30] 저성장[31] 및 고령화[32]라는 새로운 덫에 빠진 사회가 맞닥뜨린 경제 불황, 불확실한 남북관계, 사회갈등 증폭 등과 같은 여러 난제를 해결하고 새로운 미래를 준비하는 과정에서 대통령의 성공적인 국정운영은 필수적이다. 특히 대통령의 성공적인 국정운영은 행정부와 국회 그리고 정당 등 제도적 기관들의 권위와 신뢰를 회복하는 데도 중요한 출발점이 된다. 왜냐하면 대통령의 리더십에 따라 국회와 정당의 정치과정, 그리고 정부의 주요 정책들이 크게 달라질 수밖에 없기 때문이다.

미래 대통령의 리더십이 어떻게 발휘되느냐에 따라 통치의 위기 자체가 크게 달라질 것이다. 이 책은 역대 대통령의 국정운영이 총론에서는 긍정적인 측면이 강조되는 반면 각론에서는 부정적 측면이 강조되는 업적의 역설적 괴리를 대통령 리더십 차원에서 이해하고 있다.

기대와 좌절의 반복

"87년 체제 이후 역대 정권 가운데 성공한 정권이 없다. 모두 다 실패하고 말년이 좋지 않았다. 그리고 그 실패의 양태가 거의 비슷하다. 심지어는 문제의 내용과 발생시기가 대강 비슷하다. 역대 정권의 사건일지를 만들어 겹쳐보면 중첩되는 경우도 많다. 이 얘기는 무엇인가. 되풀이되는 정권의 실패에는 무언가 구조적 요인이 있다는 얘기다. 단임 정권들은 집권하기까지의 과정이 매우 유사하다. 집권과정에서 모든 문제를 잉태하는데 그 과정이 유사하니, 집권 후에 산출되는 문제도 유사한 것이다… 이런 문제가 왜 되풀이 될까?" ―정두언[33]

박정희 대통령의 유신독재 시절 유년기를 보낸 나를 포함해 그 당시 대다수의 국민은 박정희 대통령이 1973년 연두기자회견에서 1981년까지 '100억 불 수출, 1,000불 국민소득'만 달성하면 우리도 선진국 대열에 들어가면서 '이상향'이 도래할 것이라는 주장을 순진하고 바보스럽게(?) 믿었다. 나는 애국이라는 이름 아래 집에 있는 빈병들과 신문들을 모두 학교에 갖고 가서 제출했다. 또한 학교에서 점심시간마다 도시락의 밥이 잡곡밥이 확실한지를 검사하기 위해 선생님이 큰 숟가락으로 도시락을 뒤집어엎는 절차를 기쁘게 받아들였다.

1977년 '산업화'라는 이름 아래 100억 불 수출을 달성했고 1979년 우리의 국민소득은 1,676불에 도달되었으나 박정희 대통령이 그렇게 강조했던 이상향은 없었다.

1980년대 당시 우리 국민이 믿었던 만병통치약은 '민주화'였다. 김영삼 대통령과 김대중 대통령 등 정치지도자들이 주장한 민주화만 되면 나라가 직면하고 있는 어려운 문제들이 제대로 해결되어 우리가 꿈꾸는 이상향이 도래할 것으로 다시 또 순진하게 생각했다. 1987년 그토록 염원하던 민주화를 이룩하였으나 그들이 그렇게 주상했던 이상향은 없었다. 누 번이나 실망했지만 우리 국민은 그래도 이 나라가 우리의 것이기에 민주화 이후 우리의 정치지도자들, 특히 대통령이 '혹시나' 기적을 만들어 내지 않을까 하는 희망을 아직도 품고 있다. 참으로 착하고 위대한 국민이다.

심지어 박근혜 대통령과 그의 말벗 최순실이 저지른 어처구니없는 국정 농단을 경험한 참담한 상황에서도 우리는 또 다시 새로운 대통령을 선출해야 한다. 1987년 민주화 이후 현행 5년 단임 대통령제 아래에서 우리는 좌절의 역사를 겪을 때마다 성공한 대통령에 대한 큰 기대감을 갖고 새로운 대통령을 선출해 왔다. 지금까지 그래왔던 것처럼 우리는 또 다시 차기 대통령에 대해 기대하고 그를 적극 지지할 것이다.

지금까지 우리는 새로운 대통령에 대한 혹시나 하는 기대를 걸었으나 결과는 언제나 기대에 훨씬 못 미쳤다. 성공한 대통령은커녕 실패한 대통령으로 끝나는 대통령의 위기, 즉 '역시나' 현상을 지속적으로 경험했다. 물론 특정 대통령 자신과 그의 참모들 및 지지자들은 그들의 대통령과 정부가 성공한 대통령과 정부 또는 최소한 실패하지는 않은 대통령과 정부라고 주장하겠지만, 민주화 이후 역대 대통령을 성공한 대통령 또는 정부라고 인식하는 국민은 그리 많지 않다.[34]

물론 특정 지역이나 이념을 중심으로 지역적으로 또는 이념적으로 성공한 대통령(예를 들어 영남과 보수층의 박정희 대통령, 호남과 진보층의 김대중 대통령)은 있다. 그러나 지역과 이념 그리고 연령을 초월하여 국민 대다수가 동의하는 성공한 대통령은 아직 없다. 심지어 대통령 재임 중 업적만을 놓고 보면 태생부터 정치적 정통성이 거의 없거나 미약했던 군인 출신 전두환, 노태우 대통령보다 정치적 정통성이 확고했던 민주화 이후 역대 대통령의 업적이 상대적으로 뒤처진다는 전문가들의 평가도 적지 않다.[35]

군사독재 정부였던 제5공화국의 실질적 설계자인 허화평은 "우리의 경우 민주적 지도자로 자처한 김영삼 대통령 이래 그러한 조건(현명한 사상적 기반과 지적 역량)을 갖춘 지도자는 없었다. 김영삼을 포함한 4명의 지도자는 지난 20년 동안 국민들에게 영감을 불어 넣기는커녕 과거에 집착하여 국민을 분열시켰고, 천박한 수준의 사상과 지식, 편견과 독단으로 시행착오를 반복함으로써 발전에너지를 소진하면서 민족과 국민의 진로에 심각한 혼란을 야기해 온 것이 사실이다. 김영삼의 문민정부론과 민족우선론, 김대중의 국민정부론과 제2건국론, 노무현의 참여정부론과 정의가 실패한 건국론, 이명박의 중도실용론의 공통점은 하나같이 식자의 무지와 허영의 대명사들이며, 2012년 대선에서는 경제민주화가 등장했다."

라고까지 주장했다.[36]

정치에 대한 높은 불신과 국론 분열, 그리고 정치적 교착상태 등 해결하기 어려운 여러 문제들이 산적해 있는 작금의 정치적 상황은 (제왕적 대통령이라는) 한 시대의 정치 패러다임이 막을 내리고 새로운 질서를 맞이하던 옛 중국의 춘추(B.C 770년~B.C 403년)·전국(B.C 403년~B.C 221년) 시대에 비견할 만한 정치적 전환기 또는 혼란기라 할 수 있다. 즉 절대 권력을 휘둘렀던 제왕적 대통령들이 무대에서 내려온 후 아직까지는 백가쟁명으로 시끄럽기만 한 상황이다. 제왕적 대통령 이후 저성장 및 고령화라는 새로운 사회·경제적 상황에 직면한 지금, 대통령의 리더십이 제대로 발휘되지 않아 나라 정치와 미래에 대한 긍정적 예측이 매우 어렵다.

우리나라의 정치체제는 1987년 민주화 이후 민주주의 공고화의 가장 큰 걸림돌이었던 제왕적 대통령의 종언 과정을 시작했다. 하지만 30년이 지난 2017년 현재까지도 제왕적 대통령의 종언 과정이 가속화되고 있을 뿐 민주화 이후 대통령의 바람직한 정치적 리더십을 정립하지 못하고 있다. 도리어 민주화 이후 역대 대통령의 임기 내 업적들이 이전의 군인 출신 대통령들과 비교하여 상대적으로 낮아지면서 대통령 리더십의 위기까지 맞이하고 있다. 제왕적 대통령 종언 과정의 가속화는 민주주의를 공고화하는 긍정적 효과만큼 대통령의 영향력도 약화시키고 있다. 특히 최순실의 국정 농단사태는 대통령 리더십을 뿌리까지 뒤흔들어버렸다. 대통령의 위기가 '국가의 위기'로 전이되고 심화된 것이다.

이런 상황에서 미래 대통령이 위기를 극복하고 성공해야 바닥까지 떨어진 대통령 리더십에 대한 국민의 정치적 신뢰를 회복할 수 있다. 이를 위해서는 과거와는 전혀 다른 차원의 새로운 리더십이 필요하다. 비슷한 맥락에서 '왜 민주화 이후 대통령에 대한 국민들의 실망감이 지속되고 있을까?', '왜 대통령은 성공하지 못할까?', '왜 새로운 대통령은 전임 대통령들의 좌절과 실패를 반면교사로 삼고 배우는데도 자꾸만 실패할까?', '왜 대통령은 퇴임하면 성공한 대통령으로 취급받지 못하고 실패한 대통령으로 남을까?' 나아가 '과거 대통령의 실패를 미래 대통령의 성공으로 연결하는 방법은 없을까?' 등의 질문은 매우 중요하다. 이 책은 역대 대통령이 직면한 위기와 관련된 이러한 질문들을 분석하여 미래 대통령을 실패하지 않는 대통령 또는 성공한 대통령으로 만들어내는 처방책을 제시하고 있다.

새로운 모색

"우리 조선은 석가가 들어오면 조선의 석가가 되지 않고 석가의 조선이 되며, 공자가 들어오면 조선의 공자가 되지 않고 공자의 조선이 되며, 주의主義가 들어와도 조선의 주의가 되지 않고 주의의 조선이 되려한다. 그리하여 도덕과 주의를 위하는 조선은 있고, 조선을 위하는 도덕과 주의는 없다. 아! 이것이 조선의 특색이냐? 특색이라면 노예의 특색이다." ―단재 신채호[37]

한국 대통령 연구와 관련해서 신동준은 "우리도 거시사의 관점에서 우리의 역사문화에 기초한 리더십 이론을 만들 필요가 있다.

조선조의 군신이 '왕도'를 맹종하다가 '패도'로 무장한 일제에게 총 한번 제대로 쏘아보지 못한 채 나라를 통째로 넘기고 백성들을 어육으로 만든 게 불과 100여 년 전의 일이다. 역사와 문화 배경이 전혀 다른 나라의 리더십 이론을 무차별적으로 수입해 쓰는 것은 극히 어리석은 짓이다."라고 제언했다.[38] 그는 "(정관정요 등) 동양에서는 이미 수천 년 전부터 제왕을 포함해 일선 장수들이 취해야 할 바람직한 리더십에 대해 끊임없이 천착해왔다. 서양에서는 이에 버금가는 노력을 기울인 인물로 16세기 초에 활약한 마키아벨리 정도밖에 없다. 그는 서양에서 정치와 종교철학을 구별한 최초의 인물로 꼽히고 있다. 리더십 이론에 관한 한 서양은 동양보다 그 역사가 극히 일천한 셈이다."라고 주장했다.[39]

이러한 관점에서 이 책은 '왜 역대 대통령은 국정운영에서 좌절을 연속적으로 경험하고 있는가?'에 대한 의문에서 출발한다. 역대 대통령의 국정운영 난맥의 탓을 대통령을 비롯한 집권세력의 미숙한 국정경험으로 돌릴 수도 있지만, 이 책에서는 그보다는 '명령자commander'로서의 대통령의 역할에 대한 잘못된 이해와 함께 '권위주의적 리더십authoritarian leadership'에 내재된 필연적 한계 때문에 통치의 위기를 경험한다고 보고 있다. 즉, 대통령이 직면하고 있는 시대상황과 그 국정운영 법칙이 과거와는 달리 급격히 변화했고 현재도 변화하고 있기 때문에 권위주의적 리더십은 그 효용성에 한계가 드러나고 있다.

대통령에 대한 직접 관찰

그 동안 학계에서 이러한 시각에 입각하여 대통령의 리더십에 대한 많은 연구들[40]이 이루어졌으나 대통령의 새로운 정치적 역할과 리더십의 모색에는 크게 도움이 되지 못했다. 이러한 문제점에 대해 강원택은 "방법론적으로 상당부분 여론조사나 전문가조사를 통해 대통령의 인기도 혹은 순위매김식의 연구에 머물고 있었기 때문"이라고 주장한다.[41] 또한 박명호가 주장한 것처럼 "원론적, 저널리즘적 관심을 넘어서서 제도화된 평가의 틀을 마련하는 것"과 같은 대통령 리더십 연구도 필요할 것이다.[42] 나아가 강원택의 "리더십에 대한 평가는 정치 지도자가 통치했던 시대적 조건, 환경에 대한 고려와 무관하게 이뤄질 수는 없을 것"이라는 주장도 타당성이 있다.[43]

그러나 이러한 연구들에는 근본적이고 해결될 수 없는 문제점이 있다. 이른바 '팥소 없는 찐빵'에 기초한 대통령 리더십 연구이기 때문이다. 대통령 당시의 언론을 포함한 기록 자료들과 그를 보좌했던 인물들에 대한 직·간접 관찰에만 근거한 연구는 대통령 리더십에 대한 생동적인 분석에 한계가 있다. 연구 대상인 각 대통령에 대한 직접 관찰만이 연구에 생명을 불어넣을 수 있다.

이러한 근본적인 문제점을 해결하고자 기존의 연구들과 달리 이 책은 지난 20여 년간 역대 대통령과 직접적이고 지속적인 만남을 통해 그들의 리더십에 대해 보다 생동적인 묘사, 설명 그리고 분석을 시도한 '팥소 있는 찐빵'이라고 볼 수 있다. 이러한 연구 과정에서 나는 대통령이라는 화려한 포장지 안쪽에 숨어 있는 그들을 되도록 '민낯' 또는 '날것' 그대로 만나고 싶었다. 또한 대통령 개인에서 한 걸음 물러나 '대통령의 역사'라는 거시적 관점에서 그들이 나라를 통치하였던 궤적과 그 속에 담긴 정치적 리더십을 조망하고 싶었다.[44]

제도보다 사람이 더 문제

이 책은 '제도'와 '사람' 중 사람에 방점을 두고 있다. 제도냐 사람이냐는 문제는 닭이 먼저냐 달걀이 먼저냐라는 문제처럼 판단을 내리기가 쉽지 않다. 가장 좋은 것은 제도도 좋고 사람도 좋은 것이다. 최악은 둘 다 나쁜 것이다. 문제는 차선 내지 차악의 선택이다. 즉 제도는 좋은데 사람이 나쁜 경우와 반대로 제도는 나쁜데 사람이 좋은 경우에 둘 중 하나를 선택하는 것은 쉽지 않다. 이럴 때의 선택은 경험에 의존하기 마련이다.

우리는 역대 대통령의 위기를 겪으면서 제도보다 사람이 문제임을 충분히 경험했다. 박근혜 대통령의 실패를 통해 현재의 제도라도 제대로 운용할 좋은 사람부터 찾아내는 것이 중요하다는 교훈도 얻었다. 유진룡은 "한 사람만 바뀌면 돼요. 대통령이 제도적 거버넌스를 무력화했습니다. 그동안 우리 사회의 발전에 따라 우리나라의 거버넌스도 제도적 진전이 이뤄졌습니다. 그런데 거버넌스의 구성 요소는 제도만이 아니에요. 제도를 움직이는 사람들이 다양하고 서로 신뢰할뿐더러 서로의 다름을 받아들여야 합니다." 라

고 주장했다.[45]

　대통령의 성공과 실패와 관련해 정치적, 제도적, 구조적, 문화적 요인에 앞서 대통령의 리더십을 강조하는 접근법이 한국 대통령 연구에서 제대로 자리를 잡아야 한다. 나는 지난 20년 동안 미국과 한국의 대통령을 연구하면서 이러한 접근법을 정립하고자 했다. 미국 대통령의 국정운영은 조직화 내지 제도화가 성숙해 있기 때문에 미국 대통령의 성공과 실패는 구조 및 제도적 환경들의 영향에 크게 좌우된다. 반면 우리의 경우 아직 대통령의 국정운영체제의 조직화와 제도화의 정도가 미약하기 때문에 대통령의 리더십이 국정운영의 결과를 좌우하는 데 상대적으로 더 큰 영향을 미친다.

　이 책은 역대 대통령이 성공하지 못했던 이유로 사람이 제도보다 더 문제라는 관점을 견지하고 있다. 대통령이 성공하지 못한 가장 큰 이유는 대통령 자신, 즉 대통령의 리더십 자체에 문제가 있었기 때문이다. 또한 대통령의 리더십 위기가 지속되는 한 미래 대통령도 성공하기가 쉽지 않다. 통치의 위기는 리더십의 위기인 것이다. 이 책을 관통하는 정신의 하나이다.

실패의 연구

이 책은 대통령의 리더십을 강조하는 접근법에 기초해 민주화 이후 역대 대통령의 좌절과 실패에 분석의 초점을 두고 있다. 오늘날 여러 나라들은 실패에 대한 연구, 즉 '실패학'을 중요시하고 있다. 왜냐하면 "…실패 속에서 교훈을 얻고… 위기를 기회로 만들고…

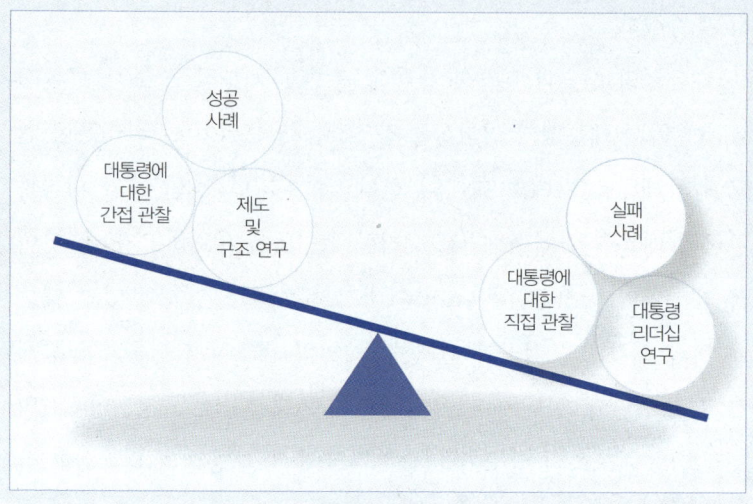

그림 1_ 대통령 연구의 새로운 접근법

나아갈 방향을 명확히 볼 수 있다면, 실패도 분명 유용한 재산이자 자원이기 때문"이다.[46]

물론 미국의 대통령학은 초대 대통령 조지 워싱턴을 포함하여 링컨, 프랭클린 루스벨트 대통령 등 성공한 대통령이 많아서 역대 대통령들의 성공의 열쇠를 연구하는 성공학에 분석의 초점을 두고 있다. 반면 성공한 대통령이 드문 한국의 경우 성공의 열쇠보다는 좌절 또는 실패의 원인규명, 즉 실패학에 그 연구의 초점을 맞추는 것이 더욱 합리적이다(〈그림 1〉 참조).

이 책의 구성

"경험에서 교훈을 찾는 것은 우리의 도덕적 의무이다." —장하준[47]

이 책은 '사람이 제도보다 더 문제'라는 관점에 기초해 민주화 이후 역대 대통령의 좌절과 실패 등을 중심으로 그들 리더십의 문제점을 직접적인 관찰을 통해 체계적으로 살펴보고 있다. 단 비교연구가 필요한 경우 민주화 이전 이승만 대통령, 박정희 대통령, 전두환 대통령 그리고 노태우 대통령까지도 분석하고 있다. 이러한 작업을 기초로 박근혜 대통령의 실패 사례에서 알 수 있듯이 더욱 심화된 대통령의 위기 극복을 위해 필요한 새로운 리더십을 제시하고 있다. 즉, 역대 대통령의 실패를 미래 대통령의 성공으로 연결하는 방법을 제시하고 있다.

제1장에서는 민주적인 선거를 통해 선출되어 정치적 정통성이 확고한 김영삼 대통령부터 박근혜 대통령까지 모두가 성공하지 못한 대통령 또는 실패한 대통령으로 끝나게 된 원인에 대해 선행연구를 중심으로 살펴보고 있다. 선행연구는 역대 대통령이 성공하지 못했던 이유와 원인에 대해 첫째, 청와대 터와 공간배치 등 공간적 환경, 둘째, 제도가 문제라는 관점에서 제왕적 대통령제, 현행 5년 단임제, 사회·구조·제도적 환경, 셋째, 사람이 문제라는 관점에서 권위주의적 리더십 등의 차원에서 야기된 문제점을 지적하고 있다.

제2장에서는 민주화 이후 역대 대통령이 성공하지 못한 대통령 또는 실패한 대통령이 된 이유를 대통령의 리더십을 중심으로 분석하고 있다. 구체적으로 대통령이 위기를 맞게 된 다섯 가지 주요 원인과 이유를 자세히 살펴보고 있다. 특히 여기에서는 기존의 주장과 달리 대통령의 제왕적인 명령자 역할과 효율적인 정책 집행만을 강조했던 권위주의적 행정 리더십administrative leadership이 지닌 문제점에 주목하고 있다. 이를 기초로 '성공하려는 패러다임', 박정희 대통령과의 심리적 경쟁, 정치적 차별화, 망사로 끝난 인사 정책, 약한 입법 리더십, 즉 '행정의 달인'인 대통령 등을 대통령 실패의 이유와 원인으로 지적하고 있다.

민주화 이후 역대 대통령을 성공하려는 패러다임의 관점에서 정리하는 일은 고단하고 복잡한 일이다. 특히 민주화를 상징하는 김영삼 대통령과 김대중 대통령의 정치적 역정과 그 공과는 워낙 다난하고 논란이 많고 정리할 분량도 상대적으로 많다. 이러한 정리를 통해 역대 대통령의 공과와 우리 정치의 변천 과정, 나아가 우리 국가체제 운용에 대한 설명력이 높아지기를 기대한다.

제3장에서는 미래의 대통령이 성공한 대통령 또는 적어도 실패하지 않은 대통령이 되기 위해 필요한 다섯 가지 주요 처방책을 역대 대통령이 지닌 리더십의 문제점에 근거하여 모색하고 있다. 여기에서는 실패한 대통령이 되지 않기 위해, 나아가 성공한 대통령이 되기 위해서 대통령은 '정치적 조정자political broker'가 될 것을 가장 먼저 주문하고 있다. 아울러 '실패하지 않는 패러다임', 박정희 대통령의 정치적 그늘 벗어나기, 정치적 차별화하지 말기, 인사가

만사, 강한 입법 리더십, 즉 대통령이 '입법의 달인'이 될 것을 요구하고 있다.

제4장에서는 성공한 대통령의 출현을 위해 필요한 기본 과제를 제시하고 있다. 미래의 대통령은 새로운 정치 패러다임을 창출해내야 성공할 수 있다. 여기에서는 미래 대통령이 성공하려면 정치적 여유와 편안함, 선택과 집중, '시대정신^{zeitgeist}'의 이해 등을 기초로 취약한 정치력을 회복할 것을 주장하고 있다.

이 책의 마지막은 더 하고 싶은 이야기 형식으로 성공한 대통령의 출현을 위한 선행조건들을 담고 있다. 현재 나라와 사회가 지향해야 할 비전과 목표에 대해 지역, 이념, 성별, 연령 등의 차원별 다름과 갈등이 심각한 수준이다. 여기에서는 이러한 다름과 갈등을 초월한 집단지성, 국민적 합의, 통치는 예술 등의 중요성을 강조하고 있다.

1
chapter

한국의 대통령 왜 성공하지 못하는가

민주화 이후 역대 대통령이 성공하지 못한 이유에 대한 기존 연구들을 살펴보면 매우 흥미롭다. 통치의 위기 즉, 실패의 요인들에 대해 기존 연구들은 첫째, 대통령이 일하고 거주하는 장소인 청와대의 지리적 또는 공간적 환경 요인 등을 제시하고 있다.

둘째, 제도가 사람보다 더 문제라는 관점에서 제왕적 대통령제와 현행 5년 단임 대통령제에 기인한 분점정부의 빈번한 출현, 현행 단순다수대표제의 대통령 선거제도 등 대통령을 둘러싸고 있는 제도적 또는 구조적 요인 등을 제시하고 있다. 다만 제왕적 대통령제의 문제점은 현행 5년 단임 대통령제의 문제점과 관련 많은 부분에서 동일해보이지만 그 근원은 제도적 요인뿐만 아니라 정치·사회·문화적 요인 등이 결부되어 있어서 그 문제점의 심각성이 깊어서 분리하여 살펴보고자 한다.

셋째, 사람이 제도보다 더 문제라는 관점에서 대통령 개인의 자질과 권위주의적 정치·문화에 기초한 정치 리더십 요인 등을 다양하게 제시하고 있다.

1 청와대 터와 공간 배치가 문제

"…여야^{與野} 의원들이 내년도 예산 심의 과정에서 '청와대 내부 소통을 강화하기 위해 건물 재배치 추진 예산을 주겠다'고 했지만 청와대 측이 '소통에 문제가 없다'며 거부한 것으로 알려졌다… 청와대는 대통령 집무실이 있는 본관과 보좌진이 근무하는 위민관이 500여 미터 떨어져 있다. 보좌진이 본관으로 가려면 도보로 10분 이상 소요된다. 이 때문에 대통령과 보좌진의 소통에 문제가 있다는 지적이 있었고, 집무실을 위민관으로 이전하거나 본관에 보좌진의 공간을 두자는 제안이 나왔었다… 하지만 이재만 청와대 총무비서관은… '대통령과 보좌진 간 소통에는 지금도 문제가 없다'며… 당장은 재배치 추진 예산을 받지 않겠다고 한 것이다. 이와 관련, 여권 관계자는 '해당 예산을 받을 경우 청와대가 그동안 소통이 잘 안 됐다는 걸 인정하는 셈이 되기 때문에 앞으로도 청와대가 재배치 추진에 적극적으로 나설 것 같지 않다'고 했다…" ― 《조선일보》[48]

대통령이 재임하는 동안 일을 하고 머무는 곳이 청와대이다. 그런데 풍수학자 최창조 교수를 비롯하여 많은 풍수지리학자들은 현재 청와대 터 자체가 '흉당'이라서 대통령이 누가 되든 청와대에서 머무르고 일하기만 하면 성공하지 못한다고 주장한다.[49] 그들에 따르면 대통령이 일하고 머무는 곳을 현재의 청와대에서 다른 곳, 즉 흉당이 아닌 '명당'으로 옮겨야만 미래 대통령이 성공한 대통령 또는 실패하지 않는 대통령이 될 수 있다는 것이다.

그러나 김두규에 따르면 세종대왕을 비롯하여 많은 사람들이 청와대를 포함한 경복궁이 제대로 된 명당이라고 판단했다. 구체적으로 그는 청와대 터에 대해서 "…화기^{火氣} 강하고 말[言]이 많은 터지만 오히려 문화적으로 융성하기에는 좋다…"라고 주장한다.[50] 나아가 그는 제아무리 좋은 땅이라도 완벽하지는 않다며 우리가 건물을 짓지만 건물이 다시 우리를 만든다고 주장하면서 이러한 청와대 터 이론을 비판하고 있다.

청와대 터 논쟁과 달리 건축공학자들은 청와대의 공산 시스템이 너무 봉건적으로 배치되어 잘못되었다고 주장한다.[51] 그들은 현재의 청와대 공간배치에서는 누가 대통령이 되든 성공하기 어렵기 때문에 대통령의 성공을 위해서는 보다 열린 공간배치가 필요하다고 주장한다. 건축공학자들의 주장 요지는 이렇다. 최고 권력자가 일하고 생활하는 공간은 국가철학의 지향점과 통치 마인드를 상징적으로 드러낸다. 3류 정치라고 조롱받는 우리의 정치수준이 높아지려면 공간부터 먼저 바꾸어야 한다. 공간은 사람의 사고방식을 지배한다. 업무 합리성을 고려한 기능이 탑재된 비권위적인 공간에서 생각은 여유로워지고 새로운 아이디어도 만들어질 수 있다. 반면 수평적 사고와 효율성과는 거리가 먼 크고 닫힌 공간에서는 자연스레 권위를 추종하고 생각의 폭이 좁아지며 실용보다는 형식을 따지기 마련이고 불통은 그렇게 시작된다.

역사적으로 청와대가 있는 장소는 조선 초기 경복궁의 후원으로 조성되었다. 종종 군인들의 훈련장소나 과거 시험장으로 사용되기도 했지만 그다지 중요한 기능은 없었다. 조선 말 고종 때 경복궁이 중건되면서 융문당, 경무대, 경농재 등 200여 칸의 새로운 건물들이 이 장소에 들어서게 되었다. 건물들은 저마다 과거시험, 군사훈련, 왕이 농사를 지어 시범을 보이는 친경의 현장 등 궁궐 행정의 부속장소로 사용되었다. 1937년 일제는 이곳의 건물 몇 채를 철거하고 그 자리에 조선총독부 관저를 지었고 광화문 앞의 총독부와 더불어 궁궐 앞뒤로 막아서는 압제의 배치를 꾀했다.

해방 이후 미군정의 하지 사령관 역시 조선총독부 관저를 그대로 군정관저로 사용했는데 이때부터 이 장소의 정체성이 묘하게 흘러가기 시작했다. 정부 수립 후 이승만 대통령은 집무실 겸 관저로 이 집을 사용했다. 그 이름이 청와대의 전신이었던 '경무대'였다. 경무대는 이승만 대통령 하야 이후 윤보선 대통령 때 청와대로 명칭을 바꾸었고 1993년 김영삼 대통령이 이를 철거할 때까지 조선총독부의 원형을 그대로 사용했다. 수치스럽게도 이곳을 대통령의 공간으로 60년 가까이 사용한 것이다.

일제는 세종로와 마주하는 정면에 조선총독부를 세우고 조선의 상징이었던 경복궁을 사이에 두고 그 뒤로는 당시 실질적 최고 권력자였던 총독 관저를 세움으로써 우리의 전통을 말살하려 했다. 그 관저가 미군정 사령관 관저로, 다시 우리의 초대 대통령 관저로 사용되었고 그런 식으로 1991년까지 맥을 이어왔다. 대통령을 위한 더 좋은 장소는 없었을까? 더 합리적이고 상징적인 대통령의 공간을 만들 시간과 아이디어는 없었을까? 청와대가 현재의 시대정신과 정서에 잘 어울리는 건축물인지 한번쯤 곰곰이 생각해볼 때가 되었다.

현재의 청와대 본관은 1991년 노태우 대통령 시절 현대건설이 새롭게 신축했다. 중앙에 대통령 본관, 입구 왼편에 외국손님을 의전 하는 영빈관, 프레스 센터 기능을 담당하는 춘추관, 그리고 대통령 참모들이 일하는 업무 공간 등을 배치했다. 문제는 대통령 관저와 집무실, 비서와 보좌관들의 공간, 춘추관 등의 동선이다. 이들은 서로 차를 타고 움직여야 할 만큼 멀리 떨어져 있어서 업무 효율이 좋지 않다.

이러한 환경은 대통령이 호출하면 비서신들이 신하가 입궐하듯 집무실로 가서 보고해야 하는 봉건적 공간 시스템이다. 실제 업무 방식도 크게 다르지 않다. 실시간 정보를 접하기 힘들고 편하게 수시로 의견을 교류할 수도 없는, 단절된 공간에 갇힌 채 의전용으로 지어진 강당 같은 집무실에서 고독한 시간을 보내는 대통령 리더십의 한계는 쉽게 짐작할 수 있다. 지금의 청와대는 중세 궁궐의 형식 미학만 빌려 쓴 전근대적인 통치 건축의 전형을 보여주고 있다.

이 같은 공간에서는 누가 대통령이 되어도 좋은 정치를 하기 어려운 건축적 요인이 존재한다는 건축공학자들의 주장을 되새겨볼 필요가 있다. 임기를 마치고 존경 받으며 행복한 말년을 보내는 대통령을 보기 힘든 까닭 역시 대통령의 능력 문제 이전에 이렇게 이상한 공간에서 5년을 갇혀 지내는 결과가 아닐까 생각해볼 일이다.

이와 관련해 나는 역대 대통령에게 대통령 집무실을 광화문 정부종합청사로 옮기고 청와대는 외국 손님들과 특별 행사를 위한 영빈관 그리고 대통령의 거주지로 사용하자고 지속적으로 제안했다. 이러한 제안은 번번이 대통령 경호상의 이유로 거부되었다. 특히, 나는 이명박 대통령에게 대통령 후보시절 대통령에 당선되면 집무실을 광화문의 동화빌딩으로 옮기자고 제안했다. 이명박 대통령이 집무실에서 자신이 완공한 청계천을 내려다 볼 수 있고 비서실 참모진들이 대통령과 같은 건물에서 근무함으로써 업무의 효율성도 높일 수 있다고 주장했다.

이렇게 '매일 출퇴근 하는 대통령'은 열린 청와대를 지향하면서 사람들과 만남의 범위도 확대되고 소통은 더욱 높아질 것이라는 기대감도 있었다. 특히 박근혜 대통령의 고립에 기인한 최순실 게이트를 경험하면서 열린 청와대의 필요성은 더욱 높아졌다. 미래 대통령은 공간이 말보다 더 분명한 메시지를 던진다는 주장을 경청해야 한다. 대통령으로서 군림하지 않고 국민을 위해 일하겠다는 태도의 진정성을 보여주는 첫 번째 길을 공간에서 찾을 수 있다.

2 제도가 문제다

"…최순실 씨의 국정개입 논란과 관련, 제왕적 대통령제에서 너무 많은 권한이 남용돼 이런 일이 벌어졌다… 견제 받지 않은 권력, 무소불위의 대통령 권력의 한계가 생생히 드러난 것… 이건 개인의 문제라기보다 제도의 문제일 수 있다…" ―정세균 국회의장[52]

"우리나라는 이미 군정은 종식되었으나 왕정은 종식되지 않았다… 우리 국민들의 상당수는 대통령을 군주로 생각하는 경향이 여전히 남아 있다. 제왕적 대통령제는 제도적인 면보다는 우리 국민들의 이러한 의식수준에서 기인한 면이 적지 않다…" ―정두언[53]

"대통령중심제라고는 하지만 대통령으로서 할 수 있는 일이 별로 없었다… 꿈은 많고 의욕도 많고 어떻게든지 해보려고 했는데, 거의 안 됐어요. 사실… 그러니까 그냥 혼자 가만히 있으면 너무 기가 막혀 가지고 마음이 아프고 내가 좀 국민들에게 더 만족스러운 삶을 마련해주기 위해서 내가 대통령까지 하려고 했고, 열심히 밤잠 안자고 이렇게 고민해서 왔는데 대통령 돼도 결국은 할 수 있는 게 없구나 (하면서) 그냥 그렇게 해 보고 싶은 거를 못하고 있는 거죠." ―박근혜 대통령[54]

"현행 헌법은 1987년 개정된 헌법이다. 그해 9월 국회 표결에서 찬성 254표 반대 4표로 통과돼 국민투표에 부쳐졌다. 한 달 후 국민투표에선 투표자의 93.1%가 찬성표를 던졌다. 현행 헌법에는 '1인 장기 독재' 청산이라는 87년 당시의 시대정신과 국민 염원(念願)이 담겨 있다. '87년 헌법'은 기대를 저버리지 않았다. '1인 장기 독재'가 사라졌다… 강을 건너면 뗏목은 잊히는 법이다. '87년 헌법'은 목표 달성에 실패해서가 아니라 목표를 성공적으로 달성했기 때문에 개헌 도마에 올랐다. 현행 헌법의 뼈대라는 '대통령 5년 단임제'가 '그때는 맞고 지금은 틀리다'는 영화 제목 신세가 된 것이다." ―강천석[55]

"87년 체제라는 5년 단임제는 현직 대통령에게 정치적 책임을 물을 수 있는 기회가 원천적으로 배제된 대통령 무책임제다… 임기 5년에 머물다 보니 장기적 계획을 세워 국가의 미래발전을 도모하기도 힘들다. 우리나라 대통령제가 안고 있는 이런 하자瑕疵 때문에 역대 대통령들은 대부분 임기가 중단되거나 당에서 쫓겨나거나 임기 후 불행한 상황에 처했다." ―김종필[56]

"(5년 단임제의 문제점은) 5년 단임제가 정착하면서 민주화와 평화적 정권교체는 토대가 마련되었지만, 국가의 중장기적 발전 비전과 정책을 추진하기 보다는 5년 임기 중 가시적인 성과를 낼 수 있는 단기적인 정책에만 치중한다는 문제였다." ―이명박 대통령[57]

"차기 대통령은 50% 이상의 국민동의를 얻어서 당선되어야 한다… 선거제도를 개혁하고 대통령 결선투표제를 도입해 다당제를 제도화해야 한다… 국민 50% 이상 지지를 받은 사람이 당선되어야 국정을 혼란스럽지 않게 리더십을 갖고 끌고 가고 개혁을 완수할 수 있을 것이다…" ―안철수[58]

제왕적 대통령제

최순실의 국정 개입 사건과 박근혜 대통령의 정치적 추락과 실패를 보면서 그 근원을 '제왕적 대통령제Imperial Presidency'에서 찾는 사람이 많이 있다. 제도가 사람보다 더 문제라고 생각하는 것이다. 심지어 박근혜 대통령조차 자신의 실패를 '제왕적 대통령Imperial President'으로 군림하려고 한 자신이 아니라 현행 대통령제 탓으로 돌렸다. 그는 "1987년 개정되어 30년간 시행되어온 현행 5년 단임 대통령제 헌법은 과거 민주화 시대에는 적합할 수 있었지만 지금은 몸에 맞지 않는 옷이 됐다… 대립과 분열로 한 걸음도 나아가지 못하는 지금의 정치 체제로는 대한민국의 밝은 미래를 기대하기 어렵다."라고 주장했다.[59] 실제로 많은 학자들이 역대 대통령 실

패의 가장 중요한 요인으로 제왕적 대통령제를 꼽고 있다.[60]

그러나 민주화 이후 모든 역대 대통령의 실패는 현행 대통령제보다는 대통령 자신의 탓이 더 크다. 많은 사람들이 문제해결의 첫 단추를 잘못 꿰는 데는 이러한 인식의 오류가 크게 작용하고 있다. '사람이 제도보다 더 문제'라는 언명부터 분명하게 인지해야 한다.

대다수의 정치학자들은 역대 대통령을 1987년 민주화를 기준으로 민주화 이전 대통령과 민주화 이후의 대통령 또는 군인 출신 대통령과 비군인 출신(문민) 대통령, 나아가 권위주의적 대통령과 탈권위적 대통령 등으로 구분하여 연구한다. 또한 그들은 종종 이승만, 박정희, 전두환, 노태우, 김영삼, 이명박, 박근혜 대통령은 보수(우파) 대통령으로 김대중, 노무현 대통령은 진보(좌파) 대통령으로 구분하기도 한다. 이러한 시각과 달리 여기에서는 이승만 대통령부터 박정희, 전두환, 노태우, 김영삼, 김대중 대통령을 하나의 범주로 생각하여 '제왕적 대통령'으로 구분하고 있다. 그 이후의 노무현, 이명박, 박근혜 대통령은 제왕적 대통령제의 종언이라는 정치적 전환 과정의 '탈제왕적 대통령'으로 구분하고 있다.

구체적으로 박정희, 전두환, 노태우 등 군인 출신 대통령들은 정보기관, 경찰, 검찰 등 권력기관들을 이용한 무력과 정경유착에 기초한 막대한 정치자금 그리고 집권여당의 총재로서 여당 소속 국회의원 후보에 대한 공천권 행사로 무소불위의 권력을 행사하며 제왕적 대통령으로 군림했다. 문민 대통령인 김영삼 대통령과 김대중 대통령도 무력 대신 경상도와 전라도라는 지역적 대표성, 공천에 따른 합법 또는 비합법적 금전거래에 기초한 불투명한 정치자금 그리고 집권여당의 소속 국회의원 후보에 대한 공천권 행사를 통해 막강한 권력을 행사했다.

그러나 2002년 대통령 선거과정에서 노무현 대통령은 대권·당권의 분리 선언을 통해 대통령으로서 집권여당 소속 국회의원 후보에 대한 공천권 행사를 포기했다.[61] 노무현 대통령의 당선은 막강한 영향력을 가진 제왕적 대통령의 시대가 끝나고 그간 우리 정치를 주도해왔던 '3김(김영삼, 김대중, 김종필) 시대'[62]가 막을 내렸다는 것을 의미했다. 다시 말해 노무현 대통령은 박정희, 전두환, 노태우, 김영삼, 김대중 대통령들과는 달리 지역적 대표성 결여, 정치 투명화에 따른 정치자금 전무 등 대통령으로서의 정치적 영향력의 원천이 전혀 없었다. 그는 취임 때부터 제왕적 대통령이 될 수 없었다. 오히려 집권과 동시에 대선에서의 힘겨운 승리로 인한 약한 지지층과 함께 여소야대의 국회 등 레임덕 대통령이 될 요소를 모두 가지게 되었다.

노무현 대통령 이후 이명박 대통령과 박근혜 대통령도 각자의 정치적 자원에 따라 차이는 있지만 과거 제왕적 대통령에 비해 그 정치적 영향력이 현저하게 감소했다. 예컨대 박근혜 대통령은 지난 2016년 4월 국회의원 총선에서 TK 지역에 공천권을 실질적으로 행사했다. 이것이 정치적 부메랑으로 작용하여 집권 여당인 새누리당은 총선에서 패배했다. 박근혜 대통령과 집권여당인 새누리당은 더불어민주당과 국민의당 등과 함께 3당 체제 아래에서 실질적인 여소야대 상황을 맞이했다. 박근혜 대통령이 '선거의 여왕'이라는 말도 무색해졌다.

박근혜 대통령의 비판자들은 그의 비밀스러운 불통의 리더십을 지적하며 제왕적 대통령의 부활이라고 주장했다. 그러나 박근혜 대통령은 정치적으로 민주화되고 사회적으로 자유화된 국정운영의 새로운 환경 때문에 제왕적 대통령이 될 수 없었다. 그럼에도 불구하고 박근혜 대통령은 말벗인 최순실과 측근 비서인 문고리 3인방에 의존하여 제왕적인 국정운영을 시도하다가 정치적으로 실패했다. 시대와 환경은 과거와 같은 제왕적 리더십을 절대로 용인하지 않는다. 민주화와 자유화가 지배하는 새로운 국정운영 환경은 새로운 리더십을 요구할 수밖에 없다.

제도적인 관점에서 자세히 분석하면 현행 대통령제는 결코 제왕적 대통령제가 아니다. 다만 정치체제 안에서 옛날 황제처럼 권력을 마음대로 휘두르는 제왕적 대통령이 있었을 뿐이다. 지금은 그러한 제왕적 대통령의 발자취도 점차 끝나가고 있는 과정이다. 실제로 현행 헌법에 규정된 대통령의 공식 권한은 대통령제를 운영하고 있는 다른 나라 대통령의 권한보다 크다고 할 수 없다. 이는 우리 헌법이 대통령제와 내각제를 절충한 요소를 가지고 있어서 국회가 대통령과 행정부를 견제하는 기능이 있기 때문이다.[63] 현행 헌법 제66조는 다른 대통령제 국가와 마찬가지로 대통령에게 '국가원수로서 권한'[64]과 '행정부 수반으로서 권한'을 보장하고 있다.[65] 그러나 대통령이 유일하게 국회를 견제할 수 있는 권한인 국회해산권은 주어져 있지 않다.

즉 현행 대통령제에서 대통령의 공식 권한은 다른 대통령제의 대통령과 비교해도 상대적으로 미약하다. 그럼에도 노무현 대통령

이전의 역대 대통령은 헌법에 규정된 공식 권한과는 상관없이 매우 강력한 권한을 행사했다.[66] 그들이 대통령으로서 권력이 강력했던 것은 대통령의 제도적 절차 경시, 인사권의 심각한 남용, 여당 국회의원에 대한 공천권 행사 그리고 당직 임명 등에서 대통령에 대한 국회의 견제기능 상실에서 비롯되었다. 이렇게 헌법에 규정된 공식 권한과는 상관없이 강력한 권한을 실질적으로 행사한 역대 대통령을 일컬어 제왕적 대통령이라고 한다.

논의를 정리해보자. 우리나라 정치체제는 제왕적 대통령제가 아니다. 다만 노무현 대통령 이전의 역대 대통령이 제왕적 대통령으로 군림해왔을 뿐이다. 즉, 제왕적 대통령제는 존재하지 않았지만 제왕적 대통령은 존재했던 것이다.[67] 공식 정치체제와 실질 운용체제의 차이는 노무현 대통령 이전 우리 대통령들의 과도하고 파행적인 권력행사를 노정했고 '민주주의의 공고화$^{democratic\ consolidation}$' 과정에 매우 부정적으로 작용했다. 막강한 영향력을 가진 제왕적 대통령의 경향도 노무현 대통령부터 점차 약화되어 왔다. 다만 박근혜 대통령 시기에 제왕적 대통령의 경향이 조금 높아졌을 뿐이다. 최순실 게이트와 함께 박근혜 대통령이 정치적으로 몰락하면서 이러한 경향은 다시 현저히 약해지고 있다.

제왕적 대통령의 특징 : 명령자

이승만 대통령부터 김대중 대통령까지 제왕적 대통령은 권위주의적 리더십에 안주해 왔다. 이러한 권위주의적 리더십은 국가형성 및 발전에 순기능도 있었다. 이승만 대통령은 국가형성 과정에서 국민에게 일체감을 형성하게 했고, 박정희 대통령은 경제발전에 매진해 성공했다. 김영삼 대통령과 김대중 대통령은 독재에 대항하여 민주화를 달성하는 데 공헌했다.

제왕적 대통령의 권위주의적 리더십의 특징은 다음과 같다.[68] 첫째, '지역주의'와 밀접히 연결되어 비정상적이고 편협한 지역 중심의 정치를 더욱 고착화했다. 그 이유는 대통령에 대한 선호와 정치적 지지가 개인의 자질과 정책보다는 대통령의 출신 지역에 따라 결정되었기 때문이다. 실제로 박정희 대통령(전두환 대통령과 노태우 대통령도 포함)은 경상북도, 김영삼 대통령은 경상남도, 김대중 대통령은 호남 지역을 대표하였다. 이러한 정치적 대표성은 그들의 정책이나 자질과는 무관하며 그들의 출신 및 성장 지역에 근거한 것이었다.

둘째, 국정의 모든 운영권과 권력이 대통령 일인에게 집중되어 정경유착에 따른 부정부패 등과 같은 악순환이 발생할 경향이 높아졌다. '권력의 사인화私人化'에 따른 대통령의 친인척 비리 등 권력남용도 초래했다. 임혁백에 따르면 전두환 대통령은 약 6,930억 원, 노태우 대통령은 약 4,500억 원의 정치자금을 불법적으로 수수했다. 그들은 퇴임 후에도 각각 약 1,600억 원과 약 2,300억 원을 집으로 가져갔다.[69]

셋째, 정당을 포함한 제도 기관, 특히 정보기관, 검찰, 법원, 경찰 등 '권력기관의 사병화 경향'이 매우 높았다. 이승만 대통령 당시 경찰은 야당 탄압, 부정선거, 정치공작 등에서 주요 역할을 담당했다. 박정희 대통령 이후는 정보기관과 국세청, 검찰 등이 그 역할을 수행했다. 권력기관의 사병화는 권력남용의 가능성을 높였다.

이러한 문제점은 민주화 이후 역대 대통령의 국정운영에서도 반복적으로 드러났다. 최순실 게이트는 권력의 사인화에 따른 권력기관 사병화의 완결판이다. 이와 관련해 《조선일보》는 "이 정권 들어 검찰은 무리한 정치 수사를 연발해왔다… 검찰은 대통령의 정치 하청에 동원돼 국민이 준 권력을 휘두르면서 얼마나 많은 사람을 괴롭혔는가… 왜 국민이 세금을 내 이런 조직을 유지해야 하나. 검사들은 승진시켜주고 좋은 보직 준다면 무슨 일이든 할 사람들이라고 한다. 그 인사권을 대통령이 갖고 있다. 이 정권에서 검사 인사권을 실질적으로 휘둘러온 것은 우병우 민정수석이다. 그가 검사들을 인사권으로 압박하고 회유하면서 정치 수사를 배후에서 조종해왔다는 혐의가 짙다… 국민의 상식 차원에서 이야말로 거악(巨惡)이고 대형 범죄다… 대통령과 검찰은 수사 주체가 아니라 수사 대상이 돼야 한다."라고 주장했다.[70]

넷째, 대통령 자신의 신념 또는 의지, 이른바 '자신의 복음'이 매우 강했다. 자유로운 비판과 토론이 활성화되지 못해 국정운영이 독선·독단적으로 흐르는 경향도 매우 높았다. 나아가 이것은 대통령의 비타협적인 정치행태를 심화시켰고 정치적 갈등 해결을 위한 제도적 기관인 국회나 정당의 기능을 경시하면서 '정치의 경직성'을 강화시켰다. 이러한 정치행태는 타협보다는 독선을 강조하게 되어 분열과 갈등의 정치를 조장하고 정국혼란을 초래했다.

다섯째, 제왕적 대통령은 명령자의 역할에 충실하였고 그 리더십의 핵심은 행정 리더십이다. 이는 주종관계에 기초한 대통령의 개인 카리스마, 계층적 권위 그리고 효율적인 집행을 위한 명령·통제

체제에 충실한 리더십이었다. 명령자로서 제왕적 대통령의 권위주의적 리더십이 국정운영 과정에서 야기한 문제점은 하나둘이 아니다.

우선, 정책의 결과보다는 명분이나 모양새를 중시했다. 실례로 김영삼 정부와 김대중 정부의 행정개혁이 모양새에 치중하다보니, 개혁이 단순히 정부조직의 기구 통폐합과 인력축소 그리고 민영화를 통한 작은 정부 구현에 집중되었다.[71] 박근혜 대통령은 2014년 세월호 참사 후 국민 안전에 대한 근본적인 해결책을 모색하기보다는 해양경찰청에 책임을 물어 해체해버렸다.[72]

또한 모든 정책의 결정과 집행에 특정 대통령 일인의 영향력이 너무 강했다. 대통령 자신이 짧은 시간에 너무 많은 국정운영 목표를 세우고(overscheduled), 이들 개혁 목표들의 문제에 너무 많이 관여하며(overhandled), 이들 문제에 대해 지나치게 국민과 언론에게 직접 설명하려고(overexposed) 애썼다.[73]

제왕적 대통령의 권위주의적 리더십 때문에 권력의 주체가 독립운동 세력이든, 군부세력이든, 문민 또는 민주 세력이든 간에 권력을 장악하면 그들은 명령자가 되었다. 권력의 나쁜 속성인 권력의 사인화와 자의적인 권력 행사 등을 벗어나지 못했다. 결국 지금까지 제왕적 대통령은 효율성을 강조하는 행정 리더십에 기초한 명령자의 역할에 충실해왔다. 그들은 권위주의적 리더십의 본질적인 한계와 국정운영 경험의 부족 때문에 좋은 국정운영 결과를 낳지 못했다. 리더십의 변화에 실패한 결과 대통령은 통치의 위기를 맞이했고 이것이 대통령의 위기를 초래한 것이다.[74]

제왕적 대통령의 종언 과정

민주주의가 진척됨에 따라 대통령의 실질 권력은 헌법에 규정된 공식 권한에 맞추어 점차 약화되었다. 특히, 2002년 대통령 선거과정에서 집권당 총재로서 노무현 대통령의 공천권 포기선언은 국회의 자율성을 높였고 시민의 활발한 정치참여는 민주화를 심화시켜 더 이상 제왕적 대통령은 존재할 수 없게 되었다. 이제 우리의 대통령은 제왕도 명령자도 아닌 다른 정치인들보다 '조금 앞선 정치인first among equals'일 뿐이다. 제왕적 대통령의 종언 과정을 조금 더 구체적으로 살펴보면 아래와 같다.

첫째, 제왕적 대통령의 종언은 어느 한 순간에 이루어진 것이 아니다. 1987년 6월 민주화 항쟁 헌법의 5년 단임제와 대통령과 국회의원 선거주기의 불일치에 따른 여소야대, 즉 분점정부의 지속적 출현[75] 등 정치체제 패러다임 변화의 연속선상에서 이루어진 것이다. 실제로 대통령과 국회의원의 선거주기가 일치하지 않아 집권 여당이 국회에서 다수 의석을 확보하지 못해 초래되는 분점정부의 등장으로 국회의 상대적 자율성은 높아졌고 영향력도 증대했다. 특히 김대중 정부, 노무현 정부의 집권 초기 그리고 박근혜 정부의 집권 후반기 여소야대 정국에서 국회의 법률 발의 및 가결 비율 등을 살펴보면 국회의 자율성은 더욱 높아졌다.[76] 국회의 자율성은 대통령과 국회의원의 임기가 일치하지 않는 점을 고려할 때 앞으로도 그 정도는 더욱 높아질 것이다.

둘째, 노무현 대통령은 정치의 자생력을 키우기 위한 당정분리 원칙에 따라 여당의 총재직을 포기했다. 여당의 주요 당직 인사에 대한 영향력 역시 포기했다. 또한 2004년 국회의원 총선에서 여당 국회의원 후보에 대한 공천권도 행사하지 않았다. 아울러 청와대의 정무수석비서관을 폐지하면서 대국회 관계, 특히 야당과 관계를 포함하여 정치적인 사안은 전적으로 여당에 맡겼다. 당시 국가보안법을 포함한 4대 개혁법안 처리 지연에 따른 여당 내 지도부 사퇴 파동에도 일절 개입하지 않았다. 그는 이를 대통령으로부터 여당의 정치적 독립, 즉 정당 민주주의를 이룩하기 위한 일종의 성장동임을 분명히 하였다.[77] 이는 과거 세왕적 대통령들이 여당을 지배하고 국회까지 좌지우지하던 정치 관행과는 완전히 다른 것이었다.

청와대와 여당의 관계를 새롭게 설정하려는 그의 당정분리 시도가 과거 제왕적 대통령이 집권당의 총재를 겸하면서 당의 인사권, 재정권, 공천권을 독식했던 병폐를 어느 정도 치유하기는 했지만 당·정간의 유기적이고 원활한 협력은 미흡했다. 정책조율 과정에서 당·정간에 혼선이 노정된 결과 여당의 정국 주도력과 갈등 조정력 역시 현저히 약화되었다. 정책혼선의 대표적인 예로 이라크 파병, 아파트 분양원가 공개, 양도소득세 중과세, 종합부동산세 도입, 증권관련 집단소송제 개정, 국민연금법 개정 등이 있었다.[78]

셋째, 이러한 새로운 정치 상황에서 미국의 정치학자 스코우로넥Stephen Skowronek이 주장하듯이 "낡은 정치질서에서 비롯된 명제들을 타파하고, 그 자리에 새로운 명제들을 세워야 하는 것"[79]처럼,

노무현 대통령은 과거 제왕적 통치와 3김 정치를 마감하면서 그 부정적 유산을 청산하고 새로운 정치질서를 창출해야 하는 정치적 과제를 안게 되었다. 이와 관련해 그는 '구시대의 막차'가 아닌 '새시대의 첫차'가 되고 싶어 했다.[80]

이를 위해 그는 집권 초기 파격적인 발언과 행동으로 그 동안 국민에게 익숙한 '제왕적 군주상'을 허물어뜨리고 '권위주의 문화' 타파에 노력했다. 2003년 2월 19일 뉴스위크와 가진 회견에서 "…한국 사회는 좀 더 자유롭고 사람과 사람간의 관계가 더 수평적이고 개방적인 사회로 가야 한다…"면서 "…내가 당선된 것은 사회가 지금 그렇게 변하고 있다는 증거이고 나의 당선으로 그 변화가 좀 더 넓어지고 빨라질 것…"이라고 말했다.[81] 다만 이러한 시도가 너무 급격히 이루어져 대통령직과 다른 제도적 기관들에 대한 권위가 급격히 실종되는 반작용도 불러왔다.

또한 노무현 대통령은 국가정보원, 검찰, 경찰, 국세청 등 4대 권력기관의 의사결정 및 집행과정에서 자신의 영향력을 억제하여 이들 기관의 정치적 자율성과 중립성을 높였다. 권력기관들의 사병화를 포기했고 이는 이들 기관의 정치적 제자리 찾아주기, 즉 '권력의 정상화'로 이어졌다. 사실 그도 "…대통령이 권력기관을 사조직처럼 이용하는 제왕적 대통령의 시대를 확실하게 마감하고 싶었다…"라고 주장했다.[82] 실제로 그는 국정운영에서 편리한 '권력의 도구' 또는 축을 활용하지 않았다. 검찰 장악을 통한 사법부 통제를 시도하지 않았다. 국정원장의 독대 정보보고 등을 받지 않았고 국가정보원을 통한 공작 정치 등도 포기했다.

권력기관의 자율성 증가에는 그 책임과 효율이 뒤따라야 한다. 그러나 불행하게도 현실에서는 도리어 제도화된 권력기관들의 배타적 권한강화로 이어졌다.[83] 또한 일시적으로 대통령의 국정장악력을 현저히 약화시켜 정부정책의 추진에서 대응력과 조정력을 저하시켰다. 국정운영의 효율성도 낮아졌다. 이 시기를 비판자들은 '국정의 갈팡질팡' 기간으로 폄하하기도 했다.[84]

제왕적 대통령의 종언과 그 부작용

제왕적 대통령의 종언은 입법부·사법부·행정부 상호간의 견제와 균형을 높여 민주주의 공고화에 크게 기여했다. 이는 분명한 사실이다. 그러나 이는 대통령의 정치적 영향력을 현저히 약화시키면서 대통령의 국정 조정력과 대응력을 떨어뜨려 정책 혼란을 끊임없이 드러냈다. 노무현 대통령 당시 제왕적 대통령 문화 타파라는 정치적 변화는 대통령과 국회의 잦은 대립으로 정치적 교착 상태를 낳았고 이후 저성장, 고령화라는 새로운 사회·경제적 상황과 맞물리면서 대통령의 국정운영에 큰 어려움을 가져왔다.[85]

실제로 노무현 대통령은 "…대통령은 무엇이나 할 수 있는가? 대통령의 권력이 너무 크다는 사람이 있다. 강력하게 하라는 사람도 있다. (그러나) 권력은 분산되어 있고 대통령은 제도에 묶여 있다… 대통령의 권능은 우리가 생각하는 것보다 훨씬 작습니다. 그리고 그 권능은 수많은 주변 여건과 얽혀 있습니다. 그래서 대통령이 뭘 하려고 마음을 먹는다고 다 되지는 않습니다. 제가 무언가

하려고 할 때마다 시끄러웠던 것을 보았을 것입니다…"라며[86] '대통령의 정치적 한계'를 진술하게 회고했다.

아울러 제도적 기관들의 신장된 정치적 자율성은 지역·이념·세대·계층·성별 간 갈등을 더욱 심화시켜, 대통령의 국정운영의 안정성을 크게 흔들어 놓았다. 특히 새로운 정치적 마비 상태, 즉 거부권 정치의 만연과 사회·경제적 변화 때문에 노무현, 이명박 대통령을 거치면서 대통령의 '통치능력$^{governing\ capacity}$'은 지속적으로 약화되어 왔다. 특히 박근혜 대통령의 말벗이 국정에 개입하는 사태가 벌어지면서 대통령의 위기는 더욱 깊어졌다. 시간이 갈수록 미래 대통령은 국정을 성공적으로 운영하기가 더욱 어려워질 것이다.

과거 제왕적 대통령 아래에서는 산업화 또는 민주화라는 우월적 가치가 지배적이었다. 지금과 같은 제왕적 대통령의 종언 과정에서는 '민주적이면서도 능력 있는 정부'의 필요성이 강조되고 있다. 아울러 대통령이 실패할 가능성은 계속 높아지는데 대통령의 통치능력은 더욱 약화되고 있다. 특히, 최순실 게이트를 경험하면서 우리 국민의 대통령에 대한 실망감은 더욱 커졌다. 이율배반적인 환경들의 반작용 때문에 새로운 대통령에 대한 기대감, 즉 세종대왕처럼 위대한 대통령이 나타나서 한 번에 모든 문제를 다 깔끔하게 해결해 줄 것이라는, 일종의 '메시아적 현상'은 더욱 높아지고 있다.

다시 논의를 정리해보자. 국민의 새 대통령에 대한 기대감, '혹시나 현상'은 여전하고 오히려 더 커졌다. 반면 이에 부응해야 하는 대통령의 통치능력은 점점 약화되어 왔다. 국민의 기대감과 대통령의 통치능력 사이의 괴리가 점점 커지면서 '역시나 현상'인 대통령의 위기는 더욱 심화되어 왔다. 혹시나에 부응하기는커녕 역시나를 다시 확인하고 실망하면서도 또 다시 혹시나 하고 기대하는 불행한 대통령의 역사가 반복되고 있다. 이 책에서 밝히고자 하는 '역사의 역설'이다.

5년 단임 대통령제

1987년 6월 민주화 항쟁으로 국민들의 민주화 욕구는 강하게 표출되었다. 우리의 대통령제는 제9차 헌법 개정을 통해 대통령 직선제와 5년 단임제 규정을 중심으로 대통령의 비상조치권 및 국회해산권 폐지, 국회의 국정감사권 회복 등 민주주의의 기본원칙에 가깝게 변화되었다.[87] 5년 단임제에서 대통령은 유신시대처럼 장기간 권력을 유지할 수 없음은 물론 꿈도 꿀 수 없다. 실제로 현행 헌법은 지난 30여 년에 걸쳐서 국민 기본권의 실질적 신장, 장기집권의 방지 그리고 권위주의적 정치체제로부터 탈피 등 성숙한 민주화의 바탕이 되었다.

현행 헌법의 권력구조는 특정 대통령의 장기집권과 권력의 독점을 극복하는데 초점을 두고 있다. 자연스럽게 시대 상황의 변화에 효과적으로 대응하지 못하는 문제가 생겼다. 많은 법률전문가 및 정치학자들이 1987년 제정된 현행 헌법의 5년 단임제가 갖는 제도적 또는 구조적 한계 때문에 누가 대통령이 되어도 성공하지 못할 것이라고 주장한다.[88] 박근혜 대통령도 "우리 정치는 대통령 선거를 치른 다음 날부터 다시 차기 대선이 시작되는 정치 체제로 인해 극단적인 정쟁과 대결구도가 일상이 되었고 민생보다는 정권 창출을 목적으로 투쟁하는 악순환이 반복되고 있다… 대한민국의 발전을 가로막는 구조적 문제를 해결하고 국가 정책현안을 함께 토론하고 책임지는 정치는 실종됐다… 대통령 단임제로 정책의 연속성이 떨어지면서 지속가능한 국정과제의 추진과 결실이 어렵고 대외적으로 일관된 외교정책을 펼치기에도 어려움이 크다"고 말했다.[89] 대통령의 성공적인 국정운영을 어렵게 만든 하나의 원인이 현행 헌법의 권력구조라는 것이다.

이와 관련해서 흥미로운 사실이 몇 가지 있다. 1987년 민주화 항쟁 이후 직선제 개헌을 할 때 당시 김영삼 대통령과 김대중 대통령은 '4년 중임제의 정·부통령제'를 주장했다. 특히 김대중 대통령은 권력분권과 국민통합을 위해 의원내각제보다는 대통령제의 원형에 가까운 미국식 '4년 중임 정·부통령제'를 가장 선호했다. 김대중 대통령은 "우리나라에도 부통령이 있어야 한다. 정·부통령이 있다면 한쪽이 개혁적이라면 다른 한쪽은 보수적인 인물일 수도 있고, 한쪽이 동쪽 출신이면 다른 한 사람은 서쪽 출신일 수도 있다. 또 대통령에 집중된 의전 부담도 줄일 수 있고, 대통령 유고 시에 국정 중단을 막을 수도 있다"라고 말했다.[90]

또한 김대중 대통령은 "(1987년 당시) 여당이 나(김대중)와 김영삼 씨의 연대를 두려워해서 이를 극력 반대한 것이다."라고 주장했다.[91] 한편 김영삼 대통령은 전직 대통령으로서 내게 자신은 현행

5년 단임제를 선호한다고 명확하게 밝혔다. 현행 5년 단임제는 원천적으로 독재를 방지하고 5년마다 빠르게 정치 순환구조를 제공할 수 있기 때문에 정치 발전에 도움이 된다는 것이 그 당시 이유였다.[92]

한편 2003년 초 노무현 대통령은 현행 5년 단임 대통령제의 구조적 결함 때문에 대통령으로서 국정운영이 어렵다며, 대통령의 권력을 분산시키는 개헌을 2006년까지 완료하겠다고 약속했다. 그 이후에도 현행 대통령제의 수정을 위한 헌법 개정 논의는 끊임없이 제기되어 왔다.[93] 박근혜 대통령도 2016년 10월 "임기가 3년 8개월이 지난 지금 돌이켜 보면 우리가 당면한 문제들을 일부 정책의 변화 또는 몇 개의 개혁만으로는 근본적으로 타파하기 어렵다는 것을 뼈저리게 느꼈다… 국가운영의 큰 틀을 근본적으로 변화시키는 것이 당면 문제의 해결뿐만 아니라 중장기적으로도 더욱 중요하고, 제 임기 동안에 우리나라를 선진국 대열에 바로 서게 할 틀을 마련하는 것이 매우 중요한 일이라는 결론을 내렸다…"[94]며 개헌추진을 공식화했다. 이러한 상황에서 현행 5년 단임 대통령제의 문제점에 대해 조금 더 자세히 살펴보면 다음과 같다.

책임성 결여

5년 단임 대통령제는 민주주의의 공고화를 이끄는 긍정적인 성과를 낳기도 했지만, 권력누수 현상을 심화시켜 중임제보다 상대적으로 책임정치를 구현하기 어렵게 만드는 단점을 가지고 있다.[95] 더욱이 5

년 단임제는 대통령과 관료간의 정책 연결을 실질적으로 약화시켰다.[96] 정치의 민주화 및 경제의 자유화와 함께 단임 대통령제가 도입되면서 관료들은 대통령의 정치·경제 리더십 행사를 단기적이고 잠정적인 것으로 인식하고 정책의 구체화 및 집행에 소극적으로 대응하기 시작했다.[97] 5년 단임제의 한계 때문에 역대 대통령들은 매우 짧은 정책 시각을 갖고 정부 요직에 측근인사를 배치하여 독단적으로 국정을 운영해 왔다.[98] 심지어는 대통령이 새로 선출될 때마다 종종 집권당이 다시 만들어지는 상황도 연출되었다.[99]

이에 따라 대통령의 소속정당에 정치적 책임성을 추궁할 수 있는 '회고적 투표retrospective voting'가 불가능하여 부정적 국정결과에 대한 정치적 책임을 묻기가 어려웠다. 대통령 단임제의 책임성 저하 문제는 정치적 책임을 지지 않는 단임 대통령 일인에게 국정운영의 주도권이 집중되기 때문에 발생한다. 즉, 단임 대통령제에서 권력이 대통령 일인에게만 집중되어 그에 따른 권위주의 정치와 부패의 악순환이 재현될 가능성이 높고, 주요 국가정책의 연속성과 일관성 확보가 어려워 책임정치의 구현이 어렵다.

선거 주기의 불일치와 분점정부

현행 대통령제는 5년의 대통령 임기 동안 2번의 국회의원 총선거와 1번의 지방선거 또는 2번의 지방선거와 1번의 국회의원 총선거가 치러질 뿐만 아니라 각종 보궐 선거 등 약 4~6차례 정도의 선거관리를 해야 한다. 소위 '선거정국의 상시화' 때문에 국정의 불안과 비효율성을 초래하기 쉽다.[100] 이러한 상황에서는 어느 누구도 대통령으로서 성공하기 어려운 구조적 제약점을 갖고 있다. 대통령은 자신의 임기 중반에 치러지는 국회의원 선거와 지방선거를 의식해 집권당의 선거 승리에 집착한 나머지 스스로 추진하던 개혁의 강도를 종종 약화시키기도 한다.

현재의 제도가 유지된다면 국회의원 총선과 대통령 선거 간의 선거주기 일치를 위해서는 대선과 총선을 같은 해에 치르는 2032년까지 기다려야 한다. 나는 지난 1996년부터 대통령과 국회의원의 임기 만료가 맞아 떨어졌던 2012년이 중요하다고 주장했다.[101] 2032년까지는 너무 오랫동안 기다려야하니 이제 선거주기의 일치를 위한 방법은 2017년에 선출되는 새 대통령과 지난 2016년에 선출되어 2020년에 임기가 끝나는 현재의 제20대 국회의원들 간에 임기와 관련해 '정치적 대타협과 희생'이 이루어지길 소망한다.[102]

특히, 이러한 선거주기 불일치 현상과 관련해 메인와링$^{Scott\ Mainwaring}$은 대통령제가 다당제와 결합하면 대통령의 소속 정당이 국회에서 소수당이 될 가능성이 증가한다고 주장한다.[103] 또한 그는 정당 간의 경쟁도 구심력보다 원심력이 작용할 가능성이 커지며, 연합 정당이 출현하더라도 내각제보다 안정성이 낮아져 행정부와 국회 간 교착과 난맥이 심화될 수 있다고 지적했다.

선거주기 불일치 문제는 다당체제를 기반으로 하는 우리의 정당정치 현실에서 군소정당의 난립을 불러와 분점정부의 출현을 용이하게 한다. 1988년 노태우 대통령 당시 국회의원 선거결과 '분점정부divided government'가 등장했다. 언론과 여론은 환영하면서도 이러한 분점정부 구조가 대통령의 효율적인 국정운영에 어떤 영향을 미칠지 적지 않은 우려를 표명했다. 이후 김대중 대통령과 노무현 대통령 그리고 박근혜 대통령 시기에도 분점정부의 정국을 경험했다. 분점정부의 대두 원인은 지역주의에 기초한 다당제가 대통령제와 결합해 대통령 선거에서 정당간의 연합을 불가능하게 하기 때문이라는 지적이 지배적이다.[104]

민주화 이후 빈번해진 분점정부 현상이 우리 권력구조에 바람직한지 아닌지를 판단하기는 쉽지 않은 문제다. 이론적인 차원에서 분점정부와 국정운영의 효율성 관계에 대해서는 의견이 분분하다. 분점정부에 대해 부정적인 학자들은 분점정부가 대통령의 원활한 국정운영에 큰 문제를 야기한다고 주장한다.[105] 우리 학계에서 분점정부를 바라보는 시각은 부정적인 시각이 지배적이다. 분점정부는 국가의 효율적인 정책수행을 어렵게 하는 근본 문제점을 제공한다는 것이다.[106]

반면 분점정부가 대통령제에 대한 강력한 통제수단이 될 수 있다고 주장하는 긍정적인 의견도 적지 않다.[107] 분점정부는 의회와 행정부의 상호견제와 감독 기능을 고취시켜 법률 제정의 안정성을 높인다. 정부의 책임성을 강화하고 정책의 효율성을 높여주는 순기능도 가지고 있다.[108] 분점정부의 순기능이 제대로 작동하려면 대통령 또는 관료가 의원들과 직접 접촉하여 입법과 정책에 대한 전략적 제휴가 가능해져야 한다.[109]

소수파 대통령의 출현과 결선투표제

민주화 이후 노태우 대통령부터 박근혜 대통령까지 평화적인 정권교체에도 불구하고 다양한 사회적 갈등은 약화되지 않았다. 도리어 국회, 정당, 언론과 같은 제도적 기관들의 정치적 자율성이 신장되면서 이들 상호간의 갈등은 증가되었다.[110] 또한 기존의 영·호남 대결구도라는 강한 지역주의 문제와 더불어 2000년 초부터 진보 또는 보수 등의 이념적 색깔이 강한 시민단체의 급속한 등장으로 다양한 집단들 간의 갈등도 심화되었다. 이와 관련해 이철희는 1987년 민주화 이후 30년이 지난 지금 보수는 '꼴통보수'가 진보는 '깡통진보'가 주류가 되었다고 주장했다.[111]

아울러 여성의 사회참여 증대와 급진적인 노동자 정당의 출현 그리고 인터넷 정치의 활성화와 함께 젊은 유권자 층의 정치적 요구가 증폭됨에 따라 성별, 세대별, 계층 간 갈등은 더욱 커졌다. 하지만 이렇게 증폭된 갈등을 효과적으로 해소하고 통합할 수 있는 제도적 시스템이 없기 때문에 갈등의 폭과 깊이는 날이 갈수록 심화되었다. 이러한 갈등의 증폭은 대통령의 국정운영의 안정성과 효율성을 급속하게 떨어뜨렸다. 현행 5년 단임 대통령제가 극복해내지 못하고 있는 나라의 우울한 단면이다.

이러한 사회 갈등의 심화는 국민들의 정치에 대한 무관심을 키워 민주화 이후 대통령 선거의 투표율을 지속적으로 떨어뜨렸다. 구체적으로 역대 대통령 선거의 투표율은 13대 89.2%, 14대 81.9%, 15대 80.7%, 16대 70.8%, 17대 62.9% (예외적으로 18대는

75.8%)로 갈수록 낮아졌다. 대통령의 득표율은 노태우 대통령은 36.6%, 김영삼 대통령 42.0%, 김대중 대통령 40.3%, 노무현 대통령 48.9%, 이명박 대통령 48.7%(예외적으로 박근혜 대통령은 민주화 이후 첫 과반 대통령으로서 51.6%)였다.[112] 투표율과 득표율을 종합해 고려하면 민주화 이후 역대 대통령은 국민 전체의 30.6%~34.6% 정도의 지지를 얻은 '소수파 대통령minority president'이었다.[113]

이와 관련 진영재는 역대 대통령이 실패한 대통령이 되는 것은 특정 정책의 성공과 실패라는 차원이 아니라 '단순다수대표제simple plurality system' 아래에서 낮은 득표율로 당선된 대통령들이 겪어야 하는 업보라고 주장했다. 즉, 노태우 대통령부터 역대 대통령(박근혜 대통령은 예외)이 50%도 안 되는 지지율로 당선됨으로써 시작부터 성공한 대통령으로 남을 가능성이 미약했다는 것이다.

나아가 진영재는 국민선택의 차원에서 실패한 대통령을 양산하지 않으려면 '대통령 결선 투표제(절대다수대표제)'를 통해서 대통령을 선출하는 것이 바람직하다고 주장했다.[114] 기권자를 제외하고 50% 이상의 유효득표율을 갖는 대통령을 선택하는 것, 즉 1차 투표에서 한 후보의 득표수가 50%를 넘지 않는 경우 상위 득표자 1위와 2위가 재선거를 실시하는 것이다.

반면 정준표는 반론을 제기한다. 그에 따르면 대통령 결선투표제로 후보자 수가 늘어난다면 1차 투표에서 최종당선자의 득표율은 최다득표제 때보다 낮아지기 쉽다. 또한 2차 투표가 있을 경우 일단 1차 투표에서는 사표를 방지하기 위한 전략적 투표를 할 유인이 적어져 유력 후보자의 득표율은 줄어들 수밖에 없다. 만약 20%

정도의 득표를 하고 2차에 진출하여 과반수를 득표해 대통령에 당선되는 경우 문제는 심각해진다. 이 경우 대통령 당선인이 유권자 소수의 대표라는 논쟁이 생길 수 있다. 심리적으로나마 정권의 민주적 정통성이 강화되었다고 생각할 수 있는지도 의문이다.[115]

제13대 대선에서 노태우 당선자의 경우 소수의 대표라는 비판이 많았다. 다만 다른 당선인의 경우 이러한 비판에 크게 시달리지 않았기 때문에 소수 대표의 문제를 해결하기 위해 결선투표제를 도입할 이유는 없었다. 더구나 박근혜 대통령은 유효투표율에서 과반수를 획득했지만 성공하지 못했다. 소수파 대통령과 실패한 대통령 그리고 결선투표제 도입 간의 논리적 관계는 설명력이 떨어지고 있다.

또한 정치적 소수파 대통령이 반드시 실패한 대통령이 되는 것도 아니다. 소수파 대통령도 성공한 대통령 내지 실패하지 않는 대통령이 될 수 있고 길도 있다. 다만, 대통령 문화와 국정운영이 변화하지 않는다면 대통령의 실패구조를 극복하여 심리 및 정신적 지지층을 확보하는 정치적 다수파 대통령의 출현은 매우 힘들다. 대선에서 획득한 단순 지지표를 넘어서서 국민통합에 근거하여 국정과제를 강력하고 효율적으로 추진하는 성공한 대통령이 될 수도 없다.[116]

내각제적 요소의 문제점

1987년 제9차 헌법 개정은 장기 집권이나 권력독점과 같은 헌정질서 파괴행위를 방지하기 위해 대통령제와 내각제의 요소를 혼합한 권력구조를 도입했다. 현행 권력구조상 내각제적 요소는 권위주의 체제에서 위축됐던 국회의 권한을 강화해 견제와 균형이라는 국회 본연의 기능을 향상하는데 그 목적이 있었다. 미국 등 다른 대통령제 국가의 의회와 비교해 보아도 현재 우리 국회는 상대적으로 막강한 권한을 가지고 있다.

그러나 두 제도가 지닌 장점이 제대로 발휘되지 못하고, 대통령의 국정운영 효율성을 저해하는 모순적인 상황을 낳기도 했다.[117] 국회는 정책개발과 같은 책임은 등한시하고 대통령에 대한 형식적인 견제와 감독만 집중적으로 행사하고 있다. 국회는 국정감사권과 국정조사권을 지나치게 남발하여 행정부 업무를 어렵게 했다. 아울러 대통령이 임명하는 국무총리 및 고위공직자들에 대한 국회의 인사청문회와 임명동의권, 국무총리 및 국무위원에 대한 해임건의권 등은 생산적 견제와 균형보다는 국회의 과도한 행정부 개입을 불러왔다. 대통령의 정책 추진력은 약화되었고 국정운영의 비효율성은 더욱 높아졌다.[118] 원활한 국정운영을 위한 상호 협력체계 구축에 실패했으며, 국회와 대통령 간의 정치적 교착 또는 마비 상태를 초래하곤 했다.[119]

또한 현행 헌법은 대통령중심제를 취하면서도 부통령제를 두지 않고 국무총리제를 두고 있다(헌법 제86조). 현행 대통령제의 대표적인 내각책임제 요소가 바로 국무총리제이다. 헌법이 국무총리제를 두고 있는 이유는 부통령이 없기 때문에 대통령 유고시 그 권한대행자가 필요하며, 대통령제의 기능과 능률을 높이기 위하여 대통령을 보좌하고 그 의견을 받들어 정부를 통할·조정하기 위함이다.[120] 국무총리는 국민적 정당성을 향유하는 대통령과 국회로부터 이중의 신임을 받아 임명된다.[121] 따라서 국무총리는 대통령과 국회 사이에 야기될 수 있는 정치적 갈등을 완화하는 기능을 수행할 수 있다. 특히 여소야대의 상황에서 국회 다수파의 지지를 받는 인물을 국무총리로 임명함으로써 대통령과 국회 간의 대립을 완화할 수도 있다.[122]

하지만 대통령과 국무총리 간의 관계는 문제가 많다. 먼저 국무총리를 임명할 때 국회의 동의를 요하는 절차는 민주적 정당성이 강한 대통령의 지위를 크게 약화시켰다. 여소야대 상황에서 대통령과 국회 간의 첨예한 갈등으로 국무총리 임명동의가 늦어져 행정부의 공백이 발생할 수도 있다.[123] 아울러 국회의 동의를 받아서 임명하는 국무총리의 지위와 권한을 단순한 대통령의 보좌기관이나 행정각부의 통할조정 기관으로 제한함으로써 기관 존립의 헌법상 정당성이 의문시되고 있다.[124]

이와 같은 대통령과 국무총리의 권한관계는 국무총리의 국무위원 임명제청권과 해임건의권을 유명무실화한다. 대통령의 임의에 따른 국무총리 해임권은 국회에서의 임명동의 절차와도 조화되지 않는다.[125] 또한 대통령으로 하여금 권한은 행사하되 그 결과에 대해서는 책임 지지 않게 만든다. 국무총리는 독자적 권한은 없되 책임은 져야 하는 권한과 책임의 불일치 현상도 낳고 있다.[126]

실제로 대통령의 국법상 행위에 대한 국무총리의 부서권은 대통령에 대한 통제권일 수도 있지만 대통령의 해임권 때문에 실질적인 효과가 없다. 국무총리제의 한계는 국무총리의 역할을 '얼굴마담' 혹은 '방탄총리'로 전락시켰다.[127] 책임지지 않는 막강한 권한을 가진 대통령 때문에 국무총리와 행정각부의 장관이 독자적이고 창의적인 전망과 정책을 제시할 수 없어 대통령 국정운영의 비효율성은 증가될 수밖에 없다.[128]

3 사람이 문제다

"군주시대는 군주의 역량에 따라 흥망이 좌우되었고 영웅시대는 영웅의 능력에 따라 성패가 좌우되었다. 그렇기 때문에 최고 지도자 한 사람이 결정적으로 중요하다고 생각되었지만, 민주국가에서는 개인보다 인민의 역량이 더 중요하다고 생각하는 것이 일반 상식이다. 그러나 진실은 민주국가 지도자의 역량이 훨씬 중요하다. 군주나 영웅은 독단적 사고와 행동이 가능하지만, 민주국가 지도자는 감시와 견제 하에서 지역과 개인에 따라 무수한 이해관계로 얽혀 있는 인민의 동의를 받아 국가를 한 방향으로 안내해가야 하기 때문이다. 특히 전쟁, 경제적 위기, 사회적 불안에 직면했을 때 민주국가 지도자의 역량과 능력은 한없이 중요해진다. 우리 앞에는 분단국가로서 통일과업이 놓여 있고 내부적으로는 심각한 이념갈등과 투쟁이 진행되고 있다. 정치·경제·사회적 모순으로 인해 지역 간 계층 간 갈등이 날로 증폭해가는 여전히 어리고 미숙한 자유 민주 국가이다. 주변 강대국의 이해관계가 첨예하게 충돌하고 있는 엄중한 군사안보 환경에 처해 있는 국가이므로 국가 지도자의 중요성은 말할 수 없이 크다." —허화평[129]

영웅 리더십

대통령의 성공과 실패에 대한 기존 연구에서 가장 논쟁이 많은 분야는 지도자의 자질과 리더십 분야이다. 일반적인 주장은 천재적이고 카리스마 넘치면서 특출한 자질과 리더십을 갖춘 '영웅'이 대통령으로 선출되면 성공한 대통령이 된다는 것이다. 이와 관련해 정윤재는 "한 국가나 조직의 흥망성쇠가 한 사람의 책임 있는 지도자에 의해 완전히 배타적으로 좌우지된다고 단정할 수 없지만, 그 한 사람의 역할은 다른 어떤 사람들의 역할보다 중요하다…"라고 주장했다.[130]

반면에 영웅 리더십과 관련해 강상중은 "리더십론은 낡고도 새로운 테마이고, 동서고금을 막론하고 항상 어떤 형태로든 논의되어 왔다. 그러나 이렇게 말하면 무자비한 표현 같지만, 사실 리더십론은 생각하면 할수록 알 수 없는 테마다. 왜냐하면 리더십은 '우연'에 좌우되기 쉽고, 과학론으로는 성립하지 않기 때문이다. 예를 들면 바로 어제까지 지극히 평범하기만 했던 사람이 특수한 상황의 변화로 인해 갑자기 사람들에게 떠받들어져서 시대의 총아가 되는 경우가 있다… 그러니까 이렇게 말하기는 좀 미안하지만, 본인의 능력이나 리더로서의 자질과는 전혀 상관없이 갑작스러운 기회를 맞아, 보란 듯이 그 물결을 타는 경우도 있는 것이다. 그 만큼 리더십에는 명쾌하게 분석 할 수 없는 측면이 있다."라고 주장했다.[131]

결과적으로 영웅사관은 채사장이 주장하듯이 평범한 보통 사람들의 능력을 초월하는 천재적이고 카리스마 넘치는 특정 인물이 역사를 이끌어가는 주인공이고 성공한 역사를 이룩한다는 것으로 인식해야 한다.[132] 이러한 관점에 따르면 대통령이 성공하려면 영웅 또는 지도자의 자질, 특히 카리스마에 기초한 뛰어난 '개인 리더십personal leadership'이 반드시 필요하다. 개인 리더십은 이론적으로 크게 자질론 또는 영웅론, 후천론 또는 교육론, 상황론 등으로 설명할 수 있다.[133]

실제로 역대 대통령의 카리스마에 기초한 개인 리더십의 사례는 적지 않다. 1945년 해방 후 대통령제를 갑자기 실시했으니 전통은 없고 당연히 대통령 개인의 카리스마가 지배하는 나라로 출발했고 그 중심에 이승만 대통령이 있었다. 이승만 대통령은 독립운동을 통해 국민에게 일체감을 형성했다. 이후 산업화와 민주화로 이행하는 과정에서도 대통령 개인의 자질과 리더십이 큰 영향을 미칠 수밖에 없었다.[134]

권위주의와 성공의 역설

자질 및 리더십과 관련된 대통령의 실패에 대해 정치학자와 사회학자들은 특정 지역 중심의 권위주의적 리더십의 문제점 등을 강조하고 있다. 먼저, 진영재는 실패한 대통령의 원인을 지역주의 중심의 정치문화라고 주장했다. 지역주의 정치문화에서는 지역적으로 성공한 대통령이 있을 뿐이며 국가 차원에서 성공한 대통령을 배출하기가 쉽지 않다. 아울러 훌륭한 인물과 그 인물이 운영하는 조직이 있더라도 우리와 같은 지역주의에 기초한 정치문화에서는 성공한 인물과 조직이 탄생하기란 매우 어렵다.[135]

허욱·함성득은 우리의 유교 충·효에 기초한 권위주의적 정치문화를 대통령 리더십 실패의 원인으로 지적했다. 이러한 정치문화는 대통령을 과거 조선시대의 제왕 또는 집안의 아버지처럼 생각하게 만들었다. 역대 대통령들도 마치 자신이 제왕인 것처럼 착각해서 권력을 매우 자의적으로 행사하고 국민들을 마치 자신의 신하처럼 대하여 결국에는 국정운영에서 성공하지 못한 대통령들이 되었다.[136]

경영학자들은 '성공의 역설'을 주장하고 있다. 경영학자인 맥커운 Greg McKeown의 성공의 역설 이론은 매우 흥미롭다.[137] 그의 핵심적인 질문 '왜 한번 성공한 사람들이 다음에는 못할까'에 대한 그의 핵심적인 해답은 '에너지 분산의 함정' 때문에 그렇다는 것이다. 어느 정도 성공한 사람들이 성공하기 전에는 아주 작은 횟수의 기회 또는 선택만 주어지기 때문에 소수의 선택지에 집중할 수 있어서 성공할 수 있다. 성공을 거둔 뒤에는 그에 따른 평판 때문에 더욱 많은 기회 또는 선택이 주어진다. 기회가 많아진 만큼 에너지가 분산되고 포기하지 못하는 일이 많아져 한 가지 일에만 집중할 수 없게 되어 성공하지 못한다.

맥커운의 이론을 '역대 대통령이 왜 성공하지 못하느냐'라는 문제에 적용해보자. 대통령 당선이라는 엄청난 성공을 거두었는데 대통령으로서는 왜 성공하지 못할까? 그들은 엄청난 집중과 노력으로 대통령에 당선되었지만 에너지 분산의 함정 때문에 성공하지 못하는 것이다. 기회와 자원이 많아진 만큼 에너지가 분산된다. 포기하지 못하는 일이 많아진다. 너무 많은 것을 추구하기 때문에 본질에 집중하는 힘이 떨어진다. 결국에는 엄청난 성공이 성공을 방해하고 실패로 이어진다. 그러니 성공을 위해서는 무의미한 다수의 목표가 아닌 본질적인 소수 목표에 집중해야 한다. 즉, 엄청나게 많은 좋은 기회들 모두에 집착하지 말고 최대한의 성과로 이어질 수 있는 극소수의 기회에 집중해야 한다. 미래 대통령이 명심하고 실천해야 할 덕목이다. 이는 대통령의 성공을 위한 길의 하나이다.

4 대통령 리더십 위기의 본질

 지금까지 역대 대통령이 성공하지 못한 이유에 대한 기존 연구를 살펴보았다. 박근혜 대통령을 포함한 역대 대통령은 자신들이 처한 정치적 위기를 잘못된 리더십과 행태보다는 제왕적 대통령제와 5년 단임제에 그 탓을 돌렸다. 이러한 '제도가 사람보다 더 문제'라는 기존의 여러 분석과 주장들은 논리적으로 일면 타당해 보인다. 다만 기존 연구의 처방책을 전부 적용해도 대통령의 국정운영 결과가 기대한 것만큼 크게 향상되지는 못한다. 대증요법은 될 수 있을지 몰라도 원인치료가 되지는 못한다.

 구체적으로 기존 연구는 대통령 통치의 위기를 시대적 배경, 사회·구조적 환경, 제도적 환경, 공간적 배경 등의 차원에서 문제점과 처방책을 제시하고 있다. 물론 여기에서 기존 연구의 결과나 시사점을 폄하할 의도는 없다. 그러나 현실의 해석 및 진단 그리고 처방전으로서 기존 연구가 지닌 유용성은 제한적일 수밖에 없다. 기존 연구는 대통령의 성공에 초점을 둔 '미국식 대통령학'의 접근

방법과 분석틀에 근거한 연구이기 때문이다.

기존 연구는 우리 대통령에 대한 직접적인 관찰이 부족한 한계를 지니고 있다. 역대 대통령을 직접 만나고 그들의 리더십을 직접 관찰한 결과, 즉 '팥소 있는 찐빵'과 '대통령의 실패'에 초점을 둔 대통령 연구가 필요하다. 그래야 현실의 해석과 진단에서 오류를 줄일 수 있다. 제일 먼저 '현행 5년 단임 대통령제에서 어떻게 하면 대통령의 실패를 조금이라도 피할 수 있을까'부터 제대로 연구해야 한다. 그것이 어떻게 하면 미래의 대통령을 성공한 대통령으로 만들까에 대한 해답이 되어야 한다. 이것이 제대로 된 처방전이다.

이와 관련해서 진영재는 대통령의 국정운영에 대한 성공과 실패는 사실상 그들의 지도력^{leadership}과 연관된 문제이지 대통령제 자체의 문제는 아님을 분명히 하고 있다.[138] 또한 이장규는 "…역대 대통령의 리더십을 거론하지 않고서는 해방 이후 한국경제의 발전 과정을 논하기 어렵다"라고 주장한다.[139] 나아가 진영재는 '합의제적 민주주의$^{consensus\ democracy}$'의 형태가 강조되는 지금 적극적 리더십의 범위를 넘어서서 독선적 행태를 보이는 대통령은 실패한 대통령이 될 것이라고 주장한다. 아울러 그는 현재 대통령 독선의 문제 역시 사실상 현행 대통령제의 정신이나 가치와는 다른 대통령 개인 행태의 문제로 보는 것이 옳다고 주장한다.[140]

이 책은 왜 역대 대통령이 성공하지 못했는가, 즉 대통령의 위기의 원인에 대해 '사람이 제도보다 더 문제'라는 관점에서 대통령의 정치적 리더십이 지닌 문제점에 주목하고 있다. 이 책은 가장 필요한 것이 대통령 리더십의 전환이라고 주장하고 있다. 지금은 정치적 상황이 바뀌었고 사회·경제적 변화도 급격하게 진행되었다. 과거 제왕적 대통령의 명령자 역할에 기초한 행정 리더십과 권위주의적 대통령 문화로는 문제를 해결할 수가 없다. 대통령 리더십이 과거에 머물러 문제를 해결하려고 하면 또 다른 문제를 낳을 수밖에 없다. '대통령의 위기는 곧 대통령 리더십의 위기'라는 명제를 계속 강조한다.

2
chapter

무엇이 문제인가

"권력을 추구하는 것과 권력을 유지하는 것은 차원이 다른 것이다. 특히 국가를 다스린다는 것은 더더욱 차원을 달리한다." —노태우 대통령[141]

"그 동안 대통령 실패가 많았던 이유는 한 마디로 '성공한 대통령이 될 준비'를 거의 하지 않거나 또는 하지 못하고 대통령이 되는 경우가 많았기 때문이라고 판단한다. 대통령이 될 노력과 준비는 많이 하였지만 성공한 대통령이 될 준비와 노력은 하지 않았다. 그러니 성공한 대통령이 나오기가 어려운 것이었다." —박세일[142]

"권력의지만 있고 준비가 안 된 분들이 대통령이 되면 국정이 얼마나 실패하는지 우리 국민들께서 여러 번 봐오셨다." —유승민[143]

민주화 이후 역대 대통령을 직접 만난 결과 그들 모두가 성공하지 못한 또는 실패한 대통령이 된 다섯 가지 주요 원인을 찾아냈다. 이는 성공하려는 패러다임, 박정희 대통령의 정치적 그늘, 전직 대통령에 대한 정치적 차별화, 인사가 망사, 약한 입법 리더십 등이다. 이 장에서는 다섯 가지 원인에 대해 역대 대통령의 권위주의적 리더십을 중심으로 살펴보고 있다(〈그림 2〉 참조).

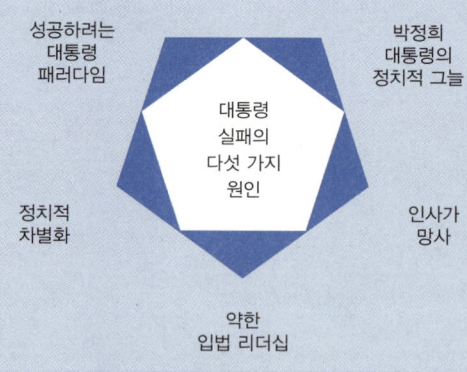

그림 2_ 대통령 실패의 다섯 가지 원인

1 성공하려는 패러다임

"…대통령이 지금껏 거둔 정치적 성공이 대통령으로서 필요한 정무적 판단의 성공을 보장해주는 것은 결코 아니다. 오히려 반대일 가능성이 있다. 정치 9단으로 불렸던 과거 대통령들도 청와대에 들어간 이후 도저히 이해하기 힘든 인사人事와 정치적 결정을 내리는 경우가 비일비재했다. 과거의 정치적 성공이 대통령을 자기 과신過信과 독선으로 이끌었던 것이다." ―《조선일보》[144]

"여러분 이 세상에서 가장 무서운 사람이 누구인 줄 아십니까…? 딱 책 한 권 읽고서 뭘 주장하는 사람입니다… 이것은 아마도 지식인이 사회에 끼치는 위험성에 대한 경각심을 환기시키기 위한 것이 아니었을까 싶습니다." ―차동엽[145]

"(대통령을 포함한)정치인은 선거운동 시 장밋빛 공약을 남발하다가 당선 후 국정운영에서 이를 실행하려고 하면 많은 어려움에 직면하게 된다(Politicians campaign in poetry and govern in prose)." ―어윈Neil Irwin [146]

"거창한 구호일수록 막연하고 허황해서 실현가능성이 없다… 결국 구호의 인플레이션밖에 가져올 것이 없다." ―이종률[147]

민주화 이후 역대 대통령을 만나면서 관찰한 결과 그들은 대통령에 대한 꿈, 야망, 역사인식 등에 대해 공통의 심리 상태를 지니고 있었다. 나는 이를 성공하려는 패러다임으로 규정했다. 이를 통해 역대 대통령이 보여준 정치적 리더십의 문제점을 제대로 파악할 수 있다. 대통령이 성공하지 못한 이유와 원인도 바르게 찾아낼 수 있다. 또한 성공한 대통령에 대한 처방전이 지닌 유용성 역시 높아질 수 있다.

역대 대통령은 그 험난한 한국 대통령의 자리에 오르기까지 자신만이 터득한 각자의 성공 열쇠 또는 성공의 길을 갖고 있다. 자신만이 터득한 성공의 길로 대통령 당선이라는 최정상에 선 후에는 그 자신만이 아는 성공의 길을 여간해서는 포기하지 않는다. 자신만이 터득한 성공의 열쇠 및 길에 기초한 그들의 자신감은 어느 누구보다도 강하다.

다만 대통령 당선까지 이루게 한 성공의 열쇠와 길이 대통령으로서 성공적인 국정운영을 위한 길에는 잘 적용되지 않는다는 점이다. 스트라우스$^{Robert\ Strauss}$는 심각한 국가 위기에서 성공한 미국 대통령들 특히 워싱턴, 링컨, 프랭클린 루스벨트 모두 대통령 당선 직전까지 걸어 온 직업적 경험에서 얻게 된 성공의 열쇠와 방법보다 그들 자신의 성격과 리더십에 기초하여 성공을 이루어 내었다고 주장한다. 대통령은 이 세상에서 '가장 특이한 자리$^{a\ unique\ post}$'여서 대통령 당선 직전까지의 직업적 경험으로부터 습득한 기술과 재능이 별 도움이 되지 않기 때문이다.[148]

도리어 성공은 종종 가장 큰 실패, 즉 '자만'으로 이어진다.[149] 불행이라면 불행이다. 또는 슬픔이라면 슬픔이다. 이러한 불행한 상황을 경험한 미국의 존슨 대통령은 "대통령직은 대통령을 초월해 있다. 대통령직은 대통령이 아무리 소인이라도 그 이상으로 돋보이게 만들 수 있고, 아무리 대인이라도 대통령직의 수행에는 충분치 않을 수도 있다"라고 강조했다.[150]

특히 대통령들은 자신의 성공에 기초한 엄청난 자신감과 함께 역사를 생각한다. 실제로 그들은 갑자기 대통령의 역사를 심각하게 생각하며 자신의 '역사적 자리매김'과 관련해 엄청난 꿈과 야망을 갖게 된다. 그러나 미국 텔레비전 드라마 〈하우스 오브 카드House of Cards〉에서 언더우드Frank Underwood 부통령이 워커Garrett Walker 대통령에게 말했듯이 '역사에 집착하는 대통령은 새로운 역사를 만들기보다는 자신의 자리에 집착'하게 된다. 우리의 5년 단임 대통령도 대통령의 역사에 어떻게 남는가에 대해서 엄청나게 신경을 쓰기 때문에 역대 대통령에게 커다란 경쟁심을 갖게 된다.

직접 만나면서 관찰한 결과 역대 대통령은 자신이 역사에 크게 남는 것과 관련해 정치적 이익 추구 면에서는 기업가만큼이나 매우 이기적이었다. 그들 모두는 '단순히 대통령을 지낸 사람placeholder'이 아닌 우리 역사상 가장 성공한 최고의 대통령이 되고 싶어 했다. 대통령의 이러한 심리 상태가 바로 성공하려는 패러다임이다(〈그림3〉 참조).

큰 승리 추구

성공하려는 패러다임의 첫째는 큰 승리 추구이다. 각 대통령들은 온갖 고난과 시련을 겪으면서 대통령에 당선된 후에는 강한 자신감에 기초하여 '위대한 대통령'이 되고 싶어 한다. 그들은 이를 위해 큰 꿈과 야망 그리고 열망 속에서 매우 큰 국정과제 또는 큰 계획big plan을 설정한다. 이 계획을 5년이라는 짧은 임기 내에 빠르게 집행하여 큰

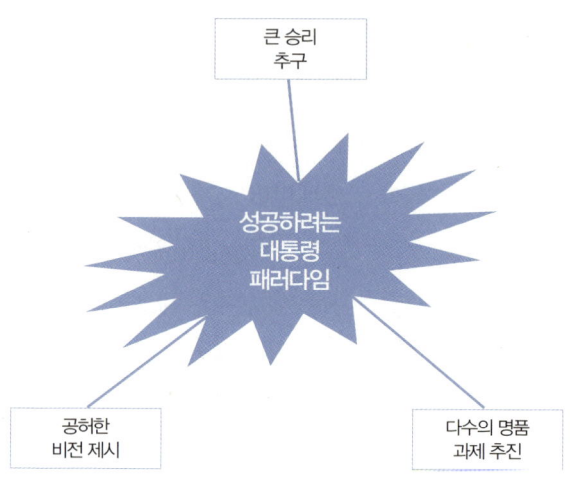

그림 3_ 성공하려는 대통령 패러다임

승리$^{big\,win}$를 거두고 성공한 대통령이 되고 싶어 한다.

일반적으로 큰 국정과제의 성공은 많은 정치적 물적 자원을 필요로 한다. 그 결실을 일반 국민들이 체감하기에 5년은 너무나 짧은 시간이다. 자원과 시간의 한계 때문에 대통령의 좌절과 실패의 가능성은 높아질 수밖에 없다. 이와 관련 오연천은 "정부가 들어설 때마다 새로 한다고 하는 일 중 간판만 바꿔다는 식의 '신장개업'도 많습니다. 과거 어느 대통령이 '대통령이 되고 새로운 일에 쓸 수 있는 예산이 1%도 안 되더라'라고 하더군요. 공공정책의 대부분이 계속 사업에 대한 것이고, 새 정부가 5~10% 정도나 바꿀 수 있을 뿐입니다."라고 주장했다.[151]

대통령이 집권 초 5년 임기 내 달성이 불가능한(실제로 달성하기에는 20년 정도 걸리는) 큰 국정목표를 설정한 후 시간이 흐르면 그

목표들이 현실적으로 달성하기 어렵다는 사실을 인식하게 된다. 자연스럽게 시간에 쫓기고 초조해지면서 새로운 국정목표를 갑자기 만들게 된다. 그러나 이 국정목표도 조금 시간이 지나면 실현 가능성이 미약하다는 것을 알고 또 다시 새로운 국정목표를 세우면서 5년 임기 내 많은 국정목표들을 설정하게 된다. 이것이 현실이다.

큰 승리를 추구하는 것은 미국의 역대 대통령도 마찬가지이다. 1930년대 30%의 실업률과 약 1,500만 명의 실업자가 양산되었던 대공황의 위기 속에서 프랭클린 루스벨트 대통령은 집권 초기부터 정부와 국민의 새로운 계약인 뉴딜 New Deal 즉 대규모 토목사업을 포함한 큰 프로젝트들 big projects 을 가동했다. 많은 사람들은 이를 통해 프랭클린 루스벨트 대통령이 대공황의 위기를 극복하고 위대한 업적을 남겼다고 생각한다. 이후 미국 대통령은 프랭클린 루스벨트 대통령을 성공한 대통령의 롤 모델로 삼아 그가 이룩한 것처럼 하고 싶어 한다.

그러나 사실은 이와 다르다. 뉴딜에 기초한 프랭클린 루스벨트 대통령의 많은 개혁정책들은 기득권의 반대에 직면해 제대로 입법화되지 못했다. 집권 1기는 물론 심지어 집권 2기까지도 그 정책의 효과가 잘 나타나지 않았다. 조금은 운이 좋아(?) 제2차 세계대전이 발발하면서 전쟁의 긍정적 효과와 더불어 뒤늦게 뉴딜정책의 효과가 가시화 되었다. 이러한 사실은 미국의 대통령조차 잘 알지 못했다.[152]

우리의 역대 대통령도 박정희 대통령처럼 크게는 경제개발 5개년 계획이나 작게는 포항제철 건설(1968) 또는 경부고속도로 건설(1970) 등의 사업을 펼치고 큰 성공을 거두어 박정희 대통령만큼 아니면 그보다도 더 위대하게 역사에 남고 싶어 했다. 하지만 역대 대통령은 박정희 대통령의 경제개발 5개년 계획이 성공의 결실을 거두기까지 상당한 시간이 필요했다는 것, 즉 그것이 보통은 5년을 넘어선다는 것을 잘 알지 못했다.

또한 역대 대통령은 그렇게 성공한 박정희 대통령의 경제정책도 수입대체지향적이냐 수출지향적이냐의 논쟁, 내자 동원을 위한 통화개혁의 실패(1962) 등 많은 시행착오를 거쳤다는 사실을 간과했다.[153] 또 운 좋게도(?) 1964년 8월 통킹만 사건 이후 월남에 대한 미국의 군사 개입이 본격화되고,[154] 1965년부터 우리 군의 월남 파병[155]이 시작되면서 전쟁의 경제적 효과와 더불어 뒤늦게 경제개발 정책의 효과가 가시화 되었다[156]는 사실을 잘 알지 못했다.

공허한 비전 제시

역대 대통령은 성공한 대통령이 되고자 열심히 노력하는 과정에서 되도록이면 크고 많은 국정비전 또는 국정목표들을 설정했다. 그러나 진정한 비전은 오마에 겐이치가 주장하듯이 "과거의 경제와 정치체제를 이루는 모든 요소를 전혀 새로운 관점에서 바라보는 창의 역할을 수행할 수 있어야 하며, 또한 수많은 질문과 의심에 맞서 흔들지 않아야 한다… 비전은 단순히 일련의 표어와 구호들의 집합체에 머물러서는 안 된다. 분명하고 실제적인 목표들을 내포하고 있어야만 하며, 이러한 목표들은 오랜 시간에 걸친 진지한 헌신을 요구한다… (지도자는) 비전의 실현을 어떻게 달성할 것인가를 교육하고, 그 당위성을 설명할 수 있어야 한다. 그리고 이러한 비전의 실현이 사회 구성원들에게 어떠한 혜택을 가져다줄 것인가를 입증해야 한다… 비전은 어떠한 집단이 어느 방향으로 어떤 속도로 나아갈 것인가를 결정하고 지도해주는 중요한 역할"을 한다.[157]

민주화 이후 역대 대통령은 국정비전이라는 이름 아래 많은 국정목표들을 설정하였고 그 혜택이 되도록 많은 국민에게 골고루 미치도록 노력하는 과정에서 더욱 큰 국정과제들을 추구했다. 그 과정에서 결과적으로 국정목표와 정책의 추상성이 점차 높아졌다. 추상성이 높으면 국민은 다 자기 입장에서 그 국정목표를 해석하게 된다. 종내는 국정목표와 정책의 실체가 진정 무엇을 의미하는지 잘 모르게 되어 '공허한 이야기' 또는 '말의 잔치'로 끝나게 된다.

특히 국정목표와 관련해 '어떻게 공정사회를 달성할 수 있는지?' '무엇을 행복이라고 규정할 것인지?' 등과 같이 온갖 종류의 가치판단이 깃들면 정체성의 문제가 불거진다. 특정한 윤리적 및 정치적 시각에서는 가치판단이 내재된 국정과제가 다른 과제보다 더 옳을지라도 또 다른 시각에서는 그렇지 않을 수 있다. 이렇게 추상성이 높은 국정과제들은 각각 다른 해석과 이해 과정을 거쳐서 구체성이 낮은 나열식 국정과제로 변질된다. 집행은 더욱 어려워져 실패와 좌절의 가능성만 높아지게 된다. 박근혜 대통령의 '국민행복시대'처럼 국민의 기억 속에서 완전히 사라진 국정목표가 되는 경우도 많다. 이러한 부정적 순환과정 때문에 정치적으로 초조해진 대통령들은 짧은 시간에 또 다시 새로운 국정과제를 발굴하려 한다. 이것이 더 많은 국정과제들을 설정하게 만들고 실패의 가능성은 더욱 높아지게 된다.

명품 국정과제

역대 대통령은 자신감이 넘치는 만큼 임기 중 큰 프로젝트를 펼쳐서 역사에 크게 남고 싶은 열망이 높았다. 듣고 보니 좋아서 그것을 실행하면 역사에 잘 남을 것 같아서 그 국정목표를 택했다. 성공한 대통령이 되고자 좋아 보이는 국정과제를 빨리 선점하겠다는 욕심이 앞서서 지금까지 살아 온 자신의 삶과는 전혀 관계없는 것이라도 택하려고 한 것이다. 그 결과 국민 누구도 그가 발표한 국정과제에 진정성을 느끼지도 공감하지도 못했다.

더욱 불행한 것은 그들이 집권 초기 추진한 국정과제의 결과가 부정적일 때는 이를 극복하기 위해서, 결과가 긍정적일 때는 그 효과를 더욱 강화하기 위해서, 그리고 설상가상으로 집권 후기 시간적 촉박성에 직면한 상황에서도 좋아 보이는 국정과제가 있으면 구체적 프로그램이 준비되지 않아도 쉽게 택하는 경향이 높았다. 이것이 실패와 좌절의 가능성을 더욱 높였다.

이러한 현상은 마치 자기에게 맞지 않는 옷도 명품이면 멋있어질 것이라는 착각과 비슷하다. 명품을 입는다고 해서 다 멋있어지는 것은 아닌데 말이다. 대통령이 책 한 권을 읽어서 또는 한 사람의 의견을 듣고 나서, 아니면 한 번의 여행을 통해 치밀한 준비 없이 즉흥적으로 국정과제를 설정하고 추진하는 것은 매우 위험한 일이다.

역대 대통령들이 설정한, 각자가 살아온 삶과 전혀 다른 국정과제들, 즉 명품 국정과제의 예는 하나 둘이 아니다. 우선 박정희 대통령의 '유신', 전두환 대통령의 '정의사회 구현', 노태우 대통령의 '보통사람의 시대' 등이 있다. 통일주체국민회의에서 대통령으로 선출되고 장기집권 독재로 나아가는 것이 어떻게 유신과 관계가 있을까? 불법 쿠데타로 정권을 잡아 그 과정에서 유혈진압으로 일단락된 광주 민주화 항쟁 등으로 수많은 인권을 유린했던 전두환 대통령이 어떻게 정의사회 구현과 연관성이 있는지? 신군부 핵심세력 출신의 육군 장군으로 전두환 대통령의 정권획득 과정에 적극적으로 동참하여 체육부 장관과 내무부 장관 등 전두환 정부의 요직을 거친 노태우 대통령이 어떻게 보통사람의 시대를 열수 있는지? 민주화 이후 김영삼 대통령의 '세계화', 김대중 대통령의 '제2건국', 이명박 대통령의 '공정사회', 박근혜 대통령의 '창조경제를 통한 국민행복' 등도 자신들이 살아오고 경험한 삶의 궤적과는 동떨어진 명품 국정과제에 속한다.

아울러 역대 대통령은 강한 자신감과 성공에 대한 커다란 열망 때문에 한두 권의 책에 제시된 전문가의 뛰어난 지식이나 홍보기술만 있으면 국가경영에 성공할 수 있다는 생각에 쉽게 사로잡혔다. 이러한 사고방식도 '지식에 의한 국가경영'을 추구하는 성공하려는 패러다임의 하나이다. 역사는 이 패러다임에 갇힌 대통령은 반드시 실패했다는 사실을 증명해주고 있다.

대통령은 매우 복잡해진 정치·사회 환경을 고려해야 한다. 사회·제도적 기관들의 정치적 자율성이 매우 높아진 상황도 숙지해야 한다. 단순히 전문가의 지식 또는 조언에 의존한 국가경영은 곤란하다. 지도자의 오랜 인생경험과 그 과정에서 축적된 전문지식이 함께 어우러져 빚어내는 지혜에 따라 나라가 움직여져야 한다. 대통령의 국정비전이나 목표 그리고 주요 정책은 자신의 삶의 궤적에서 빚어진 지혜의 결정체로 표출되어야만 성공할 수 있다. 내가 만났던 대통령들과 대통령을 꿈꾸는 모든 분들에게 대통령의 국가경영은 '과학^{science}이 아닌 예술^{art}'이라고 지속적으로 강조하는 이유도 여기에 있다.

문민의 김영삼 대통령

"김영삼의 장점은 정치에 대한 감각이 빠르다는 것이었다. 특히 기회를 포착하는 감은 가히 천재적이라고 할 수 있었다… 반면 조직적이고 체계적인 사고가 결여된 것이 약점이었다. 국면을 전환하는 돌파력은 강하지만 관리와 경영에는 어두웠다." ―노태우 대통령[158]

김영삼 대통령은 1954년 26세에 최연소 국회의원이 되었고(이후 9선), 37세에 최연소 원내총무 그리고 불과 46세에 최연소 야당 당수를 거쳤다. 박정희 대통령 군사독재시기에 그는 《뉴욕타임스》와 가진 회견에서 "미국은 국민과 끊임없이 유리되고 있는 정권과 민주주의를 열망하는 다수, 둘 중 어느 쪽을 선택할 것인지를 분명히 할 때가 왔다… 미국은 공개적이고 직접적인 압력을 통해서만 박 대통령을 제어할 수 있다."고 주장했다. 이 '뉴욕타임스 회견'을 빌미로 그는 1979년 10월 4일 국회의원직에서 '제명'됐고 이로 인해 10월 16일 '부마사태'가 시작되었으며 박정희 정권 붕괴의 시작을 초래했다.[159]

민주화의 상징

그는 전두환 대통령의 군사독재 시절 1983년 5월 18일 광주항쟁 3주년을 맞아 민주화를 요구하며 '23일간의 단식투쟁'을 통해 김대중 대통령과 함께 한국 민주화의 상징 그 자체가 되었다. 김대중 대통령은 "김영삼 씨의 단식에는 중요한 정치적 함의가 담겨 있다고 생각했다. 그것은 전두환 정권 하에서 야당 정치인의 첫 항거였다. 단식 투쟁은 재야 민주 세력을 결집하는 전기가 될 수 있었다."라고 주장했다.[160]

1987년 민주화 이후 치러진 12월 대통령 선거에서 그는 김대중 대통령과 야권 후보 단일화에 실패하며 노태우 대통령에게 패배했다.[161] 그는 내게 말하기를 김대중과 단일화가 안 되었어도 '군정종식'을 선언한 자신이 승리할 것을 확신했다고 했다. 특히 1979년 10월 박정희 대통령의 죽음 후 계엄사령관이었던 정승화가 1980년 12·12사태를 군사반란이라고 주장하고 통일민주당 부총재로 입당하면서 대선 승리는 더욱 확실시되었다고 했다. 그러나 1987년 11월 29일 일어난 북한의 대한항공기 공중폭발 참사로 민심이 반공과 보수 쪽으로 갑자기 이동했고 여당의 부정선거가 만연하면서 노태우 대통령에게 패하였다고 했다.

이 패배는 그에게 말할 수 없는 큰 충격과 실망감을 주었다고 내게 말했다. 그는 "대통령 선거 패배는 나에게 혹독한 고통을 주었다."라고 말했다. 당시 김영삼 대통령은 강원도 인제 설악산에 가서 그 충격을 삼켰다고 했다.[163] 심지어 대통령 선거 후 노태우 대통령이 김영삼 총재를 만났더니 김 총재가 직접 "나는 패배할 수도 없고, 패배할 이유도 없으며, 틀림없이 승리했다고 확신했는데, 개표 결과 왜 패배했는지 그 이유를 알 수 없다."라고 말했다고 한다.[164]

3당 합당, 대선자금, 대통령 당선

김영삼 대통령은 1990년 3당 합당이라는 정치적 결단 등 많은 우여곡절을 겪으면서 1992년 12월 대통령에 당선되었다. 그는 내게 황병태 의원이 집권을 위한 새로운 정치 전략으로 3당 합당을 강조했다고 말했다. 또한 이와 관련된 정치적 비판, 즉 군부 및 독재 세력과의 야합이라는 주장을 일축했다. 3당 합당은 '오랜 번민 끝에 내린 구국의 결단'이라며 '호랑이를 잡기 위해서 호랑이 굴에 들어간 것'으로 표현했다.[165]

그는 3당 합당을 "민주주의를 최고의 가치로 삼고 살아온 내가 어떻게 하루아침에 쿠데타를 한 세력과 손을 잡을 수 있는가. 평생을 통해 민주주의를 위해 싸워 온 나는, 쿠데타 정권의 재등장을 막고 이 땅에 영원한 문민정부를 세우기 위해 제3의 길을 찾아 나서기로 했다. 그것만이 우리 국민을 '현재와 미래의 민주주의'로 이끌어 줄 수 있는 유일한 길이라고 결론을 내렸다."라고 설명했다.[166]

한편 1992년 대선 자금 문제의 실체 파악은 매우 어렵다. 노태우 대통령과 김영삼 대통령(또한 김대중 대통령도 포함)의 주장 중 누구의 말이 옳을까? 나도 두 분을 다 직접 만나 뵙고 알아보려고 했으나 두 분의 주장들이 워낙 달라서 그 실체를 파악하기가 어려웠다.[167] 이에 대해 조금 더 언급하면 다음과 같다.

구체적으로 노태우 대통령은 "통치행위와 관련해 기업인들로부터 돈을 받아 정치적으로 사용한 것은 사실이다… 김(영삼) 후보는 '막대한 자금이 소요될 텐데 저로서는 그 많은 자금을 조성할 능력이 없으므로 대통령께서 알아서 해주십시오.' 하고 부탁했다… 내 경험에 비추어 그럴 수밖에 없을 것이라고 생각해 그렇게 하겠노라고 했다… 1987년 내가 대통령 후보로 나섰을 때 전(두환) 대통령으로부터 지원받은 선거 자금은 1400억 원 규모였다. 물론 당을 통해서 받은 것이었다… 나는 금진호 장관을 통해 한 몫에 1,000억 원을 보내주었다. 김 후보는 한밤중에 내게 전화를 걸어 '이제 살았습니다. 고맙습니다'라고 감사 인사를 하였다. 결국 내가 김영삼 캠프의 선거자금 3,000억 원 조성을 도운 셈이다."라고 주장했다.[168]

나는 김영삼 대통령에게 노태우 대통령으로부터 재정적 지원을 받았냐고 여러 번에 걸쳐 직접 물었다. 그는 즉답을 하지 않았다. 대신 그는 1992년 9월 18일 노태우 대통령을 직접 만나서 강력하게 반대했음에도 불구하고 노태우 대통령이 10월 5일 여당인 민주자유당을 탈당함으로써 박태준 등 민정계 의원들의 동반 탈당을 유도하여 대선을 2개월 앞두고 자신에게 엄청난 정치적 타격을 주면서 자신과 노태우의 정치적 관계는 완전히 끝났다고 말했다.[169] 그리고 그는 내게 자신이 노태우 대통령을 만나고 나서 당사로 돌아온 직후 바로 김종필 총리에게 노태우 대통령의 탈당 결정에 대한 분노를 표시했으니 당시의 상황을 김종필에게 확인해보라고까지 말했다.

노태우 대통령은 민자당 탈당과 관련한 김영삼 대통령의 주장을 정면으로 반박했다. 당시 1992년 9월 18일 만남에서 자신의 탈당을 김영삼 대통령이 대선 과정에서 정치적으로 유리하다고 판단해서 이를 도리어 반겼다고 주장했다.[170] 이와 관련해 당시 '김영삼 민자당 대통령후보 추진위원회' 명예위원장을 맡았던 김종필은 "12월 대선까지 어려움은 그치지 않았다. 대통령의 사돈 기업인 선경이 제2이동통신 사업자로 선정되자 YS가 이를 비난하면서 대통령과 균열이 생기기 시작했다. 얼마 뒤 노 대통령이 민자당을 탈당했다."라고 밀했다.[171]

대통령에 당선된 후 김영삼 대통령은 "인생은 투쟁이다… 스물여섯 살부터 시작된 민주주의를 위한 나의 투쟁, 나는 이제 예순넷이다… 내게는 '국민을 위하는 대통령이 되겠다'는 중학 시절부터의 오랜 꿈이 있었으며, 또한 내게는 '민주주의를 달라'며 독재에 항거해 온 위대한 국민들의 절절한 성원이 있었다. 그 꿈이 있었기에, 나와 내 조국은 마침내 민주주의의 동트는 새벽을 맞게 된 것이다."라고 말했다.[172]

성공한 개혁과 부작용

김영삼 대통령은 군인 출신 대통령들과 달리 대통령으로서 정치적 정통성이 확고했고 오랜 민주화 투쟁 경력을 통해 대통령에 당선되어 엄청난 정치적 위상과 자부심을 갖고 있었다. 특히 그는 대선에서 평생의 정치적 경쟁자였던 김대중에게 승리했고 김대중이 정계은퇴를 선언하고 1993년 1월 영국으로 떠나버렸기 때문에 정치적으로나 심리적으로 매우 자유로웠다.[173]

그는 자신이 터득한 성공의 길에 기초한 자신감을 갖고 위대한 대통령이 되고자 유신군부 독재와 정경유착 등 군사문화의 잔재를 완전히 일소하고 새로운 한국 즉, '신한국 창조'라는 원대한 꿈을 꾸었다. 문민정부[174]를 표방하면서 집권 초기에 큰 프로젝트들을 과감하게 실시했다. 그는 취임 초기 일반 국민과 국회 그리고 언론 등이 비교적 좋게 보아주는 허니문 시기의 정치적 이점을 최대한 이용해서 개혁정책들을 전광석화와 같은 속도로 단행하였다. 기득권 세력의 저항을 최소화해서 큰 개혁 프로젝트들은 기대했던 성공을 거두었다.[175] 예컨대, 실질적인 공직자 재산 등록, 하나회 숙청, 금융실명제 실시 등을 통해 큰 승리를 거두었고 이는 정치적으로도 매우 성공적이었다. 김영삼 대통령의 대국민적 인기는 집권 초기 41.4%에서 94%(1993년 7월)까지 치솟았다.

구체적으로 그는 첫째, 1993년 2월 제14대 대통령 취임 직후 자신의 재산을 먼저 공개했다. 또한 그간 폐쇄되었던 청와대 앞길과 인왕산 등산로를 개방하고 10·26 사태가 일어났던 궁정동 안가를 철거했다. 지방 여러 곳의 대통령 전용공관을 폐쇄함으로써 국민들에게 새로운 시대의 열림을 알렸다. 아울러 1993년 3월 4일 대통령으로서 일체의 정치자금을 받지도 주지도 않겠다고 선언했다.

둘째, 1993년 3월 공직자윤리법을 개정하여 주요 공직자 9만여 명의 재산등록을 의무화해 고위 공직자의 재산 내역을 공개토록 했다. 이 과정에서 국회의장 박준규와 전 국회의장 김재순 등이 재산과다

또는 재산은닉 혐의로 민자당을 탈당하거나 의원직을 사퇴했다.[176]

셋째, 1980년 정승화 육군참모총장이 시도하려고 하였으나 그해 12·12 사태로 좌절되었던 군부 내의 강력한 사조직인 하나회를 척결했다. 하나회는 전두환·노태우·김복동 등 육사 11기(정규육사 1기)생이 주도해 1963년 결성한 현역 군인들의 군대 내 비밀 사조직이었다. 육사 36기까지 경상도 출신 장교를 중심으로 기수별로 10명 안팎씩 선발했고 선후배끼리 서로 군내 요직으로 끌어주면서 세력을 키웠다.[177]

그는 내게 "이로써 나는 박정희 정권 이후 노태우 정권에 이르기까지 군사독재 체제의 핵심 세력이었던 하나회를 완전히 해체했고, 민주주의 공고화에 가장 핵심적인 요소인 군부에 대한 문민 통제를 완벽하게 확보하였다. 우리 군대도 비로소 정권의 군대에서 국민의 군대로 자리매김했다."라고 주장했다.[178] 더 나아가 그는 1993년 5월, 우리 현대 정치사의 중대한 사건인 1979년 12·12 사태를 '하극상에 의한 군사 쿠데타'로 규정하고 1980년 5·18 광주항쟁을 '광주민주화운동'으로 기리며 기념사업을 적극적으로 펼칠 것을 약속했다.[179]

이와 관련된 에피소드가 생각난다. 2001년경 파키스탄, 미얀마, 인도네시아 등 동남아시아 국회의원들이 방문했을 때 한국의 발전사와 관련된 특강을 국회에서 내게 요청했다. 한국의 경제발전을 중심으로 특강을 준비했다. 그런데 특강에서 이들 국회의원들의 주요 관심은 우리의 경제발전 과정이 아니라 "제2차 세계대전이 끝나고 독립한 대부분의 아시아 국가들은 아직도 군부가 정권을 장악하고 있는데 어떻게 한국은 피 한 방울 흘리지 않고 군부의 장기 집권을 끝냈는지"에 있었다. 이 과정에서 우리의 1987년 민주화와 1993년에 이루어진 김영삼 대통령의 하나회 숙청이 대한민국 발전에 절대적인 공헌을 했음을 깊이 깨달았다. 임혁백도 "김영삼 정부의 군부개혁과 권위주의 비리청산은 세계에서 가장 군사화된 국가의 첫 문민 대통령이 실시한 위대한 업적으로 기록될 것이다."라고 주장했다.[180] 현재 우리 정치학자들과 국민들은 김영삼 대통령의 IMF 외환위기 초래라는 실정 때문에 그의 하나회 숙청이라는 훌륭한 업적을 간과하는 면이 분명히 있다.

넷째, 1993년 8월 12일 대선공약이었던 금융실명제를 실시했다. 금융실명제 도입 논의는 역대 정권마다 있어 왔지만 그 부작용에 대한 우려 때문에 실시가 계속 유보되어 왔다. 김영삼 대통령은 대선 과정과 대통령에 당선된 후 취임하기 전까지 많은 사람들이 금융실명제만 실시해도 위대한 대통령으로 남는다고 한 말을 내게도 여러 번 강조했다. 그는 금융실명제를 비밀리에 철저히 준비하여 시행했고 성공했다.[181]

이 과정에서 그는 금융실명제를 실시하기 전에 정작 걱정이 되어 전두환 대통령 측과 노태우 대통령 측에 미리 귀띔을 해주었다고 내게 말했다. 얼마 후 양측에서 자기네는 문제가 전혀 없다고 알려왔다고 한다. 그러나 금융실명제 이후 문제가 없기는커녕 전직 대통령 비자금 문제가 불거졌다. 이 과정을 내가 조사해 보았더니 당시 전두환 대통령과 노태우 대통령 측에는 금융 전문가가 없었고 따라서 금융실명제의 파장을 잘 모르고 있었던 것 같았다.[182]

김영삼 대통령의 집권 초기 성공한 개혁들에 대해서는 3당 합당을 극렬하게 비난했던 노무현 대통령까지도 "김영삼 대통령이 하나회를 정리한 것을 계기로 군부 쿠데타의 위협은 완전히 종식되었다. 공직자 재산 등록과 금융실명제를 전격 실시함으로써 부패와 유착의 고리를 끊어 낼 수 있는 제도적 기반을 만들었다."라고 말했다.[183]

그러나 시간이 지남에 따라 금융실명제의 부작용이 노정되기 시작했다. 금융실명제로 사채시장이 침체하자 전통적으로 사채시장에 의존하던 중소기업들이 자금난을 겪으면서 부도 사태가 속출했다. 또한 재산소득자에 비해 근로소득자의 수입만 드러남으로써 근로소득자들의 상대적 불만이 커졌다. 이러한 부작용 속에서 초기에 금융실명제 실시를 그렇게 환영했던 일반 국민과 언론들은 금융실명제를 신랄하게 비판하기 시작했다. 설상가상으로 북한의 핵 위협에 따른 대북정책 혼선과 1994년 10월 성수대교 붕괴 사건이 일어났다. 이후 김영삼 대통령은 1994년 말까지 개혁의 후퇴기 또는 정치적 침체기를 겪었다.

금융실명제 실시 후 후유증은 김영삼 대통령에게 엄청난 정치적 좌절과 상처를 안겨 주었다. 그는 "실명제 실시 이전에는 모든 언론이 김영삼 대통령이 실명제만 실시하면, 그것 하나만으로도 가장 성공한 대통령이 될 것이라고 사설과 칼럼을 통해 주장했었다. 그러나 막상 내가 실명제를 실시하자 일부 언론에서는 논조를 완전히 바꾸어 실명제에 대해 계속적으로 흠집을 내려고 했다… 개혁의 성패를 좌우하는 것은 개혁을 추진하는 강력한 리더십과 국민의 지지 여부이다. 즉, 개혁 주체가 반개혁적 도전 세력을 제압할 수 있는 힘과 의지를 가지고 있어야 하며, 국민들은 자신에게

돌아올 고통을 기꺼이 분담하고자 하는 의지와 동의가 있어야 한다."라고 말했다.[184]

 일반적으로 국민은 대통령과 그 정부의 모습을 대통령의 큰 국정과제보다는 작지만 가까이 있는 현실적인 문제들, 이른바 '거리행정street-level administration', 즉 홍수, 폭설, 소방, 방재, 방역 등 재난과 위기에 대처하는 정부의 대응 등 체감하는 행정을 통해 이해하게 된다.[185] 따라서 대통령들은 국민들로부터 정치적 지지를 유지하기 위해 이러한 체감행정도 관심을 기울여야 한다. 실제로 김영삼 대통령은 금융실명제 실시, 하나회 숙청 등 큰 국정과제로 국민들로부터 커다란 정치적 지지를 이끌어내었지만 성수대교 붕괴(1994년), 삼풍백화점 붕괴(1995) 등 재난에 대한 정부의 미숙한 대응으로 문민정부의 정치적 업적에 심각한 타격을 입기도 했다.

북핵 위기와 남북정상회담 무산

1994년 당시 북한이 '핵확산금지조약[NPT]' 탈퇴(1993년 3월)를 선언하고 영변 핵시설 단지에서 폐연료봉 재처리를 시도할 움직임을 보이자 미국은 영변 핵시설 폭격을 검토했고 남북간 긴장이 고조됐다. 김영삼 대통령은 당시 미국이 영변 폭격을 준비했지만 자신의 강력한 반대로 무산됐었다며 내게도 '내가 설득하지 않았다면 한반도에서 전쟁이 일어났을 것'이라고 말했다. 구체적으로 그는 "동해안에 영변을 때리려고 미 해군 군함 33척, 2개 항공모함이 와 있었다… 전쟁을 막아야겠다는 생각이 있었기 때문에 클린턴 당시 미국 대통령에게 전화로 절대 반대했다… (북한) 국경선의 포가 남쪽을 보고 있는데 (영변을 공격하면) 일제히 서울이 불바다가 된다… 그것을 내가 강력히 반대했다… 그때 그대로 됐다면 (미국이) 아마 영변을 때렸을 것."이라고 말했다.[186]

반면 클린턴 대통령은 자서전에서 "1994년 3월 하순 북한의 심각한 핵 위기가 시작됐다… 나는 전쟁을 불사하고라도 북한의 핵무기 개발을 중단해야 한다고 결심했다… 북한 사태는 그 후에도 악화돼 북한은 5월 사찰단의 활동을 막은 채 원자로에서 핵연료를 빼냈다… 6월 1일 지미 카터 전 대통령이 내게 전화를 걸어 핵문제 해결을 위한 북한 방문 용의를 밝혔다. 나는… 시도해 볼 만하다고 결정했다. 그에 3주 앞서 나는 전쟁이 일어날 경우 양측이 입을 막대한 피해 규모에 관해 정신이 번쩍 드는 보고를 받았었다."라고 밝혔다.[187] [188]

한편 윌리엄 페리 당시 미 국방장관 회고록에 따르면 미국은 재처리 시설을 정밀 타격하는 '외과 수술적 선제공격'을 입안했다. 주한미군이 증원되고 부산항에 전시물자가 추가 도착하는 등 실제 전쟁준비에 돌입하는 움직임도 보였다. 페리 전 장관은 북한의 보복공격과 전면전 확대 가능성 때문에 펜타곤 회의에서 공격 계획은 테이블 끝으로 밀려났다고 밝혔다. 당시 사정을 아는 한국 외교관은 "한국에 주재하는 미국 민간인을 일본 등으로 소개(疏開)하는데 1주일 넘게 걸린다는 결론이 나오자 미국도 폭격을 감행하기 어려웠다."고 말했다.[189]

이러한 과정에서 카터 전 미국 대통령은 1994년 6월 북한을 방문해 김일성 주석을 만나 '대북제재 유보와 재처리 중단'을 합의하고 남북정상회담과 관련해 그를 설득했다. 김영삼 대통령도 북핵 위기를 타개하면서 집권 초기 개혁정책들의 부작용으로 초래된 자신의 정치적 위기를 극복하고자 카터 대통령의 제안을 받아들여 남북정상회담에 대한 의지를 보였다. 마침내 1994년 7월 25일 평양에서 남북한 정상회담을 개최하기로 합의를 보았다.

그러나 불행하게도 7월 8일 김일성 주석이 돌연 사망함으로써 정상회담은 무산됐다. 김영삼 대통령은 당시 상황을 "남북정상이 함께 모여 한반도의 평화와 민족의 장래를 위해 허심탄회하게 의논하게 되어 있었는데, 대단히 아쉽게 생각합니다… 1994년 여름 남북 간에 활짝 열렸던 역사적인 협상 공간은 김일성의 사망으로 인해 2000년까지 연기되고 말았습니다."며 아쉬워했다.[190]

세계화 추구

과감한 개혁 정책 때문에 집권 초기 김영삼 대통령에 대한 국민의 지지도는 매우 높았다. 그러나 야심차게 실시한 '신경제 100일 계획'과 '신경제 5개년 계획'의 성과는 미미했다. 또한 금융실명제 실시 이후 부작용 속에서 경제상황은 점차적으로 악화되어 갔다. 그에 대한 대국민 지지도 역시 급격히 떨어졌다.

그는 정치적 위기 극복과 정치적 인기 만회를 통해 다시 한 번 위대한 대통령이 되고자 노력했다. 1994년 3월 지방자치제 전면실시를 위한 지방자치법개정안과 함께 공직선거 및 부정선거방지법과 정치자금법개정안 등을 제정하고 '세계화'라는 국정과제를 1994년 11월부터 과감하게 추구했다.[191] 또한 1994년 12월 세계화 실천을 기치로 작고 강력한 정부와 생산성 강화를 위해 정부조직을 대대적으로 개편했다. 정부의 경쟁력 제고, 지방시대 개막, 경제의 안정과 경쟁력 강화, 세계화 외교 등 세계화 국정과제를 구체적으로 추진하기 위해 1995년 1월 '세계화추진위원회'도 발족했다.

1995년 우루과이라운드가 타결되고 WTO체제가 출범하면서 국내 쌀 시장이 개방된 세계화의 방향성은 옳았다. 그런 맥락에서 김영삼 대통령은 1996년 원래는 대선공약이었던 선진국가모임인 경제개발협력기구(OECD) 가입을 단행하였다. 그럼에도 세계화는 집권 초기의 개혁정책들에 비해 치밀한 준비가 부족하여 국정과제로서 실체가 분명치 않았다. 이를 뒷받침할 구체적인 프로그램도 따르지 않았다. 특히, 세계화라는 국정목표 아래 국제무역과 투자를 갑자기 적극 개방하고 국내경제, 특히 금융시장의 자유화를 급격하게 지향함으로써 IMF 외환위기를 초래하는 직접적인 실수를 범했다.[192]

DJ 정계복귀, 전직 대통령 비자금, DJ 20억 수수

1994년 말부터 여당인 민주자유당 안에서는 최형우를 중심으로 한 민주계와 김종필계의 권력투쟁이 전개되었고 김종필은 1995년 3월 민주자유당을 탈당해 자유민주연합을 창당했다. 김영삼 대통령은 자신의 정치 역정에서 가장 후회되는 것 중 하나가 대통령으로서 정치적 참모들의 의견을 받아들여 1995년 김종필을 내보낸 것이었다고 내게 말했다. 그는 이 점을 김종필에게 매우 미안하게 생각했다.[193] 여당 내 권력투쟁과 김종필의 탈당은 집권 초기 '반개혁'으로 몰려 밀려났던 세력과 개혁 대상으로 삼았던 공무원 집단의 반 YS 정서를 강화시켰다.

1995년 6월 지방자치단체장 선거에서 여당은 참패했다. 쫓겨난 김종필은 충청도 핫바지론으로 충청지역의 기반을 확보했다. 대선 후 정계은퇴를 선언하고 영국으로 떠났던 김대중은 귀국하여 1994년 1월 아태재단이라는 조직을 만들어 정치적 기반을 마련했다. 특히 그는 지방자치단체장 선거에서 조순을 서울시장에 당선시키는 데 노력하였고 결과적으로 야당인 민주당이 약진하였다.[194]

김대중은 1995년 9월 '새정치국민회의'를 창당했고 민주당의 호남의원들이 이동했다. 야당인 민주당은 이기택, 노무현, 김정길 등을 중심으로 통합민주당으로 바뀌었다. 평생의 정치적 경쟁자이자 정치 생명이 끝났다고 생각했던 김대중의 재등장으로 김영삼 대통령의 정치적 초조함은 더욱 높아졌다. 1996년 총선 승리를 위해서도 국면전환 카드의 필요성이 높아진 상황에서 1995년 10월 민주당 박계동 의원이 노태우 대통령의 비자금을 폭로했다. 노태우 대통령이 관리하고 있는 비자금 4,000억 원 중 300억 원의 비자금이 동화은행 등의 차명계좌 3개에 은닉되어 있다는 내용이었다.

노태우 대통령은 1995년 10월 대국민 사과문을 발표했다. 자신이 재임 중 조성한 통치자금은 약 5,000억 원이었고 (사용 내역은 밝히지 않으면서) 퇴임 당시 그 중 1,700억 원이 남았다고 밝혔다. 새로운 정치 국면에서 정치적 위험성을 느낀 김대중은 노태우 대통령이 대국민 사과문을 발표하기 몇 시간 전 방문 중인 중국에서 "14대 (1992년) 대선기간 중 노태우 대통령으로부터 20억 원을 받아 선거운동자금으로 썼다."고 털어놓았다.[195) 196)

이러한 상황에서 김영삼 대통령은 '역사바로세우기'라는 명분을 내걸고 비자금, 12·12 쿠데타 그리고 5·18 광주항쟁을 전면 재조사하도록 검찰에 지시했다. 1995년 11월 노태우 대통령은 뇌물수수 혐의로 구속되었고 12월 반란 수괴 혐의로 전두환 대통령도 구속되었다.[197)

노동법 파동

역사바로세우기 등 일련의 깜짝 개혁정책들로 김영삼 대통령의 대국민 인기는 다시 회복되었다. 그는 이 상황을 이용하여 1996년 2월 여당인 민주자유당의 당명을 신한국당으로 바꾸었고 4·11총선에서 승리했다. 총선 결과 신한국당은 139석을 확보했고, 김대중의 새정치국민회의는 79석을 얻었다. 정치적 자신감을 회복한 김영삼 대통령은 "경제불황에서 탈출하고 장기적으로 세계화 시대에 기업 경쟁력을 강화하기 위해"[198) 박세일 사회복지수석 주도로 기초한 3자 개입 금지, 정치활동 금지, 복수노조 설립 유예 등 재계에 상대적으로 유리한 근로기준법, 노동조합법, 노동쟁의조정법 등의 '노동법 개혁안'을 1996년 12월 국회에 제출했다.

그도 내게 이렇게 밝혔다. 처음에는 주저했지만 "노동법 개정의 시기가 집권 후반기라는 점도 부담으로 작용했다. 개혁이 성공하려면 주도 세력이 충분한 정치적 힘이 있어야 하며, 그렇지 않을 경우 개혁 작업은 표류하고 사회적 비용도 그만큼 증가한다. 때문에 나는 집권 후반기에 과연 이를 추진할 수 있겠는가 고민하지 않을 수 없었다… 하지만… 대통령으로서 책임을 포기하지 않고 국민과 국가 장래를 위해서라면 반드시 노동법을 개정해야 한다."는 결심을 하게 됐다고 했다.[199]

재계와 보수 언론 등의 전폭적 지지를 얻은 신한국당 의원들은 1996년 12월 새벽에 버스를 타고 국회에 들어가서 노동법 개혁안과 검찰에 넘겨준 수사권을 안기부가 되찾아가는 안기부법을 날치기 통과시켰다. 이 날치기 통과는 일반 국민의 격렬한 저항을 불러왔다. 김영삼 대통령은 정치적 굴욕을 감내하며 1997년 1월 여야 영수회담을 가졌다. 김대중과 김종필은 함께 노동법의 원천무효를 주장했다. 김영삼 대통령은 "김대중씨 등이 노사의 눈치만 보면서 노동법 처리를 원천 봉쇄한 것은 대통령 선거를 앞두고 정치적으로 민감한 문제에 손을 대지 않겠다는 정략적 계산 때문이었다."고 주장했다.[200]

1996년 12월 26일에 통과됐던 '복수노조 3년 유예, 정리해고 도입'을 골자로 한 노동관계법은 1997년 3월 10일에 '복수노조 허용 및 정리해고 2년 시행유예'로 바뀌었다. 이 와중에 금융구조 조정을 위한 '금융개혁법안'도 통과하지 못했다. 그 후 역설적으로 1998년 2월 14일 IMF 외환위기 상황에서 김대중 정부는 다시 정리해고제 시행과 고용조정 및 기업 구조조정 관련법을 통과시켰다.

노동법 개정을 둘러싼 우리의 정치 상황은 '1년짜리 한 편의 정치 코미디'처럼 웃긴 것이었다. 더욱 재미있는 것은 이때마다 이쪽저쪽으로 정신없이 장단을 맞추었던 언론과 우리의 바보스러움이다. 아무것도 모르는 국민만 IMF 외환위기 속에서 엄청난 고통을 겪었다.[201] 이렇게 '국회를 통한 정책의 입법화 과정'에 너무 많은 비용이 부담됨으로써 경제가 표류하고 위기가 자주 초래되고 있다.

'정치와 정책의 맥락'을 이해하지 못하는 대통령이 반복적으로 선출되어서 국정을 담당하면 5년간 국민의 돈으로 온갖 시행착오만 일으킨다. 종래는 대통령이라는 현장 직업훈련만 하고 퇴출시키게 된다. 대통령은 퇴임 후 진짜 대통령이 되어서야 입법 리더십과 정치의 중요성을 이해하고 후회하며 안타까워한다. 실패한 대통령만 양산되고 있는 것이다. '대통령의 위기'의 또 다른 결과물이다.

DJ 비자금

3김 청산의 기치를 내걸고 TK와 민정계의 지지를 확보한 이회창은 개혁적인 이미지로 1997년 7월 신한국당 전당대회에서 대선후보로 선출되었다. 그러나 그의 개혁 이미지가 두 아들의 병역비리 문제로 치명상을 입으면서 이인제가 신한국당을 탈당하여 국민신당을 창당하고 대선 후보가 되었다. 다급해진 이회창은 1997년 10월 7일, 신한국당 강삼재 사무총장을 통해 김대중의 비자금 (동화은행 등의 365개 차명계좌에 670억 원 규모) 은닉을 폭로하였다.[202]

당시 상황을 김영삼 대통령은 "이회창 씨는 온갖 경로를 통해 김대중 씨의 비자금에 대한 검찰수사를 강력히 요구하면서 나에게 면담을 요청해왔다. 김대중 씨 역시 궁색한 변명을 늘어놓으며 나와의 면담을 요청해왔다. 검찰은 검찰대로 이를 수사해야 될 것인지를 놓고 난감해 했다."고 말했다. 또한 "이회창 씨는 김대중 씨의 비자금에 대한 수사가 이뤄지면 자신이 대통령 선거에서 승리할 것이라고 판단한 것 같다. 하지만 사태는 그렇게 간단치 않았다. 대통령 선거를 불과 2개월 앞둔 시점이었다. 일단 김대중 씨의 부정축재를 수사하게 되면 그의 구속은 피할 수 없을 것이다. 만약 그렇게 되면 전라도 지역은 물론 서울에서도 폭동이 일어날 것이고, 그럴 경우 대통령 선거를 치를 수 없게 될 것은 불을 보듯 뻔한 일이었다. 선거 자체가 없어질 상황인데 어떻게 당선될 수 있단 말인가."라고 말했다.[203]

결국 김영삼 대통령은 김태정 검찰총장을 통해 수사 유보를 지시했다. 김태정은 10월 21일 "국민회의 김대중 총재에 대한 비자금 의혹 고발사건 수사를 15대 대통령 선거 이후로 유보한다."고 공식 발표했다. 이회창은 김영삼 대통령의 탈당을 요구했다. 이와 관련해 그는 "어처구니없는 일이었다. 나에게는 한 마디 상의도 없이 김대중 비자금 사건을 터뜨리더니 이제는 나더러 내가 만든 당에서 나가 달라는 말이었다."라고 회고했다.[204]

1997년 10월 김영삼 대통령은 대선주자들과 차례차례 만나기로 되어 있었다. 첫 번째로 김대중을 만났다. 그는 "김대중 씨는 내가 비자금 수사를 유보한 데 대해 좋아서 어쩔 줄 모르는 표정이었다. 김대중 씨는 이날 나에게 '감사합니다'라는 인사를 수없이 했다."고 말했다.[205] 11월에는 이회창과 조찬회동이 잡혀 있었으나 이회창이 일방적으로 취소했다. 김영삼 대통령은 11월 7일 신한국당을 탈당했다.

1997년 대선 당시 김대중 대통령의 비자금에 대한 김영삼 대통령의 말이 사실이라면 약 1,300억 원이 넘는 DJ 비자금은 도대체 어디로 갔는지 지금도 무척 궁금하다.

IMF 외환위기

혼란스러운 정치 상황에서 1993년부터 시작한 '신경제 5개년 계획'의 성과는 미미했다. 경제상황은 날이 갈수록 악화되었다. 정치 개혁에 치중하던 김영삼 대통령은 확대되고 있는 재벌의 문어발식 또는 선단식 경영 상황을 자세히 이해하지 못했다. 급격히 늘어난 재벌들의 부채 구조는 IMF 외환위기 사태의 한 원인이 되었다. 특히 문제가 된 것은 한보그룹이었다. 자기자본이 2,200억 원밖에 안 되는 회사가 6조원이 넘는 제철소를 빚으로 건설하다가 붕괴되었다. 삼미·한신·진로 등 거대기업 12군데가 연쇄 도산했다.

그러자 외국의 단기외채에 크게 의존하던 우리의 크고 작은 금융기관이 압박을 받게 되었다. 이는 다시 기타 재벌들의 자금난으로 이어졌다. 설상가상 OECD 가입을 앞당기려고 금융시장을 급격히 자유화하고 개방했다. 국내 기업을 보호하고자 외국인 직접투자를 제한하면서 은행의 외환 차입 등 단기성 국제 금융거래를 자유화했다. 그 결과 단기외채는 급격하게 증가했다.

특히 당시 난립한 24개 종금사(종합금융회사)는 일본의 단기외채를 빌려 동남아시아 국가의 금융시장에까지 투자하고 있었다. 정부는 그 같은 단기외채의 규모조차 제대로 파악하지 못하고 있었다.[206] 이러한 상황에서 한보철강 특혜 대출 비리에 소통령으로 불렸던 김영삼 대통령의 차남인 김현철이 연루되어 1997년 5월 구속되었다. 김영삼 대통령은 대국민 사과까지 해야 했고 그의 대국민 지지도는 9%까지 추락했다.

1997년 7월 기아자동차가 10조 원의 부채 규모로 18개의 계열사 및 1만 7천여 개의 협력업체와 함께 부도 사태를 맞으면서 11월 21일 밤 국제통화기금(IMF)에 200억 달러 규모의 구제 금융을 신청하는 IMF 외환위기 사태가 터졌다. 어려운 경제상황 때문에 김영삼 대통령은 미국에 도와 달라는 전화를 걸었다. 대북 포용정책을 둘러싸고 갈등이 있었던 미국 클린턴 대통령은 "국가 부도사태를 면하려면 IMF와 협상을 12월 1일까지 마무리 지어야 한다."고 말했다. 대통령은 일본에도 고위관리를 보내 도움을 요청했다. 지난날 '버르장머리를 고쳐놓겠다'는 등 그의 직설에 심기가 불편했던 일본 정부는 냉담한 반응을 보였다. 우리의 경제위기 상황은 더욱 심화되었다.[207]

1997년 12월 3일 IMF 깡드쉬 총재는 다가오는 대선에서 누가 당선이 될지 모르는 상황에서 유력한 대통령 후보 세 사람은 모두 IMF와 합의 이행을 약속해야 한다며 세 후보의 각서를 요구했다. 세 후보는 각서를 제출했다. 우리 정부와 IMF는 '대기성 차관 협약을 위한 양해각서'에 최종 합의했다. IMF 구제 금융이 시작됐다.[208]

김영삼 대통령은 IMF 외환위기에 대해 대통령으로서 자신의 책임은 면할 수 없지만 김대중, 이회창 등 당시 대권 주자들도 상당 부분 책임이 있다고 내게 밝혔다. 그는 "나는 나름대로 새로운 노사관계 정립을 위한 노동법 개정과 금융 산업의 선진적 개혁을 위한 금융개혁 법안을 마련해 경제 난국을 타개하려고 노력했다. 만약 노동법 개정이 원안대로 통과되고, 금융개혁입법이 시일 내에 통과만 되었더라도 우리 경제가 IMF로 가는 길만은 막을 수 있었을 것이다. 더욱이 기아 문제만 정부 방침대로 처리되었어도 최악의 상황은 면할 수 있었을 것이다. 그러나 이 모든 노력은 대선을 앞둔 대권주자들의 무책임과 비협조로 좌절되었다. 김대중씨를 비롯한 정치인들은 경제도 국익도 외면한 채 오로지 대선 승리만을 향해 질주했다. IMF 사태에 대해서 그들도 응분의 책임을 져야 할 것이다."라고 주장했다.[209]

잊혀진 정치적 유산들

김영삼 대통령은 위대한 대통령이 되고자 했고 위대한 국정목표를 꿈꿨다. 그는 자기 이전의 대한민국 역사는 일제잔재, 군부독재, 반민주 그리고 정경유착으로 점철되어 있는 '낡은 역사'라고 생각하고 새로운 대한민국을 건설하고 싶어 했다. 그는 대한민국의 새 역사를 자기 임기부터 새로이 시작하고 싶어 했다. 특히 군사문화 잔재를 완전히 일소하고 새로운 대한민국의 기틀을 만들고 싶어 했다. 이러한 꿈은 신한국 창조라는 국정목표로 표출되었다.

　그러나 김영삼 대통령은 집권 초기 개혁 정책들의 승리와 성공을 지속시키지 못했고 개혁의 부작용들 때문에 정치적 어려움에 직면했다. 이를 타개하기 위해 집권 중반기 역사바로세우기와 세계화 등 큰 개혁 과제들을 다시 한 번 시도했고 일시적 승리도 있었다. 그러나 정치적 위기를 타개하고자 시작한 세계화 추진은 치밀한 준비가 부족했다. 당시 박세일 사회복지수석이 제시한 국가 선진화를 위한 세계화라는 국정과제는 개념이 모호하고 구체적인 프로그램이 없어 실패했다.[210]

　무엇보다도 김영삼 대통령이 세계화라는 국정 목표에 대해서 얼마나 이해했는지는 여전히 의문이다. 그의 일평생 정치역정을 살펴보더라도 그의 삶의 궤적과 세계화가 어떤 연관성을 가지고 있는지 잘 모르겠다. 당시는 집권 초기에 의욕적으로 추진한 개혁정책의 부작용이 속출하면서 국민의 인기가 떨어지는 국면이었다. 그는 참모들이 세계화라는 국정과제를 추진하면 어려운 정국의 타개는 물론 국민의 인기도 다시 올라가고 역사에도 크게 남을 수 있다고 하자 이를 선택했던 것 같다.

　또한 그는 자신의 임기 내에 이것들을 한꺼번에 다 실시해서 역사에 자기 이름으로 남기고 싶었던 욕망이 앞서서 무리하게 급진적으로 추진하다가 실패했다. 더구나 그의 삶과 세계화라는 슬로건과의 미약한 연관성은 세계화 추진 리더십에 대한 대국민 신뢰도를 떨어뜨리면서 그 추진과정도 어렵게 만들었다. 세계화는 그 모호성을 고려하여 단계를 점증적 또는 점차적으로 추진했어야 했다. 대통령의 국정목표가 한 번의 여행이나 한두 사람의 조언 또는 강의에 따라 정해지는 경우 설익은 정책목표와 프로그램이 양산되기 때문이다. 실패하면 그 파장은 정말로 감내하기 힘든 것이고 정치적으로도 매우 위험하다. 세계화 추구는 이러한 실례를 극명하게 보여주고 있다.[211]

세계화 추진의 좌절은 IMF 외환위기를 초래하는 직접적인 원인이 되었다. 집권 초반의 정치적 승리까지 잃어버렸다. IMF 외환위기로 대국민 지지가 7%(1997년 12월)까지 추락한 상태로 임기를 마쳐야 했다. 1997년 한보철강 비리사건과 그의 둘째 아들 김현철 사태와 함께 대통령의 정치적 유산까지도 잃어버리게 만들었다. '대통령 위기'의 참혹한 결과였다.

김영삼 대통령은 그의 재임기간을 '영광의 시간은 짧았고 고뇌와 고통의 시간은 길었다.'라고 회고했다.[212] 그 동안 IMF 외환위기에 대한 책임론 아래 묻혀버려 무시되고 잊었던 그의 중요한 업적들이 2015년 11월 그의 죽음을 계기로 다시 재평가를 받고 있다. 실제로 《한국갤럽》(2015.11.26)의 여론조사 결과 응답자의 74%(매우 공헌 31%, 어느 정도 공헌 43%)가 YS가 우리나라 정치 발전에 공헌했다고 평가했다. YS에 대한 호감도는 51%로, 8개월 전(19%)에 비해 32%포인트 급등했다.[213]

통일의 김대중 대통령

"김대중은 우수한 두뇌, 풍부한 경험, 그리고 예리한 통찰력을 갖추고 있구나… 시간이 흐름에 따라 그의 총명함이 많이 흐려지는 것을 느낄 수 있었다." ―노태우 대통령[214]

"생각이 복합적이고 신중하며 논리적인 연결을 중시하는 김대중 씨는 단계적이고 복선적인 접근 스타일이다. DJ도 권력의 본질에 대한 연구가 깊다. 그는 서생적書生的 문제의식과 상인적 현실감각으로 실제 정치에서 따지고 의심하고 계산하는 측면이 많다. 누구는 YS가 동물적 후각이 발달했다고 하고 DJ는 유리한 결론을 도출해내기 위한 설득 논리 개발에 능하다는 얘기를 했는데 사실 그런 면이 있었다. …권력을 쟁취할 때 보면 그 끈기와 오기, 강인함을 따라갈 사람이 없다." ―김종필[215]

김대중 대통령은 고향 목포 국회의원 선거에서 1954년부터 1958년, 1959년, 1960까지 내리 네 번 연속 낙선했다. 1961년 5월 13일 인제 보궐선거에서 국회의원에 당선되었으나 1961년 5·16 군사쿠데타로 국회가 해산되어 국회의원 선서조차 하지 못했다. 이후 야당인 신민당 대변인을 거쳐 1970년 9월 김영삼 대통령을 꺾고 신민당의 대통령 후보로 선출되었으나 1971년 4월 대통령 선거에서 박정희 대통령에게 아깝게 패했다.[216] 이후 1973년 '김대중 납치사건', 1980년 '김대중 내란 음모 사건'으로 사형 선고(2004년 1월 사형 선고 후 23년 만에 무죄를 선고받음) 등 파란만장한 정치적 역경을 겪었다. 1987년과 1992년 대통령 선거에서는 노태우 대통령과 김영삼 대통령에게 패배했다.

DJP 연합과 대통령 당선

1997년 대통령 선거를 앞두고[217] 집권을 위한 새로운 전략으로 그는 11월 내각제 개헌을 약속했다. 당시 자민련 총재였던 김종필 전 국무총리와 후보 단일화에 합의했다. 구체적인 내용은 두 당의 대통령 후보를 김대중씨로 단일화하는 대신, 대선에서 승리할 경우 공동정부와 내각제 개헌을 추진한다는 것이었다. 두 사람은 대통령은 김대중, 총리는 자민련에서 맡고 권력은 50대 50으로 철저히 균분하며, 내각제 개헌은 1999년 말까지 완료해서 2000년 4월 16대 총선 이후에는 자민련이 수상 선택권을 갖는 내각제 정권을 출범시키기로 약속했다.[218]

김영삼 대통령의 1990년 3당 합당을 극렬하게 비판했던 김대중 대통령은 DJP 연합에 대해서 "…'색깔론 망령'과 3당 합당 이후 강화된 호남 고립 구도를 타파하기 위해서는 자민련과 연합이 필요하다고 설득했다… 과거에 대립했던 세력과의 연합에 거부감이 있겠지만 현실 정치에서 소신과 명분 못지않게 현실적 선택도 중요하다는 것을 얘기했다. 우리에게 필요한 것은 정권 교체라고 역설했다."고 주장했다.[219]

1997년 12월 대통령 선거에서 그는 이회창 후보를 누르고 제15대 대통령으로 당선되었다. 그는 자신의 정치적 역정을 "돌아보면 파란만장한 일생이었다. 정계에 입문하여 국회의사당에 앉는 데까지 9년, 1970년 대통령 후보로 선출된 후 대통령이 되기까지는 무려 27년이 걸렸다. 다섯 번의 죽을 고비를 넘겼고, 6년간 감옥에 있었고 수십 년 동안 망명과 연금 생활을 했다. 대통령 후보, 야당 총재, 국가 반란의 수괴, 망명객, 용공분자 등 내 호칭이 달라질 때마다 이 땅에는 큰 일이 있었다. 그 한가운데에 서 있었다."라고 설명했다.[220]

그의 당선은 우리 정치사에서 50년 만에 처음으로 야당 대통령 후보가 평화적인 선거를 통해 정권 교체를 이룩한 것이다. 임혁백은 "김대중의 대통령 당선으로 한국은 동아시아 신생민주주의 국가들 중에서 최초로 여당에서 야당으로 평화적 정권교체를 달성한 나라가 되었다"고 주장했다.[221] 아울러 그는 이 1997년의 정권교체는 심각한 경제위기 아래서 일어났다는 점에서 민주주의 공고화에 큰 역사적 의미가 있다고 평가했다.[222]

한편 IMF 외환위기를 제외하고 김대중 대통령이 당선된 가장 결정적인 이유는 '김대중-김종필(DJP) 연합'(이강래)[223] 또는 '준비된 대통령'(이영작)[224]의 슬로건과 이미지보다 이인제의 출마와 득표율 19.2% 획득 때문이었다.[225] 당시 김대중 대통령과 이회창 후보의 표 차이는 약 39만 표(1.5%)밖에 안 되었다.[226] 김대중 대통령을 당선시킨 사람은 이인제와 이인제의 출마를 적극적(?)으로 반대하지 않았고 폭로된 김대중의 비자금을 조사하지 않은(?) 김영삼 대통령이라는 것이 지금까지 변치 않는 내 생각이다.

IMF 외환위기 극복과 야망

오랫동안 대통령을 준비해 왔던 김대중 대통령은 고령(74세)인 1997년에서야 대통령에 당선되었다. 그는 대선에서 강조했던 준비된 대통령으로서 엄청난 정치적 자부심을 가지고 있었다. 특히 평생의 정치적 경쟁자였던 김영삼 대통령은 IMF 외환위기로 정치적 유산이 거의 사라진 상태였다.[227] 또 다른 정치 9단으로서 그는 위대한 대통령이 되고자 노력했다. 김대중 대통령을 가까이에서 지켜본 사람으로서 아쉬웠던 것은 신체적으로 조금은 노쇠했고 임기가 5년으로 너무 짧았으며, 대통령으로서 펼치고 싶은 정책들이 너무 많았다는 사실이다.[228]

그는 위대한 대통령이 되기 위해 먼저 IMF 외환위기 극복 그리고 국민화합, 햇볕정책, 제2건국 등을 자신의 국정목표로 삼았다. 이 중 가장 먼저 직면한 상황은 무엇보다도 IMF 외환위기였다. 한국전쟁 이래 최대 국난이라는 IMF 외환위기 상황에서 그에게는 경제위기 극복이라는 국정목표가 대통령 취임 전부터 주어졌다.[229] 다만 대통령 당선인으로서 정권인수과정에서 외환위기 극복이 너무나 급한 상황이었기 때문에 국정운영을 치밀하게 준비하지 못한 채 대통령에 취임했다는 아쉬움이 컸다. 또한 대선에서 이회창 후보와 너무나 치열하게 대결한 후유증 때문에 정치적 여유도 제대로 갖지 못했다. 그래도 그는 오랜 정치적 역정을 통해 대통령직의 어려움을 잘 이해하고 있었고 집권 초기 매우 두려운 마음으로 대통령직에 조심스럽게 접근했다.[230]

나는 이러한 경제위기 상황이 대통령 개인에게는 위기이자 기회로써 엄청난 정치적 행운이라고 여러 번 말했다. 이러한 위기이자 기회는 여느 대통령에게는 좀처럼 주어지지 않는 정치적 행운이기 때문이다. 미국의 대통령들 가운데에도 이러한 위기와 기회의 순간에 직면한 대통령은 '건국의 위기'를 맞이한 초대 워싱턴 대통령과 '남북전쟁^{civil war}'의 위기를 맞이한 링컨 대통령 그리고 '대공황'에 직면한 후버 대통령과 루스벨트 대통령 정도였다. 성공한 대통령이 되려면 이렇게 엄청난 위기와 기회가 '운명'처럼 주어져야 한다. 능력 있는 대통령은 이 위기를 기회로 삼아 승리와 성공을 이끌어 낸다. 워싱턴, 링컨, 프랭클린 루스벨트 대통령은 위대한 대통령이 되었다. 능력이 부족한 대통령은 이 엄청난 위기에 파묻혀 후버 대통령처럼 실패한 대통령이 되고 만다.

나는 그가 처한 상황이 프랭클린 루스벨트 대통령이 직면했던 대공황 상황과 흡사하고 우리 국민은 그의 신체적 어려움을 불구였던 프랭클린 루스벨트 대통령처럼 인식한다고 말했다. 아울러 이러한 위기 때문에 기득권들은 개혁정책에 강하게 저항할 수 없고 일반 국민도 그를 중심으로 희생할 준비가 되어 있다고 강조했다. 우리 국민은 350만 명이 '금 모으기 운동'에 참여했다. 국민이 내놓은 금 226톤을 팔아서 약 21억 달러를 모았다.

당시 우리나라는 IMF에서 구제 금융을 받는 대가로 강도 높은 기업 구조조정 실시를 요구받았다. 나는 그에게 IMF 외환위기를 이용해 대한민국 체제를 완전히 체질 개선하자고 했다. 그러자면 재벌, 노사, 금융, 공공 분야의 개혁을 철저히 해서 새로운 '선진형 사회경제체제'를 이룩해야 한다고 했다. 나는 그에게 이것을 이룩하면 정말로 위대한 대통령이 될 것이라고 주장했다.[231]

그는 원래 IMF 외환위기 극복은 자신이 대통령으로서 원하던 국정목표가 아니며 대통령이 되면 실현하려고 평생 준비해왔던 것들이 많다고 했다. 이러한 야망과 관련해 장남인 김홍일은 "아버지는 오랫동안 집권을 준비해 왔기 때문에 이루고 싶은 일이 많다. 땅속으로 가져가기에는 너무 아깝다고 생각하시는 것 같다."라고 말했다.[232] 그러나 IMF 외환위기 상황에서 대통령 당선인으로서 그리고 대통령으로서 그의 일차 국정 목표는 좋든 싫든 경제위기 극복이 될 수밖에 없었다. 그는 외환위기 극복은 이미 주어진 것이기 때문에 최선을 다하겠다고 했다.[233] 다만 그는 외환위기 극복을 'IMF 외채상환'으로 규정하고 이에 전력을 다했고, 조기에 이를 달성했다.

그는 국제 수준의 기업 투명성 강화와 부채비율 축소 정책을 추진해 금융, 기업, 노동, 공공 4대 분야에 일대 개혁을 단행했다. 또한 정보기술 산업을 새로운 성장 동력으로 육성, 역대 정권 중 가장 큰 규모의 국제수지 흑자를 기록했다. 5년 연속 기록한 경상수지 흑자는 약 906억 달러가 증가했고, 연평균 증가액은 약 181억 1,400만 달러였다. 2001년 8월 우리나라는 IMF에서 빌린 차입금 195억 달러를 3년 8개월 만에 말끔히 갚았다. 특히 경상흑자에 따른 외화 유입 증가로 외환보유액도 많이 늘어났다. 실제로 외환보유액은 김대중 정부 말기인 2002년 말에는 1,214억 1,300만 달러로 늘어났고 세계 4대 외환보유국이 되었다.[234] IMF 외환위기 극복은 그의 최대 업적으로 평가되고 있다.

IMF 외환위기 극복에 대해 조금 더 상세하게 살펴보자. 그는 IMF와 자금지원 합의를 통해 취임 한 달 후 214억 달러를 도입했다. 아울러 그는 재벌그룹 총수들과 합의를 이끌어내어 기업의 경영 투명성 확보 및 구조조정을 촉진했다. 노사정 협의를 통해 노동시장의 유연성을 확보하고자 근로기준법을 개정해 정리해고제 및 근로자 파견제 등도 도입했다. 이러한 노력의 초기 성과로 우선 외환·금융시장이 안정됐다. 경제수지 흑자와 외국인 투자자금 유입 등에 힘입어 외환 보유액이 사상 최대 규모로 증가하고 환율도 안정세를 보였다. 구조조정의 성과가 반영되면서 금리도 한 자릿수로 안정되고 주가도 상승했다.

실물경제의 회복도 빨라졌다. 경제는 마이너스에서 플러스 성장을 이루었고, 한 자릿수 물가, 실업률의 대폭 감소 등 빠른 속도로 경기가 회복되었다. 1997년 이후 투자 부적격으로 하향 조정되었던 국가 신용등급은 1999년 들어 투자적격 수준으로 회복되었다. 나아가 그는 신속한 구조조정을 위해 64조 원에 이르는 대규모 공적자금을 투입해 부실 금융사와 기업의 퇴출작업을 진행했다. 재벌의 독과점 폐해 견제와 재무구조 건전성 강화, 순환출자 및 상호지급보증 해소 등 시장경제 규율을 확립하는 조치들도 IMF 체제를 4년 만에 조기 극복하는 밑거름이 되었다. 2001년 IMF에게 빌린 돈을 전액 상환함으로써 외환위기는 일단 종결되었다.[235]

더 나아가 그는 1998년 4월 앨빈 토플러 박사의 실업대책·해결 방안을 받아들여 IMF 사태로 침체에 빠진 경제에 활력을 불어넣는 정보기술 관련 벤처기업을 육성하는 데 힘을 쏟았다.[236] 그의 적극적 지원의 결과 1998년 말에는 약 2,000개 회사에 불과했던 벤처 관련 기업의 숫자가 2001년 6월에는 1만 개 사를 기록했다.

또한 집권 5년 동안 정보화를 강조하여 초고속 인터넷 가입자 수가 1998년 1만 4천 명에서 2002년 1,040만 명으로 급증했다. 정보산업 분야의 총 생산액도 1998년 76조 원에서 2002년 189조 원으로 증가해 국내 총생산의 14.9%로 확대되는 등 정보기술 산업 전체를 활성화시켰다. 벤처기업에 대한 지원이 계속되면서 벤처 신화에 휩쓸린 투자자들은 일확천금을 꿈꾸고 과도한 투자를 하게 되었다. 후반기에는 거품이 생겨났다. 권노갑 등 정치인과 벤처기업의 유착이 밝혀지는 등 부작용도 노정되었다.

햇볕정책과 남북정상회담

김대중 대통령은 IMF 외환위기가 진정되자 자신이 오랫동안 준비해왔던 남북관계 문제에 집중했다. 김하중은 "2000년의 대통령 목표는 분명했다. 국민의 정부는 지난 2년간 전력을 다해 외국의 투자를 유치하고 수출을 확대해 IMF 외환위기를 극복했다. 그리고 국내적으로 금융, 기업, 공공, 노사 등 4대 부문에 대한 지속적인 개혁을 통해 복지국가와 인터넷 강국으로 나갈 수 있는 역량을 갖추게 된 것이다. 이제 남은 것은 남북관계였다."라고 기술했다.[237]

그의 남북관계에 대한 준비와 열정은 일반인의 상상 이상이었다.[238] 이와 관련해 그는 "민족통일은 젊은 시절부터 간직해 온 비원이었기 때문에 대통령이 되면 무슨 일이 있어도 우선 남과 북이 만나 이야기하는 자리를 만들겠다고 생각했습니다. 대통령으로서 나의 사명 '1조 1항'이지요. 통일까지 가지는 못하더라도 서로의 긴장을 완화하고 함께 살아갈 길을 모색하는 일만은 반드시 하리라고, 그래서 망설이거나 주저할 게 전혀 없었습니다."라고 명백하게 밝혔다.[239] 그의 남북관계에 대한 정책은 기본적으로 '대북화해협력정책'이다. 북한과 교류를 기반으로 협력과 지원을 함으로써 평화적인 통일을 목적으로 하는 정책이다.

이를 김하중은 "김대중 정부의 햇볕정책은 이미 10년 전 노태우 정부에서 정립되었던 통일정책의 방향을 정확히 계승하여 적극 추진한 것이다. 즉 당장의 통일을 서두르기보다는 우선 한반도의 냉전 대결구도를 화해협력의 구도로 전환하여 평화를 정착하며, 남북한이 협력을 증진하여 '사실상의 통일상황'을 실현하고자 했다."라고 말했다.[240] 햇볕정책은 비유법으로 사용된 상징어로 대북포용정책 또는 포용정책으로 부르기도 한다.[241]

구체적으로 김대중 대통령은 2000년 초부터 당시 박지원 문화관광부장관과 임동원 국정원장 등을 통한 대북 비밀접촉을 기반으로 2000년 6월 15일 '남북정상회담'을 이끌어냈다. 이는 분단 이후 최초의 남북정상회담이다. 이 자리에서 그와 김정일 국방위원장은 연합제와 낮은 단계의 연방제를 골자로 하는 통일 방향에 합의한 '6·15 남북 공동선언'을 발표하고 경제협력에 합의했다. 2000년 8월 15일에는 남북이산가족 상봉이 있었다. 2000년 12월 그는 햇볕정책으로 남북 간의 관계를 진전하고 독재정권 시절 한국의 인권에 헌신한 공로로 노벨평화상을 수상했다.[242]

그러나 '대북불법송금 사건'이 터지면서 햇볕정책은 본격적으로 비판의 대상이 되었다. 정부는 남북정상회담이 있기 전인 2000년 6월 12일 5억 달러를 현대그룹을 통해 북한에 송금했다.

2003년 특검에서 현대상선, 현대전자, 현대건설 등이 5억 달러의 비밀 자금을 마련했다는 사실이 드러났다. 특검 도중인 2003년 8월, 정몽헌 현대아산 회장이 자살하면서 파문은 더욱 커졌다. 게다가 5억 달러에는 남북정상회담 대가도 포함되어 있는 것으로 밝혀져 후일 햇볕정책의 진정성과 투명성의 문제도 제기되었다.

이와 관련해 그는 퇴임 이후 "북한에 1억 달러 비밀 지원을 대통령으로서 승인했으며 이를 후회하지 않는다… 잘 사는 형이 가난한 동생을 찾아갈 때 어디 빈손으로 갈 수 있나. 우리는 북한에 1억 달러를 지원하고 싶었지만 합법적으로 할 수 있는 방법이 없었다"라고 현대를 통한 대북불법송금에 대한 자신의 입장을 명확하게 밝혔다.[243] 또한 "현대는 1억 달러에 대한 또 다른 대가를 북으로부터 얻었다. 현대가 4억 불을 북에 송금하기로 합의했다는 사실을 보고 받고 화를 냈지만 4억 불의 대가로 돌아오는 일곱 가지 사업 내용을 보니 수긍이 갔다… 남과 북이 화해와 협력의 길을 열 수만 있다면 무슨 일인들 못하겠는가."라고 주장했다.[244]

한편 김하중은 "햇볕정책에 대한 대표적인 왜곡 비난은 '퍼 줬다'는 감성적 표현일 것이다. 김대중 정부시기 쌀, 비료 등 북한 주민의 식량난 해소를 위한 지원을 했으며 그 규모는 8,557억 원(정부 6,153억 원, 민간 2,404억 원)이었다. 김영삼 정부 때는 2,314억 원을 지원하였다."라고 설명했다.[245] 그러나 이러한 지원을 받은 북한은 김대중 정부의 기대와는 달리 우리를 향한 태도와 행동이 크게 달라지지 않았다. 실제로 북한은 1999년 제1차 연평해전, 2002년 제2차 연평해전 등 두 차례 도발을 감행했다. 2003년에는 미국과 대화가 예상한 대로 진행되지 않아 핵실험을 강행하겠다고 선언했다. 또한 북한 내부적으로 권력 세습과 독재체제의 존속 등을 계속 추구하면서 햇볕정책의 실효성에 대해 많은 의구심이 생겼다.[246]

달라진 대내외적 정책 환경과 대북불법송금 등 예기치 않은 스캔들 때문에 햇볕정책은 소기의 정책 효과를 얻는 데 실패했다. 햇볕정책을 통해 이룩한 남북정상회담과 노벨평화상 수상이라는 뛰어난 업적이 희석된 것 또한 분명하다. 실제로 김대중 대통령의 인척이자 최측근 참모였던 이영작은 햇볕정책은 실패했다고 주장했다. 구체적으로 그는 "DJ의 유훈인 햇볕정책이 북핵 앞에 선 우리를 무기력하게 한다… 강풍에 웅크렸던 행인이 햇볕에는 외투를 벗는다는 이솝우화를 인용하며 햇볕정책이 태어났다. 그러나 북한은 외투를 벗지 않았다. 외투 안에 칼을 숨겼기 때문이다. DJ는 중국을 오판했고 북한에 속았다. 북한의 김씨 일가와 지배층은 굶주리는 북한 주민을 염두에 두지 않는다. 북한 핵무기도 대화용이 아니고 북남무력통일용이다. 중국이 일본의 핵무장을 두려워하지 않는 것으로 드러났다. DJ는 자신의 오판과 김정일에게 속은 것을 인정하고 싶지 않았다."라고 주장했다.[247]

더욱이 불행하게도 그의 3남 김홍걸이 2000년 체육복표사업자 선정 및 각종 이권에 개입해 금품을 수수한, 이른바 최규선 게이트에 연루되어 2002년 5월 구속되었다. 이후 2남 김홍업도 이용호 게이트에 연루되어 2002년 6월 구속되었다. 이 당시 상황을 그는 "아들 둘을 감옥에 보낸 아버지가 있었던가. 국민 볼 낯이 없었다. 대통령이 된 후 자식들 문제로 국민들께 걱정을 끼치지 않겠다고 여러 차례 약속했지만 결국 지키지 못했다."라며 안타까워했다.[248]

정치적 유산을 둘러싼 논쟁

대통령을 오랫동안 갈망했던 김대중 대통령은 정말로 위대한 대통령이 되고 싶었다. 동서화합, 민주주의와 시장경제, 남북관계정상화, 노벨평화상 수상 등 위대한 대통령이 되기 위해 추구하고 실행하고 싶었던 국정과제들이 많았다. 그러나 집권 초기 IMF 외환위기 속에서 발등의 급한 불인 경제위기 극복을 위해 노력해야만 했다. 이러한 상황에서 그는 IMF 외환위기 극복을 IMF 외채 조기상환으로 규정하고 이를 최대한 빠르게 달성하고자 했다.

결국 IMF 외채 조기상환(2001)을 이룩하는 과정에서 재벌, 금융, 노동, 공공 분야의 개혁을 미완성의 상태로 남겨둔 채 외환위기 극복의 종결을 선언했다. 그와 동시에 자신이 오랫동안 생각하고 준비했던 그리고 위대한 대통령이 되려면 꼭 필요하다고 생각한 남북관계로 국정의 중심 목표를 옮겼다. 김대중 대통령은 남북관계에 국정의 모든 역량을 결집했다. 2000년 6월 남북정상회담과 12월 노벨평화상을 수상하는 결실도 이룩했다.

그러나 대북불법송금이라는 논란적인 행위를 통해 불법을 무릅쓰며 현금까지 지원했지만 북한의 태도는 크게 달라지지 않았다. 도리어 북한은 1999년 제1차 연평해전, 2002년 제2차 연평해

전 등 두 차례 도발을 감행했고, 나아가 2003년엔 핵실험을 강행하겠다고 선언했다. 햇볕정책 관련 업적은 그에 대한 지역적 편견과 함께 진보·보수 간 격렬한 논쟁을 불러 일으켰다. 세 아들의 불법행위가 드러나면서 정치적 업적도 크게 퇴색됐다. 김대중 대통령 역시 '대통령의 위기'에서 자유롭지 못했다.

지금도 못내 아쉬운 사실이 있다. 재벌, 노사, 금융, 공공분야 개혁은 국정과제 추진의 전환 과정에서 방향을 잘 수립하여 진행 중이었다. 다만 집행이 철저하게 이루어지지 못했고 도중에 중단되어 그 문제점들은 아직도 쌓여 있다. 지속적으로 노정되고 있는 현실이다. 특히 IMF 외환위기의 주원인이 금융시장의 과도한 자유화였음에도 불구하고 금융개혁은 미미했다. 20여 년이 지난 지금까지도 이 분야의 개혁은 진행형이다.

퇴임 후 내가 만나 본 김대중 대통령은 '자신이 역사에 어떻게 평가될 것인가'에 대해 매우 민감했다. 전직 대통령으로서도 새로운 모범을 보이고자 노력했다. 내가 만난 역대 대통령 중 김영삼 대통령과 김대중 대통령은 '자신들이 역사에 어떻게 평가 될 것인가'에 가장 관심이 많았다. 특히 김대중 대통령은 이와 관련해서 모든 행동과 결정에서 그것이 후에 역사적으로 어떻게 평가 받을 것인가에 관심을 집중했다. 그 결과 그의 비판자들은 '김대중 대통령의 정책결정과 행동이 진정성이 부족하고 이중적이며 심지어는 가식적이다.'라고까지 주장했다. 그러나 그의 역사의 평가에 대한 민감함은 그의 역사에 대한 강한 믿음과도 연관성이 있다.

그의 역사인식을 제대로 이해하면 햇볕정책을 통한 남북정상회담과 노벨평화상 수상에 대한 저간의 사정을 좀 더 정확하게 알 수 있다. 실제로 그는 "…'역사와 승부한다'는 것이 내가 뭔가 결단을 할 때 하나의 기준이 되어 온 측면도 있습니다… 나는 막다른 상황에서 결단을 강요당했을 때도 현실의 이익보다 훗날 내가 역사에 어떻게 평가될까 하는 점을 더 생각했습니다."라고 강조했다.[249]

노무현 대통령은 그에 대해 "어느 나라에서나 그토록 오랜 기간 동안 독재와 싸우다 구속되고 사형선고까지 받으면서도 굴하지 않고 민주주의 노선을 계속 유지하며 투쟁해온 사람은… 건국의 아버지와 같은 대우를 받게 되는 것이지요. 그것이 정상입니다. 그런데 그렇지 못했던 것은 민주세력이 분열되어 있었던 데다가 워낙 빨갱이로 덧칠을 해놓았기 때문입니다… 국민적 지도자로 대통령이 되기는 했지만 아무도 이의가 없는 국민의 지도자로 대접받지는 못했습니다."라고 안타까워했다.[250] 아울러 노무현 대통령은 2003년 11월 3일 김대중 도서관 개관식에서 외환위기 극복, 지식 정보화 기반 구축, 남북정상회담 등을 그의 주요 업적으로 강조했다.[251]

참여의 노무현 대통령

"그분(노무현 대통령은)은 철저하게 기존 질서에 순응하지 않고 도전하고 돌파구를 만들어내는 열정 덩어리의 매력이 있다… 노 전 대통령은 진보의 가치에 자기를 던졌다… (노무현 대통령이) 김대중 전 대통령과 같은 인내와 치밀함이 있었더라면 성공하지 않았을까 하는 아쉬움이 있다. 그 양반이 의욕은 대단히 앞섰지만 현실적으로 국민을 설득하는 과정, 관료들을 추동하는 과정, 지지자와 지지자 아닌 사람들을 커뮤니케이션하는 과정이 일방적이었다." —김부겸[252]

"노무현 대통령의 5년은 국태민안國泰民安과 국민통합이라는 국정 목표에 비추어 보면 많은 갈등과 논쟁을 일으켰다. 나라를 굳건하게 세우고 민심을 편안하게 하지 못했다. 그는 인간미가 있었으나 국가관에 끊임없는 논란을 일으켰다." —김종필[253]

노무현 대통령은 인권 변호사 출신이다. '국회의원이 되면 노동자들을 돕는 데 유리할 것'이라고 생각해,[254] 1988년 부산에서 김영삼 대통령의 지원을 받아 제5공화국의 실세 허삼수 후보를 누르고 국회의원에 처음 당선되었다.[255] 5공비리특별위원회 위원으로 정주영 회장을 신랄하게 비판했다. 당시 합동회의를 할 때 광주민주화항쟁과 관련해 전두환 대통령이 '광주 자위권 발동'이라고 발언하자 명패를 던진 사건 등으로 일약 '청문회 스타'로 떠올랐다.[256]

그는 1990년 3당 합당 이후 1992년 총선에서는 야당인 통합민주당 후보로 부산에서 출마하여 김영삼 민자당 총재의 지원을 받은 허삼수 후보에게 패했다. 1995년 부산시장 선거에서 패배했고 1996년 국회의원 총선에서도 서울 종로에서 민주당 후보로 출마하여 패배했다.[257] 그 후 종로의 이명박 의원이 선거법으로 기소되자 1998년 보궐선거에서 국민회의 후보로 출마하여 국회의원에 당선되었다.

승부사의 통 큰 정치

2000년 4·13 총선에서는 유리했던 서울 종로 지역구를 버리고 부산으로 가서 한나라당 허태열 후보에게 패배했다. 이후 '바보 노무현'으로 상징되는 지역주의 타파와 정치개혁을 위한 그의 소신 있는 행보는 많은 국민들의 성원을 받았다. 우리 정치 역사상 처음으로 정치인의 팬클럽인 '노사모'(노무현을 사랑하는 모임)도 만들어졌다. 국민의 지지를 바탕으로 김대중 정부에서 해양수산부 장관(2000-2001)을 지냈고,[258] 2002년 대선에서 한나라당 이회창 후보를 60만 표 차이로 누르고 대통령에 당선되었다.

그는 승부사였다. 예를 들어 2002년 4월 민주당 대통령 후보로 확정된 후 김영삼 대통령 자택 방문 등으로 그의 지지율이 10%대로 급락했다. 당내에서도 그에 대한 회의적 시각이 높아졌다.[259] 당시 그는 술자리를 함께 하는 자리에서 내게 "시골 촌놈이 여당 대통령 후보가 되어 봤으니 되었지요. 다수가 원하지 않으면 언제든지 후보직도 사퇴하는 것을 고려하고 있어요."라고까지 말할 정도로 정치적 담력이 컸다. 정치적 배수진은 그의 정치적 상징의 하나이다. 2002년 11월 '2002년 월드컵' 열풍 속에서 대중의 스타로 떠오른 정몽준과 여론조사를 통한 단일화 시도 등 많은 우여곡절 끝에 그는 대통령에 당선되었다.

치열한 대선과정에서 정치적 여유가 전혀 없어서 대통령직에 대한 준비는 충분치 않았다. 노무현 대통령 후보시절 이러한 점이 걱정이 되어 대통령직을 준비하고 있느냐고 물었더니 선거과정이 너무 치열해 그런 것을 생각할 여유가 없다고 했다. 나는 최소한 대통령 비서실장 인선에 대해서는 선거 전까지 생각하는 게 좋지 않겠냐고 말했다.[260] 나중에 알게 된 사실이지만 대통령직에 준비가 부족했던 그는 대통령에 당선된 후 정권인수 기간 동안 삼성경제연구소의 도움을 받으며 이광재를 중심으로 대통령직을 준비했다.[261]

일반인이 잘 모르는 사실 중 하나는 그가 일에 대한 '객관적 평가'와 '신뢰'를 아주 중요시했다는 점이다. 실례로 노무현 대통령 후보 시절 "대통령에 당선되면 국정운영에서 무엇이 달라질까요?"라고 물어본 적이 있다. 그는 웃으면서 (2002년 11월 13일: 그날 그는 여의도에서 열렸던 농민대회에 갔다가 계란 세례를 맞고 와서 샤워를 끝낸 다음이었다) 자신의 정부에서는 '정책에 대한 평가'가 강조될 것이라고 말했다. 다시 한 번 평가가 무엇을 의미하는지 구체적으로 설명해 달라고 했더니 "사람이나 정책이나 일정 기간이 지나고 나면 객관적인 평가를 통해 그 사람이나 정책에 대한 '신뢰'가 생기는 것이고 이 신뢰를 바탕으로 그 다음 사람 쓰는 것과 다음 정책 수행이 결정되는 것"이라고 말했다.[262]

탈권위주의와 바람의 정치

노무현 대통령은 해방 이후 우리나라를 지배해 온 기득권 세력에 반대하고 가난하고 억울한 사람 등 비기득권을 대표하여 당선되었다. 그는 대통령 후보 당내 경선과정에서 호남의 적극적 지원은 받았지만 김대중 대통령으로부터 직접 지원은 없었다. 정치적으로도 매우 독립적이었다. 그는 대선과정에서 자신에 대한 호남의 적극 지원도 호남에는 이회창을 이기기 위한 대안이 자신 이외에는 달리 없었기 때문이라고 생각했다.[263]

이러한 정치적 배경 때문에 그는 3당 합당을 통해 대통령에 당선된 김영삼 대통령이나 DJP 연합을 통해 대통령에 당선된 김대중 대통령과 비교해 자신이 가장 확고한 정치적 정통성은 물론 '도덕적 우월성'이 있다고 생각했다. 그는 2003년 11월 열린우리당을 창당했다. 또한 그는 과거사 개혁을 통해 완전히 새로운 정치질서와 사회질서를 구축하고 싶어 했고 이를 통해 성공한 대통령이 되고자 했다. 구체적으로 국민과 함께 하는 민주주의, 더불어 사는 균형발전사회, 평화와 번영의 동북아시대 등의 국정 목표를 제시했다.

직접 만날 때마다 느꼈지만 노무현 대통령은 반민주세력과 타협하지 않고도 승리했다는 정치적 자부심이 강했다. 이는 마치 1980년대 대학교를 다닐 때 전두환 정권에 대항해 학생운동을 했던 이른바 '386 운동세대 출신 정치인들'이 공부만 열심히 하여 사회에서 성공한 친구들에 대해 느끼는 이념적 내지 도덕적 우월성과 흡사한 것이었다. 386 운동세대 출신 정치인들은 다른 친구들이 현실적이고 물질적 성공을 위해 노력할 때 자신들은 더 큰 가치인 민주화를 위해 희생했다는 일종의 이념 또는 가치 우월성이 상대적으로 강했다.[264]

그에게는 자신이 승리한 이상 기득권 세력들을 조금 비판하고 그들이 지금까지 누려 왔던 것을 조금 빼앗는다고 도덕적으로 크게 잘못된 것이 없다는 심리가 있었다. 이러한 심리를 비판자들은 배타주의라고 한다. 나보다 나이가 훨씬 많았지만 그와 얘기하면 대학 친구인 송영길, 조정식 의원 등을 만난 것 같은 기분이 들었다. 내가 느끼기에 그는 '젊은 386'이었고 유시민이 보기에는 '꿈 많았던 청년'이었다.

그는 취임 후 그 동안 우리 국민에게 익숙했던 '제왕적 군주상'을 허물어뜨리는 권위주의 문화 타파에 노력했다. 실제로 그는 자신의 정치적 리더십을 '수평적 리더십'이라고 규정했다.[265] 비록 일시적으로 사회 분열과 갈등이 불가피 하더라도 제왕적 대통령 시절의 구질서를 타파하고 새로운 정치문화 또는 질서를 창출하고자 애썼다. 이를 위해 정경유착 또는 부정부패로 대표되는 기득권 세력에 대한 대통령 자신 및 집권세력의 도덕적 우월성을 끊임없이 강조했다. 개혁과 코드인사는 그 정점에 있으며 기득권 세력과 싸움을 선도했다.

한편 그의 파격적 언행은 정치적 지지층에게는 짜릿하고 시원한 감동을 주었다. 권위주의적 대통령 문화를 빠르게 청산하면서 탈권위주의에도 도움이 되었다. 이와 관련해 가장 논란이 되었던 것은 그의 '경박한 막말 정치'였다. 그의 말 중 가장 정치적 폭발력이 컸던 것은 2003년 10월의 '재신임' 발언이다. 당시 그는 최도술 총무비서관이 대선과정에서 SK에서 돈을 받은 것과 관련해 자신의 정치적 기반인 도덕적 우월성을 잃어버렸다고 생각하고 "그 동안 축적된 국민 불신에 대해 재신임을 묻겠다."고 했다. 또한 2003년 12월 정당 대표들과 청와대 회동에서 "(내가 쓴) 불법 선거자금

규모가 한나라당의 10분의 1을 넘으면 정계를 은퇴할 용의가 있다."고 한 발언은 정치적 긴장감을 더욱 높였다.

한편 그의 경박한 말투는 보수층의 실망감과 경멸감을 높였다. 나아가 이러한 말은 그의 권위와 영향력을 실추시키면서 자신의 정치적 목표였던 국민통합 대신 도리어 국론분열의 심화를 초래했다.[266] 탈권위주의는 권력 간의 견제와 균형을 통한 민주화 과정에서 이룩되어야 한다. 대통령의 파격적 언행으로 이루어지는 것은 한계가 있다.

집권 초기에 그가 추진했던 개혁은 현실 정치에 부딪혀 좀처럼 뚜렷한 결과를 남기지 못했다. 특히 자신의 정치적 지지층의 반대에도 불구하고 한미관계를 중요시해 우리 군의 '이라크 파병'을 결정했다. 그는 "이라크 파병은 옳지 않은 정책으로 역사에 기록될 것이다. 당시에도 그렇게 생각했고 지금도 그렇게 생각한다. 옳다고 믿어서가 아니라 대통령을 맡은 사람으로서 회피할 수 없는 선택이라서 파병한 것이다. 때로는 뻔히 알면서도 오류의 기록을 역사에 남겨야 하는 대통령 자리, 참으로 어렵고 무거웠다."라고 주장했다.[267]

그는 새로운 국가개조라는 대통령 자신의 '이념적 순수성'과 '도덕적 정당성'을 지나치게 과신했다. 명분에 집착해서 국회나 정당 등 공식적이고 제도적인 기관을 경시했다. 대신 해결 속도가 빠른 노사모, 진보적 시민단체 등 자신의 외곽세력에 크게 의존했다. 제도의 정치가 아니라 소위 '바람의 정치' 속에 자신을 던졌다. 그의 외곽지지 세력은 대통령에게 비판적인 특정세력에 인터넷과 촛불잔치 등을 통해 바람처럼 몰려가 감성적인 공격을 퍼부었고 비판을 잠재웠다.[268] 민주적 절차와 과정을 경시하면서 대통령 개인의 신념이나 의지에 기초한 국정운영은 제왕적 대통령이 지닌 권위주의적 리더십의 근간이다. 권위주의적 대통령 문화 타파에 앞장섰던 그의 리더십의 또 다른 역설이다. 이 역설이 그가 '대통령의 위기'를 겪게 된 근본 원인을 잘 설명해준다.

탄핵, 대연정, 분권형 국정운영

노무현 대통령은 총선과 관련해 2003년 말에 '민주당을 찍는 것은 한나라당을 도와주는 것'이라고 했다. 2004년 2월에는 "국민이 총선에서 열린우리당을 압도적으로 지지해줄 것을 기대한다."고 말해 야당의 반발을 샀다. 중앙선거관리위원회는 이를 두고 '선거중립위반'이라는 유권해석을 내렸다. 야당은 탄핵카드로 공격하며 재발방지를 요구했지만 그는 "이에 굴복할 수 없다."며 정치적 대결을 택했다.[269]

그는 2004년 3월 12일 헌정 사상 최초로 대통령 탄핵이라는 거대한 정치적 역풍을 맞았다.[270] 2004년 5월 14일 탄핵심판이 기각될 때까지 온 나라는 그야말로 극심한 분열상을 보였다. "대통령이 TV에 안 나오면 나라가 조용하다."[271]라는 우스갯소리마저 떠돌기도 했다. 그에 대한 탄핵이 발의되고 기각될 때까지의 63일을 "그날 밤부터 잠을 잤다. 식사 시간에 나타나지 않으면 직원들이 계속 기다리기 때문에 세 끼 밥은 제때 먹어야 했다. 그 시간 빼고는 계속 잠을 잤다. 자도 자도 잠이 끝없이 밀려왔다. 일주일을 자고 나니 정신이 들고 기운이 났다. 책을 읽었다. 그것 말고는 할 일이 없었다."라고 설명했다.[272] 한편 그에 대한 탄핵 역풍에 힘입어 여당인 열린우리당은 2004년 4월 총선에서 과반수를 넘긴 152석을 얻어 기적과도 같은 큰 승리를 얻었다.

노무현 대통령은 2004년 5월 탄핵사건에서 정치적으로 생존했다. 그는 마음이 급해졌다. 2005년 4·30 재보궐 선거에서 여당이 참패했기 때문이다. 2005년 7월 야당인 한나라당에 '대연정'을 제의했다. 이는 여당과 야당이 다 같이 정부에 참여해서 지역주의를 없애고 의석 수대로 장관도 나누고 공동 관심사인 경제도 살리자는 뜻이었다.[273] 대연정 제안은 당시 여당 내부의 엄청난 반대와 2005년 9월 야당인 한나라당 박근혜 대표의 거절로 실패했다.

또한 그는 2007년 1월 대통령 4년 연임제와 대통령 임기와 국회의원 임기 일치 등을 포함한 '원포인트 개헌' 등을 제안했다. 그러나 대통령 자신의 대국민 지지도가 낮을 때 자신의 능력이나 리더십보다 제도를 탓하면서 제도개혁을 추진하는 것 자체가 국민들에게 좋은 평가를 받지 못했다. 야당인 박근혜 한나라당 대표의 '참 나쁜 대통령'이라는 말 한 마디에 모든 것은 수포로 돌아갔다.

그는 2006년 11월 여당인 열린우리당이 민주당과 합당을 고려할 때 참모들이 말려서 실행에 옮기지는 못했지만 사임을 결심했다고 한다.[274] 돌이켜보면 그는 정치, 경제, 사회 전반에 대한 명확한 국정비전과 방향이 없어서 조금만 정치적으로 어려워지면 과감하게(?) 대통령직을 던지려 했던 것 같다. 그것이 자신의 도덕적 우월성을 견지하는 것이라고 생각했기 때문이다. 이러한 그의 정치철학과 관련해 이광재는 "노(무현) 대통령이 항상 하던 얘기가 명분과 실리가 엇비슷하면 명분을 선택하라. 정치는 명분에 살고 명분에 죽는다. 당장에는 실리가 커 보이지만 시간이 지나면 결국엔 명분이 이긴다."라고 주장했다.[275]

한편 그는 청와대 비서실의 권력남용을 막고 국정운영의 효율화를 위해 '분권형 국정운영' 또는 '국무총리 중심의 국정운영'을 일관되게 추진했다. 대통령의 영역을 장기적 국정과제에 초점을 두고 스스로 축소해 왔다. 그는 "일상적인 국정운영과 관련된 사안은 총리가 주가 되고 대통령비서실은 종이 될 것… 중요 인사 결정은 총리와 충분히 사전협의를 거쳐 총리의 내각 통할권을 최대한 뒷받침하겠다."라고 말했다.[276] 실제로 그는 "청와대비서실은 대통령 과제 중심으로 업무를 해나가면서 총리가 개입을 요청하는 경우 혹은 총리실에서 누락된 사안 등에 대해 지원 역할을 하는 것이 좋겠다."라고 밝혔다.[277]

이에 따라 2004년 실세 총리였던 이해찬 국무총리 시절 국무총리실의 인원은 국무조정실장(장관급)과 국무조정차장(2명, 차관급)을 비롯하여 약 700명(기존 약 300명)까지 늘어났다. 업무 면에서도 총리실은 신행정수도건설, 한일협정 문서공개, 광복 60주년 기념사업, 아태경제협력체 정상회의 준비 등 각 부처의 업무와 직결된 업무를 직접 관장했다. 또한 그는 당시 내각운영에서도 '부문별 책임장관제'를 도입했다. 정동영, 김근태 장관 등 여권 실세에게 권한을 넘겨 분권적 국정운영을 강화했다. 중앙권력의 과감한 지방이전을 위해 예산편성과 인사권의 이전에도 노력했다.

다만 분권형 국정운영은 일시적인 정치적 필요가 아니라 제도적으로 정착되어야 했다. 권한 위임에 따른 책임소재도 명확히 했어야 했다. 당시의 분권형 국정운영은[278] 노무현 대통령과 이해찬 국무총리 간 인간적 신뢰에 기초를 두었다. 당연히 제도적으로 정착되지 않아서 일선부처에서는 비효율성이 많이 노정되었다. 실례로 일선 부처에서는 '청와대 비서실에다 총리실까지 부처업무에 간섭해 시어머니가 둘인 셈'이라고까지 주장했다.[279]

분권형 국정운영에서 청와대 비서실은 인원과 예산 면에서 축소되어야 하나 실제는 반대로 점점 증가되었다. 실제로 청와대 비서실은 역대 어느 대통령보다도 인원과 예산이 비대해졌다. 또한 대통령은 정부혁신과 지방 분권화를 강조했지만 중앙정부 또한 인원과 예산 면에서 작아지지 않고 오히려 팽창했다. 당시 노무현 정부의 장·차관급 고위직은 127명으로 IMF 외환위기 때와 비교하여 38명이 늘어났다. '작고 강한(효율적) 정부'가 아니라 오히려 '크고 약한(비효율적) 정부'가 되어 버렸다.

행정수도의 충청권 이전 : 세종시

노무현 대통령은 2002년 9월 대선 전략상 충청표 획득을 위해(?) 지역균형 발전을 명분으로 국민투표를 거쳐서 '행정수도의 충청권 이전'을 하겠다고 발표했다. 그는 "본선에서 유리했던 것은 아니다. 어쨌든 나는 정치적 손익 계산에 의거해 신행정수도 건설 공약을 발표했던 것이 아니다. 국가적으로 절실하게 필요한 정책이라고 판단했기 때문에 난관을 무릅쓰고 추진했다."라고 주장했다.[280] 반면 김형오는 "국토 균형 개발론으로 그럴싸하게 포장했지만, 사실은 지역이기주의에 편승한 선거용이었다. 이걸 내세운 노무현 후보는 대통령으로 당선되고 어정쩡한 이회창 후보는 연고지인 충청도에서도 밀려 낙선했다."라고 주장했다.[281]

그는 자신의 대통령 당선을 행정수도 이전에 대한 국민의 승인이라고 생각했다. 국민투표도 없이 이를 강력하게 추진하기 시작했다. 2003년 12월 당시 야당인 한나라당도 2004년 국회의원 총선을 의식해서 여당과 합의하여 '신행정수도특별법'을 통과시켰다. 그러나 2004년 10월 헌법재판소는 신행정수도특별법에 대해 위헌결정을 내렸다. 그는 청와대와 외교 및 안보 등 6개 부처만 서울에 남기고 국무총리를 비롯한 12부 4처 2청 등 총 49개 중앙행정기관을 현재의 세종시로 옮기는 '행정중심복합도시특별법'을 제안했다. 국회는 야당의 반대에도 불구하고 2005년 3월 이를 통과시켰다.

그는 2006년 행정중심복합도시의 명칭을 '세종시'로 새로 지었고 2007년 7월 기공식도 마쳤다. 아울러 공기업의 지방 이전을 통한 혁신도시 건설을 후임 대통령들이 되돌릴 수 없도록 강력하게 추진했다. 이는 자신이 국토균형발전을 위해 수도이전을 추구했던 대통령으로 남고 싶었기 때문인 것 같다.[282]

한미 FTA, 남북정상회담, 비전 2030

노무현 대통령은 정치적 지지층의 반대에도 불구하고 2006년 한미 자유무역협정(FTA) 협상개시를 선언했다. 대통령으로서 세계

경제의 흐름을 보면서 우리의 이익을 위해 개방전략을 적극 추진하기로 결정했다.[283] 그는 "한미 FTA에 반대한 진보주의자들의 이론과 견해를 나는 존중한다. 그러나 그분들은 사실을 있는 그대로 보지 않는 면이 있다고 생각한다."라고 주장했다.[284] 이는 경제문제뿐만 아니라 한미관계 및 안보문제와도 밀접한 연관이 있기 때문에 국익을 고려한 결정이었다. 이라크 파병과 한미 FTA에 대한 결정은 '노무현 스타일'을 상징해주는 사건들이다.

임기 말인 2007년 10월 그는 보수진영의 반대에도 불구하고 평양을 방문해 김정일 국방위원장과 남북정상회담을 했다. 이와 관련해 2007년 중순 문재인 대통령비서실장, 정상문 총무수석, 박지원 전 대통령비서실장 등과 저녁을 하면서 평양의 남북정상회담을 노무현 대통령이 수용할 것인지에 대해 진지하게 논의했다. 이 자리에서 박지원 실장과 나는 남북정상회담은 정치적 목적이나 이념을 떠나 대통령마다 5년에 한 번씩 '정례화 차원'에서 갖는 것이 좋다고 주장했다.

물론 2000년 6·15 남북정상회담 당시 다음 정상회담은 북한의 최고 지도자가 서울을 방문하기로 한 약속은 이루어지지 않았다. 원래 이 회담은 2007년 8월 열기로 하였으나, 북한에서 대규모 수해가 발생해 한 차례 연기되었다. 이에 대해 김대중 대통령은 "나와 약속한 답방은 끝내 이뤄지지 않은 채 남과 북의 정상이 만났다. 하지만 늦게라도 정상 회담이 열렸으니 얼마나 다행인가. 다음 정부에서, 또 다음 정부에서도 통일이 올 때까지 정상 회담은 계속 열려야 했다."라고 주장했다.[285]

정상회담 결과, 2000년 6·15 남북공동선언에 기초해 현재의 정전체제를 종식하고 항구적 평화체제를 구축하기 위한 직접 관련된 3자 또는 4자 정상회담 추진, 한반도 핵 문제를 해결하기 위한 6자회담의 순조로운 이행 노력, 경제협력사업의 활성화, 서해평화협력특별지대 설치, 한강 하구의 남과 북 공동 이용 등을 포함한 '남북관계 발전과 평화번영을 위한 선언'이 발표되었다.

그는 미래 예측에도 관심을 두었다. 임기 말에 완성한 '비전 2030 미래 예측'은 엄청난 시간과 자원 그리고 전 부처 공무원들의 에너지를 쏟아 부어서 완성했다. 사실 그의 꿈은 '목표는 2020까지 극우의 나라에서 보수의 나라로 2030까지 중도 진보의 나라로 가자는 것'이었다.[286] 당시 나는 문재인 실장에게 "임기 말 대통령이 그것도 국민지지율이 낮은 재임 대통령이 이것을 준비한들 다음 대통령 누가 이것을 참조하겠느냐."며 시간과 자원을 낭비하지 않는 것이 좋겠다고 건의했으나 받아들여지지 않았다. 사실 비전 2030 미래 예측은 한 연구소의 프로젝트면 충분한 것이지 대통령과 모든 부처가 나서서 할 일은 아니었다.[287]

독서광 대통령

노무현 대통령은 김대중 대통령과 마찬가지로 정식 대학교육을 받지 않았지만 학문에 대한 열정이 남다르며 평소에도 독서를 많이 했다. 흥미롭게 그는 정치적 방황 시절 미국의 링컨 대통령에 대해 깊이 연구하고, 링컨 대통령 리더십에 관한 서적도 출간했다.[288] 그러나 대통령에 취임한 후 정치적 경쟁자들을 등용하여 함께 국정운영을 성공적으로 이끈 링컨 대통령의 '통합 리더십'의 핵심은 잊어버렸다. 오히려 진보와 보수 진영 간 이념 갈등이 첨예한 상태에서 진보 세력에 기초한 새로운 정치질서와 사회질서를 구축하고 싶어 했다.

재임 중 그는 내게 "대통령의 리더십과 관련해 함교수의《대통령학》책은 열심히 읽었는데 현실 적용에는 적잖은 어려움이 있는 것 같아요."라고 말했다. 그에게 "책은 믿음을 갖고 읽어야 확실히 알게 됩니다."라고 말한 기억도 새롭다. 그는 고려대 윤성식 교수의 책[289]을 읽고 많은 감동을 받아 자신의 정부개혁에 대한 비전을 구상하였다.[290]

그의 독서를 통한 국정과제 설정 또는 인재등용 경향 때문에 당시 사람들은 우스갯소리로 장관이 되고 싶은 사람은 책 한 권을 써야 한다고 말했다. 실제로 그는 오영교 장관의 책[291]을 읽고 감동받아 그를 2004년 정부혁신보좌관으로 임명했고 이어서 행정자치부 장관으로 임명했다. 또한 2004년 탄핵과정에서 외교부 심의관이었던 이주흠의《드골의 리더십과 지도자론》을 감명 깊게 읽고는 이 심의관을 청와대 리더십 보좌관으로 임명하기도 했다.

아직도 진행 중인 정치적 유산

노무현 대통령이 추구했던 새로운 정치 및 사회 질서는 탈권위주의, 분권형 국정운영 등의 긍정적인 면과 함께 제왕적 대통령의 종언을 재촉하였다. 동시에 탈권위주의적이면서도 가벼운 언행은 국민통합을 강조하던 대통령의 권위를 상실하게 만들었다. 역설적으로 보수와 진보 간 이념 분열의 정치를 초래한 것이다.

2008년 2월 25일 퇴임 후 노무현 대통령은 고향 봉하마을로 돌아갔다. 자신의 국정운영을 회고하면서 "개인적으로 준비되지 않은 사람이, 준비된 조직적 세력도 없이 정권을 잡았고, 우리 사회가 미처 받아들일 준비가 안 된 개혁을 하려고 한 것이 무리였을 것이다."라고 담담하게 적었다.[292] 봉하마을을 찾는 관광객들이 많았지만 그래도 전직 대통령으로서 상대적으로 조금은 자유로운 생활을 누렸다. 전직 대통령의 생활 중 그가 참 좋다고 생각한 것이 아침에 화장을 하지 않아도 되었던 일일 것이다. 재임 중 그가 내게 호소한 어려움 중의 하나가 '아침에 화장하는 남자'의 고충이었다.

그는 이명박 대통령 취임 후 '박연차 게이트'로 검찰에 소환되었다. 정치적 최고 가치였던 도덕성이 훼손되는 과정에서 결국 2009년 5월 자살이라는 극단적 선택을 했다. 그 결과 그는 우리에게 '그리움과 연민, 그리고 안타까움'의 대상으로 남게 되었다. 그러나 그의 비극적 자살로 그의 정치까지 끝난 것은 아니다. 그의 정치 철학과 노선을 따르는 소위 '친노 그룹'은 새로운 정치 개혁을 추구하는 세력으로 확고히 자리 잡았다. 특히 2012년 대선에서는 문재인 대통령 비서실장이 야당의 대통령 후보로 선출되었다. 또한 친노 그룹은 현재 제1야당인 더불어민주당의 다수 세력으로도 성장했고 다가오는 2017년 대선에서도 자신들이 주도하여 정권교체를 이룩하기 위해 노력하고 있다.

실용의 이명박 대통령

"MB는 좌파 우파, 보수 진보 같은 이념 차원에서 나라를 운영한 것이 아니라 오로지 사업가 측면에서 나라를 운영했다… 실용주의로 포장은 했지만 사실상 장삿속으로 나라를 운영했다… MB는 처음부터 끝까지 국익만 추구한 사업가 대통령이었다." —홍준표[293]

이명박 대통령은 1964년 고려대학교 상과대학 학생회장으로 있을 때 박정희 대통령의 한일국교정상화에 반대하는 시위, 이른바 6·3 사태를 주도해 6개월 동안 복역했다. 1965년 현대건설(주)에 입사해 5년 만에 이사, 12년 만인 35세에 최고경영자가 되면서 '샐러리맨의 신화'를 이룩했다. 이후 1992년까지 현대건설·인천제철(주) 등 현대그룹 8개 계열사의 대표이사와 회장을 지냈다. 1992년 정주영 현대그룹 회장이 대선에 출마하자 이를 반대했다. 그해 김영삼 대통령이 제14대 비례대표 국회의원으로 발탁했고 2002년 서울시장에 당선되었다.

서울시장으로서 그는 '청계천 복원'(2005)과 '대중교통 개혁'(2004)을 강력하게 추진했다.[294] '성공한 시장'의 업적을 기반으로 그는 대통령에 출마했다. 2007년 8월 한나라당 대통령 후보 당내 경선에서 박근혜 의원과 치열한 경쟁 끝에 승리했다. 박근혜 의원과 경쟁했던 한나라당 당내 경선은 대선가도 최대의 암초였다. 당내 경선에서 그는 한나라당 당원들의 지지에서는 패했지만 여론조사, 그것도 호남지방에서 크게 앞서서 박근혜 후보에게 어렵게 승리했다.[295] 그의 승리는 박정희 대통령 때문이었다. 당시 호남은 박정희 대통령의 딸을 받아들일 준비가 전혀 없었고 이를 바탕으로 호남의 여론조사에서 크게 앞섬으로써 당내 경선에서 어렵게 승리했다.

선거 막바지에 그는 과거 그의 금융사업과 관련한 이른바 'BBK 스캔들'과 포스코건설 관련 도곡동 땅 실소유주 논란 등이 잇달아 터지면서 정치적으로 매우 긴장했다. 그렇지만 정동영 여당 대통령 후보의 인기가 상대적으로 높지 않아서 비교적 여유롭게 대통령 선거를 준비할 수 있었다. 실제로 그는 2007년 12월 대통령 선거에서 민주화 이후 역대 대통령 가운데 가장 쉽게 승리했다.

정권인수 기간의 긴장감과 야심찬 출발

이명박 대통령은 대통령 후보 시절에 정치적 시간적 여유에도 불구하고 이상하게 대통령직 인수를 제대로 준비하지 않았다. 이 점이 매우 걱정이 되었다. 그의 최측근이었던 정두언 의원도 이 점을 많이 걱정했다. 정두언 의원의 주선으로 이명박 대통령을 만나서 대통령직 인수에 대해 철저히 준비하는 것이 좋지 않겠냐고 했다. 그는 내게 "현대 회장으로 있을 때 자회사가 20개 정도 되었고, 내가 매우 효율적으로 운영해 보아서 큰 준비를 하지 않아도 대통령이 되어서 각 부처를 총괄하여 국가통치를 잘 할 것이니 걱정 말라."며 대통령의 국정운영에 대해 강한 자신감을 피력했다.[296]

나는 그에게 공조직과 사조직은 매우 다르며 서울시장과 대통령은 더욱 다르다고 말했다. CEO 출신인 그는 서울시도 경영, 대통령도 경영하는 것이라며 비교적 쉽게 생각했다. 그는 자신의 회고록에서도 서울시장으로서 서울시 행정에 '경영 마인드'를 도입했다고 자랑스럽게 기술했다.[297] 대통령직과 관련해서도 회고록의 제3장을 '통치에서 경영으로'라고 명명하였으며,[298] "대통령에 당선되면서 국가통치가 아닌 국가경영을 하겠다고 국민들에게 약속했다."라고 말했다.[299]

정권인수 기간 동안 이명박 당선인과 노무현 대통령의 어색한 첫 만남 이후 양측 간의 정치적 긴장은 높아져 갔다.[300] 이것이 2008년 이명박 대통령의 집권 초 한미 FTA의 쇠고기 협상을 둘러싼 '광우병 쇠고기 파동'[301]과 노무현 대통령에 대한 검찰수사와 그의 자살로 이어졌다고 생각한다.

이명박 대통령은 대선 과정에서 현대 CEO 경력과 청계천 개발의 경력을 내세우며 엄청난 경제공약인 '747 Plan'(7% 경제성장률, 4만 불 국민소득, 세계 7대 경제 강국)을 선언했고 한반도 대운하 계획을 발표했다. 또한 김대중·노무현 정부를 '잃어버린 10년'으로 규정했다. 김대중 대통령과 노무현 대통령 시절 4~5% 안팎의 경제성장률에도 불구하고 박정희 대통령과 전두환 대통령 시절의 높은 경제성장률에 목말라하던 국민은 그러한 장밋빛 공약을 믿었다.

그는 자신의 성공신화의 경험을 토대로 성공한 대통령이 되고자 했다. 한반도 대운하 사업이라는 큰 계획을 통해 경제를 활성화하고 환경보존 및 녹색성장을 이룩하여 다시 한 번 큰 승리를 거둘 수 있다고 확신했다. 구체적으로 그는 섬기는 정부, 활기찬 시장경제, 능동적 복지, 인재대국, 성숙한 세계국가 등의 국정목표를 제시했다. 이와 관련해서 그는 "정치적 인기에 연연하기보다는 역사에서 좋은 평가를 받는 대통령이 되고 싶었다."고 말했다.[302]

그러나 그는 747 공약의 세 가지 목표 가운데 그 어떤 것도 달성하지 못했다. 심지어 한반도 대운하 계획은 4대강 개발로 수정되었다. 그는 2008년 미국 서브프라임 모기지 사태로 촉발된 '세계금융위기'라는 국제금융 환경 때문에 747 계획을 달성하기가 어려워졌다고 주장했다. 또한 세계금융위기 극복을 위해 자신은 최대한 노력했고 'G20 정상회의 개최'(2010) 등 상당한 성과를 이룩했다고 강조했다.[303]

세계금융위기 극복과 관련 2008년 8월 우리나라는 2,432억 달러의 외환을 보유하고 있었다. 그러나 9월 글로벌 금융위기가 터지면서 외환보유고는 2,000억 달러로 줄었다. 또한 당시 우리나라 외채는 4,251억 달러였고 그 중 1,894억 달러가 단기 외채였다.[304] 결국 이명박 정부는 미국에 도움을 요청했고 마이너스 대출에 해당하는 통화 스와프 자금을 받아서 위기를 가까스로 넘겼다. 이와 관련 정두언은 "전 세계적으로 신자유주의의 모순이 드러나 폭발한 것이 2008년 금융위기이다… 고환율 정책으로 수출을 유지하고 성장 기조를 붙들어 매 위기를 탈출했다. 그러나 그 부담은 서민에게 돌아왔다. 반면 대기업은 가장 큰 수혜자가 됐다. 당시 삼성전자나 현대자동차가 대호황을 누렸던 배경에는 기술적인 것보다는 이러한 고환율 정책에 힘입은 바가 컸다… 한마디로 말하면 이명박 정부는 수입품 즉 생필품 가격 상승으로 인한 서민들의 부담으로 경제 위기를 돌파한 셈이다…"라고 주장했다.[305] 이장

규는 '이륙도 못한 채 추락한 747정책'이라고 비판했다.[306]

실제로 이명박 대통령의 임기 마지막 해인 2012년 경제성장률은 2.3%에 턱걸이했다. 국민소득은 2만 5,000~6,000달러 선에 머물렀다. 세계 10위권은커녕 12~13위권으로 추락했다. 그럼에도 이명박 대통령은 회고록에서 이 공약을 이행하지 못한 데 대한 진솔한 사과가 없었다. '경제 살리기'라는 국민의 여망을 기초로 대통령에 당선된 그를 경제를 살린 유능한 대통령이라고 말하기는 어렵다. 이것이 '대통령의 위기'가 발화된 가장 큰 이유다.

광우병 사태와 4대강 개발

2008년 초 광우병 사태 때문에 이명박 대통령은 취임 6개월도 안 되어 지지율이 10%대로 떨어진 우리나라 최초의 대통령이 되었다. 이러한 상황을 김대중 대통령은 "연일 촛불시위가 벌어졌다. 한미 FTA 체결을 앞두고 쇠고기 구입 조건에 대한 지나친 양보가 국민의 반발을 샀다. 특히 광우병 우려에 대한 정부의 대처가 너무 안일한 것 같았다… 촛불 시위는 단순히 쇠고기 문제만은 아닌 것 같았다. 그 외에도 대운하와 영어 몰입교육 시도, 교육비 증가, 물가 폭등, 인사의 극단적 편중, 임기제 공직자 무단 퇴출, 남북 관계 악화 등이 내재되어 있다고 여겨졌다. 이명박 대통령이 지난 10년의 엄청난 변화를 제대로 인식하지 못하고 과거 유신 시대의 사고와 감각으로 국민을 대한다는 느낌이 들었다."라고 주장했다.[307]

이와 관련해 이명박 대통령도 "17대 대선에서 532만 표 차이로 승리한 자신감 때문에 우리 정부는 취임 초 개혁의지를 앞세웠다. 그 과정에서 진행된 교육개혁과 공기업 개혁 등에 많은 반발이 있었고… 광우병 사태는 청와대 1기 참모진 사퇴 이외에도 국정 전반에 많은 영향을 미쳤다. 국정지지율이 20퍼센트 초반으로 떨어지면서 국정운영의 동력이 급격히 상실됐다… 한반도 대운하 사업도 철회했다. 공기업 선진화 등 임기 초 추진하던 각종 개혁도 큰 타격을 입었다…"라고 안타까워했다.[308]

그는 한반도 대운하 건설을 약속했으나 광우병 사태 이후 대운하 건설을 포기하고 4대강 개발을 공식화했다.[309] 그런데 그는 왜 대운하 건설 내지 4대강 개발을 하려고 했을까? 정두언은 "…지금 상태의 한강을 만든 한강개발공사를 한 사람이 바로 MB다. 박정희 대통령 집권 말기 당시 토목경기가 나빠지자 현대에서 한강개발계획에 대한 아이디어를 냈다… 이후 전두환 정권이 들어서고 현대는 다시 한강개발계획을 추진했다… 한강 개발 아이디어의 핵심은 골재다. 한강에서 걷어낸 모래, 자갈 등 골재로 비용을 충당할 테니 정부 예산은 필요 없다고 했다. 그리고 한강 개발에 성공했다… 한강 개발에서 자신감을 얻은 MB는 그때부터 한반도 대운하에 대한 구상을 했던 것 같다… (광우병 사태 후) 그런데 낙동강, 영산강, 금강이 과거 한강 꼴이었다. 하수구로만 쓰고 있었다. 나(정두언)는 (MB의 묵인 아래) 강이 원래 기능을 할 수 있게 고기도 잡고, 배도 다니고, 놀이도 하고 이렇게 바꾸는 게 4대강 살리기라고 생각했다…"라고 주장했다.[310]

한편 나는 청와대 참모들과 회의하면서 "예산의 어려움 때문에

4대강 개발을 임기 내에 다 건설하기는 힘들다. 그렇게 건설한다 해도 부작용이 만만치 않을 것이다. 이명박 대통령 임기에서는 4대강 중 두 곳, 즉 영산강과 낙동강만 먼저 건설하는 것이 어떠냐. 두 곳의 개발이 잘 되면 다음 대통령이 나머지 강을 개발하면 된다."고 여러 번 제의했다. 그러나 임기 내에 4대강 개발을 끝내 역사에 자리매김을 하려는 야심찬 꿈, 대통령에 대한 참모들의 과잉 충성 등의 욕심이 앞섰다. 그는 이를 강력하게 추진했고 4대강 개발을 임기 내에 서둘러 마무리했다.[311]

그는 이 거대한 4대강 사업을 홍수방지를 위한 4대강 개발과 댐 주변 환경정화 작업을 통한 녹색성장과 환경보존 운동이라고 명명했다. 그러나 실상 이는 1970년대 박정희식 개발모형의 근본원리가 녹아 있는, 경제 활성화를 노린 대규모 토목개발 공사였고 사업이었다. 불행하게도 1970년대식 개발논리는 경제 활성화라는 측면에서 2000년대에는 통하지 않았다. 임기 내 이 토목공사에 엄청난 예산이 투입되었으나 경제 활성화 효과는 미약했다. 그도 4대강 사업을 집행하면서 경제 활성화 효과가 생각보다 훨씬 적고 1970년대와 2000년대 토목공사의 경제적 파급 효과가 서로 다르다는 사실을 인식했을 것이다.

5년이라는 시간이 지나자 정치적으로 그렇게 논란이 많았고 그토록 많은 국가예산이 투입되었던 4대강 사업이 지금은 청계천 복원 사업과 비교해도 아무도 관심을 갖지 않는 일이 되어버린 것은 흥미롭다.[312] 이와 관련해 그는 "('4대강을 보면 어떤 생각이 드냐'라는 질문에) …화가 나. 지방 하천까지 모두 정비해야 되는데, 모든 것이 정치적 이유로 중단됐지. 그래서 아쉽지. 그동안 가뭄과 홍수가 들었어도 피해가 적었던 것 모두가 인정하면서도 행동을 하지 않아요."라고 주장했다.[313]

대통령 퇴임 후 4대강 사업의 이런 결과를 정확히 예측했어도 당시 그와 그의 참모들이 그토록 많은 국가 자원을 투자해서 4대강 사업을 강력하게 추진했을지 아직도 매우 궁금하다. 어쨌든 정치적 논쟁이 많았던 4대강 사업은 미래 대통령들에게 국정과제 설정과 관련해서 많은 생각을 하게 할 것은 분명하다.

MB 독트린, 공정사회 구현, 내곡동 사저문제

이명박 대통령은 '원칙 있는 대북정책'을 표방했다. 북한의 핵 포기와 경협은 병행할 것이라고 했으며 북한의 인권을 강조했다. 2008년 7월 금강산 피격사건으로 금강산 관광이 중단되었고, 2010년 3월과 11월에는 천안함 사건과 연평도 포격 사건이 일어났다. 이에 대해 그는 "북한의 천안함 폭침과 연평도 포격 도발과 관련해 국내 일각에서는 내가 임기 동안 대북 강경책을 폈기 때문이라 주장했다. 그러나 햇볕정책으로 북한에 막대한 지원을 하던 김대중 정부 때도 북한은 1999년과 2002년 두 차례 서해교전을 일으켜 12명의 우리 해군이 전사했다. 또한 대북 포용정책을 쓰던 노무현 정부 때도 북한은 1차 핵실험과 장거리미사일 발사를 감행하면서 우리 국민을 공포에 빠뜨렸다."라고 주장했다.[314]

반면 김대중 대통령은 "(이명박 대통령은) 부시 대통령조차 폐기한 '선 핵폐기 후 협력'이란 정책을 들고 나왔다. 대통령 후보로 나를 찾아왔을 때는 햇볕정책에 공감한다고 여러 번 말했다… 무엇보다 냉전적 사고방식으로 '비핵 개방 3000' 정책을 밀어붙였다… 한국 외교사상 가장 최악의 실패작을 다시 되풀이할 가능성이 컸다. 앞선 두 정부에서 이룩한 10년의 공든 탑이 무너지려는가. 그런 적대적인 정책으로 회귀하려면 통일부가 왜 필요한 것인지 모르겠다. 이 대통령은 남북문제에 대한 철학이 없다."라며 강하게 비판했다.[315]

한편 예기치 않았던 국제금융위기로 집권 초기에 수립했던 국정과제의 추구가 어려워지자 2010년 당시 임태희 비서실장을 중심으로 새로운 국정과제를 준비하였다. 이른바 '공정사회'였다. 공정사회는 당시 미국 하버드대 샌델Michael Sandel 교수의 《정의란 무엇인가》라는 책이 전 세계적으로 유행할 때와 맞아 떨어졌다. 그러나 이 공정사회 구호는 집권 초기 천명했던 선진 일류국가만큼이나 추상적이었다. 국민은 그 실체가 무엇인지 잘 몰랐고 모두 각자 자기 나름대로 해석하고 이해했다. 당시 나는 청와대 참모들 모임에 참석해서 '명품이 아무나 입으면 다 명품이 되는 것이 아니다'라고 강하게 주장했다.

나는 그 모임에서 '이명박 대통령은 과거 법적 소송이 많았던 민간 건설사 회장으로 성공했다. 2007년 한나라당 대선 경선과정에서도 전과 14범 논란이 있었다. 대통령에 당선되기 전까지 걸어온 길이 공정사회와 맞지 않는다.'고 하며 강하게 반대했다. 다른 것을 찾자고 주장했으나 받아들여지지 않았다. 결국 공정사회라는 국정과제는 2010년 명진 스님의 전과 14범 논란을 다시 불러 일으켰고 기대했던 결실을 거두지 못했다.

한편 2011년 5월, 이명박 대통령이 퇴임 후 거주할 사저 부지를 사들이면서 소위 내곡동 사저 논란이 불거졌다. 이 논란은 우선 소유권부터 시작되었다. 9개 필지 2,600m^2(788평) 가운데 3개 필지(258평)가 이명박 대통령의 아들과 대통령실의 공동소유로 밝혀졌다. 괴이하게도 필지를 국가와 개인이 공동으로 소유한 것이다. 그 개인도 퇴임할 대통령 자신이 아니라 그의 아들 명의였다. 전체 54억 원의 땅값 중 아들 이시형이 지불한 개인 돈 11억 2,000만 원(청와대 경호처 예산 42억 8,000만원)의 출처 또한 논란이었다. 이 돈의 출처가 친모의 대출과 친척의 차용이라고 했는데 이는 불법증여로 비춰졌다. 대출과 차용이 사실이라면 당시 취직한 지 3년도 안 된 이시형이 매월 갚아야 할 이자만도 500여 만 원이나 되었다.[316] 대통령은 내곡동 사저건축 구상을 전면 백지화했고 퇴임 후 논현동 자택으로 들어갔다.[317]

또한 집권 말기 그의 친형인 이상득 의원은 불법 정치자금 수수로 법적 처벌을 받았다. 대통령의 최측근인 최시중 전 방통위원장과 박영준 전 지식경제부 차관 등도 파이시티 인허가 비리 등에 연루되어 구속됐다. 공정사회라는 국정목표 때문에 대통령의 정치적 도덕성은 더욱 초라하게 되었다.[318]

성공한 시장, 성공하지 못한 대통령

시간이 흐르면 국민은 이명박 대통령을 '열심히 일한 대통령'으로는 기억하지만 공정성 또는 도덕성과는 조금 거리가 있는 대통령으로 생각할 것이다. 그의 문제는 자신이 나라와 국민에게 좋은 것이 무엇인지 잘 안다고 확신한 것이다. 그러한 확신 아래 정책 추진의 과정은 경시했고 결과를 중시했다. 이것이 그의 한계이고 문제점이다. 나는 이미 그의 집권 1년을 평가하는 영문 학술논문에시 그는 우리 역사에 '대통령으로서보다는 성공한 서울시장으로 남을 것이다'라고 주장하였다.[319] 이와 관련해서 이명박 대통령이 겪은 대통령의 위기는 국정과제 정립의 실패와 도덕성 때문에 발생했다. 미래의 대통령은 이를 반면교사로 삼아야 한다.

한편 2002년 대선과정에서 이명박 대통령과 보수 언론은 경제 상황이 악화되었다면서 김대중 대통령과 노무현 대통령 시절을 '잃어버린 10년'이라고 주장했다. 이 주장이 타당한 것인지를 살펴보기 위해 먼저 노무현 대통령과 이명박 대통령의 주장을 살펴보자. 노무현 대통령은 "잘했다고 자랑할 염치는 없다. 그러나 사실은 사실대로 말하고 싶다. 참여정부는 경제 분야에서 많은 성과를 거두었다고 생각한다… 대한민국 1인당 국민총소득은 1995년 1만 달러를 넘었지만 IMF 사태가 나면서 1998년에는 7,355달러로 추락했었다. 김대중 대통령과 내가 민주정부 10년 동안 그것을 세 배로 올려놓았다… 김영삼 대통령 임기 말 외환보유고는 36억 달러에 불과했다. 텅 빈 금고를 넘겨받은 김대중 대통령이 IMF 채무를 조기 상환하고 1,234억 달러를 채워 내게 넘겨주었다. 나는 그것을 두 배가 넘는 2,620억 달러를 만들어 이명박 대통령에게 넘겨주었다. 세계 5위의 외환보유고를 가지고 이명박 대통령은 미국발 금융위기의 파고를 성공적으로 넘을 수 있었다."라고 주장했다.[320]

반면 이명박 대통령은 "2008년 세계금융위기 이후 불과 6년 만에 한층 높아진 국격에 격세지감마저 느껴진다. 그러나 책을 쓰는 이 순간에도 세계경제가 호황이던 노무현 정부 때의 경제성장률과 단순 비교하며 우리 정부의 경제성과를 폄훼하는 시각도 없지 않다. 한편으로는 씁쓸하면서도 다른 한편으로는 다행이라는 생각도 든다. 이는 곧 우리 국민들이 (나와 내 정부가 잘 했기 때문에)[321] 세계 금융위기와 유럽 재정위기의 파장을 크게 느끼지 못하고 지나갔다는 의미이기 때문이다."라고 주장했다.[322]

제시된 경제자료는 이명박 대통령의 주장과는 다르다. 당시 한나라당과 보수신문이 경제업적 면에서 국민의 정부와 참여정부 집권 기간을 잃어버린 10년이라고 했는데 이는 옳지 않다. 정두언도 "결과적으로 보면 이명박 정부는 노무현 정부 때보다 더 낮은 경제성장률을 기록했다"라고 말했다.[323] 실제로 1997년 외환위기를 초래한 김영삼 정부를 제외하고도 5년 평균 경제성장률이 김대중 정부 5.32%, 노무현 정부 4.48%, 이명박 정부 3.2%였다. 따라서 경제 분야만은 민주화 이후 보수 정권(김영삼 정부와 이명박 정부)이 진보 정권(김대중 정부와 노무현 정부)보다 유능하다는 주장은 맞지 않다.

창조의 박근혜 대통령

"나도 (국정 운영을) 못했지만 나보다 더 못하는 것 같다." —이명박 대통령[324]

"(박근혜 정부의 국정운영과 관련해서) 지난 3년 반 동안은 국민들한테 큰 실망을 주지 않았나. 저도 이 정권의 탄생에 책임이 있는 사람으로서 굉장히 무거운 마음… 앞으로 1년 반도 채 안 남았는데, 남은 기간이라도 다른 것 없이 국민의 마음을 헤아려서 제일 중요한 과제들에 집중하는 모습만 보여주면 되는 것 아니냐는 생각이다." —유승민[325]

박근혜 대통령은 어머니 육영수 여사와 아버지 박정희 대통령의 비극적인 죽음이라는 엄청난 역경을 극복해내고 신뢰와 원칙의 정치인이라는 이미지를 국민에게 주어서 대통령에 당선되었다. 그는 '박정희 향수'에 기반한 절대 지지층 30%를 기본으로 가지고 있다는 분석도 있다.[326]

우리나라 최초의 여성 대통령인 그는 육영수 여사가 돌아가신 후 1974년부터 1979년까지 5년 동안 청와대에서 퍼스트레이디 대리 자격으로 국정을 경험했다. 5선 국회의원으로서 의정 경험도 풍부하고 한나라당과 새누리당의 대표로서 거의 모든 선거에서 승리했던 '선거의 여왕'이었다. 다만 2007년 8월 대통령 후보 결정을 위한 치열한 한나라당내 경선 과정에서 이명박 대통령에게 아쉽게 패배했다.[327]

그의 경선 결과 승복 연설은 '경선불복'을 우리 정치사에서 날려버려 민주주의 발전에 중요한 초석을 이루었고 일반 국민에게도 강렬한 인상을 남겼다.[328] 이 승복으로 그는 아버지인 박정희 대통령의 그늘을 조금은 벗어나서 자기만의 새로운 정치 색깔을 국민에게 보여주었다. 이것이 경선패배 후에도 그를 정치적으로 생존할 수 있게 하였으며 나아가 2012년 대선 승리의 원동력이 되었다. 그 후 2012년 대선에서 민주화 이후 최초의 과반 득표, 최다 득표로 대통령에 당선되었다.

한편 2012년 야당의 문재인 후보와 치열한 대선과정에서 승리하기 위해 그는 자신의 철학 또는 신념과 관계없이 약간은 과한 복지공약, 즉 증세 없는 복지와 경제민주화 등을 발표했다. 또한 득표를 위해 김종인, 이상돈 등 명망가형 선거용 참모진을 구성했다. 허화평은 "5년 전 작은 정부 큰 시장, '줄·푸·세' 정책 노선으로 선거에서 압승하여 집권했던 당시의 주체들과 그 이론을 제공했던 지식인들이 납득할만한 이론적 근거 제시도 없이 대중영합주의에 편승하면서 (5년 후에 그것과 정반대 되는) 경제민주화[329]와 보편적 복지를 주장하는 정치적 행위는 국민을 우롱하는 비상식적 행위의 표본이다. 한 국가의 정책 노선이 5년마다 흔들리고

바뀐다면 그러한 국가는 장기 발전을 이룩하기가 불가능하다."라고 비판했다.[330]

불안한 출발

2012년 12월 대통령 선거가 끝난 후 박근혜 대통령은 내게 감사전화를 했다.[331] 통화에서 그는 "좋은 정책을 많이 만들어서 좋은

대통령이 되겠다"며 '정책'의 중요성을 강조했다. 나는 "이제 대통령이 되었기 때문에 주요 정책의 대부분은 장관과 참모에게 맡기고 대통령의 가장 중요한 일은 정치, 특히 원만한 대 여야관계 형성입니다. 그것이 정책 성공의 지름길이고 그렇지 않으면 아무리 좋은 정책을 만들어도 입법화가 안 되는데 무슨 소용이 있겠습니까"라고 말했다. 그는 이러한 의견에 동의하지 않아서 약 10분 간 유선 상으로 논쟁이 있었다. 통화 말미에 나는 당선자에게 "시간이 지나면 저의 말을 이해하실 것입니다."라고 말했다.[332]

대선과정에서 그를 관찰해보니 초기에는 야당의 문재인 후보와 격차가 어느 정도 있어서 정치적 여유가 있었다. 문재인과 안철수 후보 간의 협조가 이루어진 후 선거가 치열한 접전 양상으로 들어가면서 정치적 여유는 사라졌다. 대선 전 그의 대통령직 인수에 대한 준비도 체계적으로 이루어지지 못했다. 다만 그는 대선 전부터 내가 강조한 취임 전 대통령직 인수에 대한 준비, 즉 정권인수기의 중요성에 대해서는 공감했다. 대선 며칠 전 내가 집필한 책 《대통령 당선자의 성공과 실패》, 2012)을 보내달라고 해서 이재만을 통해 보냈다.[333] 대선 후 전화통화에서 그는 잘 읽었다고 했다. 대통령직인수위원회가 구성되면서 대통령직인수위 임종훈 실장은 이 책을 인수위원들에게 나누어 주었다고 했다.

나는 2012년 대선 전부터 그의 정치 스타일을 직접 관찰하면서 대통령으로서 직면할 정치적 어려움들을 집권 전부터 예견했다. 걱정 끝에 "(박근혜 당선인이) 성공한 대통령이 되기 위한 과정에서 극복해야 할 가장 중요한 문제점은… 아버지 박정희 대통령을 넘어서는 성공한 대통령이 되고자 하는 강렬한 열망에서 많은 국정과제를 설정하면 오히려 국정운영에 심각한 압박감으로 작용할 가능성이 높다…"라고 강조했다.[334] 당시 나는 그에게 이 글을 보내주었고 좋은 정치를 해달라고 부탁했다.

그의 대통령직 인수는 같은 보수정권인 이명박 정부로부터 받는 것임에도 불구하고 체계적으로 이루어지지 못했다. 그는 정권 인수기부터 역대 어느 대통령보다도 많은 시행착오를 겪었다. 그 결과 그는 취임 직후 지지율이 44%에 그치면서 역대 최저 지지율로 임기를 시작한 대통령이 되었다.[335] 대통령직인수위와 관련한 가장 큰 문제는 인사와 관련된 것이었다. 대통령직인수위원회 구성과 차기정부 조각 과정에서부터 유난히 비밀성을 강조하면서 '수첩인사'라는 비판을 끊임없이 받았다. 불행하게도 2016년 10월 최순실 게이트를 통해서야 그 수첩인사의 주체를 우리 모두는 알게 되었다.

그는 '원칙과 신뢰'를 강조하면서 '창조경제'라는 국정과제 아래 우리의 정보통신 기술과 산업체를 융합해 경제 활성화를 이룩하여 국민행복 증진에 기여하겠다는 국정과제를 야심차게 설정했다.[336] 구체적으로 그는 '국민행복, 희망의 시대'를 열기 위해 경제부흥, 국민행복, 문화융성, 평화통일기반 구축 등의 국정 목표를 제시했다.[337] 이를 통해 아버지 박정희 대통령이 이룩한 경제발전보다 더 큰 도약을 이루어내는 경제의 재도약을 이룩하고자 했다.

많은 국민은 그를 보면서 굳센 의지를 지닌 박정희 대통령과 자애로움을 간직한 육영수 여사를 동시에 생각한다. 슬픔과 아련함 속에서도 굳은 의지를 다진 그의 삶을 보고 비장감을 느낄지언정 누가 행복을 느낄 수 있겠는가? 그의 삶의 길에서 '국민행복시대'는 국민이 공감하기 매우 어려운 국정과제였다. 창조경제와 관련해서도 마찬가지이다. 그의 정치적 삶의 궤적이 창조성과는 연관성이 낮아 창조경제라는 국정목표로 국민의 공감과 지지를 이끌어 내기는 어려웠다.[338]

더 나아가 국민행복, 창조경제 등의 국정목표는 모두가 너무나 추상적이다. 그 실체가 구체적으로 무엇인지 일선 관료와 산업체 종사자들뿐만 아니라 일반 국민들에게도 전달되지 않았다. 국민 개개인은 이것들이 무엇을 의미하는지 각자가 각자의 입장에서 이해했기 때문에 개념적으로도 국민의 공감과 지지를 이끌어 내기가 어려웠다. 아울러 우리 경제규모가 이미 선진국화되어서 이제는 창조경제가 아니라 그 무엇을 해도 경제성장률이 아버지 시대의 경제성장률을 이룩하기는 불가능에 가깝다. 저성장, 고령화 시대에서 경제의 재도약이라는 말 자체가 그 현실성이 낮았다. 국정과제 설정과 관련해 그가 직면한 상황은 2002년 도널드 럼스펠드 미국 국방장관의 "모른다는 것조차 모른다$^{unknown\ unkowns}$"라는 말이 가장 적확했다.[339]

세월호 참사와 메르스 사태

우리는 대통령과 그 정부의 참 모습을 큰 국정과제보다는 작지만 현실적인 문제들, 예컨대 거리행정 즉 소방방재나 방역 등과 같이 재난 또는 위기 사태에서 정부가 어떻게 대응하는지 등을 통해 이해한다. 이와 관련해 박근혜 대통령과 그의 정부는 국민 행복을 위한 국민 안전을 집권 초기부터 매우 강조하면서 행정안전부를 안전행정부로 개칭까지 하였다.

그럼에도 불구하고 국민들은 2014년 4월 '세월호 참사' 당시 대통령과 정부의 미숙한 초동 대응, 정보 부족, 늑장 대응 등 비효율적이고 무능한 모습에 매우 실망했다. 세월호 참사 1년 후인 2015년에는 '중동호흡기증후군(메르스) 사태'와 관련해 또 다시 미숙하고 우왕좌왕하는 대통령과 정부를 보면서 국민들은 더욱 실망했다.[340] 국민은 대통령의 위기관리 능력에 대해 근본적인 회의를 품게 되었다.[341] 이 과정에서 국민행복과 창조경제라는 국정과제들이 국민의 공감과 협조를 이끌어낼 수 없었음은 물론이다.

아마도 그의 보통사람들의 삶에 대한 이해의 한계가 성한용의 "(5년 동안 청와대에서 퍼스트레이디 대리 자격으로 국정을 경험했고 또한 5선 국회의원으로서 의정 경험도 풍부했지만) 국정을 책임진 대통령으로서 그녀는 쩔쩔매고 '헤매고' 있다."는 비판의 원인이 되었다고 생각한다.[342] 솔직히 나도 그가 박정희 대통령의 큰딸로서 평범한 삶을 살아보지 못해 일반 국민들의 삶을 제대로 느끼고 이해하고 있는지 의문이 들 때가 많았다. 극단적인 한 단면이기는 하지만 2012년 12월 대선 토론과정에서 "혹시 6인 병실에 가보셨느냐… (현재 건강보험이) 6인 병실만 적용되는데 보시면 환자 6명에 간병인 6명 그냥 뭐 북새통 같지 않으냐"는 문재인 후보의 질문에 그는 6인 병실의 건강보험 적용과 관련된 사실을 무시하고 "병실에 6인이 들어가고, 4인이 들어가고 따져서 할 필요는 없다"라고 말했다.[343]

이와 관련해 주요 국가정책에 대한 그의 이해능력은 아버지인 박정희 대통령과 달리 책임자로서 경험과 현장에서 그것을 느끼는 것이 아니라 보고서를 통해 습득하는 평론가형의 한계를 가지고 있다.

모호한 창조경제와 '창조경제 게이트'

창조경제를 표방한 박근혜 정부의 상징이자 핵심 부처는 신설된 미래창조과학부이다. 미래창조과학부는 지식경제부와 방송통신위원회의 핵심 업무를 이관 받았고, 우정사업본부까지 가져왔으니 그야말로 최고의 경제부처였다. 미래창조과학부 신설 취지는 우리의 벤처산업 육성과 정보과학기술(ICT)의 컨트롤타워 임무였다. 이는 김대중 정부에 이어 제2의 벤처 붐을 통해 대기업 위주의 산업 생태계를 바꾸고자 하는 그의 강력한 의지를 표명한 것이었다.

미래창조과학부를 중심으로 2015년 7월까지 대구(삼성), 대전(SK), 광주(현대차) 등에서 정부와 지방자치단체가 재벌 대기업들에게 전국 주요 시도를 하나씩 맡겨 벤처·중소기업의 창업과 발전을 돕는 민관 협력체 기구인 17개의 혁신센터를 설치했다. 그는 이 혁신센터를 통해 한국형 창조경제 생태계 확립을 이룩하여 "대한민국 전체가 창조경제로 거듭 깨어나야 한다."라고 강조했다.[344] 혁신센터를 통해 대기업이 자금과 마케팅 기법, 특허 관련 노하우가 부족한 벤처와 중소기업들을 지원해 일자리와 상생의 생태계가 이어졌다면 성공적일 수 있었다.

그러나 과거에도 이 혁신센터처럼 정부가 나서서 대기업의 팔을 비틀어 만든 정책치고 성공한 사례가 많지 않았다. 실제로 전국 17

개 창조혁신센터에서 2016년 말까지 이루어진 기업지원 건수는 센터당 하루 평균 0.12건, 경영 상담은 0.7건에 불과했다.[345] 도리어 그는 2012년 대선 당시 '경제 민주화'를 슬로건으로 내세웠지만, 역설적으로 도리어 재벌의 편을 들면서 재벌을 통제하는 데 실패했다. 실례로 그는 "전임 대통령들의 재벌 총수 사면을 신랄하게 비판했으면서도 SK그룹 최태원 회장을 사면했다… 금융 규제 당국도 소액주주들에게 피해를 주고 삼성 창업주의 손자인 이재용의 지배권을 강화해주는 (삼성물산과 제일모직 간의) 기업 합병을 승인했다."[346]

또한 혁신센터의 주무 부처와 관련해 "미래창조과학부가 창조경제 컨트롤 타워 역할을 전혀 하지 못했다. 창업정책은 이미 기획재정부에 빼앗겼다. R&D 정책은 호시탐탐 사업을 노리던 산업부와 교육부가 가로챘다. 그나마 남아 있던 통신 주파수할당 등 통신정책은 다시 방통위로 회귀할 조짐을 보이고 있다… 내부를 들여다보면 엉망진창이다. 정보기술과 과학, 통신은 아직도 물과 기름 같은 존재다. 내부에서 협업도 제대로 되지 않는데 박근혜 정부의 큰 골격인 창조경제가 어떻게 순항할 수 있을까… 미래창조과학부 신설의 모태인 창조경제에 대한 개념 정립이 3년째 모호한 데다 연구개발(R&D) 사업까지 타 부처로 넘어갈 공산이 커졌기 때문이다." 등과 같은 문제점들이 지속적으로 지적되었다.[347]

더욱이 그의 경제교사로 불렸던 이한구는 2015년 9월 기획재정부 국정감사에서 "창조경제가 추진된 지 2년 6개월이 지났는데 아직도 국민의 절반 이상이 '모르겠다'고 하며 국민의 무관심과 부정·불신 속에서 '그들만의 리그'가 되어가고 있다… 창조경제혁신센터는 대기업 줄세우기식 강제할당과 이벤트용 행사이자 '유효기한 2년'의 정권 치적용이다… 4대 구조개혁(공공·교육·금융·노동)은 핵심과제가 누락돼 알맹이 없는 개혁으로 전락했고 특히 노동개혁은 근본 목표인 노동 유연화와 일자리 확대는 사라지고 임금피크제만 부각됐다… 규제개혁은 '(정부에) 건의한 사항의 97%를 달성하고, 경제 규제의 감축 목표를 초과 달성했다'는 정부 발표와 달리 폐지됐다는 995건 중 실제 폐지는 433건이고 562건은 국회 심의 중이며 정부의 발표는 완료를 위한 완료, 실적주의, 과대 포장, 생색내기에 불과하다."라며 강력히 비판했다.[348]

한편 박근혜 대통령은 취임 초와 정반대로 2015년 8월 집권 후반부를 역대 최고의 지지율로 시작했다. 그의 지지율이 54%로 상승해 임기 반환점을 지난 시점에 처음으로 지지율 50%를 넘긴 대통령으로 기록되었다. 이것은 그가 상호주의를 원칙으로 2015년 8월 북한의 휴전선 목침지뢰 도발사건에 대응하는 과정에서 남북 고위급 접촉 타결과 남북 이산가족 상봉을 성공적으로 이끌어냈기 때문이다. 또한 통합진보당을 해산하고 역사교과서 국정화 시도 등을 통해 그의 정치적 기반인 보수층의 지지를 결집한 까닭이다.[349]

그럼에도 불구하고 그는 이러한 높은 지지율을 제대로 살리지 못했다. 창조경제는 모호하고 경제 살리기는 진척이 없으며 낮은 경제성장률과 출산율, 높은 청년실업률과 초고속 고령화 사회에 생산연령인구 감소까지 겹치면서 경제 상황이 더욱 어려워졌다.[350] 지난 2014년 1월 그는 '4·7·4 (잠재성장률 4%, 고용률 70%, 1인당 국민소득 4만 달러) 경제비전'을 발표했다. 그러나 2015년 우리 경제성장률은 2.6%였고, 2016년 경제성장률은 2.8%였다. 낮은 성장률에 1인당 국민소득도 뒷걸음쳤다. 2015년 1인당 국민총소득은 2만 7,340달러로 2014년의 2만 8,070달러보다 후퇴했다.[351]

특히 2014년에는 46조 원을 풀고 금리를 낮춰 경기를 부양했으나 현재까지 성장 동력은 보이질 않고 있다. 2015년 9월 청년일자리 펀드 조성 등 청년 고용 대책을 내놨지만 2017년까지 20만 명의 청년 고용을 창출할 것이라는 청사진도 장밋빛에 그칠 공산이 커지고 있다. 청년들의 일자리 창출이 최악으로 치닫고 있기 때문이다.

또한 2015년부터 노동개혁을 통해 일자리를 늘리겠다는 방침도 세웠으나 정규직과 고령자들의 희생을 담보로 한 노동개혁이 극심한 대결을 불러와서 갈등만 더욱 커져 버렸다. 대기업을 위한 고용 유연성만 성과로 남을 가능성이 높아졌다. 실제로 2012년 82만 명이던 실업자는 2016년 말에는 101만 명에 육박했다. 실업률도 3.2%에서 3.7%로 뛰었다.[352] 결과적으로 그의 창조경제 비전은 지금까지 가계대출 1,296조, 공공부채 645조, 경제성장률 2.3%, 청년실업률 10.7% 등의 매우 부족한 경제성적표를 남기고 있다.[353]

불행하게도 2016년 9월 그의 핵심 국정목표를 추진하던 대통령직속 창조경제추진단 공동단장인 차은택[354]과 안종범 전 청와대 정책조정수석이 최순실이 관여한 미르-K스포츠재단 기금 출연 과정에서 전경련을 압박했다는 것이 밝혀졌다.[355] 이는 최순실이 불법적으로 국정에 개입한 전형적인 권력형 비리였다. 《한겨레》는 "대통령의 창조경제에 화답하겠다며 탄생한 재단이 실은 기업들로부터 비자금을 받는 수단이 될 수 있다니요. 독재 시절의 부정부패를 떠올리게 한다는 비판이 거셉니다. 그래서 사람들은 이번 사건을 최순실 게이트가 아닌 '창조경제 게이트'라고 불러야 한다…"라고 주장했다.[356]

총선 패배, 최순실 게이트, 탄핵

박근혜 대통령은 극심한 경제 불황을 타개하고자 창조경제에 기반한 정책 추진을 강력히 시도했다. 먼저 그는 경제활성화 법안과 노동개혁 법안, 한·중 자유무역협정(FTA) 비준안 등을 처리하지 않는 국회에 대해 2015년 11월 국무회의에서 "(우리 국회가) 맨날 앉아서 립서비스만 하고, 민생이 어렵다고 하면서 자기 할 일은 하지 않는다. 위선이라고 생각한다… 국회가 다른 이유를 들어 경제의 발목을 잡는 것은 직무유기이자 국민에 대한 도전"[357]이라고 강하게 비판했다.

대통령의 잘못인지 야당의 잘못인지는 모르겠으나 그는 취임 후 4년을 여야관계의 대립과 갈등 상황에서 보냈다. 가장 대표적인 사례가 지난 2015년 말과 2016년 초에 있었던 노동개혁 5법과 경제활성화 법안의 입법화와 관련한 여·야의 책임 논쟁이었다. 당시 《조선일보》는 "1차 책임은 법안 심의 자체를 거부하고 있는 야당이 질 수밖에 없다… 이런… 사정을 감안한다 해도 청와대 태도는 납득하기 힘들다. 박근혜 대통령은 그 동안 법안 통과를 위해 문재인 대표나 다른 당직자들과 식사는커녕 차 한 잔 나누거나 전화 한 통화라도 해본 적이 없다."[358]라고 비판했다.

한편 그는 지난 2016년 4월 국회의원 총선에서 '친박'이라는 이름으로 공천권을 행사했다. 이는 결국 공천 파동을 일으키면서 예상 외로 여당인 새누리당의 총선 패배를 불러왔다. 야당인 더불어민주당과 국민의당과 함께 3당 체제가 형성되면서 여소야대 정국을 맞이했다.[359] 선거의 여왕으로서 총선에서 여당 내 편가르기를 통한 정치적 영향력 확대 시도가 역설적으로 영향력의 축소를 불러왔다. 이는 원만한 대 여야관계 형성과 원활한 국정운영에 커다란 정치적 부담으로 작용했다.

그러나 여소야대 상황에서도 그의 국회에 대한 비판적 시각은 바뀌지 않았다. 따라서 여야대립 정국은 더욱 심화되었다. 비판자들은 이렇게 여야관계에서 소통이 원활하지 못한 그의 정치 리더십을 신권위주의 리더십이라고 주장했다.[360] 또한 비판자들은 이러한 정치 실종이 그의 만남과 소통 그리고 대화와 타협이 부족한 '여성 대통령의 정치적 한계'(?)에 기인한다고 주장했다.[361]

이렇게 자신만의 원칙을 앞세우고 야당을 탓하는 '마이웨이식' 통치 스타일은 국정운영 결과에 매우 부정적으로 영향을 미쳤다. 그는 "대통령이 돼도 자기가 한번 해보려는 것을 이렇게 못 할 수가 있느냐, 나중에 임기를 마치면 저도 엄청난 한恨이 남을 것 같다… 뭔가 국민들한테 그런 희망을 안기고 그만둬야지, 너무 할 일을 못 하고 막혀 가지고… 대통령이 그렇게 애원하고 몇 년 호소하고 하면 '그래 해 봐라. 그리고 책임져 봐라' 이렇게 할 수도 있는 것 아닐까요… '그래 해 봐'… 그렇게 해놓고서 나중에 안 되면 '하라고 도와줬는데도 안 되지 않았느냐', 이렇게 욕을 먹는다면 한은

없겠다."라고까지 말했다.[362]

국정이 제대로 돌아가는 게 없는 가운데 최순실 게이트까지 겹쳤다. 그의 지지율은 취임 이후 최저치였던 29%를 경신하며 26%로 떨어졌다.[363] 그 후 급속하게 추락한 지지율은 마침내 한 자릿수인 9.2%까지 떨어졌고[364] 결국은 대통령 역사상 최저치인 4%를 기록해 국정통제 불능 단계에 돌입했다.[365] 2016년 10월 최순실 게이트를 통해 그의 모든 문제점을 사람들이 이해하게 됐다. 대통령의 말벗과 문고리 3인방이 국정을 농단한 '비정상적인' 상황을 목격하면서 정치가 실종하게 된 근원을 알게 되었다.

최순실 의혹 정국 속에서, 임기를 1년 4개월 남겨 놓은 2016년 10월 박근혜 대통령은 '개헌 추진'을 전격적으로 발표했다. 그는 "이제는 1987년 체제를 극복하고 대한민국을 새롭게 도약시킬 2017년 체제를 구상하고 만들어야 할 때… 임기 내에 헌법 개정을 완수하기 위해 정부 내에 헌법 개정을 위한 조직을 설치해 국민의 여망을 담은 개헌안을 마련하도록 하겠다."[366]며 임기 내 개헌 방침을 명확히 했다.[367]

국가 미래를 위한 중대 사안인 개헌을 자신의 정치적 어려움을 타개하기 위한 '술책'으로 사용한 것이다. 국정 난맥과 측근 비리 의혹 등으로 지지율 급락의 위기에 빠진 대통령이 정치적 승부수로서 개헌이라는 최후의 카드를 꺼내었다.[368] 그러나 국정 난맥은 대통령 자신이 공과 사를 구별하지 못하고 말벗에 농락당하면서 초래된 것이었다. 현행 5년 단임 대통령제라는 제도가 잘못되었다면서 개헌을 주장했던 노무현 대통령에게 그가 말했던 것처럼 이번에는 그가 '참 나쁜 대통령'이었다.[369]

그의 재임 중 정치의 실종과 2016년 4월 총선 패배, 말벗의 불법 국정 개입, 2016년 12월 국회의 탄핵 발의 그리고 2017년 3월 헌법재판소의 탄핵 인용과 헌정사상 최초의 대통령직에서 파면 등은 그를 역대 가장 실패한 대통령, 즉 '최악의 대통령'으로 만들었다. 훗날 그는 우리 대통령 역사에서 '한국 최초의 여성 대통령' 그리고 아버지인 박정희 대통령과 함께 한국 최초의 '부녀 대통령'으로만 남을 것 같다. 박근혜 대통령이 우리나라의 유일한 여성 대통령이 되어서는 안 된다. 여성이 통치하는 나라가 지닌 장점이 있다. 여성 대통령이 지닌 우월함도 나라 발전에 반드시 필요하다. 또 다른 여성 대통령이 이 땅에 나올 수 있을까? 박근혜 대통령은 그 가능성을 '상당 부분' 가로 막았다.

최순실 게이트와 내 기억들

최순실 게이트가 터진 후 박근혜 대통령을 관찰한 결과와 내 기억에 근거해 밝혀야 할 사실들이 몇 가지 있다. 최순실 게이트는 '대통령의 위기'의 결정판이다. 이제 민낯으로 모든 것을 드러내야 한다. 그래야 환부를 도려낼 수 있고 소생의 길도 찾을 수 있다. 그 믿음으로 몇 가지 사실들을 밝힌다.

박근혜 대통령을 사적으로 만나면서 '접근의 폐쇄성'과 관련해 정윤회(최순실 포함)와 문고리 4인방(고^{故} 이춘상 포함)이 지닌 영향력의 얘기를 많이 들었다. 이재만과 안봉근 등은 조금은 어둡고 우울한 그림자가 있지만 늘 공손하고 침착했다. 그들은 내가 박근혜 대통령을 만나고 통화하는 문을 비교적 자유롭게 열어 준 비서들이었다. 그와 나는 매우 자유로운 분위기에서 대화했고 통화했다. 그는 상대방의 말을 잘 들어주고 침착하고 꼼꼼했다. 다만 이미 결정한 사항은 변경하면 안 된다는 강박 관념이 강했다. 그러다보니 결정된 사항에 대해서는 자신의 주장이 강해 조금은 답답함을 느꼈다. 비판자들은 이를 두고 정치적 유연성이 부족하다고 말한다.

기억은 15년 전으로 거슬러 올라간다. 2002년 대선이 끝난 후 이회창 후보를 위해 일했던 서울대 방석현 교수와 홍윤식[370]은 보수 진영의 다음 대선 후보로 박근혜 의원을 꼽고 이를 준비하려고 했다. 그러나 당시 4인방의 비협조로 박근혜 의원에게 도저히 접근할 수 없어서 내게 도움을 요청했다. 나는 이 두 사람을 모시고 가서 직접 소개했다.[371] 이후 이들은 박근혜 대통령 만들기에 노력했다. 2004년 3월 국회의원 총선과 관련, 이들은 당시 한나라당 대표였던 박근혜 의원을 도와 박세일을 공동선거대책위원장으로 전격 영입했다. 비례대표 후보 공천의 전권도 박세일에게 넘겼다. 이들은 지방선거와 관련해 2004년 경남지사에 김태호, 2006년에는 대구시장에 김범일 등을 등용했다. 또한 인천시장 후보로 국회의원에 출마했으나 실패했던 윤상현을 심각하게 고려하면서 윤상현도 소위 친박 진영에 가담하게 되었다. 그때까지 최순실과 정윤회는 대통령의 집사들이었고 4인방 등은 단순히 비서였다.

박근혜 대통령의 정치적 불행은 2012년 새누리당 비상대책위원회 위원장 시절부터 시작되었다. 불행은 대선을 거쳐서 대통령 당선인 시절에 뿌리를 내렸다. 뿌리 내린 불행에 또 다른 불행들이 겹쳤다. 사태는 악화일로를 걸었다. 헌정 사상 초유의 일들이 연이어 벌어졌다. 참담한 드라마가 대한민국을 덮어버렸다.

불행의 착근 과정을 기억해보자. 대통령 당선인 시절에 정윤회(최순실)를 중심으로 한 '십상시'가 '비정상적인 체제의 정상적인 제도권 안착'을 시작했다. 당시 나는 그 문제점을 각종 언론 인터뷰에서 집중적으로 제기했다. 구체적으로 나는 '박근혜 당선인은 정권인수 기간 동안 삼성동 자택이 아니라 안가로 거주지를 옮겨서 정권인수를 준비해야 한다, 대통령직인수위원회 구성과 인선 과정의 문제점 비판, 미래창조과학부 설치 반대' 등을 강하게 주장했다. 비판을 거듭하면서 나는 '박지만 인맥'으로 분류되어 이들과 멀어졌다. 당선인에 대한 비판은 내게 견디기 힘든 개인적 불행으로 다가왔다. 당시 나는 박지만과 친해서 또는 진보적 이념에 기초해서 이러한 주장을 한 것이 아니었다. 대통령학을 연구하는 전문가의 지식과 소신에 기초해서 주장했던 것이다.

최순실은 이미 이 시기부터 정윤회와 문고리 3인방을 통해 박근혜 대통령의 두 가지 국정 어젠다(?)를 준비했다. 이 두 가지 어젠다는 '점'(주술)에서 시작했다. 어떤 무속인이 박근혜 대통령에게 '육영수 여사의 도움으로 당선된다'고 예측했다고 한다. 그 무속인은 최순실에게도 두 가지 미래 예측을 했다. 첫째 예측은 '충청대망론'이다. 이는 구체적으로 "박근혜 대통령은 늘 육영수 여사의 돌봄이 있어야 한다. 다음 후계자는 육 여사의 고향인 충청도 출신이 뒤를 이어야 한다. 그러면 모든 것이 편안해진다."는 예측이다. 둘째 예측은 '통일예언'이다. 이는 박근혜 대통령 임기 내 통일이 이루어진다는 것이다.

 이 예측을 믿은 박근혜 대통령과 최순실은 2014년부터 충청대망론에 기초해 '이완구 대망론'을 만들었다. 이완구는 여당 원내대표와 국무총리로 승승장구하다가 성완종 리스트 때문에 정치적으로 추락했다. 그 대안이 '반기문 대망론'이었다고 한다. 이와 관련해 조응천은 "…최순실씨가 사용한 것으로 추정되는 태블릿 PC의 사용자 이메일 계정인 'greatpark1819'와 관련, 최근 청와대 근무자에게 들은 바에 따르면 이것은 18대에 이어 19대에서도 실질적으로 내통령을 하겠다는 의미라고 힌다… 개헌을 하든 무엇을 하든 대통령과 최씨 일가가 실권을 쥐고 권좌에서 내려오지 않겠다는 의미로 지었다고 한다."고 주장했다.[372]

 그리고 통일예언에 따라 2014년부터 '통일대박론'이 만들어졌다. 실제로 박근혜 정부의 대북정책을 상징하는 통일대박은 최순실의 아이디어였다.[373] 이와 관련해 김준형은 "최순실이 주도한 주술적 국정농단이라는 변수를 대입하면 비로소 퍼즐이 맞아떨어진다… 월악산의 통일예언이라는 기괴한 얘기까지 들렸다. 30년 전에 풍수지리에 능한 고승이 '한국에 여자 임금이 나오고, 그리고 3~4년 있다가 통일이 된다'는 것이었는데, 이것이 2015년 3년차에 통일대박을 발표하고 북한붕괴의 맹신이 시작된 이유라고 했다…"라고 주장했다.[374]

 폐쇄성이 높았던 박근혜 정부에서 실세, 소위 '왕족'은 최순실과 2014년 5월 이혼하기 전까지의 정윤회 뿐이다. 그리고 이른바 문고리 3인방은 진골이다. 왕족의 직·간접 추천으로 발탁된 청와대의 비서실장과 수석비서관 등의 청와대 참모진, 행정부의 장·차관, 여당의 국회의원 등을 포함한 집권 '친박 인사들'은 일부는 누구의 명인지 알아도 모른 체하면서, 또 다른 일부는 전혀 모르면서 최순실의 명을 수행했다. 그들 모두는 그 대가로 작은 권력을 향유한 육두품과 평민으로 '머슴들'[375]이거나 '시녀'[376]였다. 대선 전에도 이들 친박들 중 소위 실세라고 칭하는 인사들조차도 문고리 4인방(고故 이춘상 포함) 앞에서는 매우 조심스러워 했다.[377] 여기에서 나이나 지위는 고려 대상이 전혀 아니었다. 이들 집권 친박 인사들은 대통령과 국정 철학을 공유한 팀원이 아니었다. 단순히 왕족의 명을 받들어 모시면서 권력을 조금 맛본 '자리 지킴이들'이었다. 이들 친박 인사들은 지금까지 사회의 엘리트라고 자부했지만 일종의 '소모품'에 불과했다. 이들 모두는 허망함과 자괴감을 가슴 속 깊이 느꼈을 것이다.[378] 심지어 이혼하며 왕족에서 평민으로 강등된 정윤회조차 심한 절망감을 느꼈을 것이다.

한편《동아일보》는 "(2016년 10월) 25일 박근혜 대통령의 '최순실 대국민 사과'에 전·현직 대통령비서실장들도 당혹해하거나 있을 수 없는 일이 벌어졌다는 반응을 보였다. 최 씨의 대통령 연설문 수정 의혹에 대해 '봉건시대에도 있을 수 없는 일'이라고 강하게 부인했던 이원종 비서실장의 말은 허언虛言이 되고 말았다. 김기춘 비서실장도 '나는 전혀 (연설문 수정 의혹) 내용을 알지 못한다… 도저히 나는 이해가 안 가는 일'이라고 했다. 박근혜 정부에서 국가정보원장과 비서실장을 지낸 이병기도 '최씨 얼굴조차 본 적 없다… (최씨의 국정 개입은) 들은 바 없다'고 말했다."라고 설명했다.[379]

이들 비서실장들의 말대로라면 그들도 모르는 일이 청와대 내에서 벌어졌다. 이들의 주장은 반은 진실이고 반은 거짓이다. 이들 중 한 사람은 옛날 인연을 강조하며 대선 전부터 최순실에게 조력했다.[380] 그는 자신의 잠재적인 정치적 경쟁자들과 박지만과 친하다고 여겨지는 인물들을 '박지만에 대한 최순실(정윤회)의 경계심'을 이용해 정치적으로 교묘하게 제거했다. 이것이 힘든 경우 정치 검찰을 이용하여 솎아냈다. 2012년 박근혜 대통령의 당선 직후부터 박지만 인맥의 솎아냄은 시작되었다. 당선인 주변과 집권 초기 청와대에 있던 박지만 인맥은 점차 사라졌다. 그 후 그는 최순실의 도움으로 비서실장이 되어 특정 분야에서 권력을 향유했다. 아울러 그는 2014년 말 정윤회 문건 파동 전후로 최순실의 편을 들어 정윤회를 정치적으로 제거했다. 이러한 그조차 최순실과 문고리 3인방에게는 그저 '작은 존재'에 불과했다.[381]

비서실장들 대부분은 최순실이 청와대에 수시로 드나들었다는 사실을 알고 있었다.[382] 제2부속실(2015년 1월까지)은 최순실을 보좌하고 있었고[383] 그가 국정 전반에 관여하고 있었다는 사실도 잘 알고 있었다. 그들은 이를 모른 체 하면서 작은 권력을 향유했던 '비겁한 비서실장들'에 불과했다.[384] 실제로 이근면 전 인사혁신처장은 "박근혜 정부의 실패는 청와대 일부 참모의 전횡 때문… 문고리 3인방과 우병우 전 민정수석 등이 월권을 행사, 청와대·내각의 정상적 시스템이 작동되지 않았다… 안봉근 전 국정홍보비서관은 어떨 때는 장차관이 대통령에게 대면보고를 하려 해도 가로막고, 이재만 총무비서관은 장관들과 공공기관장들이 참여하는 청와대 인사위원회에 들어와 간섭하는 등의 행동을 했다… 대통령 비서실장들이 3인방에 가로막혀 힘을 쓰지 못하는 사이 우병우 전 수석 같은 이가 대통령에게 직보를 하는 체제가 굳어졌다… 우 전 수석이 통상 업무 범위를 넘어 정부·공공기관 인사 등 온갖 분야에 개입했다."라고 주장했다.[385]

이러한 상황에서도 김기춘 비서실장은 2014년 7월 국회 운영위원회에 출석하여 "…맹세코 비선 라인은 없습니다. 지금 거기에 언급된 분들은 청와대에 나타나는 일도 사실 없는 분들이고 또 청와대에 있는 비서관은 살림을 꾸려가는 그야말로 비서일 뿐이지 인사에 추호도 관여하는 권한도 없거니와 위치에 있지 않습니다…"라는 '새빨간' 거짓말을 했다.[386]

더 큰 불행이 있었다. 검찰 중 일부는 이들 숨은 실세로부터 승진 과정에서 은혜를 받았다. 다른 일부는 영전 또는 승진에 눈이 멀었다. 이들 정치 검찰은 2014년 말 정윤회 문건 파동 때 명(?)을 받들어 진실을 말했던 조응천 청와대 공직기강비서관과 박관천 공직기강비서관실 행정관 등을 유죄로 기소했다. 정두언은 "정윤회에다가 초점을 맞추느라… 그때 우병우 민정수석이 다 뻥이라고 해서 저쪽(조응천 전 공직기강비서관 측)을 다 구속하고 했지만… 그 공로로 지금까지 저러고 있잖아요. 최(순실씨)를 보호해준 공로가 있는 것"이라고 주장했다.[387] 바로 이러한 맥락에서 박지만의 '피보다 진한 물이 있다."라는 발언이 나오게 된 것이다.[388]

2   박정희 대통령의 정치적 그늘

"역대 대통령 중 전두환, 노태우, 이명박, 박근혜는 모두 박정희의 아류로 볼 수 있고 김영삼, 김대중은 박정희와 투쟁하면서 그 안티테제로 성장했습니다. 노무현은 박정희의 아류라 할 수 있는 전두환의 안티테제로 봐야죠. 박정희의 마지막 그림자를 박근혜로 봤을 때, 2017년 대선은 그 그늘에서 완전히 벗어난 새로운 인물들끼리의 치열한 각축장이 될 것입니다." ―김용옥[389]

박정희 대통령이 남긴 부정적인 정치 유산들 가운데 유신(1972) 독재의 인권유린과 정경유착보다 더 나쁘면서도 계속 이어지는 것이 '영호남 간의 지역감정과 편견에 따른 몰표 경향'이다.[390] 해방 이후 우리 사회에는 남북한 간의 이념대립은 있었어도 현재와 같은 영호남의 지역감정이 심각하지는 않았다. 박정희 대통령 때부터 호남 지역을 차별한다는 주장이 고개를 들기 시작했다.[391]

지역병은 1971년 대통령 선거 당시 이효상 공화당 의장에 의해 직접적으로 촉발되었다.[392] 1971년 대통령 선거는 영남출신인 민주공화당 박정희 후보와 호남출신인 신민당 김대중 후보가 대결하였다. 대선과정에서 두 후보는 지역감정을 노골적으로 자극하는 발언들을 많이 했다. 특히 민주공화당은 "김대중, 즉 전라도 출신 대통령을 뽑으면 경상도 푸대접 내지는 보복이 온다."고 주장했다. 신민당은 "전라도에서도 이번에는 꼭 대통령을 내어 푸대접을 면해야 한다."고 주장했다.[393]

지역병

지역 편견에 따른 몰표 경향은 망국적인 고질병으로 우리 정치, 특히 대통령 선거에서 매우 부정적인 영향을 미쳤다. 지금까지 우리의 정치적 제도적 기관들, 국회 및 정당 등이 정책개발 경쟁체제로 발전하지 못하는 근본 이유도 바로 이 구시대적이고 어처구니없는 지역 편견 때문이다. 현재 여당인 자유한국당과 주요 야당들인 더불어민주당, 국민의당, 바른정당 등의 근본적인 한계 역시 모두 지역정당이라는 사실이다.

지난 2016년 총선 역시 마찬가지였다. 비록 대구에서 더불어민주당 김부겸, 전북에서 새누리당 정운천, 전남에서 새누리당 이정현 그리고 부산 경남에서 다수의 더불어민주당 출신 국회의원들이 당선되었지만 아직도 여당은 영남에, 주요 야당들은 호남에 뿌리를 두고 있다. 두 지역에서는 당내 공천만 치열하고 막상 본선인 국회의원 총선은 영남과 호남을 제외한 지역의 선거가 되었다. 영·호남 출신 지역의 국회의원들은 한번 공천을 받아서 의원이 되면 다선 의원이 되는 것이 수월했다. 선거 때마다 늘 치열한 경쟁을 거치는 다른 지역의 의원들보다 선수가 쉽게 높아져서 각 정당의 지도부에 쉽게 진입했다. 당내의 리더십을 영남과 호남 출신 의원들이 독식하는 지역 카르텔이 형성되었다. 정당은 정책대결을 할 필요성이 높지 않아서 정책경쟁이 없었고 정책개발이 필요 없으니 정책중심 정당으로 발전이 전혀 안됐다. 이러한 지역감정과 편견에 따른 몰표 경향은 앞으로도 상당 기간 동안 우리 정치, 특히 대통령 선거에 영향을 미칠 것이다. 이승만 대통령을 제외하고 박정희, 전두환, 노태우, 김영삼, 김대중, 노무현, 이명박, 박근혜 대통령 모두 지역 편견에 근거한 투표 때문에 피해도 보았지만 이 편견의 정치적 도움으로 대통령에 당선되었다. 이것은 역사이고 사실이다.[394]

미래의 대통령은 지역 편견을 탈피해야 박정희 대통령의 '정치적 그늘 political shadow', 이른바 '정치적 망령'에서 근본적으로 벗어날 수 있다. 그러나 이것은 너무나도 큰 문제이고 시간이 많이 걸리는 문제이다.[395] 다만 분명한 것은 지역 편견은 지금까지 많이 약화되어 왔고 언제일지는 모르나 없어질 것이라는 사실이다. 이것이 우리 정치의 희망이다.

박정희 대통령의 큰 자리매김

민주화 이후 역대 대통령에게 가장 커다란 영향을 미친 대통령은 역시 박정희 대통령이다. 박정희 대통령은 임기(1961~1979)가 군정을 포함하여 약 18년으로 가장 길었다. 임기 동안 경제개발 5개년 계획을 기초로 산업화의 기틀도 이룩하였다. 또한 후임 전두환 대통령과 노태우 대통령은 그와 정치적 차별화를 최소화했고 정치적 유산을 많이 존중했다.

모든 대통령은 대통령이 되는 순간부터 역사에 자신이 어떻게 자리매김할까를 깊이 생각한다. 그 생각의 한 잣대가 박정희 대통령이다. 박정희 대통령 이후 역대 대통령은 박정희 대통령에 대한 심리적 압박감과 경쟁의식이 매우 높았다. 구체적으로 전두환, 노태우 대통령은 박정희 대통령을 하나의 훌륭한 역할 모델로 삼아 그를 본받으려고 했다. 민주화 이후 역대 대통령은 박정희 대통령을 극복과 경쟁의 대상으로 삼았다. 그들은 자신과 박정희 대통령을 비교하여 그보다 나은 업적을 남기려는 열망이 강했다. 박정희 대통령 이후 모든 대통령들은 상대적으로 짧은 임기에도 불구하고 많은 국정목표를 설정했다. 그러나 이를 실천하기 위한 정치적 자원과 수단 부족으로 제대로 성공하지 못했다. 정치적 좌절의 연속이라는 아픈 경험도 겪었다.

전두환, 또 하나의 군인 출신 대통령

일반인들은 잘 모르는 사실이 있다.[396] 전두환 대통령은 일찍부터 박정희 대통령의 각별한 돌봄을 받았다. 1961년 5·16 쿠데타 당시 육군사관학교 훈육관이었던 전두환은 박정희 소장을 찾아가 주체가 누구인가를 물었다. 박정희 장군이 왜 묻느냐고 묻자 '장도영 장군이 주체이면 지지할 수 없고 박정희 장군이 주체라면 적극적으로 지지

하겠다'고 말했다. 이 말을 들은 박정희 소장은 주체는 자신이라고 했다. 전두환은 그 말을 듣고 육사생도(장교단 포함)들을 설득했다. 1961년 5월 18일 아침 9시부터 동대문에서 시청 앞까지 5·16 지지 가두시위를 이끌어내어 5·16의 성공에 기여했다. 육사생도들은 5월 17일 저녁 5·16 지지 시위를 반대한 강영훈 육사교장을 연금했다.[397] 이후 전두환은 5·16 후 군정 당시 국가재건최고회의 의장실에서 박정희 장군을 비서(민원비서관)로 모셨다. 이후 박정희 대통령은 전두환 대위에게 군정 이후에도 참여할 것을 권유했으나 전두환은 자신의 꿈은 육군 참모총장이라며 군에 남았다.

그 후 박정희 대통령은 깊은 애정을 갖고 전두환과 자주 만났다. 박정희 대통령은 전두환을 청와대 경호실 차장보(1976~1978), 제1사단장(1978), 국군보안사령관(1979)에 임명했다. 전두환은 1979년 10월 26일 박정희 대통령의 죽음 직후 합동수사본부장에 임명됐다. 경호실에 근무할 무렵 차지철 경호실장은 전두환에 대한 박정희 대통령의 깊은 애정을 잘 알고 있었고 이를 무척이나 경계했다.[398] 전두환은 보안사령관 취임 후 차지철 실장의 문제점에 대해 잘 알고 있었기에 이를 해결하기 위한 처방책을 준비했다. 박정희 대통령에게 면담을 신청했고 면담 날짜가 잡혀 있었다. 그러나 박정희 대통령의 죽음으로 그것은 실현되지 못했다.

박정희 대통령과 인연이 깊은 전두환 대통령은 박정희 대통령의 국정운영 방식이 갖고 있던 장단점을 충분히 알고 있었다. 박정희 대통령 당시 청와대 경호실의 문제점만이 아니라 청와대 비서실의 비대화와 월권행위 그리고 강력한 비서실장의 문제점 등도 제대로 인식하고 있었다. 그의 생각에는 대통령 비서는 비서다워야 하며 청와대의 비서정치에는 강한 거부감이 있었다.[399] 그는 박정희 대통령의 국정운영 방식을 모범으로 삼아 그 장·단점을 파악하고 국가를 운영했다.

신군부의 권력쟁취

많은 사람이 궁금해 하는 것은, 1979년 10월 26일 박정희 대통령의 죽음 이후 전두환을 중심으로 한 '신군부'[400]가 1979년 '12·12 사태'를 거쳐서 1980년 5월 17일에 이르기까지 어떻게 그토록 빨리 권력의 정점에 오를 수 있었는가 하는 점이다.[401] 1979년 육군참모총장에 임명된 정승화 계엄사령관은 10·26 사태 이후 비상계엄을 선포했다. 그리고 1979년 10월 28일 전두환 보안사령관을 박정희 대통령의 죽음에 대한 조사를 책임지는 합동수사본부장으로 임명했다.

한편 정승화 계엄사령관은 군 내부 정치군인들의 추방을 강조하면서 조만간 전두환 보안사령관을 내치려 했다. 이에 전두환 합동수사본부장은 1979년 12월 12일 하나회 출신 군 지휘관들을 움직여 총격전을 통해 계엄사령관이었던 정승화 육군참모총장을 강제 연행했다. 이는 최규하 대통령의 재가 없이 이루어졌다. 최규하 대통령은 1980년 4월 신현확 국무총리와 이희성 계엄사령관의 반대를 무시하고 전두환 합동수사본부장을 중앙정보부장서리에 겸직 임명했다.[402]

전두환의 권력쟁취 과정에서 1979년 12·12 사태는 매우 중요한 의미를 가진다.[403] 허화평은 "정승화 자신이 박정희 대통령이 서거할 때 궁정동 안가 만찬장 옆 별채에 왜 머무르고 있었는지 그리고 박정희 대통령의 죽음 이후에도 왜 김재규와 함께 육군본부로 이동했는지에 대한 답을 하지 않았고 그래서 그것들에 대한 답을 듣기 위해 정승화를 소환하려고 했으나 그가 이에 응하지 않아 그를 소환하는 과정에서 불행하게도 12·12 사태가 벌어졌다."고 내게 주장했다.[404]

이후 전두환은 1980년 5월 전군 지휘관 회의를 거쳐 비상계엄 확대 안을 국무회의에서 통과시키면서 실질적으로 정권을 잡았다. 이것이 '5·17 쿠데타'이다.[405] 전두환은 1980년 5·18 광주항쟁을 무력으로 진압했다. 5월 31일 '국가보위비상대책위원회'에서 최규하 대통령은 형식적인 의장을, 전두환 당시 보안사령관 겸 중앙정보부장 서리가 상임위원장을 맡았다. 이는 내각과 계엄당국 간 협조를 긴밀히 한다는 게 명분이었지만 사실상 대통령과 행정부를 무력화하고 군부가 국정을 장악하는 최고군사회의 성격을 띠었다.[406] 전두환은 최규하 대통령 하야[407] 열흘 뒤인 1980년 8월 보궐선거에서 유신헌법으로 제11대 대통령에 선출되었고 그 후 1980년 10월 제5공화국 헌법을 만들어 다시 대통령이 되었다.

많은 사람들은 권력쟁취 과정에서 엄청난 야욕을 가진 전두환이 처음부터 권력을 강하게 장악했을 것이라고 생각한다. 이와 관련해 전두환 대통령은 "나는 원래 정치인이 아니고 군인이란 말이야. 군인으로서 그때 나라가 어렵고, 내가 대통령이 안 될 수가 없어서 한 건데, 내가 대통령이 하고 싶어서 된 건 아니오. 대통령 하고 싶으면 뭐 하러 군대 들어갔겠어요. (대통령 되려는) 계획이 전혀 요만큼도 없었어. 그렇기 때문에 약속한 대로 딱 한 번(대통령 단임) 하고 나왔잖아. 사람들은 내가 계획을 다 세워서 한 줄 아는데, 내가 그렇게 머리 좋은 사람이었다면 (대통령 자리에서) 나오지도 않았겠지."라고 주장했다.[408] 그는 주변 사람들에게 자주 "(12·12 때문에) 팔자에도 없는 대통령을 하게 되었다."고 말했다.[409]

1980년 당시 상황을 전두환 대통령은 2005년 MBC 드라마 '5공화국'에서 자신의 역할을 한 배우 이덕화에 비교하면서 '자신은 처음부터 그렇게 정치적 야욕을 갖지 않았다'고 내게 말했다. 또한 노태우 대통령, 유학성 안기부장, 허화평 대통령비서실장 보좌관(나중에 정무 1수석비서관) 그리고 우병규 정무수석, 강병규 대통령비서실장 보좌관 비서(박근혜 정부의 안전행정부 장관) 등 그를 가장 가까이에서 모셨던 주변 인물들도 '전두환 대통령은 박정희 대통령의 죽음 이후 초기에는 정권쟁취 의도가 없었다'고 내게 말했다.[410]

실제로 "처음 신군부는 비록 좋아하지는 않았지만 김종필이 정권을 계승해야 된다고 생각했다… 그러나 김종필이 점차적으로 유신체제에 대한 비판적 시각을 노출하고 5·16 주체와 육사 8기에 대한 편애를 목격하면서부터 그에 대한 불신이 급속히 증가되었다… 이 과정에서 김종필, 김영삼, 김대중 즉 3김의 권력투쟁 및 최규하 대통령의 권력에 대한 야심, 정승화로 대표되는 군부의 다른 한 축의 권력에 대한 야심들이 표출되었다. 이러한 상황에서 신군부는 이들 세력의 국가관과 정치행태에 매우 실망했으며 또한 북한의 위협을 심각하게 받아들였고 아울러 자신들의 정치적 이익 보호 차원에서도 집권에 대한 열망이 커졌고 그 열망을 12·12 사태를 시작으로 집행했던 것 같다. 이후 신군부는 단순한 군부의 세대교체뿐만 아니라 정권장악까지의 길을 최규하라는 정치적 방패막을 세워놓고 치밀하게 준비하였다."는 주장은 설득력이 있다.[411]

그러나 김종필은 "전두환의 5·17은 자신이 권력을 장악하기 위해 꾀를 내고 흉내를 낸 것뿐이다… 3김이 합심해서 좀 더 일찍 시국을 수습했더리면 역사의 흐름이 달라졌을지 모른다… 김영삼은 김영삼대로, 김대중은 김대중대로 자신이 다음 대통령이 될 것을 확신했기 때문에 욕심에 가려 둘 사이에 협력이란 없었다. 결국 나를 포함한 3김은 신군부에 각개격파(各個擊破)를 당했다. 역사의 대전환을 꿈꾸던 80년 서울의 봄은 이렇게 무자비하게 짓밟혔다."라고 주장했다.[412]

노태우, 또 다른 군인 출신 대통령

노태우 대통령과 박정희 대통령의 개인적 인연 또한 매우 각별하다. 노태우 대통령은 박정희 대통령이 강원도 인제에서 5사단장으로 있던 시절 휘하 소대장으로 복무했다. 1961년 5·16 이후 1962년 군정 당시 박정희 대통령(당시 국가재건최고회의 의장)은 노태우 대통령을 강원도를 포함한 여러 지방에 민정시찰을 위한 일종의 '암행어사'로 파견했다. 당시 노태우 대통령은 정책추진의 결과와 민심을 살펴서 박정희 대통령에게 보고했다. 이후 노태우는 전두환의 후임으로 1978년 청와대 경호실 차장보로 발탁되어 박정희 대통령을 가장 가까운 거리에서 모셨다.

노태우 대통령에게도 박정희 대통령의 국정운영 방식은 하나의 모범으로 작용했다. 군인 출신답게 '조직'을 중요시했고 체계적 분석을 통한 합리적인 정책결정 방식을 선호했다. 특히 합의와 조정을 중시하는 그의 국정운영 방식은 햇볕정책의 근간인 '남북기본합의서'(1991)를 이끌어내는 과정에서 두드러지게 나타났다. 시간은 걸렸지만 당시 야당 지도자인 김대중 대통령과 협조에 기초하여 남남갈등 없이 남북관계에 대한 이 합의서를 이끌어냈다.[413]

협상과 합의에 기초한 통치를 중시하는 노태우 대통령은 부드럽게 상대의 말을 경청하는 장점을 가지고 있었다. 그에게 남을 말을 잘 듣는 자질이 어떻게 형성되었느냐고 물으니 웃으면서 "자신의 '귀'가 다른 사람의 귀보다 조금 컸기 때문인 것 같다"고 했다. 그의 귀는 평균 사람의 것 이상으로 컸다.[414]

전두환, 노태우 두 군인 출신 대통령은 같은 군인 출신인 박정희 대통령에게 존경심을 가지고 있었다. 그들에게 박정희 대통령은 대통령의 전범으로 작용했다. 그들은 '조직의 지혜'를 인식하고 권한 위임과 공조직의 중요성 등을 충분히 인식하고 있었다. 박정희 대통령의 장점을 배우려고 노력했으며 주요 정책들을 계승·발전시켰다. 그 결과 박정희 대통령의 권위주의 체제와 그 문제점도 지속될 수밖에 없었다.

김영삼 대통령의 박정희 지우기

김영삼 대통령은 박정희 대통령과 투쟁하는 과정에서 온갖 고초를 겪으며 정치적으로 성장했다.[415] 그에게 박정희 대통령은 '독재자'였다.[416] 1975년 5월 박정희 대통령은 영수회담 당시 신민당 총재인 그에게 비밀리에 눈물을 흘리면서 "김총재, 나 욕심 없습니다. 집사람은 공산당 총에 맞아 죽고, 이런 절간 같은 데서 오래 살 생각 없습니다. 민주주의 하겠습니다. 그러니 조금만 시간을 주십시오."라며 약속한 '대통령직선제'를 끝내 지키지 않은 거짓말쟁이였다.[417] 한편 김종필에 따르면 "박(정희) 대통령은 처음부터 싫어했던 김대중과 달리 YS에 대해서는 70년대 중반까지만 해도 호감을 가졌다… YS는 국회에서도 박 대통령을 좋게 얘기한 적이 한 번도 없었다. 좋은 얘기도 자꾸 하면 흠이 나오는 법인데, 나쁜 얘기를 계속해서 해대니까 그게 쌓여서 대단한 증오로 변했다. 박 대통령도 반발심이 생겨서 '저런 친구가 국회에 있으면 국회를 버린다. 내쫓아야 한다'고 얘기하곤 했다."고 한다.[418]

김영삼 대통령은 박정희 대통령 및 그 추종세력에 대한 투쟁, 즉 민주화의 실현을 정치적 목표로 삼았다. 민주화를 위한 정치역정에서 언제나 투쟁의 대상이었던 박정희 대통령은 집권 후에도 정치적 경쟁자이자 극복의 대상이었다.[419] 그의 정치적 목표는 민주화의 장애물인 박정희 대통령, 군부독재, 군대식 권위주의, 일제 잔재, 정경유착 등 박정희 대통령 체제가 잉태한 '군사문화'의 모든 것을 깨끗이 청산하는 것, 즉 박정희 절대 부정과 박정희 지우기였다. 그는 그것이 대통령인 자신의 정치적 성공을 약속하고 대한민국의 새 역사를 새로이 쓴다고 굳게 믿었다. 이를 위해 그는 공직자재산등록(1993), 하나회 숙청(1993), 금융실명제(1993), 중앙청 건물(조선총독부청사) 철거(1995) 등의 개혁을 단행했다.

그는 자신의 정부를 '문민정부'라고 표방하면서 군사문화 잔재를 청산하고자 했다. 그 정치적 의도는 하나회 숙청으로 이어졌다. 박정희 대통령에 대한 경쟁의식은 제2차 세계 대전 이후 독립한 아시아 국가들 중에서 유일하게 피 한 방울 흘리지 않고 '군인정치'를 종식했다. 이것은 어떤 면에서 놀라운 정치적 기적이었다. 그리고 정경유착으로 대표되는 박정희 대통령의 정치적 유산을 뽑아 버리려고 노력했다. 즉, 집권 초기 그에게는 박정희 대통령의 절대 부정이 국정운영의 기본 목표였다. 나아가 역사바로세우기(1995)와 전두환, 노태우 등 전직 대통령들의 구속 결정(1995)도 박정희 대통령의 군사문화 잔재를 완전히 청산하고 싶었던 과정에서 이룩된 것이었다.[420]

그는 박정희 대통령의 군사문화 및 정치적 잔재를 철저히 지워서 위대한 대통령이 되고자 하였다. 그의 세계화 추구(1994) 역시 박정희 대통령의 잔재 지우기에 방점을 찍는 의미가 있었다. 세계화는 그 자신이 박정희 대통령보다 더 큰 인물로 역사에 남기 위한 정치적 시도였다. 그러나 불행하게도 세계화는 IMF 외환위기의 단초였고 그의 정치적 몰락의 시작이었다.

세계화 추구는 준비되지 않은 국정 목표의 설정이 어떻게 정치적으로 성공한 대통령을 가장 짧은 시간에 정치적으로 추락시켰는가를 보여주는 극명한 사례이다. 그의 정치적 인기는 집권 초기 1993년 7월 94%에서 임기 말인 1997년 12월 7%로 떨어졌다. 그는 박정희 대통령과 심리적 경쟁으로 집권 초 정치적으로 큰 성공을 거두었으나 나중에는 크게 실패했다. 미래 대통령과 참모들은 김영삼 대통령의 극명한 성공과 실패를 철저히 연구해야 한다.

김대중 대통령의 박정희 넘어서기

김대중 대통령은 박정희 대통령을 넘어서는 위대한 대통령을 바라보고 있었다. 그 역시 자신의 정치역정에서 투쟁의 영원한 대상인 박정희 대통령만이 경쟁과 극복의 대상이었다.[421] 그와 박정희 대통령의 인연은 대한민국 현대사의 여러 페이지를 장식하고 있다. 두 사람이 맺은 인연의 끈은 근 60년 전까지 거슬러 올라간다. 그는 "1958년 봄 강원도 인제에서 국회의원 선거에 출마하려고 하였다. 자유당의 후보 등록 방해 사건으로 매우 억울해 하면서, 나(김대중)는 군청 근처에 있는 육군 사단장 관사를 찾아 갔다. 군은 이 억울함을 알아줄지도 모른다는 생각에서였다. 사단장은 자리에 없다고 했다. 정확히 기억은 나지 않지만 아마도 나를 피했던 것 같다. 당시 사단장은 박정희였다. 우리의 첫 대면은 그렇게 빗나갔다."라고 말했다.[422] 당시 박정희 대통령은 강원도 인제에서 5사단장으로 있었으며 같은 시기에 김대중 대통령도 그곳에 있었으나 만나지는 못했다.[423]

김대중 대통령은 네 번의 낙선 끝에 1961년 5월 13일 인제 보궐선거에서 국회의원에 당선되었다. 국회의원 등록은 했으나 박정희 대통령의 5·16 쿠데타로 국회가 해산되어서 '금배지 한 번 못 달아보고 의석에 한 번 못 앉아본' 신세가 되었다.[424] 그는 "박정희 대통령과 나는 단 한 번 만난 적이 있다. 1967년 목포 국회의원 선거에서 당선된 직후인 1968년 새해였다. 청와대로 신년 인사를 갔고, 그때 선 채로 박 대통령과 5분 정도 얘기를 나눴다. 그는 내게 매우 친절했고 내 질문에 성의 있게 답변했다."라고 첫 만남을 회고 했다.[425] 그러나 "박정희는 집권 내내 나를 괴롭혔다… 박정희와 나는 늘 대척점에 있었다. 나는 목숨을 걸고 독재에 맞서 싸웠다. 그건 박정희와의 싸움이기도 했다. 그가 만든 중앙정보부는 내가 어디에 있더라도 나를 감시하고 협박했다. 두 번이나 나를 죽이려 했다. 나는 절체절명의 위기에 처했지만 기적적으로 살아났다."라는 말에서 박정희 대통령에 대한 그의 생각을 엿볼 수 있다.[426]

그의 정치 목표는 박정희 대통령을 넘어서는 한국 최고의 위대한 대통령이었다. 이를 위해 평생을 준비한 남북 관계를 비롯한 여러 정책들을 펼치고 싶어 했다. 그는 박정희 대통령보다 더 성공한 대통령이 되기 위해 5년이라는 짧은 임기 안에 IMF 외환위기 극복뿐만 아니라 동서화합, 민주주의와 시장경제, 남북정상회담을 통한 노벨평화상 수상 등을 추구했다.

박정희 대통령에 대한 경쟁 심리에서 나온 가장 특징적인 국정과제는 '제2건국 운동'이다. 그는 자기 자신이 새로운 한국의 최초의 대통령이 되고 싶어 했다. 그래서 1998년 8월 15일 정부 수립 50주년이 되는 광복절에 민주주의와 시장경제를 완성하는 국민운동으로 '제2의 건국'을 국정목표로 발표했다. '박정희 대통령이 기틀을 마련한 대한민국보다 자신이 새로운 건국을 시도하려고 하는 것 같다'고 양순직 전 의원은 내게 말했다.[427]

그러나 김대중 대통령은 솔직하게 "제2건국 운동은 실패로 끝났다. 시민 사회가 지원하고 국민들의 적극적인 참여를 기대했지만 기대에 미치지 못했다. 그러다 보니 관 주도로 변질되어 버렸음을 부인할 수 없다. 이는 국민을 이해시키는 데 실패했음이다. 명분만을 너무 믿고 민심 속으로 파고들지 않았으니 성공할 수 없었다."라고 말했다.[428] 사실 이러한 제2의 건국이라는 국정과제는 임기 5년 만에 이룩할 수 있는 목표가 아니었다.

또한 그는 당선된 후 박정희 대통령이 초래한 전라도와 경상도의 '동서분열' 문제를 김영삼 대통령과 함께 해결하려고 했다. 그는 1997년 대선에서 김영삼 대통령이 자신의 비자금 조사를 하지 않아 간접적으로 도움(?)도 받았다. 그러나 취임 후 동서화합을 이룩하기 위한 그의 구상은 완전히 바뀌었다. 초대 대통령 비서실장인 김중권은 '동서화합의 대표로 경상남도는 김기재 행정자치부 장관과 김정길 행정자치부 장관(나중에 정무수석)이, 경상북도는 자신이 하면 된다'고 김대중 대통령을 설득했다. 문희상은 김중권의 구상을 반대하고 김영삼 대통령과 협력을 통한 동서화합을 주장했지만 김대중 대통령은 김중권의 구상에 설득(?) 당했다.[429]

집권 초기 그에게 IMF 외환위기 극복은 자신이 원한 국정목표는 아니었지만 이 위기 속에서 대통령에 당선될 수 있었고 당시는 그것 이외에 다른 국정목표가 수립될 수도 없는 절박한 상황이었다. 그러한 상황이 조금은 답답했지만 외환위기 극복에 매진할 수밖에 없었다. 그는 "외환위기는 오직 성장에만 매달려 온 '박정희식 발전 모델'에 종말을 가져왔다. 노동자와 중소기업의 희생 위에서 지어진 정경유착의 부실 건물이 붕괴하기 시작했다. 이는 우리가 제대로 된 민주주의를 하지 않았기 때문에, 어찌 보면 예고된 재앙이었다. 민주주의와 병행해서 경제를 발전시켰더라면 정경유착과 관치 금융을 불러들이는 대형 부정부패는 발을 붙일 수가 없었을 것이다."라고 강조했다.[430]

5년이라는 짧은 임기에 비해 오랫동안 준비해온 정치적 목표들은 많았기 때문에 그는 조기에 IMF 외환위기를 타개하고자 노력했다. 마침내 부채외환을 조기 상환하고 이를 IMF 외환위기 극복으로 발표한 후 그는 숙원이었던 자신이 대통령으로서 하고자 했던 정치적 국정과제들을 추진하기 시작했다. 그는 2000년 남북정상회담 이전에도 역사가 자신을 'IMF 외환위기만 극복한 대통령'으로 기억하는 것에 무척 조바심을 냈다. 동서화합을 통한 지역감정 해소, 제2건국 운동, 철저하지 못했던 IMF 외환위기 극복 과정 등에서 보듯이 그의 선택지는 논란의 여지가 있다. 김대중 대통령의 선택지는 박정희 대통령을 넘어서야 한다는 야망에 뿌리를 두고 있었다. 그 야망이 대한민국의 조타 기능을 상당 부분 변질시킨 것도 사실이다.

노무현 대통령의 박정희 부정

노무현 대통령은 박정희 대통령으로 대표되는 기득권 세력에 대항하여 가난한 사람과 못 배운 사람을 포함한 '반기득권 세력'의 정치적 대표로서 자신이 대통령에 당선되었다고 생각했다. 그에게 박정희 대통령은 '도덕적으로 참으로 나쁜 사람'이었다.[431]

그는 반기득권 세력과 정통 민주세력이 대한민국의 새로운 역사를 이루어야 하며 그것이 자신으로부터 시작되어야 한다고 믿었다.[432] 그는 새로운 대한민국 역사를 쓰기 위해 박정희 대통령을 역사에서 지우고자 했다. 새로운 역사의 시작을 '3·1운동'까지 거슬러 올라가 역사적 정통성을 갖춘 새로운 대한민국을 세우려고 했다. 이러한 역사관으로 그는 재임 중 항일독립운동, 반민주적 또는 반인권적 행위의 인권유린, 폭력·학살·의문사 등을 조사하여 왜곡되거나 은폐된 진실을 밝혀내려고 애썼다.

이 과정에서 그는 민족의 정통성 확립과 국민통합에 기여함을 목적으로 2005년 5월 31일 '진실화해를위한과거사정리기본법'을 제정했고 '진실·화해를 위한 과거사정리위원회'를 발족시켰다. 이런 일들은 기본적으로 국민의 정치적 편견과 의식 개혁이 필요한 것이어서 5년 재임 중에 달성할 수 있는 과제가 아니었다. 박정희 대통령 부정에 기인한 이러한 국정과제들은 임기 내내 국민들을 혼란스럽게 만들었다. 지지자와 반대자들을 분열시켰고 때로는 지지자들조차 여러 갈래로 나뉘게 만든 근원은 바로 그의 철저한 박정희 대통령 부정이었다.[433]

이명박 대통령의 박정희 따라하기

이명박 대통령은 고려대학교 재학 시절인 1964년 박정희 대통령의 한일국교정상화에 반대하는 시위를 주도하였다. 현대건설에 입사한 후에는 우리 산업화의 '박정희 모델'에 편승하여 직업적 성공을 이루었다. 현대건설에서 이룬 성공은 그를 국회의원과 서울시장을 거쳐 대통령까지 만들었다. 이와 관련해 그는 "박 대통령을 생각하면 지금도 만감이 교차한다… 나는 숨 가빴던 산업화 시대를 박정희 정부와 함께 했다. 경부고속도로 건설의 현장에 있었으며, 열사의 땅 중동을 뛰어다녔다… 그는 쿠데타를 일으켰고 장기 독재를 했으며 그 과정에서 인권을 탄압했다. 한편으로 그는 근대화 산업화를 통해 한국을 절대 빈곤에서 벗어나게 한 지도자였다. 그에게는 과도 있지만 동시에 그의 공도 제대로 평가해야 한다."라고 주장했다.[434]

그는 박정희 모델에 충실하여 새로운 '경제대국'(747 Plan)을 이룩하고자 노력했다. 이러한 정치적 시도를 이철호는 이명박 정부의 '박정희 코스프레'라고 비판했다.[435] 박정희 모델의 핵심은 일에 대한 열정이고 일의 과정보다는 일의 결과 중시이다. 그는 공정성 등에 조금 문제가 있더라도 일을 효율적으로 추진하려고 했다. 그는 인사문제와 관련해서도 도덕성에 흠결이 있더라도 일을 잘 알고 열심히 하는 사람들을 등용하고자 했다. 747 계획과 연결된 4대강 개발을 그와 그의 참모들은 환경보존을 위한 녹색성장이라고 하지만 본질은 박정희 모델처럼 대규모 토목사업을 통해 당시의 경제

불황을 극복하려는 것이었다.

그의 문제는 자신이 박정희 대통령처럼 국민에게 좋은 것이 무엇인지 잘 안다고 확신했던 것이다. 박정희 대통령 시대 때는 이러한 '계몽군주형'의 교조주의적 리더십이 국정운영에 효과적이었지만 이명박 대통령의 국가운영 시기에는 불행하게도 더 이상 그런 것이 통하지 않았다. 세상은 바뀌었고 나라는 발전했다. 과거 박정희 대통령 시절에 비해 모든 것이 변했다. 새로운 리더십 패러다임과 국정운영 기술이 필요한 시기에 과거에 보고 듣고 배운 유산을 그대로 따라한 국정운영은 많은 문제들을 낳을 수밖에 없었다.

신권위주의 박근혜 대통령

박근혜 대통령은 민주화 이후 역대 대통령 가운데 박정희 대통령의 정치적 영향을 가장 많이 받았다. 그는 정치인으로서 성장하고 대통령에 당선되기까지 아버지 박정희 대통령의 정치적 후광의 도움을 많이 받았다. 그의 정치 리더십 스타일인 진중함, 의리 강조, 배신 혐오 그리고 국정과제인 경제부흥, 경제 활성화, 국민행복 등은 박정희 대통령의 영향을 많이 받았다. 그녀는 아버지를 누구보다 존경하면서도 아버지보다 더 나은 업적을 내려고 노력했다.[436]

박정희 대통령보다 더 잘해야 한다는 심리적 압박이 너무 강하게 영향을 미쳤다. 대통령이 된 후 그의 정치적 유연성은 급격하게 떨어졌다. 그는 대통령으로서 너무나 달라진 사회경제적 환경을 충분히 이해하지 못했다. 박정희 대통령 시절의 통치방법을 답습하면서 소통이 결여된 비밀주의를 강조하는 신권위주의를 고수했다. 그리고 과거 아버지 시대의 인물 또는 그 후손을 발탁해 참모로 기용하는 과거회귀형 통치 스타일을 보였다.

실제로 그는 지난 2016년 국회의원 총선에서 공천권을 행사했지만 그 부작용으로 공천파동을 겪으면서 여당은 패배했다. 실질적인 여소야대 정국이 초래되면서 국정운영은 더욱 어렵게 되었다. 제왕적 대통령이었던 박정희 대통령 시절과 달리 그가 직면한 정치·사회적 환경은 완전히 달라졌다. 처음부터 제왕적 대통령이 될 수도 없었지만 그나마 조금이라도 시도한 것은 권위주의의 부활이라는 비판을 받았다.

흥미롭게도 2007년 한나라당 대선후보 당내경선 당시 김종필 전 총리는 기본적으로 그를 세상물정을 잘 모르는 '공주님'으로 생각했다. 구체적으로 당시 김종필은 내게 '박근혜가 대통령이 되자면 하늘나라 공주에서 땅으로 내려와야지'라고 말했다. 김종필은 2007년 한나라당 대선 후보를 선출하기 위한 당내 경선에서 박근혜가 아닌 이명박 후보를 지지했다.[437]

또한 박근혜 대통령은 박정희 대통령처럼 나라와 국민을 위해 좋은 길이 무엇인지를 자신이 진단했다. 그 길에 대한 자신의 진정성도 확신했다. 이와 관련해 윤여준은 "박(근혜) 대통령은 정의와 불의, 도덕과 부도덕을 스스로 판단하려는 '규정자 의식'이 강하다."라고 말했다.[438] 박정희 시대에는 이러한 교조주의적이고 권위주의적인 리더십이 통했다. 그러나 그의 국가운영 시기에는

불행하게도 이러한 '마이웨이식 리더십'을 국민 누구도 받아들일 수 없었다.[439]

대통령 당선 전에는 박정희 대통령이 그에게 긍정적인 영향을 많이 미쳤지만 당선 후에는 도리어 부정적인 영향을 많이 미쳤다. 박정희 대통령에 대한 심리적 경쟁 때문에 그는 규제개혁, 공무원연금 개혁, 창조경제혁신센터 설치, 부정부패 척결 등을 국정과제로 발표했다. 이들은 모두 구체적 실행 프로그램이 뒷받침되지 않은 채 모양새에만 치중해 기대했던 만큼의 결실이 이루어지지 않았다. 도리어 그의 부정부패 척결 추진은 성완종 경남기업 회장의 자살과 함께 '성완종 리스트' 사건으로 변질되었고 종내는 정국의 부메랑으로 작용했다. 이들 모두는 철저히 준비되지 않은 국정과제 부작용의 대표적인 실례로 자리 잡았을 뿐이다.

2012년 대선 과정에서 동생인 박지만은 "누님이 걱정된다. 나를 포함한 우리 가족 중 일부는 누나가 대통령이 되어서 잘하면 좋지만… 아버지와 비교해 인사 용인술이나 통치 방법이 많이 부족한데… 대통령이 되더라도 열심히 잘 해서 아버지에게 누가 되지 않아야 할 텐데…"라고 내게 솔직한 심경을 토로하기도 했다.[440] 나도 2012년 박근혜 대통령의 후보 시절 '아버지 박정희 대통령을 피상적으로만 이해하려 하지 마라. 아버지가 군대에서 보여주었던 용인술을 배워라. 그리고 대통령이 되어서 국정운영 과정에 그 용인술을 어떻게 적용했는지 미시적인 차원에서 좀 더 깊게 공부해야 한다'고 제안한 적이 있다. 불행하게도 박지만의 걱정은 최순실 게이트가 드러나면서 현실화되었다. 이와 관련해 박지

만은 지인들에게 "창피하고 부끄럽다. 고개를 들고 다닐 수가 없다." 라고 말했다.[441)]

3 정치적 차별화 전직 대통령 죽이기

"한국 정치의 고질병(은)… 전 정권 손보기 또는 정치적 앙갚음이다. 공화국 건국 이래 70여 년간 권력에서 물러난 후 제대로 살아남은 대통령은 거의 없었다. 이념으로 죽이고, 부정으로 매도하고, 자신의 정치적 영달을 위해 상대방을 감옥 보내고, 개인적 원한으로 닦달하는 등 이 나라의 정권 교체사는 회색과 검은 색으로 얼룩져있다. 심지어는 정권을 차지한 승자가 선거의 패자에게까지 보복의 칼질을 했던 것이 우리 정치사다. 결국은 박(근혜)정권도 세월이 지나면 피의자 입장에 설 수도 있다는 말이다. 정치에서 가정은 무의미하다지만 박정희가 이승만을 건국의 영웅으로 대접했더라면, 김영삼이 전두환과 노태우를 굳이 감옥에 보내지 않았더라면, 무엇보다도 이명박이 노무현을 모욕적으로 몰아세우는 검찰을 견제했더라면… 정치적 대결 구도는 지금보다 한결 완화되었을지도 모른다." —김대중[442]

"이승만 대통령은 취임사에서 '삼천만 남녀가 새로운 백성을 이룸으로써 새로운 국가를 세우기로' 했다고 했고, 윤보선 대통령은 자신을 '제2공화국의 초대 대통령'이라고 했다… 박정희 대통령은 … '면면히 이어온 역사와 전통 위에… 우람한 새 공화국의 아침이 밝았다'고 했다… 전두환 대통령 역시 '구(舊)헌법, 구(舊)정부 등의 구시대적 논리로부터 결별한' 새 공화국 출범을 비장한 어투로 선포했다. 김영삼 대통령의 '문민 시대', 김대중 대통령의 '국민의 정부'도 바로 앞 정권과 차별화하려는 표현이었다… 노무현 대통령은 '반칙과 특권이 용납되는 시대는 이제 끝나야 한다'… 윤보선·박정희 대통령은 이승만의 건국 업적을, 전두환 대통령은 박정희 정권의 공업화 업적을 평가하지 않았다. 노무현 정권 때는 '차떼기 헌금'으로 통하던 정치권과 재계 간의 불법 정치자금 관행이 정리됐지만, 이명박 대통령은 언급조차 하지 않았다." —송희영[443]

부정적 대통령 문화

우리나라 현직 대통령들은 전임 대통령들과의 정치적 차별화를 자주 시도해왔다. 대통령제를 유지하는 미국의 경우는 그렇지 않다. 예컨대 초대 대통령인 조지 워싱턴 대통령의 성공과 실패, 즉 정치적 유산과 선례는 후임 대통령들에게 지금까지 큰 영향을 미치고 있다.

이승만 대통령과 박정희 대통령

초대 대통령인 이승만 대통령의 정치적 영향력은 박정희 대통령의 전임 대통령에 대한 정치적 차별화 때문에 매우 미미하다. 그에게는 부정부패와 1954년 3선 개헌 및 1960년 3·15 부정선거를 통한 장기집권이라는 어두운 면이 있다.[444] 김대중 대통령은 "이승만의 대통령 당선은 우리 현대사의 비극의 시작이었다. 이승만 정권에서 친일파들이 득세했고 그 친일파의 후손들은 좋은 환경에서 성장하고 많이 배워 대대로 영화를 누렸다… 이승만 독재로 얼마나 많은 사람들이 죽어갔는가."라고 말했다.[445]

어두운 면이 있음에도 불구하고 그의 평생에 걸친 독립운동과 대한민국 정부수립(1948), 의무교육 실시(1948), 농지개혁법 실시(1949), 평화선 선포를 통한 독도 영토주권 확보(1952), 한미방위조약(1953) 등 근대화 및 경제발전의 기틀을 마련한 업적은 매우 크다.[446] 1951년 우리의 1인당 소득은 1990년 가격 기준으로 787달러에 불과했다. 이는 당시 아프리카 대륙 53개국의 평균소득 912달러에도 못 미치는 수준이었다.

장하준은 1950년대 한국은 당시 세계에서 가장 가난한 나라 중의 하나였음에도 불구하고 이승만 대통령이 초등교육을 의무화했다고 강조하였다.[447] 또한 그는 1949년 토지개혁을 통해 지주들이 소유한 땅의 대부분을 시장가격 이하로 소작인들에게 팔도록 했다. 이것은 지주와 소작인의 첨예한 계급갈등도 일정 부분 해소했다. 그런 다음 수입규제와 비료보조금, 관개시설 등을 지원해서 새로운 소농계층을 보호했다.[448] 2004년 11월, 남미를 순방한 노무현 대통령도 "남미 여러 나라를 돌면서 왜 한국이 성공했을까 많이 생각했다. 옛날 지도자들이 실책을 더러 했지만 그래도 한 가지씩은 다했다. 자유당 시대를 독재시대, 암흑시대로 생각했었다. 그런데 지나고 보니 당시 토지개혁은 정말 획기적이고 역사를 바꾼 사건이 아니었나 생각한다. 토지개혁 덕분에 6·25전쟁이 터졌는데도 국가 독립과 안정을 지켜냈고 국민이 하나로 뭉쳐서 체제를 지켜냈다."라고 말했다.[449]

그가 정부수립 과정에서 이룩한 업적은 다른 나라 어떤 초대 대통령의 업적에 못지않다. 그는 6·25 전쟁을 겪으면서도 민주주의의 기본 틀은 유지했다.[450] 전쟁의 와중에서도 지방선거를 치르는 등 민주공화국이라는 헌법제도의 골격은 지켰다. 김대중 대통령조차 "그나마 퇴장하는 모습이 대인다웠기에 국민들이 그를 다시 노 애국자로 되돌려 놓았다고 생각한다… 순순히 권력을 내놓고 망명길에 오른 것은 바른 선택이었다. 이 박사의 결단은 더 이상의 유혈참사를 막았다. 시위대 대표들을 만나 불의를 보고 궐기한 의기를 칭찬한 것은 보통 사람은 지니기 힘든 용기였다"라고 말했다.[451]

그럼에도 불구하고 1961년 5·16 군사쿠데타로 정권을 잡아 정치적 정통성이 미약했던 박정희 대통령은 한국의 역사를 새로 그리고 자신이 열고자 했다. 그 과정에서 이승만 대통령의 정치적 유산을 철저히 배제하고 지워버려 우리 '대통령 역사의 단절'이 시작되었다. 후임 대통령의 전임 대통령에 대한 정치적 차별화라는 '부정적인 대통령 문화'가 시작되었다. 그 결과 대통령 역사에서 초대 이승만 대통령은 작지 않은 정치적 유산에도 불구하고 크게 자리매김을 하지 못했다.

이승만 대통령의 양자 이인수에 따르면 4·19 혁명으로 하와이로 망명을 떠난 이승만 대통령은 '한국에 들어가 죽는 게 소원'이라고 했다.[452] 박정희 대통령은 이를 받아들이지 않았다. 1965년 7월 19일 이승만 대통령은 하와이의 한 요양원에서 쓸쓸이 눈을 감은 후에야 한국에 돌아올 수 있었다.[453] 장례식도 박정희 정부가 국장보다 격이 낮은 국민장으로 통보하여 우여곡절 끝에 가족장으로 치러졌다.[454]

박정희 대통령과 전두환, 노태우 대통령

전임 대통령의 정치적 유산 승계와 관련해 불행했던 이승만 대통령과 달리 박정희 대통령은 한국의 대통령 역사에 크게 자리

잡고 있다. 비극적 죽음에 대한 동정심과 함께 후임 전두환, 노태우 대통령은 그의 정치적 유산을 존중했다. 두 후임 대통령에게 박정희 대통령은 절대적인 역할 모델role model이었다. 물론 그가 죽은 후 개인적 고난을 겪었던 박근혜 대통령은 그의 정치적 유산에 대한 전두환 대통령의 입장에 동의하지 않을 수 있다.[455] 이와 관련해 김종필은 "전두환 정권은 유·무형의 압력으로 박정희 대통령 추모행사조차 제대로 못 열게 했다."라고 말했다.[456]

그러나 전두환 대통령을 직접 만나서 이 문제와 관련한 질의응답을 하면서 사실에 근거해 객관적으로 평가한 내 생각은 다르다. 전두환 대통령은 박정희 대통령의 통치방식, 특히 당시 차지철 경호실장 중심의 청와대 운영에 대해서는 많은 문제점을 지적했지만, 그에 대한 존경심과 고마움은 확실했다.[457]

차별화의 악순환

정치적 차별화와 관련해서 노태우 대통령은 "한국 사회가 당면한 근본적인 문제 가운데 하나가 지식인들과 젊은 세대가 우리 현대사를 부정적으로 인식하고 있는 점이다… 역사란 명과 암이 있게 마련이다. 역사의 평가는 명과 암을 그대로 비춰야 한다. 그런데 우리는 명은 숨기고 암만 비춘다. 이제부터라도 우리는 우리가 이룩한 명을 비춰야 한다."라고 주장했다.[458] 이명박 대통령도 "역사는 본래 명과 암이 함께 존재하는 것이다. 어느 시대, 어느 나라에도 밝은 부분만 존재하는 역사는 없다. 좋은 역사를 계승하고 나쁜 역사는 반성하며 미래의 반면교사로 삼으면 될 일이다. 어두운 부분을 부각해서 역사 자체를 부정해버리는 것은 결코 바람직한 일이 아니다. 우리 현대사는 세계가 놀라고 부러워하는 기적의 역사였다."라고 말했다.[459]

불행하게도 우리 대통령의 성공과 실패는 재임 중 국정운영을 얼마나 잘했느냐가 아니라 전임 대통령의 정치적 유산을 얼마나 존중하느냐에 따라 결정되고 있다. 부정적이고 극단적인 실례는 적지 않다. 김영삼 대통령 때 구속되었던 전두환 대통령과 노태우 대통령, 그리고 이명박 대통령 때 자살한 노무현 대통령의 경우가 그렇다. 또한 김영삼 대통령의 정치적 유산은 IMF 외환위기 책임론과 함께 김대중 대통령과 노무현 대통령 때 부정적으로 평가받았다.

반면 박정희 대통령은 후임 전두환 대통령과 노태우 대통령이, 김대중 대통령은 후임 노무현 대통령이 그리고 이명박 대통령은 후임 박근혜 대통령이 정치적 유산을 존중했거나 최소한 경시하지는 않았다. 아울러 전임 대통령의 정치적 과오들을 최대한 덮어 주었기에 우리 역사에서 그나마 긍정적으로 평가받고 있는 것이다. 잊혔던 김영삼 대통령의 업적은 이명박 정부와 박근혜 정부를 거쳐서 2015년 11월 그의 죽음 이후 조금은 긍정적으로 평가받고 있다. 이와 관련 이동훈은 "대통령의 성패를 가르는 기준 가운데 하나는 정권 재창출이다. 정권을 재창출한 대통령은 적어도 실패했다는 평가를 피해갈 가능성이 높다. 반면 정권을 넘겨준 대통령이 성공했다는 평가를 받기는 쉽지 않다. DJ는 성공했다는 평가를 받았지만, YS에 대한 평가는 상당 기간 유보됐던 것도 이와 무관하지 않다."라고 주장했다.[460]

결국 재임 대통령은 후임 대통령이 누가 되는가에 대해 재임 중 민감하게 반응할 수밖에 없다. 그리고 대선 과정에도 직간접적으로 영향을 미치려 한다. 이러한 악순환의 과정이 정치적 차별화를 초래하는 '부정적인 대통령 문화'를 형성하게 된 것이다. 노태우 대통령은 "이 회고록을 쓰면서 내가 여러 번 자문했던 것은, '3당 합당 이후 김영삼씨를 대통령 후보로 밀었던 것이 그 뒤 나라의 진로를 이렇게 만든 것인가, 나는 왜 그의 인간됨과 역사관을 오판했을까' 하는 것들이다… 그간의 현실을 보면 나로서는 역사의 가정을 되씹어 볼 수밖에 없는 심정이 들었다."고 말하고 있다.[461] 심지어 노무현 대통령도 자신의 정치적 '죄' 가운데 하나로 '정권 재창출을 못한 죄'를 들고 있다.[462]

반면 김대중 대통령은 "그(노무현)의 당선이 무척 기뻤다. 현직 대통령으로서 최고의 꿈은 정권 재창출이다. 비록 당을 떠났지만 민주당의 승리는 여당의 승리였다. 그래서 선거 기간 내 야당은 당적조차 없는 나를 집요하게 공격했던 것 아니겠는가. 노무현 대통령 당선자가 (2002년) 12월 23일 청와대로 찾아왔다. 나는 본관 현관에서 기다렸다. 5년 전 김영삼 대통령이 나를 기다리던 바로 그 자리였다… 그는 떠오르는 태양이었고 나는 지는 해였다. 당선자에게 북핵 문제 등 현안에 대해서 성심껏 설명했다. 당선자는 햇볕정책을 지속하겠다고 다짐했다."라고 말했다.[463]

전임 대통령들에 대한 정치적 차별화의 실례들을 살펴보면 대부분 권력기관인 검찰이나 국세청을 이용한 사법처리 과정이었다. 이 과정에서 권력기관들은 대통령의 뜻을 따른 표적수사를 통해 정치화되었다. 특히 검찰은 정치 검찰이라고 비판을 받았고 지금까지도 이러한 비판은 지속되고 있다. 실례로 노태우 대통령 때는 1988년 '5공'(전두환 정권) 비리를 수사했다. 그 결과 전두환 대통령의 형 전기환과 동생 전경환, 장세동 안전기획부부장 등 전두환 대통령의 친인척 및 측근 47명이 사법 처리됐다.

역사 바로세우기

김영삼 대통령은 정치적 결단을 통해 1990년 3당 합당을 하였다. 그리고 비록 자신은 인정하지 않았지만 노태우 대통령의 정치적 및 재정적(?) 지원을 받아 대통령에 당선되었다. 그는 '군사문화 잔재 지우기'를 통해 박정희 대통령에 정치적 차별화를 시도했다. 또한 집권 초 군내 사조직인 하나회 등을 속전속결로 숙청했다.

그러나 금융실명제 실시 이후의 부작용과 함께 경제상황이 악화되면서 정치적 인기가 하락하자 전임 대통령에 대한 정치적 차별화 카드를 꺼내들었다. 역사바로세우기라는 이름 아래 전직 대통령의 비자금 수사와 1979년 12·12 사태 및 1980년 5·18 광주항쟁 등에 대한 재수사를 통해 1995년 말 전두환·노태우 두 전직 대통령을 구속했다. 하락세를 보이던 그의 정치적 지지율은 회복됐고 1996년 총선에서 여당인 신한국당은 승리했다.

전직 대통령들에 대한 차별화를 통해 정치적 성공을 맛본 김영삼 대통령은 집권 말기인 1997년 1월 당시 한보그룹이 5조 원의 부채를 안고 부도를 내자 "이 참에 (한보그룹을 비호해 특혜 대출을 도운) 구태 정치인들을 손보겠다."며 철저한 수사를 지시했다. 그러나 한보철강 비리 수사는 엉뚱하게 그의 차남 김현철을 구속하는 방향으로 흐르면서 결말이 났다. 1997년 7월 기아자동차 부도 및 IMF 외환위기 등과 함께 김영삼 대통령의 정치적 붕괴는 가속화되었다.

IMF 외환위기 책임론

김대중 대통령은 '민주주의에 적은 없다. 라이벌이 있을 뿐이다'라며 "…과거에 나는 많은 박해를 받았습니다. 그러나 대통령이 된 후에는 어느 누구에게도 보복을 하지 않았습니다… 박정희 전 대통령뿐 아니라 전두환 전 대통령이나 노태우 전 대통령도 과거에 나를 죽이려고 한 적이 있지만 그들에게도 나는 아무런 보복을 하지 않았습니다… '보복의 사슬'은 끊어야 합니다."라고 강조했다.[464]

그러나 김대중 정부의 김영삼 정부에 대한 정치적 차별화는 외환위기 책임론이었다. 1999년 1월부터 국회에서 'IMF 환란조사 특별위원회' 경제청문회가 진행됐다. 김영삼 정부의 강경식 전 부총리, 김인호 전 경제수석 등과 같은 경제라인과 관련 인사들이 끊임없이 청문회에 출석했다. 이들은 환란 주범으로 몰려 재판까지 받았다. 김대중 정부가 김영삼 정부를 환란의 주범으로 지목한 셈이었다. 김대중 대통령은 김영삼 대통령이 청문회 증인으로 채택되는 것을 사실상 수수방관했다. 당시 김영삼 대통령은 끝까지 출석을 거부하면서 "나를 모욕주려고 하는 자리에 내가 왜 나가느냐."며 진노했다.

그러나 곧 옷로비 사건[465]과 검찰의 조폐공사 파업 유도사건 등이 일어나면서 정치 상황은 역전되고 말았다. 이후 김대중 정부는 중·후반 터진 일련의 게이트로 더욱 흔들렸고 김대중 대통령의 정치적 업적은 그 빛이 퇴색했다.[466]

대북송금특검

노무현 대통령은 해양수산부 장관을 지냈지만 대통령 후보가 되기까지 김대중 대통령의 정치적 지원을 직접 받지 않아서 심리적으로 매우 독립적이었다. 그는 "김대중 대통령에게 나는, 적잖이 거북하지만 또한 무척 안쓰러운 동지였을 것이다. 당이 달랐을 때 심하게 비판한 적이 있었다. 총재로 모시고 당을 함께 하면서도 거칠게 치받은 경우가 왕왕 있었다. 그러나 당의 이름을 걸고 부산에 출마해 거듭 떨어지는 것을 보면서 김대중 대통령은 나를 기특하게 생각했던 것 같다. 그래서 장관을 시킨 것 아닌가 싶다."라고 말했다.[467]

김대중 대통령은 노무현 대통령에 대해 "나는 (노무현 대통령의) 소신과 집념을 높이 평가했다. 그는 3당 합당을 거부했고, 부산에서 국회의원 선거와 시장 선거에 출마하여 거푸 낙선을 했다. 예고된 옥쇄였지만 피하지 않았다. 국민의 정부가 출범한 뒤 그는 내 앞에서 말했다. '계장이든 과장이든 개혁을 위해서라면 시키는 대로 하겠습니다.' 참으로 듣기 좋은 말이었다. 그의 개혁 이미지와 소신은 우리 정치의 자산이기도 했다."라고 말했다.[468]

노무현 대통령의 정치적·심리적 독립성은 2000년 6월 제1차 남북정상회담 당시 현대그룹이 5억 달러를 몰래 북으로 보낸 북한송금문제 처리에도 영향을 미쳤다. 그는 2003년 3월 김대중 대통령의 북한송금문제 특검을 수용한 자신의 결정이 최선의 선택이었고 결과도 가장 바람직했다고 주장했다. 또한 그는 김대중 대통령도 처음에는 서운해 했지만[469] 나중에는 이해를 했다고 말했다.[470] 그는 자신이 대북송금특검법안에 거부권을 행사하지 않은 것은 전임 대통령에 대한 정치적 차별화가 아니라는 사실도 강조했다.

그러나 김대중 대통령은 "(2003년) 4월 22일 노무현 대통령과 부부 동반 만찬을 했다. 자리에 앉자마자 노 대통령이 '현대 대북송금은 어찌된 일이냐'고 물었다. 참으로 이해하기 힘들었다. 몹시 황당하고 불쾌했지만… 노(무현) 대통령은 나와 국민의 정부 대북일꾼들을 의심했다. 그런 노 대통령을 당시로서는 이해하기 힘들었다."라고 주장했다.[471] 이러한 상황을 홍영식은 "노무현 대통령은 김대중 전 대통령 스스로가 한 일이 아니라고 한 탓에 통치행위론으로 특검을 막으려던 근거가 사라졌다고 기술했다. 반면 김대중 대통령은 황당하다고 반박했다."라고 설명했다.[472]

한편 현직 대통령에 대한 여당의 정치적 차별화와 관련해서 노무현 대통령은 "1987년 이후 대통령들은 모두 임기 후반에 인기가 없었다. 그래서 여당 대통령 후보들은 대통령과 차별화하는 선거 전략을 썼다. 대통령들은 집권당을 떠났다. 노태우 대통령과 김영삼 대통령에 이어 김대중 대통령도 그렇게 되었다. 책임정치의 원리에 어긋나는 아주 나쁜 관행이다. 나는 절대 그렇게 하지 말아야겠다고 마음먹었다. 하지만 나도 그렇게 되고 말았다. 비극이다."라고 말했다.[473]

박연차 게이트

이명박 대통령은 2007년 대선 과정에서 자신을 정치적으로 지지해준 김영삼 대통령에 대해 매우 감사하게 생각했다. 실제로 그는 당선인 신분으로 2008년 1월 김무성 의원이 주관했던 김영삼 대통령의 팔순잔치에 참여하여 "선거 과정에서도 제가 여러 가지 속을 태웠습니다. 그때마다 우리 김영삼 전 대통령께서 전화를 줘서 기죽지 말라고 그렇게 해주셨습니다."라면서 감사를 확실히 표시했다.[474]

그는 취임 후 김대중 정부와 노무현 정부와는 달리 김영삼 대통령을 예우했다. 구체적으로 김영삼 대통령이 타고 다니던 오래된 차량을 새 차량으로 바꾸어 주었다. 이를《중앙일보》는 "(2009년 12월) 이명박 정부 출범 후 강화된 전직 대통령 예우 규정에 따라 김 전 대통령 측에 새 승용차가 지원되는 날이었다. 덜덜거리며 가끔 멈춰 서던 10년차 자가용 대신 신형 에쿠스 리무진이 집 앞에 도착하자마자"라고 묘사했다.[475] 김영삼 대통령은 이 새로운 차량을 매우 기쁜 마음으로 내게도 자랑했다. 또한 이명박 대통령은 2009년 4월 거제도에 설립된 김영삼 대통령기록전시관의 기공식에 직접 참석해서 축사도 했다.

그러나 노무현 대통령에 대한 이명박 대통령의 인식과 처신은 완전히 달랐다. 극명하게 대비된다. 전직 대통령에 대한 철저한 차별화는 우리 대통령 역사에 너무나 가슴 아프게 새겨질 전직 대통령의 자살로 끝나고 말았다. 이 과정을 조금 더 자세히 되돌아보자. 노무현 대통령은 "2007년 12월 28일 이명박 당선인이 청와대를 방문했다. '전직 대통령을 예우하는 문화 하나만큼은 전통을 확실히 세우겠습니다'… 내가 부탁하지도 기대하지도 않은 말이었다. 그 말을 듣는 순간 자존심이 상하기는 했지만 진심으로 받아들이고 감사 표시를 했다… 하지만 그것은 믿을 만한 약속이 아니었다… 나는 대통령 선거 과정에서 엄정 중립을 지켰다. 소위 BBK 의혹과 도곡동 땅 문제 등 정치적인 문제에 대한 검찰 수사에도 전혀 관여하지 않았다.[476] 그가 내게 어떤 원한을 품을 이유는 전혀 없다고 생각했다."라고 말했다.[477]

그러나 집권 초 광우병 쇠고기 파동으로 촛불 정국이 절정이던 2008년 6월, 이명박 대통령은 노무현 대통령의 국가기록물 불법유출에 관한 조사를 시작했다. 이 과정을 노무현 대통령은 "6월 14일 이명박 대통령에게 전화를 했다. 그는 '보도를 보고 알았다'

면서 '불편이 없는 방법을 찾도록 챙겨 보겠다.'고 했다. 이때도 전직 대통령을 잘 모시는 문화를 만들겠다고 하면서 부속실장을 통해 연락을 주겠다고 말했다… 그렇지만 우리 쪽에서 여러 차례 전화를 해도 통화를 할 수 없었다… 이명박 대통령에게 편지를 보냈다. 그간의 상황을 설명하고 선처를 부탁했다. e-지원 시스템 사본이 든 봉하마을 컴퓨터 하드웨어를 뜯어내고 봉인해 차에 싣고 성남시 국가기록원 대통령기록관에 갖다 주었다."라고 주장했다.[478]

당시 노무현 대통령은 "봉하에 온 지 얼마 지나지 않아 사람들이 찾아오기 시작했다. 처음에는 나를 좋아하는 사람들이 오더니 시간이 지나면서 그냥 구경삼아 오는 사람이 더 많아졌다. 평일에도 수천 명이 봉하마을을 찾아왔다… 일부 언론에서 봉하 아방궁이라는 말을 퍼뜨린 탓인지, 어떤 사람들은 이게 무슨 아방궁이냐고 했다… 대통령 임기를 마쳤다고 해서 정치적 대립과 갈등에서 풀려난 것이 아니었는데, 내가 너무 낙관적이고 낭만적이었던 것 같다. 불편한 일들이 자꾸 생기기 시작했다. 아직 전직 대통령 문화라는 게 없는 나라에서 미국이나 유럽의 전직 국가원수들처럼 산 것이 문제였던 것 같다."라는 말도 했다.[479]

이명박 대통령은 2008년 말부터 박연차 게이트라고 부른 태광실업에 대한 수사도 시작했다. 박연차 회장은 노무현 대통령의 재정적 후견인이었다. 노무현 대통령의 친구인 정상문 총무비서관이 구속되고 영부인인 권양숙 여사도 조사를 받았다. 당시 노무현 대통령은 이명박 대통령에게 청원서를 썼는데 참모들의 반대로 보내지는 않았다.[480] 2009년 4월 노무현 대통령은 검찰에 소환되었다.[481] 검찰수사로 그는 정치적 도덕성이 훼손되는 고통을 겪었다. 2009년 5월 23일 노무현 대통령은 자살했다. 전직 대통령의 자살은 전 국민을 경악시켰고, 이명박 대통령에게 엄청난 정치적 후폭풍을 안겨 주었다.[482] 노무현 대통령의 자살로 여당인 한나라당은 2010년 6월 지방자치단체장 선거에서 패배했다.

자원외교비리 수사

2015년 2월 이명박 대통령은 자신의 회고록 《대통령의 시간》을 발간했다. 이 책에서 이명박 대통령은 자신의 과오에 대한 진솔한 사과 없이 자신의 치적을 나열하면서 세종시 이전 문제와 관련해 박근혜 대통령을 간접적으로 비판했다. 이러한 상황에서 박근혜 대통령은 전임 대통령에 대한 정치적 차별화의 일환으로 이명박 대통령이 중점을 두었던 해외자원개발 투자, 소위 자원외교 비리에 대한 수사를 시작했다.

첫 번째 수사 대상은 경남기업의 성완종 회장이었다. 그러나 그가 2015년 4월 검찰수사에 반발하며 자살함으로써 상황은 급반전했다. 자살하면서 그는 '성완종 리스트'를 남겨 검찰 수사의 방향을 완전히 바꿔 놓았다. 리스트에는 재정적으로 후원했던 박근혜 정부 1, 2, 3대 대통령 비서실장과 이완구 국무총리 그리고 친박계 실세들의 이름이 적혀 있었다.

이명박 정부의 자원외교 관련 수사 당시 이상득 전 국회부의장 등 주요 인사들이 기소되기는 했지만 성완종 리스트와 관련된 박근혜 정부의 핵심 인물들이 먼저 수사 대상에 올랐다. 이완구 국무총리와 홍준표 경상남도 도지사 등도 기소되었다. 이에 대해 이명박 대통령은 "현 정부 출범 후 검찰이 몇 년째 기업 수사를 하는 것은 직전 정권의 비리를 캐기 위한 표적수사로 매우 잘못된 것이다."라고 주장했다.[483]

역대 대통령은 검찰 수사를 이용해 전임 대통령에 대한 정치적 차별화를 시도했다. 이는 선제적으로 정국 주도권을 잡거나 집권 중반 이후 레임덕을 방지하려는 데 목적이 있다. 그러나 정치적 차별화는 부정적인 효과가 더 컸다. 전임 대통령에 대한 재임 대통령의 정치적 차별화는 '전가의 보도'가 아니다. 절대선이 될 수도 없다. 정치적 차별화는 상대적인 것이어서 어젠다와 시기가 중요하다. 잘 쓰면 꽤 괜찮은 약이 되나 제대로 못 쓰면 치명적인 독이 될 수밖에 없다. 지난 대통령 역사가 주는 교훈이다. 이와 관련해 송희영은 "열두 대통령마다 자신이 새 시대, 새 국가, 새 역사를 열었다는 각오를 드러냈다… 우리 대통령들은 대통령에 취임하고 나면 기나긴 역사에서 자신은 짧은 단막극의 임시 배역에 불과하다는 사실을 깡그리 잊는 듯하다. 그래서 새 공화국의 주인공으로서 새 역사를 쓰게 됐다는 착각에 빠져 앞선 정권들을 지우고 청소하는 일에만 열중하는가 보다."라고 주장했다.[484]

특히 김영삼 대통령과 이명박 대통령의 사례는 시사점이 크다. 김영삼 대통령의 차별화는 비교적 성공을 거두었고 국정의 추진 동력이 되기도 하였다. 반면 이명박 대통령의 차별화는 전직 대통령을 자살로 몰고 갔다. 차별화를 하려면 시대정신이 요구하는 차별화를 적시에 해야 한다. 역사가 만들어낸 귀한 가르침이다. 차별화보다 더 나은 '계승발전'도 생각해보아야 한다.

4 인사^{人事}가 망사

"인재는 성공의 기본이다… 인재의 중요성을 분명히 아는 사람이야말로 가장 큰 지혜를 지닌 사람이다… 강희제는 인재는 어디에나 있으되 문제는 이를 어떻게 알아보느냐가 중요하다고 생각했다… 옹정제는 사람 쓰는 일이 천하에서 가장 중요한 일이라고 했다… 천하를 다스림에 사사로이 사람을 쓰면 천하를 다스릴 수 없고, 천하를 다스림에 공평하게 사람을 쓰면 오히려 천하를 다스릴 수 있다." ─즈가오[485]

"군주가 정치를 함에 홀로 다스리기 어려운 까닭에 신하를 두어 업무를 분담한다. 따라서 벼슬을 한다는 것은 천하 만민을 위한 것이지 군주 일개인이나 그 일가를 위한 것은 아니다. 따라서 신하가 만민을 위해 정치를 할 때 정당한 군신관계가 성립하는데, 곧 신하가 군주의 스승과 친구가 되는 게 그것이다. 그런데도 이러한 이치를 알지 못하고 신하는 스스로 군주의 명을 받드는 자라 생각하고, 또 군주는 군주대로 신하를 자신의 명을 받는 사용자라 생각한다. 이는 모두 큰 잘못이다" ─황종희[486]

"사람을 등용하면서는 그가 그 직책을 감당할 수 있는가 하는 것이 문제이지, 어찌 처음 보는 인물인지 아니면 자기 부하인지에 따라 편향되게 태도를 달리할 수 있겠소? ─《정관정요》"[487]

"…박근혜 대통령에게는 박지만도 박근령도 아닌 최순실이 '친인척 중의 친인척'이다. 모든 정권의 성패는 친인척 문제로 귀결되는데 결국 박근혜 정권도 올 데까지 온 것 같다… 김영삼(아들 김현철), 김대중(아들 김홍일·홍업·홍걸), 노무현(형 노건평), 이명박(형 이상득) 등 전직 대통령들 모두 임기 말 또는 퇴임 직후 친인척이 비리로 사법처리 당하는 전례를 쌓았다. 박 대통령에게 이번 일은 비선 실세 의혹을 넘어 임기 말 친인척 비리의 경로에 접어드는 위중한 사태라는 얘기이다" ─《한겨레》[488]

"…최순실은 대통령 연설문뿐 아니라 정부의 각종 정책서류, 극비 외교문서, 인사 파일까지 손에 넣고 주물렀다… 나라를 이런 참담한 지경에 빠뜨린 당사자는 다름 아닌 박(근혜) 대통령 자신이었다. 박 대통령의 의식 속에는 공과 사의 구분 자체가 애당초 없었다. 국가 중요 기밀 관리의 중요성도, 정보 유출의 위험성에 대한 인식도 없다. 그러니 이런 사태에 대한 죄의식도 없고 부끄러움도 느끼지 못한다. 한 마디로 말해 공직자의 기본자세도 갖추지 못한 대통령이 국가운영의 총사령탑을 맡고 있는 게 지금의 대한민국 현실이다" —《한겨레》[489]

성공하지 못한 대통령의 국정운영과 관련해 가장 큰 논쟁의 대상은 인사문제이다. 대통령은 취임 전후 장차관급 약 140여 명, 1급 공무원 약 200여 명을 포함하여 약 500명의 고위 공무원과 보좌관을 직접 임명해야 한다. 또한 대통령은 행정부 국가 공무원, 헌법기관 공무원, 국가 산하단체 공무원 등 총 2만 5천 여명에 대한 임면권을 가진다.[490] 민주화 이후 역대 대통령의 국정운영과 관련해 전문가들은 인사관리 능력을 가장 낮게 평가했다.[491] 인사관리의 문제점들로 늘 지적되는 것은 편파, 당파, 보은, 돌려막기, 회전문 인사 등이다.

이러한 문제점들의 가장 큰 원인은 첫째, 역대 대통령의 공·사 조직 간 차이점에 대한 이해 부족이다. 예컨대 민주화 투쟁에 정치적 일생을 바쳤던 김영삼 대통령과 김대중 대통령은 비밀스럽고 충성스러운 사적 조직에 의존하여 정치적으로 생존하였고 성공했다. 사적 조직은 공적 시스템 밖에서 대통령의 권력 운용에 개입한다. 이에 대해 이종률은 "그 전부터 정권을 잡을 때까지 따라다니면서 고생한 충성스러운 가신이 있고, 또 정부 정보기관에 대한 불신이 작용한 점도 있다. 그래서 공식적인 정부 조직이나 정보기관을 따돌리고 사조직이나 비선조직이 더 큰 영향력을 행사한 것이다."라고 주장했다.[492] 김영삼 대통령과 김대중 대통령은 국정운영에서 사적 조직을 중시한 결과 각각 소통령 김현철과 실세 권노갑 등의 문제가 노정되었다.

김영삼, 김대중 대통령 이후의 대통령들도 국정운영 과정에서 정부 내 직위에 관계없이 개인적인 친밀도 내지 정치적 관계를 오래 유지한 인물들을 중요시했다. 특히 정부 밖의 비선실세는 권한만 행세하고 책임을 지지 않았다. 문제가 발생하면 그 책임은 공조직이 떠안았다. 역대 대통령은 공과 사를 구별하지 못했다. 공식적 직위와 그에 따른 권한과 책임 부여의 중요성을 제대로 이해하지 못한 것이다. 박근혜 대통령의 말벗이라는 비선실세가 국정을 농단한 최순실 게이트는 인사 망사의 완결판이었다.

둘째, 민주화 이후 역대 대통령은 인재등용에서 충성심과 전문성의 조화를 이룩하지 못했다. 충성심보다 전문성이 강조되는 직위에는 충성심이 높은 사람을, 전문성보다 충성심이 강조되는 자리에는 전문성이 높은 사람을 앉히곤 했다. 적재적소에 인사를 배치하지 못했다. 학연과 지연 등의 고려가 인재 선별의 첫째 조건이었다. 인사의 공정성은 철저하게 부정되었고 국정운영에서 너무나 많은 문제를 노정했다.

이러한 문제점과 관련해 나는 "우리 정치의 가장 고질적인 폐해는 영호남간의 갈등으로 대표되는 지역주의다. 지금까지 이런 지역주의의 근본적인 원인은 대통령의 편중된 인사정책이었다. 우리의 역대 대통령들은 잘못된 인사정책을 바로잡아 지역주의를 해결하겠다고 말은 했지만 실패했다. 오히려 그들은 편중된 인사정책으로 지역 갈등을 더욱 심화시켜 자신들의 정치적 입지를 넓히는 데 악용했다."라고 주장했다.[493]

공조직 사조직의 혼란: 비선 실세

박정희 대통령은 인사의 적재적소 배치와 용인술에서 역대 대통령들 중 가장 뛰어나다고 평가받고 있다.[494] 그럼에도 박정희 대통령 역시 파행적으로 권한 및 책임을 배분했다. 대표적인 실례는 청와대 운영이다. 그의 집권 초반기 인사가 성공을 거두었던 것은 실세인 이후락 비서실장(1963. 12~1969. 10)과 1969년 3선개헌 이후 김정렴 비서실장(1969. 10~1978. 12)이 큰 역할을 했기 때문이다. 이 기간 동안 청와대는 비교적 안정적으로 운영되었다. 집권 초기 이후락과 김정렴 비서실장 등은 직위에 따라 권한을 과하리만큼(?) 확실하게 행사하고 책임을 졌다. 이들은 박정희 대통령의 원활한 국정운영에 많은 기여를 했다.

그러나 1974년 육영수 여사가 돌아가신 후 청와대는 파행적으로 운영되었다. 비록 김정렴 대통령 비서실장이 있었지만 청와대 내 실질적 실력자는 차지철 경호실장이었다. 물론 차지철을 발탁한 사람이 김정렴 비서실장이었기에 차지철은 김정렴 비서실장을 상당히 조심스럽게 모셨다.[495] 그러나 김정렴 비서실장 이후 후임인 김계원 비서실장은 차지철의 정치적 위세에 눌려서 지냈다. 당시 대통령의 국정운영에 관한 보고서도 대통령 비서실장보다 차지철이 먼저 대통령의 심신경호 명목으로 검토했다. 심지어는 국기하강식에도 비서실장을 포함한 전 비서관들을 모두 참여시켰다. 공적 조직에서 직위, 권한, 책임 등의 파행과 혼란은 급기야 경호실장 차지철과 당시 중앙정보부장 김재규 간의 알력 다툼으로 이어졌고, 결국에는 1979년 박정희 대통령의 시해 사건을 초래했다.

전두환, 노태우 대통령

전두환 대통령은 자신이 박정희 대통령 시절 차지철 경호실장을 가까이에서 보좌했던 경험에 기초하여 '청와대가 힘이 세면 안 된다'라고 했다. 집권 초기부터 이러한 생각이 확고했기에 강한 청와대와 강한 비서실장을 선호하지 않았다. 다만 집권 초기 그는 대통령직에 대한 준비가 없어서 매우 조심스럽게 직무에 임했다. 국가운영에 대한 전문성이 높지 않았다. 대통령비서실장 보좌관인 허화평이 많은 일을 관장했다. 준비가 철저한 허화평의 의견은 많이 받아들여졌다. 당시 많은 사람은 청와대 실세인 허화평을 제5공화국의 설계자라고 불렀다. 그는 자연스럽게 실세로 자리 잡았다.[496] 당시 전두환 대통령은 동서인 김상구가 국회의원 출마를 결심하고 도움을 요청해서 이를 허락했는데 허화평 등의 친인척 국회의원 공천 반대 의견 때문에 포기했던 사실도 내게 밝혔다.

이후 시간이 지나면서 그는 대통령직에 대한 자신감이 생겼다. 장영자 사건(1982) 등을 둘러싼 정치적 의견 차이로 허화평을 미국으로 보냈다. 대신 군대 시절부터 심복이었던 장세동(경호실장 : 1981~85, 국가안전기획부 부장 : 1985~87)에 국정운영을 크게 의존함으로써 파행적인 청와대 운영이 지속되었다. 이후에는 누가 대통령 비서실장이 되든 비서실장이 지닌 정치적 의미는 크지 않았다.

노태우 대통령은 집권 초기부터 대선과정에서 큰 기여를 했던 박철언을 위해 청와대 비서실에 정책보좌관이라는 자리를 신설했고 그를 통해 국정운영을 관장했다. 따라서 박철언은 처음부터 6공의 황태자로서 실세로 자리 잡았다. 이러한 상황에서 대통령 비서실장은 누가 되든 정치적 의미가 없었다. 박철언은 청와대를 떠난 후에도 정무 제1장관 등을 역임하면서 정치적 영향력이 매우 컸다. 노재봉 비서실장(1990. 3~1990. 12)의 경우 잠시 강력하게 그 권한을 행사했지만 그 기간은 매우 짧았다.

김영삼 대통령

김영삼 대통령은 오랜 민주화 투쟁 과정을 거쳐 대통령이 되었기 때문에 기존 공식 조직의 충성심에 대한 의구심이 매우 높았다. 국정운영의 주요 결정 주체는 공식 조직인 청와대가 아니었다. 비밀성을 강조했던 그의 묵인 아래 비선인 소통령 김현철에 의해 정책 결정이 이루어졌다.

공식 조직이 아닌 사조직 중심의 국정운영은 집권 초기 단기적으로는 개혁정책 입안과 추진에 효과가 있었다. 다만 시간이 지나면서 공조직이 아닌 사조직 중심으로 국가정보의 흐름에 장막이 생겼다. 개혁정책의 지속에 대한 공조직의 충성도가 와해되면서 그 부작용이 초래되었고 점차 엄청난 정치적 부담을 안게 되었다. 김대중 대통령은 "김(영삼) 대통령은 '인사가 만사'라고 외쳤지만 정작 국가 요직에는 정실 인사가 판을 치고 세인들은 '인사가 망사'라며 이런 행태를 비웃었다. 그러다 보니 공직 기강이 흔들렸고 공무원들은 연고를 찾아 줄서기에 바빴다."라고 주장했다.[497]

김대중 대통령

김대중 대통령은 대통령의 국정운영의 어려움을 이해했고 이를 극복하고자 고민했다. 노태우 대통령 시절 정무수석을 지낸 김중권(1998. 2~1999. 11)을 비서실장으로 임명하면서 그에게 공식 직위에 따른 권한과 책임을 부여했다. 오랜만에 청와대가 공식 조직을 중심으로 운영되었다. 이러한 운영은 집권 초기 그의 IMF 외환위기 극복에 많은 기여를 했다. 이와 관련해 김대중 대통령은 "주변에서 모두 놀랐다. 경북 출신에 지난 노태우 정부에서 정무수석을 지낸 사람을 전격 발탁한 것은 출신이나 지역을 따지지 않고 '인재를 널리 구하겠다'는 의지를 표명한 셈이다. 또 이로써 전력을 불문하고 능력 위주로 인재를 등용하겠다는 선거 때의 공약을 가시화했다. 물론 나는 평소에 김 실장의 품성과 능력을 평가하고 있었다."라고 말했다.[498]

공식 조직을 중요시했던 그는 "청와대로 들어오기 전날 밤 설훈, 최재승 의원 등 전 비서들이 찾아와 절을 하며 눈시울을 붉혔다. 갖은 고생을 하며 내 곁을 지켜주던 그들이지만 앞으로 자주 못 볼 것 같아 서운했다… 이른바 동교동계 가신들이라 부르는 한화갑, 김옥두, 남궁진, 윤철상 등 비서 출신들은 지난 대통령 선거 당시 내가 집권하면 차기정권에 불참하겠다고 공개적으로 선언했다. 당선 된 후에도 내가 '민주화 동지는 있어도 가신은 없다'고 측근 배제 원칙을 밝히자 그들은 재차 임명직 공직에는 참여하지 않겠다고 천명했다… 일각에서는 계파 정치의 폐해를 거론하며 우리 동교동계를 부정적으로 보고 있다는 것 또한 잘 알고 있었다. 하지만 그 출구가 안 보이는 깜깜한 독재 시대에 그들의 용기와 지혜가 없었다면 어찌 되었겠는가… 나는 그들에게 한없이 고맙지만 그 고마움을 제때, 제대로 표현할 수 없었다."라고 말했다.[499]

그러나 한광옥 비서실장(1999. 11~2001. 9) 때부터 이러한 국정운영 기조는 변질되었다. 국정운영의 주요 결정, 특히 인사와 관련된 사항들은 권노갑이 많이 개입했다. 당시 2000년 국회의원 총선이 다가오면서 그 동안 고생한 사람들에게 조금은 정치적으로 보은해야 했기에 김대중 대통령도 의도적으로 이를 묵인했다. 이에 따라 책임과 권한이 분리되면서 바깥의 실세는 권한만 행세하고 책임을 지지 않았고 공조직은 권한도 없이 책임만 지는 현상이 발생했다. 특히 그의 3명의 아들들, 소위 홍삼트리오의 국정개입 의혹도 제기되었고 세 명 모두 사법처리 되었다. 그 후 임기 말 박지원(2002. 4~2003. 2)이 대통령 비서실장이 되어서야 비서실장으로서 권한과 책임을 실질적으로 행사했고 국정운영이 조금은 안정되었다.

노무현 대통령

노무현 대통령 집권 초기 부산파를 대표하는 문재인이 민정수석으로 비부산파를 대표하는 이광재가 국정상황실장으로 있었다. 사실상 청와대 비서실장의 정치적 중요성은 크지 않았다. 집권 초기 삼성경제연구소의 도움을 받아 국정운영 설계를 담당했다고 알려진 이광재 등은 자신들의 영향력 보존을 위해서 강한 비서실장을 선호하지 않았다. 당시 청와대는 문재인, 이호철로 이어지는 세력과 이광재로 대표되는 두 실세 세력 간 견제와 균형이 조금은 이루어졌다.

나는 문재인 민정수석에게 이광재의 정치적 영향력과 그 문제점에 대해 자주 지적했다. 그는 나이 차이도 많이 나서 그런지 이광재의 영향력을 높게 보지 않았다. 한편 2004년 3월 노무현 대통령의 형인 봉하대군 노건평의 국정개입 및 인사개입에 대한 의혹이 제기되었고 그는 사법처리 되었다. 노무현 대통령 집권 말기 대통령 비서실장(2007. 3~2008. 2)에 임명된 문재인은 권한과 책임을 함께 실질적으로 행사했다. 문재인 비서실장은 노무현 대통령의 친구인 정상문 총무수석과 함께 임기 말 국정운영을 안정되게 이끌어 내었다. 2007년 중순 박지원 전 실장과 나는 문재인 비서실장과 정상문 총무수석을 만나 제2차 남북정상회담에 대해 함께 의견을 나누었다. 이 자리에서 문재인 비서실장이 정상문 수석을 예우하는 것을 보고 정상문 수석의 정치적 영향력을 나뿐만 아니라 박지원도 알게 되었다.

이명박 대통령

이명박 대통령은 대통령 당선까지 성공의 길에서 형님인 이상득 의원의 도움을 많이 받았다. 그가 홍사덕 의원을 제치고 서울시장 후보가 되는 데에도 당시 한나라당 사무총장인 이상득의 도움이 매우 컸다.[500] 자연스럽게 영일대군 이상득 의원의 정치적 영향력은 커서 '만사형통萬事兄通(모든 인사는 형님으로 통한다)'이라고까지 불렸다. 특히 집권 초기 청와대에는 이상득 의원의 보좌관 출신인 박영준이 기획소성비서관으로 있었다. 비록 유우익 비서실장(2008. 2~2008. 6)이 약하지는 않았지만 영향력 면에서 이상득 의원을 능가하기는 힘들었다.

나는 "정에 얽매이지 말아야 한다. 선거과정에서 도움을 준 사람을 잊지는 말아야겠지만 그들만을 위한 잔치인 인사를 고집해서는 안 된다. 특히 이번에는 만사형통이란 의혹을 받고 있는 이상득 의원의 영향력을 배제해야 한다. 만약 이런 비판이 또 제기된다면 대통령과 이상득 의원 모두에게 정치적 불행이 따르게 될 것이다."[501]라고 주장했다. 그러나 집권 중반기 이상득 의원의 강력한 후원으로 임태희 의원(2010.7~2011.12)이 비서실장이 되어 그는 상당 부분 권한을 행사했다. 그 후에도 2012년 7월 이상득 의원이 비리혐의로 사법처리될 때까지 그의 정치적 영향력은 지대했다.

박근혜 대통령

박근혜 대통령은 정권인수기부터 비선 실세와 관련한 구설수가 많았다. 구설수의 주인공은 최태민 목사의 전 사위(2014년 5월 이혼) 정윤회와 그의 아내 최순실이었다.[502] 그는 임기 내내 정윤회와 최순실 그리고 이재만, 안봉근, 정호성 등 청와대 문고리 3인방 비서관들의 인사 영향력과 관련해 말이 많았다. 특히 '서울고' 출신 인사 발탁은 최경환 의원의 '대구고-연세대' 출신 인사발탁과 함께 논쟁의 대상이었다.

집권 초기 그의 정부 고위직에 서울고 출신이 발탁되는 비율이 높았던 것은 고의성 여부를 떠나 편중된 인사라는 지적을 피할 수 없다. 구체적으로 대통령직 인수위원장을 지냈고 국무총리에 지명되었던 김용준 전 헌법재판소장이 서울고(8회) 출신이다. 문창극 국무총리 후보자도 서울고(19회) 출신이다. 청와대 국가안보실장에 임명되었던 김관진 전 국방부 장관은 서울고 20회이고 주철기 전 청와대 외교안보수석도 서울고 17회이었다. 내각에서는 서남수 전 교육부 장관(23회), 서승환 전 국토교통부 장관(27회), 방하남 전 고용노동부 장관(27회), 유진룡 전 문화체육관광부 장관(27회), 문형표 전 보건복지부 장관(27회), 정진엽 보건복지부 장관(25회) 등이 서울고 출신이었다. 장관급 인사로 범위를 넓히면 노대래 전 공정거래위원장(26회)과 최수현 전 금융감독원장(27회)도 서울고 출신이어서 국무회의를 '서울고 동창회'로 만들었다.

이와 관련해서 정윤회는 '서울고 나온 출신들을 장관으로 추천했다는 소문이 있다. 문창극 총리 후보자도 당신이 추천했다더라'는 질문에 "나는 서울고를 나오지 않았다. 나는 대학원까지 졸업했는데 구체적인 학력을 밝히지 않는 건 불필요한 잡음을 피하기 위해서다"라고 답했다.[503] 박근혜 대통령과 인연이 오래되었고 정치경력도 화려한 김기춘 비서실장(2013. 8~2015. 2)이 권한과 책임을 함께 행사한 기간에도 파행인사 논란은 여전했다. 이재만, 정호성, 안봉근 3인방 비서를 통한 그림자 실세 정윤회의 영향력에 대해서는 많은 논란이 있었다. 급기야 2014년 11월 대통령의 남동생 박지만과 정윤회의 권력 갈등설 속에 청와대 문서유출 파문으로 촉발된 이른바 정윤회 게이트가 터졌다.[504]

이러한 인사와 관련해 이철호는 "권력의 칼이라는 검찰총장과 경찰청장이 대구 청구고 출신이다. 국세청과 감사원 사무총장도 대구고 동문이다. 청와대 민정수석(영주고)과 공정거래위원장(경북고)까지 TK 일색이다. 수첩인사를 넘어 아예 동네 인사 수준이다"라고 비판했다.[505] 역대 대통령 중 최악이라는 박근혜 대통령의 수첩인사가 실제로 누구의 영향을 받고 이루어졌는지는 2016년 10월 최순실 게이트가 터지고 나서 모두가 그 실체를 알게 되었다.

이러한 비선 실세 문제와 관련해서 《한겨레》는 "권력의 핵심 실세는 정윤회가 아니라 최순실이다. 정윤회는 그저 데릴사위 같은 역할을 했을 뿐이다… '문고리 3인방은 생살이고, 최순실은 오장육부다. 생살은 피가 나도 도려낼 수 있지만 오장육부에는 목숨이 달려 있다'… 정윤회와는 2014년 5월 이혼했다. 한때 핵심 실세로

불렸던 정윤회는 이때부터 박 대통령과 인연이 완전히 끊긴 것으로 전해졌다…"라고 주장했다.[506]

이후 박근혜 대통령의 국내외 연설문, 대통령이 주재한 국무회의 자료, 청와대 비서진 인사와 관련된 문서가 비선 실세 최순실에게 사전 유출된 것으로 드러났다. 국가 중대사를 담은 문서들이 박근혜 대통령과 사적 인연밖에 없는 최순실에게 사전 보고하듯 건네졌다. 최순실의 국정 개입이 단지 인사·이권에 개입하는 정도를 넘어 국가 정책과 미래를 결정했다.[507] 이는 우리 헌정사상 초유의 비선 실세 개입 스캔들이었다. 박근혜 대통령의 청와대는 공적 시스템으로 움직이지 않았다. 측근 비선 실세들이 청와대를 장악했고 국정은 철저하게 농락당했다.

전문성과 충성심의 부조화

인물의 직위에 대한 '전문성'과 대통령의 성공과 통치철학에 대한 '충성심'의 관계 역시 중요한 논점이다. 특히 우리나라는 정치적으로 지역 및 이념 대결구도가 심각하기 때문에 인사에서 충성심과 관련하여 성별 및 지역적 대표성뿐만 아니라 이념적 대표성 등도 고려해야 한다. 전문성, 충성심 그리고 대표성 등을 조화롭고 균형 있게 아우르는 인사정책이 매우 중요하다.

박정희, 전두환, 노태우 대통령

역대 대통령은 장관급 인사에서 전문성과 충성심 그리고 대표성 등의 조화와 관련해 성공하지 못했다. 박정희 대통령은 대표성을 고려하지 않은 채 충성심과 전문성만을 중심으로 군 출신 인사를 많이 기용했다. 이후 점차 사회가 발전하고 국정운영의 복잡성이 증가함에 따라 전문성을 강조하면서 관료출신을 많이 발탁했다.[508]

전두환 대통령은 집권 초기 대표성을 고려하지 않은 채 충성심을 중심으로 군 출신 인사들을 많이 기용했다. 그러나 국정운영과 관련한 전문성의 부족을 깨닫고 강조하면서 관료출신 기용이 많아졌다. 노태우 대통령은 민주적 선거로 선출된 대통령으로 전임 박정희, 전두환 대통령과는 달리 지역적 대표성에 매우 민감했다. 집권 초기부터 지역 대표성을 중시하면서도 전문성을 강조하다보니 상대적으로 군인출신 보다는 관료출신을 많이 기용했다.

김영삼 대통령

김영삼 대통령은 당선되기 전까지 주변의 사람들로부터 많은 도움을 받았다. 이들에 대한 정치적 보상 또는 보답이 필요했다. 기존의 관료 중심의 전문가들은 대부분 박정희, 전두환, 노태우 대통령 등 군인 중심의 권위주의 체제에 동조하여 성장했다. 이들은 문민정부의 개혁성향과 맞지 않고 충성심도 높지 않다고 생각했다.

집권 초기 그는 전문성보다는 문민정부의 개혁에 대한 충성심이 높은 새로운 인물들을 많이 발탁했다. 군사문화에 젖은 기존 기득권의 개혁에 대한 저항이 강해지면서 개혁과정을 비밀스럽게 진행하다 보니 충성심을 더욱 강조하게 되었다. 자연스럽게 그의 출신지역인 경남지방과 출신고인 경남고 출신을 많이 기용했다. 그러나 집권 중반기부터 개혁의 부작용이 속출하면서 국정의 안정성을 높이기 위해 전문성 중심의 관료 출신들을 많이 기용했다.

김대중 대통령

김대중 대통령도 김영삼 대통령과 마찬가지로 대통령에 당선되기까지 주변 사람들로부터 많은 도움을 받았다. 이들에 대한 정치적 보상 또는 보답이 필요했다. 다만 그는 김영삼 대통령과 달리 기존 기득권 세력의 저항에 매우 조심스럽게 접근했다. 왜냐하면 집권 초기 그의 최대 과제는 IMF 외환위기의 조기 극복이었기 때문이다. 또한 그는 집권 초기 DJP 연합에 따라 김종필 국무총리와 인사권을 사실상 반반씩 나누었다. 전문성을 강조하며 호남출신의 관료들을 중시하면서도 정권의 연착륙을 위해 노력하였다.

실제로 그는 "국민회의 몫으로는 통일부 장관 강인덕 극동문제연구소 소장, 외교통상부 장관 박정수 의원… 등을 임명했다… 자민련 추천으로는 재경부 장관에 이규성 전 재무장관, 과학기술부 장관에 강창희 의원을 발탁하였다… 이렇게 국민회의와 자민련의 공동 정부가 출범하였다."라고 말했다.[509] 당시 그는 "저는 '어떤 사람이라도 기용할 수 있다'는 자신감이 있습니다. 스스로에 대한 자신감이라고나 할까요."라고 강조했다.[510] 결과적으로 그는 집권 초기 안정적으로 국정을 운영하면서 IMF 외채 조기 상환에 성공하였다.

이와 관련해서는 '한국 정치의 역설'이 하나 있다. 김종필이 권력의 제2인자로서 확실한 영향력을 발휘했던 때는 박정희 대통령 재임 시가 아니고 DJP 연합을 기초로 정권을 획득하게 된 국민의 정부 시기이다. 당시 김종필은 DJP 연합에 기초하여 공동정부의 한 축인 국무총리(1998년 2월~2000년 1월)로서 내각의 반에 해당하는 장관들에 대한 인사권을 실질적으로 행사했다. 박정희 대통령 때 5·16의 실질적인 설계자인 김종필이 제2인자로서 권력을 행사했던 기간은 쿠데타 직후부터 중앙정보부 창설, 민주공화당 창당 등을 주도하다가 권력투쟁에서 밀려나 '자의반 타의반' 1차 외유(1963년 2월~10월)를 떠날 때까지 뿐이었다. 이후 그는 박정희 대통령의 인척으로서 국무총리(1971년 6월~1975년 12월) 등을 역임하였지만 실질적인 권력을 행사하지는 못했다.

실례로 1999년 옷로비 의혹과 조폐공사 파업 유도 의혹에 대한 특검 수용을 둘러싸고 김종필 국무총리와 여당인 김영배 국민회의 총재권한대행간의 의견 차이가 생겼다. 김대중 대통령은 김종필의 요구에 부응하여 김영배 대행을 경질했다. 당시 김대중 대통령은 "김 대행에게는 연민의 정이 사무쳤다. 그는 석 달 만에 물러나야 했다. 김 대행은 5·16 쿠데타 이후 군부세력에게 40년 동안 온갖 고초를 당하면서도 야당의 외길을 걸어온 인물이었다. 그런 민주투사가 5·16의 주체인 총리에게 밀려났다. 정치가 살아 있는 생물이라지만 정치 현실이 무상하고, 참으로 서러웠을 것이다. 하지만 어쩔 수 없었다."라고 말했다.[511]

또한 김종필이 국무총리를 물러난 후인 2001년 9월 3일 국회에서 임동원 통일부 장관 해임안이 제출되었고 자민련은 야당에 동조했다. 김종필은 DJP 연합이 붕괴되기 전까지 내각의 반에 해당하는 장관 임명과 관련해 실질적 인사권과 정치적 영향력을 행사했다. 당시 나는 김종필 국무총리와 여당 내 실세였던 한화갑 의원과 함께 서초동 한정식 집에서 식사를 종종 했다. 그때마다 한화갑이 김종필 국무총리를 매우 극진히 모시는 모습을 보면서 김종필 총리의 영향력을 이해할 수 있었다.

안정기를 지나 2000년 국회의원 총선을 준비하면서 김대중 대통령의 이러한 인사기조는 크게 변했다. 그 동안 정치적으로 신세를 졌던 사람들의 인연을 강조하면서 전문성보다는 충성심을 중시한 호남출신 정치인들을 많이 기용했다. 이후 호남출신 정치인과 관료들의 등용은 지속되었다. 당시 그는 이러한 호남편중 문제의 심각성에 대해 "인사는 지역이나, 학벌, 친소관계에 의해 이루어져서는 안 되며, 능력과 청렴성과 헌신성을 기초로 이루어져야 합니다. 그러나 최근 간혹 일부 부처에서 학벌 특히 특정 고등학교를 졸업한 사람들을 중심으로 뭉친다고 하는데 이런 것은 절대로 용납될 수 없습니다. 물론 국민적 단합을 위하여 경우에 따라서는 지역 안배도 해야 합니다. 그러니 각 부처의 장관들은 지역 편중이 있는지 소관부처의 인사를 재점검하고, 능력 있는 사람들을 중용해야 합니다." 라면서 간접적으로 이를 인정했다.[512]

노무현 대통령

노무현 대통령은 반기득권 소수파 정치세력으로 정권을 잡았고 개혁을 강조했다. 자신이 추구하는 개혁에 동참하는 진보적 인사들을 중심으로 전문성보다는 충성심을 강조하는 일명 코드인사를 강행했다. 그는 대통령 후보 시절부터 이미 내게 대통령으로서 사람을 발탁할 때 가장 중요한 것이 '신뢰'라고 말한 적이 있다. 신뢰는 그 사람이 살아온 길을 보면 잘 안다고 하면서 이러한 '코드인사'의 경향을 강하게 주장했다.

그는 "정권교체를 하면 권력에 줄을 대는 방식이 아니라 나름의 원칙과 소신을 지키면서 살아온 유능한 사람들을 국가운영에 참여시켜야 한다고 생각했다. 그래서 대통령이 된 후 그런 사람들을 장관과 청와대 참모로 기용하려고 노력했다. 강금실 변호사를 법무부 장관으로, 이창동 영화감독을 문화관광부 장관으로, 김두관 남해군수를 행정자치부 장관으로, 지방에서 시민운동을 했던 정찬용씨를 인사수석으로 기용한 것은 모두 그런 생각에서였다."라고 설명했다.[513] 노무현 정부는 역대정부들과 비교해 직위에 대한 전문성이 조금은 결여된 인사들이 많았다.[514]

이명박 대통령

이명박 대통령은 CEO로서 '경영'에는 자신감이 있었고 서울시장으로서도 성공을 거두었기 때문에 도덕성과 대표성보다는 철저히 일에 필요한 사람을 기용했다. 기용한 사람 대부분이 '고려대-소망교회-영남출신' 사람들이고 강남의 부자들인 이른바 '고소영-강부자' 내각이었다. 당시 청와대에는 재산이 많았던 김병국, 곽승준 수석 비서관 등이 포함되어 '돈수석'이라고까지 불렀다. 집권 초기에 직면했던 '광우병 쇠고기 파동'은 사실 쇠고기 문제에 더해 인사실패에 따른 국민의 반감이 더 많이 작용했던 것이다.[515]

당시 나는 "현재 이명박 대통령은 '미국 쇠고기 수입 파동'으로 국민 지지율이 10%대 후반으로 떨어지면서 통치의 위기를 맞고 있다. 집권 초 이런 위기는 어떤 측면에서 이 대통령에게 좋은 기회가 될 수 있다. 위기가 임기 말이 아닌 집권 초에 나타났기 때문에 레임덕에 빠져 정권이 막을 내리는 것도 아니기 때문이다. 나아가 위기의 원인을 파악해 현명하게 대처한다면 오히려 성공한 대통령이 되는 실마리를 찾을 수도 있다. 그 실마리 중 하나는 '인사가 만사'라는 말처럼 대통령의 중요한 통치능력으로 강조되는 '인사 성공'이다. CEO 출신으로서 효율적으로 정부를 운영할 것 같았던 이 대통령은 '고소영·강부자 장관'과 '돈수석'으로 조롱받는 국정운영팀을 구성했다. 이제 창피하지만 과감한 인사쇄신을 단행해 위기 극복의 발판을 마련해야 한다… 첫째, 국민에게 감동을 주는 인사쇄신을 통해 이번 시련을 극복하고 '새 출발'을 할 수 있는 디딤돌을 마련해야 한다. 둘째, 조각 수준의 대폭적 인사쇄신이 필요하다. 청와대와 내각 전체 물갈이가 바람직하겠지만 국정운영의 공백과 임명 절차의 어려움을 고려할 때 장관 전원 교체는 어렵다. 그러므로 이번에는 청와대 실장을 포함해 수석만이라도 전원 교체해 그 동안의 '옹고집', '꼼수'의 이미지를 벗어나 '깊은 반성'과 '시원한 국정운영'을 보여줘야 한다."라고 주장했다.[516]

이후 이명박 대통령은 도덕성과 대표성에 신경을 쓰면서 사람들을 발탁했지만 형님인 이상득 의원의 영향, 즉 만사형통 현상을 크게 벗어나지 못했다. 돌려막기와 회전문 인사 등 인재등용의 풀은 좁기만 하였다. 흥미롭게도 퇴임한 후 그는 "인재가 어느 곳에 있든 적군에 있든, 아군에 있든, 옆에 있든, 물 건너 있든 새로운 대한민국을 위해서 곳곳에 있는 인재를 정부·정치·기업 등 온갖 분야에서 등용해야 한다… (박근혜 대통령 아래) 곳곳에 숨은 인재가 많이 있는데, 등용되지 못하고 있다."라고 말했다.[517]

박근혜 대통령

박근혜 대통령은 '수첩인사'라고 비난받으며 인사문제에서 역대 대통령들 중 최악이라는 평을 받았다.[518] 2016년 10월의 최순실 게이트는 수첩인사의 진원지를 만천하에 알려줬다. 그에게 인사의 대표성은 고려 대상이 아니었다.[519] 그렇다고 전문성이 높은 인사를 새로이 발굴하여 발탁하지도 않았다. 충성심이 높고 말 잘 듣는, 소위 친박 인사들을 주로 발탁했다.

그의 인사는 역대 대통령들이 지녔던 편파, 당파, 폐쇄, 보은, 돌려막기, 회전문 인사의 문제점을 총망라한 것이었다. 2016년 6월 중국이 주도하는 '아시아인프라투자은행[AIIB]'의 부총재직 박탈 사태를 초래했던 홍기택 부총재의 사례는 박근혜 대통령의 부실인사

문제를 극명하게 드러냈다. 홍기택 부총재는 산업은행 회장 시절 대우조선해양의 부실화에도 책임이 있었다. 엄중한 책임을 물어도 모자랄 판에 청와대는 그를 국제기구 고위직으로 영전까지 시켜주었다.[520]

박근혜 대통령은 임기 내 무려 8명의 국무총리를 지명했다. 그 중 김용준, 안대희, 문창극, 김병준 등 4명이 사퇴했고 이완구 국무총리는 성완종 리스트로 두 달 만에 사임했다.[521] 그의 인사관리 문제의 심각성은 국회 인사청문회 대상자 낙마율을 보면 잘 드러난다. 박근혜 정부에서 국회 인사청문회 대상자 낙마율은 15.8%였다. 57명의 국회 인사청문회 대상자 가운데 9명이 낙마했다. 노무현 정부의 3.8%, 이명박 정부의 9%에 비해 월등히 높다. 이 중 국무위원 후보자의 국회 인사청문회 대상자 낙마율은 13.3%였다. 30명의 국무위원 후보자 가운데 4명이 낙마했다. 이 역시 노무현 정부의 3.6%, 이명박 정부의 8.9%에 비해 매우 높다.[522] 이는 박근혜 정부의 고위 공직자 인사검증시스템의 미흡과 사전 인사검증의 부실을 객관적으로 입증한다.[523]

그의 인사 스타일은 아버지인 박정희 대통령처럼 매우 권위주의적이고 비밀스러웠다. 군 또는 법조 출신 인사를 중심으로 기존의 관료들도 많이 등용했다.[524] 박제균은 "…박근혜 정부에서 (우병우-진경준-김정주로 이어지는 3각 커넥션을 예로 들면서) 유독 1%의 특권층이 판치는 현상이 도드라지는 것은 왜일까… 박근혜 정부 인사를 보면 정무직 이상 요직에 공무원, 법조인, 군인과 박정희 대통령 시절부터 연緣이 닿는 '패밀리 교수군'의 4가지 부류만 쓴다.

공무원과 법조인, 군인 모두 상명하복 조직이다. 대통령의 생각과 다른 의견을 말할 사람들이 아니다. 국무총리도 검찰 출신 아닌가. 패밀리 교수 또한 다른 의견을 내겠는가…"라고 비판했다.[525]

인사와 관련해 그가 아버지와 다른 것이 하나 있다. 아버지 때는 젊은 인사들을 많이 등용했다. 반면 그는 아버지 시절 인연이 있었던 인사들과 그 자제들을 많이 등용했다. 창조경제를 표방하면서도 역동적이고 참신한 인재발굴과는 거리가 멀어도 너무 먼 나이 많은 70대 노년층 할아버지 인사 또는 그 자제들을 많이 등용했다. 그의 비서실장은 허태열(1945년생), 김기춘(1939년생), 이병기(1947년생), 이원종(1942년생), 한광옥(1942년생) 등이었고 일본대사는 유흥수(1937년생), 한국가스공사 사장은 이승훈(1945년생) 등이었다.

나는 박근혜 대통령의 후보시절 그에게 '그렇게 나이 드신 분들과 같이 있으면 마음이 편안하고 젊은 친구들과 있으면 어색하고 불편한가'라고 직접 물어본 적이 있다. 이에 대해 그는, 절대 그렇지 않으며 자신의 주위에는 젊은 사람도 많다고 부정했다. 그러나 불행하게도 그 젊은 사람들은 다들 경력과 전문성이 떨어지고 최순실의 명(?)을 충실하게 따랐던 착한 머슴과 시녀들뿐이었다.

5 낡은 리더십
행정의 달인

"노무현·이명박·박근혜 정권에서는 사정이 달라졌다. 세 정권의 집권당은 겉으로 보면 단일 정당이었다. 이걸 믿은 대통령의 여당과 국회 관리가 그만큼 느슨해졌다. 어느 대통령은 행정부는 내가 알아서 할 테이니 국회는 국회 일이나 하라고까지 했다. 대통령의 정책 결정과 인사권 행사는 여권 공동의 정치 자산이 아니라 대통령 혼자만의 독점 권력이 돼버렸다. 여당 내부는 여야보다 더 적대적으로 갈라졌고, 대통령은 국회를 움직일 지렛대를 더 일찍 잃고 말았다." ―강천석 526)

"박(근혜) 대통령은 임기 초에는 인사 실패를 거듭했고, 안하무인의 태도로 불통 시비에서 벗어나지 못했다. 박 대통령 주도로 선진화법을 만들어 주요 국정을 결정하는 과정에서 매번 의사 결정이 지연되면서도 국민에게 사과 한번 하지 않고 국회 탓만 했다. 이제 국정 주도력이 국민 불신을 받음으로써 사실상 임기 말 레임덕이 그 어느 정권보다 빨리 시작됐다. 받아들이고 싶지 않아도 받아들일 수밖에 없는 현실이다. 지금이라도 야당은 물론 여권 내 반대 세력과 대화하는 길밖에 없다." ―《조선일보》527)

민주화 이전 과거 권위주의 정권 때 대통령과 국회의 관계에는 '견제와 균형의 원리'가 제대로 작용하지 못했다. 대통령은 무소불위의 권력을 갖고 있었다. 국회는 상대적으로 정치적 영향력이 매우 약했다. 국회는 대통령의 주요 정책을 무조건 법률화해주는 소위 통법부로서 거수기 역할을 했다. 국회에 절대적인 영향력을 가졌던 박정희 대통령은 국회가 태평로에 있어서 시끄럽고 귀찮다며 여의도로 내쫓아 버렸다(1975년). 그의 국정운영은 집권 초기인 1960년대에는 '대통령과 군' 그리고 1970년대에는 '대통령과 관료' 관계를 중심으로 이루어졌고 이에 따라 정치지도층의 변화가 초래되었다.

민주화 이전 제왕적 대통령의 성공 전략을 '대통령 리더십 순환이론 Circularity of Presidential Leadership Theory'에 기초해 살펴보자.[528] 제왕적 대통령이 행성 관료들의 조언을 따라 정책개발을 중요시하면 대통령의 '정책 리더십 policy leadership'은 발전했다. 국회는 통법부여서 정부 정책의 법률화, 즉 입법화에는 어려움이 전혀 없었다. 대통령은 정책의 효율적인 집행을 중시하는 '행정 리더십 administrative leadership'을 강조하면서 행정의 달인이 되면 성공했다. 박정희 대통령의 경우에서 보듯이 행정의 성공은 대통령의 성공을 이루면서 대통령의 '개인 리더십 personal leadership' 및 '대중 리더십 public leadership'의 향상을 낳았다. 이것이 대통령 리더십 순환이론으로 살펴 본 제왕적 대통령의 성공전략이었다(《그림 4》 참조).

그러나 1987년 민주화 이후 노태우 대통령 집권 초기인 1988년 국회의원 총선에서 여소야대 정국이 형성되면서 국회의 영향력은 점차 높아졌다. 이후 김영삼 대통령과 김대중 대통령을 거치면서 대통령의 국정운영 과정에서 국회의 정치적 영향력은 더욱 높아졌다. 대통령의 국정운영의 중심축은 대통령과 관료에서 대통령과 국회관계로 옮겨졌다.

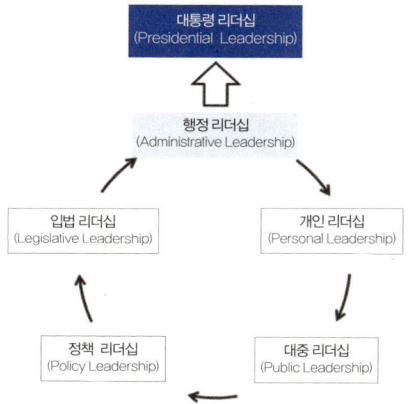

그림 4_ 민주화 이전 대통령 리더십 순환이론: 명령자·행정의 달인

 예컨대 국회 법안 가결율은 민주 국회가 자리를 잡을수록 낮아졌다. 구체적으로 국회 법안 가결율이 제15대는 73%, 제16대는 62.9%, 제17대는 50.4%, 제18대는 44.4%, 그리고 제19대는 31.6%로 떨어졌다. 또한 1개 법안 당 평균 처리기간 역시 제15대는 210.1일, 제16대는 272.9일, 제17대는 413.9일, 제18대는 485.9일, 제19대는 517일로 길어졌다. 특히 제19대 국회 때는 여야 대치로 인해 151일간 법안을 1건도 처리하지 않은 일도 있었다. 이렇게 국회의 입법 효율성은 지속적으로 떨어졌다.[529)]

 대통령은 이런 시대변화를 제대로 읽어내야 한다. 이제 대통령은 국회, 특히 야당과 협력적이고 원만한 관계를 구축해야 한다. 여야관계에서 성공해야 국정운영에도 성공할 수 있다. 그렇지 못하면 대통령은 임기 내내 야당과 갈등하고 대립하며 시달려야 한다. 정부 정책의 입법화가 난관에 봉착하는 정국 운영에 매달려야 한다.

국회의 경시

민주화 이후 국회의 정치적 위상은 계속 높아졌다. 그럼에도 불구하고 민주화 이후 역대 대통령은 국정운영 과정에서 국회의 중요성을 제대로 인식하지 못했다. 정치 9단의 김영삼 대통령(9선)과 김대중 대통령(6선)을 제외하고도 노무현 대통령(2선), 이명박 대통령(2선), 박근혜 대통령(5선)까지 모두가 국회의원 출신의 대통령들이다. 이들 모두가 왜 이렇게 국회 경시 또는 무시하는 태도를 유지하는지 이해하기 힘든 부분이다.

역대 대통령은 종종 '국회가 가로막아서 정부의 핵심 정책이 표류하는 일이 반복되지 않느냐…', '(우리 국회가) 매일 앉아서 립서비스만 하고, 민생이 어렵다고 하면서 자기 할 일은 하지 않는다'라며 국회를 직접적으로 비판해 왔다. 국회의원 경험이 없는 정부 관료들과 언론이 이렇게 말하면 이해할 수도 있으나 국회의원 출신의 대통령이 이렇게 말하면 답답할 뿐이다.

역대 대통령이 국회의 중요성을 이해하는 것과 실제로 그렇게 행동하는 것은 매우 달랐다. 아마도 대부분은 대통령에 당선되었을 때 자신이 박정희 대통령처럼 명령자가 될 수 있었다고 착각했던 것 같다. 김종필은 "대통령은 군軍과 정보, 사정司正 권력을 틀어쥐고 행정부의 전권을 행사한다. 또 집권당 총재라는 위치에서 국회를 움직이며 대법원장 임명권 등으로 사법부에까지 미묘한 영향력을 행사할 수 있다. 그러니 누구든 대통령이 되면 전혀 다른 세계를 만나는 것이다. 게다가 절대 권력자 앞에서 그의 생각에 거스

르는 얘기를 할 수 있는 사람이 거의 없다고 할 수 있다. 그러다 보면 대통령은 자신의 생각과 판단이 다 옳다는 독선과 독단에 빠지기 쉽다. 청와대에 들어가면 사람이 변한다는 말은 이를 두고 하는 말이다."라고 말했다.[530]

또한 김형오 국회의장은 "한국의 대통령은 대개 국회의원 출신이지만 대통령에 당선되는 순간 국회를 잊어버리는 것 같습니다. 대통령은 입법부를 견제와 균형이라는 수평적 관점에서 보지 않고 대통령을 위해 일해야 하는 종속적 관계로 보는 경우가 많습니다."라고 주장했다.[531] 노무현 대통령부터 대통령은 명령자가 아니라 동등한 정치인 가운데 잠깐, 그것도 5년이라는 짧은 기간 동안 조금 앞선 정치인$^{first\ among\ equals}$일 뿐이다. 역대 대통령은 그 점을 이해하지 못했다. 그들은 여야 간의 대립과 갈등으로 주요 정책의 입법화 과정에서 어려움을 겪으며 국정운영에서 성공하지 못했다.

이제 미래 대통령의 성공은 자신의 국정 목표들을 얼마나 많이 그리고 빠르게 '입법화'했느냐에 달려 있다. 물론 정책의 집행도 중요하지만 박정희 대통령 등 제왕적 대통령 시절과 비교해 제도화된 관료체제에서 정책 집행의 중요성은 많이 낮아졌다. 국가 주요 정책은 국회에서 법률화만 되면 제도화된 정부 체제가 이를 비교적 효율적으로 집행한다. 대한민국의 시스템이 그 정도는 따라준다. 그만큼 국정운영에서 정책 집행, 즉 대통령의 행정 리더십의 중요성은 많이 약화되었다. 약해진 만큼 정책 관련 입법화 능력의 중요성은 높아졌다.

대통령의 입법화 능력은 타협과 협상에 기초하여 원만한 여야

관계를 형성해내는 '대통령의 정치력'을 의미한다. 나는 '김영삼 대통령이 당시 야당 대표인 김대중 대통령과 관계가 좋았다면, 김대중 대통령이 당시 야당 대표였던 이회창과 관계가 좋았다면, 노무현 대통령이 당시 야당 대표였던 박근혜 대통령과 관계가 좋았다면, 이명박 대통령이 당시 여당 내 실력자였던 박근혜 대통령과 관계가 좋았다면, 박근혜 대통령이 야당 대표를 역임한 실력자인 문재인과 관계가 좋았다면 그들이 정치적 어려움을 덜 겪으면서 국정운영을 좀 더 성공적으로 이끌 수 있었을 텐데…'라는 안타까움을 늘 가지고 있다.

국정운영 축의 변화

국가 형성의 제도적 기반이 구축된 후 대통령이 국정운영을 수행하는 중심축은 변화해 왔다. 이승만 대통령의 국정운영은 '대통령과 독립운동 세력'의 관계를 중심으로 이루어졌다. 5·16 쿠데타를 통해 집권한 박정희 대통령의 국정운영은 집권 초기에는 '대통령과 군'의 관계, 집권 중반부터는 '대통령과 군'과 함께 '대통령과 관료' 관계를 중심으로 이루어졌다. 이러한 대통령의 국정운영 축은 전두환 대통령 그리고 노태우 대통령까지 지속되었다.

    박정희 대통령은 민정이양 선언과 번복, 대통령 출마와 좌익 사상성 논란, 미국과 껄끄러운 관계, 공화당 사전 조직 문제, 한일정상회담의 여파, 계속되는 정치적 2인자 논란 등 많은 문제들과 직면했다. 집권 초기 정치적으로 어려운 상황에서 군부의 협조를 기초로 국가를 통치했다. 1963년 12월 기준으로 박정희 정부 초기 내각 장관 중 52.1%(21명의 장관 중 11명)가 군 출신(일본 육사 및 만주사관학교)이었고 관료 출신의 장관은 28.6%(21명 장관 중 6명)였다.[532]

집권 초기 그의 정치적 환경은 매우 불안했다. 그는 군부의 협조가 절실하게 필요했지만 동시에 그들로부터 위협을 느끼기도 했다.[533] 자신이 지도자라고는 하지만 실제로 병력을 이끌고 나온 각급 지휘관은 모두가 만만찮은 존재들이었다.[534] 이러한 상황에서 이승만 정부의 정보기관인 국방부 79호실과 장면 정부의 정보기관인 총리실 직속 중앙정보연구위원회의 책임자였던 이후락은 개인적으로 온갖 정성을 다하여 그를 보좌했다.[535] 이 과정에서 그는 자신의 통치기반이 되는 2인자 그룹과 또 다른 제3세력을 함께 키우는 견제와 균형에 기초한 군부관리방식, 즉 분할통치$^{divide\ and\ rule}$를 통해 청와대 중심의 강력한 집권체제를 형성했다.[536]

그는 정치적 정당성이 매우 취약했기 때문에 경제적 업적을 통해 보완하려 했고, 이를 위해 매우 효율적인 행정부가 필요했다. 집권 중반부터는 군부의 정치적 위협을 줄이는 동시에 행정의 효율성을 높이기 위해 체계적인 고시제도와 실적주의에 기초한 '직업관료제$^{professional\ bureaucracy}$'를 확립했다.[537] 이는 과거 고등문관시험(1894~1948)과 행정고등고시(1949) 등에 기초하면서도 아시아의 앞선 국가인 필리핀, 파키스탄 등의 영향을 받아 정립된 제도였다. 현대적 관리능력을 갖춘 직업 관료는 경제발전을 목표로 정부정책의 수립 및 집행능력을 강화했다. 이들은 경제발전과 산업화라는 분명하고도 일관된 대통령의 국정목표를 효율적으로 수행했다. 이러한 효율적인 대통령과 관료의 관계는 '발전국가$^{\text{developmental state}}$'의 전형이 되었다.[538] 그는 유능한 관료들, 소위 '박정희의 아들들'을 지근거리에 포진시켜 이들을 최대로 활용했다. 끊임없이 필요한 정보를 획득하고 직접 정책을 결정해가는 방식으로 정책결정과 집행 과정에서 자신의 역할과 권한을 강화해갔다.

이러한 관료 우대 경향은 전두환 대통령과 노태우 대통령 그리고 민주화 대통령인 김영삼 대통령과 김대중 대통령 때도 지속되었다. 실제로 유신 전까지 박정희 정부에서 군인 출신의 상관은 37.8%로 낮아지면서 상대적으로 관료 출신의 장관은 29.3%로 높아졌다. 1972년 유신 이후 박정희 정부에서 군인 출신의 장관은 31.8%로 낮아지고 관료 출신의 장관은 34.9%로 지속적으로 높아졌다.[539]

전두환 정부에서도 군인 출신의 장관은 24.5%로 낮아졌고 관료 출신의 장관은 더욱 높아져 41.2%를 차지했다. 노태우 정부에서도 이러한 경향은 지속되었다. 군인 출신의 장관은 20.9%를 차지했고 관료 출신의 장관은 40.0%를 점했다. 특히 문민정부를 강조한 김영삼 정부의 첫 내각에서 군인 출신 장관은 국방부 장관 단 한 명(4.3%) 뿐이었다.[540]

이후 모든 정부에서 군인 출신 장관은 국방부 장관 단 한명 뿐이었다. 이것이 우리 민주화의 중요한 결실이라고 나는 생각한다. 이에 비해 관료출신의 장관은 약 50%를 상회했다. 아울러 수평적 정권교체를 이룩한 김대중 정부의 첫 내각에서도 관료 출신 장관은 지속적으로 약 50% 이상을 점했고 군인 출신의 장관은 DJP 공

조와 남북관계 중시 요인에 기인하여 다소 높아졌다(약 13%).[541]

　민주화 이후 대통령의 국정운영 중심축은 점차 대통령과 관료 관계에서 대통령과 국회의 관계로 급격히 변화했다. 이러한 변화는 다음의 두 측면에서 타당성이 있다. 첫째, 현행 5년 단임제에서 대통령과 관료의 정책적 연결이 실질적으로 약해졌다. 둘째, 1987년 민주화 이후 대통령의 국정운영 과정에서 국회의원의 자율성과 정치적 영향력이 상대적으로 증대되었다. 실례로 김대중 정부의 경우 정치인 출신 장관의 비율이 33.7%로 그 이전의 역대 어느 정부와 비교해도 매우 높았다. 이러한 경향은 노무현 정부와 이명박 정부에서 더욱 높아졌다.

　김영삼 대통령과 김대중 대통령은 국회 때문에 발생한 정치적 어려움을 제왕적 대통령이 갖고 있는 정치적 자원과 정치 9단이라는 개인적 카리스마로 극복했다. 반면 제왕적 대통령의 종언 과정이라는 정치적 전환기의 대통령들, 즉 노무현 대통령, 이명박 대통령, 박근혜 대통령 등은 국회관계 때문에 발생한 정치적 어려움이 국정운영에 부정적인 영향을 직접 미쳤다.

노무현 대통령의 원칙주의

노무현 대통령의 국정운영이 어려움에 빠진 핵심 원인은 여야관계를 원만하게 이끌지 못한 취약한 정치력에서 찾을 수 있다. 그는 제왕적 대통령 문화를 타파하기 위해 당권·대권 분리를 천명했다. 의도적으로 대통령의 여당 총재직과 여당 국회의원 공천권도 포기했다. 그 과정에서 국회와 긴밀한 관계의 중요성 및 필요성을 조금은 간과했다.

그는 청와대 정무수석비서관직을 폐지하면서 국회에 대한 청와대의 정무기능을 의도적으로 매우 약화시켰다. 자신이 국회의원 출신이면서도 개인적으로 여의도 국회와 관계를 불편하게 여겼다. 아마도 당시 대통령인 자신이 상대해야 할 여야의 지도부가 대부분 자신보다 국회의원 선수도 높고 나이도 많아서 편하지 않았던 것 같다.[542] 그는 임기 말이 되어서야 여야관계와 관련해 대화와 타협보다 원칙을 강조하며 끊임없이 대결 정국을 이끌어 온 것에 대해 부담감을 많이 느꼈다.

이와 관련해 그는 "솔직히 대통령을 해보니 앞으로는 조금은 남의 말을 잘 들어주고 조금은 온건하고 부드러운 사람이 정치를 해야 좋을 것 같다."고 말했다.[543] 또한 그는 자신의 후계자로 한명숙씨를 지목했다. 이유는 그의 '부드러움'에 있다고 말했다. 그는 "나보고 마음대로 지명하라고 하면 한명숙씨요! …앞으로 우리 정치는 상대하고도 대화를 하는 쪽으로 가야 됩니다. 그 점에서 한명숙씨가 탁월한 장점이 있어요… 사람이, 느낌이 부드러워요. 부드러우면 상대방한테 신뢰를 줘요. 나는 (부드러움이) 항상 내 약점이라고 생각하기 때문에… 나만 보면 이상하게 이 사람들(정적)이 '나를 뭔가 해코지할 것'이라는 불신감을 갖고 있거든. '또 저게 무슨 꼼수를 내나' 나는 꼼수를 안 부리는데도"라고 말했다.[544] 나아가 그는 "한명숙씨가 남의 말을 잘 들어주고 부드러워서 여당과 관계가 원만해서 자신이 하면 잘 안 되는 것을 이 분이 하면 원만하게 잘 해결하더라."면서 앞으로 우리 대통령은 조금은 화합을 강조하는 부드러운 사람이 되어야 한다고 강조했다.[545]

이처럼 조금은 조화롭고 부드러운 정치의 중요성은 내가 노무현 대통령뿐만 아니라 김영삼 대통령부터 김대중 대통령, 이명박 대통령, 박근혜 대통령 등을 만날 때마다 일관되게 강조했던 내용이다. 지금도 나는 정치적 조화와 부드러움이 미래의 대통령이 성공하는 중요한 한 길이라고 믿는다.

이명박 대통령의 여의도와 거리두기

민간 기업가 출신인 이명박 대통령은 기본적으로 정치와 국회는 비효율적이며 비생산적이라고 생각했다. 그는 "의도적으로 여의도 정치와는 되도록 멀리하려고 했다"고 말했다.[546] 그 이유는 "대통령에 당선되면서 (정치를 통한) 국가통치가 아닌 국가경영을 하겠다고 약속"했기 때문이라고 밝혔다.[547]

당연히 이러한 성향을 지닌 그는 야당과 관계가 원만하지 못했다. 2008년 9월 그는 야당의 정세균 대표와 회동했다. 나는 청와대 참모들에게 '대통령과 야당대표는 제15대 국회 상임위원회에 같이 있었다. 또한 대학교 선후배 사이이다. 최대한 야당 대표에게 정치적으로 많은 것을 양보해주어야 한다. 이것이 여야관계를 원만하게 만들어 결과적으로 대통령이 이기는 것이다'라고 여러 번 조언했다. 그러나 대통령은 야당 대표의 요구사항들을 전혀 수용하지 않았다. 여야관계의 대립과 갈등은 날이 갈수록 더욱 심화되었다.

설상가상으로 2008년 국회의원 총선을 위한 공천과정에서 심각한 갈등이 생겼다. 여당인 한나라당내 박근혜 전 대표와 관계도 원만하지 못했다. 국정운영의 어려움은 더욱 커졌다. 대표적인 예가 '세종시 수정안 파동'이다. 2009년 그는 노무현 대통령이 추진했던 행정중심복합도시, 즉 세종시 건설 원안의 수정안으로 '국제과학비즈니스벨트'를 건설하고자 했다. 그러나 그는 이 세종시 수정안의 국회 통과를 위해 여당 내 주요 반대자인 박근혜 전 대표를 설득하려는 노력을 적극적으로 하지 않았다. 박근혜 대표가 2009년 10월 23일 공식적으로 반대를 표시하자 여당 내에서도 합의가 이루어지지 않았다. 결국 2010년 6월 세종시 수정안은 국회에서 부결되었다.

이와 관련해 이명박 대통령은 "내게도 잘못이 있지만, 우리 정치권과 나라의 앞날이 걱정스러웠다. 이 결정이 두고두고 국가 경쟁력의 발목을 잡을 생각을 하니 좀 더 치밀하고 진중하게 추진했더라면 하는 아쉬움도 진하게 밀려왔다."라고 안타까워했다.[548] 이 같은 맥락에서 그는 자신의 임기 중 업적들을 회고하면서 대운하 사업과 관련해 "대운하 사업은 경제나 환경문제를 넘어 정치문제로 변질되어 갔다. 우리 정치 환경에서는 아직 정책이 정치를 이기지 못합니다."라고 한탄하기도 했다.[549]

박근혜 대통령의 마이웨이

역대 어느 대통령보다도 박근혜 대통령에게는 원만한 여야관계 형성이 국정운영의 성공에서 중요해졌다. 그 이유는 첫째, 국회선진화법 때문이다. 이 법은 그가 한나라당 비상대책위원회 위원장으로서 여당의 실질적 책임자로 있을 때 만들어졌다.[550] 지난 2012년 5월, 국회는 소수당에 대한 설득이나 합의 없이 의안을 처리하지 못하도록 제도적 장치를 마련하고 소수당은 회의장 점거나 폭력 행사로 회의진행을 저지하지 않도록 하자는 취지에서 국회법을 개정했다.[551]

집권 초기에 박근혜 대통령은 극심한 경제 불황을 타개하고자 창조경제에 기반한 여러 정책의 추진을 시도했다. 그러나 여당인 새누리당이 과반이 넘는 의석수를 점유하고 있음에도 불구하고 국회선진화법 때문에 야당이 반대하자 입법에 실패했다. 그래도 그는 국회선진화법을 탓하기보다는 이 법의 정치적 파장을 이해하고 긍정적인 측면을 강화하면서 부정적인 측면을 보완했어야 했다.

둘째, 여소야대 정국의 형성이다. 지난 2016년 4월 국회의원 총선에서 여당인 새누리당이 패배했다. 실질적인 여소야대 정국이 형성되면서 더불어민주당과 국민의당 등 야당이 국정의 중심세력이 되었다. 현실적으로 야당의 협조 없이는 그가 추구하는 주요 정책들은 입법화가 어려워졌다. 물론 더불어민주당과 국민의당 등 야당들의 비협조도 일정부분 책임이 있다. 그러나 결국은 정치력 부재로 야당의 지지를 이끌어내지 못한 대통령 자신의 책임이 가장 크다. 그는 대화와 협상을 통해 원만한 대 여야관계를 형성하여 국회의 정치적 생산성을 높이는 대통령의 정치력이 중요하다는 사실을 제대로 이해하지 못했다. 그가 추진한 정책들의 국회 입법화 성적은 높지 않았고 국정운영의 성공도 매우 낮았다.[552]

그는 의정 경험이 많음에도 불구하고 국회가 정부의 주요 정책에 관여하는 것을 정부의 의사결정을 어렵게 하고 국정운영의 효율성을 저해하는 요인으로 생각했다. "국회에서 발목을 잡고 있다… 법을 통과시켜 주지 않는다."[553]는 등 국회에 대한 직접적인 비판과 함께 정부 정책들을 입법화하면서 겪는 어려움을 여러 차례 토로했다.[554] 나아가 "법안을 통과시켜 달라고 사정하는 것도 단시 메아리뿐인 것 같아 통탄스럽다."[555]거나 "국회의 존재 이유를 묻지 않을 수 없다."라고까지 말했다.[556] 국회에 대한 절망과 분노가 느껴지는 표현이었다.

이렇게 박(근혜) 대통령은 4년 임기를 야당과 대립하고 갈등하면서 보냈다. 중요 정책을 야당이 반대함으로써 국회에서 발목이 잡혀 입법화에 실패하고 추진하지 못하는 경우에도[557] 정치적으로 직접 타격을 받는 사람은 임기가 제한된 대통령 자신이라는 사실을 그는 깊이 인식하지 못했다.[558] 나는 2012년 대선 전부터 그의 리더십을 직접 관찰하면서 대통령으로서 그의 입법화 능력과 관련해 직면할 정치적 어려움을 걱정했다.[559]

그래서 나는 《문화일보》(2013.02.25)에 게재한 취임식 축하 칼럼에서 "박(근혜) 대통령은 열린 마음으로 '여의도를 중시하여' 여야與野로부터 타협을 이끌어내는 '입법立法 리더십'을 제고해 국정 운영의 조정자 역할을 강화해야 한다. 사실 박(근혜) 대통령의 지난 15년 동안의 의정활동과 67일 간의 당선인으로서의 활동을 돌이켜볼 때 국회와의 관계에서 타협과 협상을 강조하는 '원만한 여야관계'의 확립에 일정 부분 한계를 보여줬다. 따라서 박 대통령이 대통령으로 성공하기 위해서는 뛰어난 경제적 성과나 외교적 업적보다는 원만한 여야 관계를 기초로 관련 정책의 빠른 입법화와 충분한 예산 확보를 통한 효율적인 정책 집행의 중요성을 인식해야 한다…"라고 주장했다.[560]

이러한 관찰과 주장은 불행하게도 어긋나지 않았다. 실제로 박용현은 "박근혜 대통령의 국정운영 방식을 (보면) …민주주의는 대화를 통한 통치라는 상식을 찾아보기 힘들다. 일본군 위안부 관련 합의, 사드 배치 결정… 중대한 사안·국면마다 국민과 당사자 앞에 나서서 설명하고 경청하고 교감하는 모습은 없었다… 대통령은 들끓는 질문을 잠재우고 국론통일만 외칠 게 아니라, 직접 국민과 대화하고 설득해야 한다. 야당과도 긴밀히 만나 '강의' 아닌 '대화'를 해야 한다."라고 주장했다.[561]

박근혜 대통령은 입법화 능력의 핵심인 정치적 유연성이 매우 부족했다. 정치력을 상실한 대통령의 리더십이 초래한 결과는 참담했다. 최순실 게이트는 그의 입법 리더십의 한계와 문제점을 적나라하게 보여주었다. 국정의 중요 사항을 말벗에 맡긴 대통령이 국회를 중요하다고 생각이나 했을까? 대통령의 말벗이 무슨 국정 경험이 있어서 국회가 중요한 줄이나 알았을까?

3
chapter

성공하는 대통령을 위한 5가지 조건

"실패는 낙담을 낳을 수 있다. 그러나 실패는 우리를 더욱 강하고, 유연하며, 현명하게 만들어주기도 한다." —제러미 리프킨[562]

"저(유승민)는 김대중·노무현 대통령 때는 수단과 방법을 가리지 않고 정권 교체를 하는 것이 정의라고 생각했다. 그런데 김대중·노무현·이명박·박근혜 대통령을 거치면서 대선을 이기는 게 다는 아니라는 생각을 하게 됐다. 이기고 나서 성공한 대통령이 되는 게 몇 배나 더 어렵고 몇 배나 더 중요하다고 생각한다." —유승민[563]

"용꿈을 꾸는 여야 주자들 모두 내년 대선의 시대정신은 무엇일지, 그것을 어떻게 거머쥘 수 있을지 고심이 많을 것이다. 그러나 시대정신이 전부일까. 진보의 시대정신을 탁월하게 낚아챘다는 박근혜 정부를 포함해 역대 정부를 돌아보면 '이제는 집권만이 지상至上 목표가 돼서는 안 되는 것 아닌가' 하는 생각을 지울 수 없다. 시대정신은 부여잡았지만 집권 후 국정 운영의 청사진은 없었던(혹은 있었으나 너무 부실했던) 정권의 민낯을 보는 것 같다." —민동용[564]

많은 시행착오, 예를 들어 어처구니없는 최순실 게이트에도 불구하고 5년 단임 대통령제(앞으로 개헌을 통해 새로운 권력구조 체제가 정립되어도)를 포함해 우리의 정치체제는 계속 발전할 것이다. 민주주의의 공고화 과정 역시 빠르게 정착해 갈 것이다. 이러한 긍정적 전망은 다음의 세 가지 중요한 정치·사회적 변화에 근거한다.

먼저 당권·대권의 분리가 이루어진 2002년 대선 이후 대통령의 정치적 영향력은 많이 약화되었다. 상대적으로 국회의 정치적 자율성은 급격히 높아졌다. 단적인 예가 지난 2016년 4월 국회의원 총선이다. 총선을 앞두고 박근혜 대통령은 공천권을 실질적으로 행사했으나 집권 여당은 패배했다. 그 후 박근혜 대통령의 정치적 영향력은 현저하게 감소했다. 앞으로도 국회의원의 정치적 독립성과 자율성은 계속 높아질 것이다. 또한 지역주의는 점점 약화될 것이다. 정당 간 정책 경쟁은 심화될 것이며, 정책개발에 집중할 국회의원의 정책 전문성은 더욱 강화될 수밖에 없다.

둘째, 사회 전반에 미치는 대통령의 영향력 역시 점점 감소하고 있다. 대통령 일인에게 권한이 집중되는 제왕적 대통령의 권위주의적 경향은 시간이 흐를수록 약화되고 있다. 권위주의의 약화는 권력의 사인화^{私人化}와 대통령의 자의적인 권력행사를 줄여준다. 역설적으로 최순실 게이트와 그에 따른 박근혜 대통령의 실패도 이러한 권위주의 약화에 긍정적으로 작용할 것이다. 시간은 조금 걸리겠지만 우리 정치체제는 민주주의 공고화 과정에서 조화롭게 제도적으로 정착할 수 있을 것이다.

셋째, 국민은 1997년 말 IMF 경제위기와 2008년 국제 금융위기를 잘 이겨냈다. 그러면서 정치를 지배해 온 지역중심의 정치변수와 남북한 대치상태를 이용한 안보 또는 북풍변수의 영향력은 현저히 감소되었다. 저성장·고령화라는 새로운 경제·사회적 환경에서 '경제변수'의 중요성은 점점 높아지고 있다. 지난 2016년 국회의원 총선에서 보듯이 양극화, 청년 일자리 창출 등 경제변수가 매우 중요해졌다. 공천파동과 함께 낮은 경제성과 때문에 집권여당인 새누리당은 패배했다.

미래 대통령이 국정운영에서 성공하려면 양극화 해소와 높은 실업률 극복을 위한 일자리 창출 등 경제업적에 매진해야 한다. 이는 대통령을 포함한 집권세력의 국정운영의 변화를 요구한다. 정책개발을 통해 선별된 정부의 주요 정책들을 원만한 여야관계를 기초로 빠르게 입법화 내지 법제화해야 한다. 추진결과에 따라 대통령과 집권세력의 정치적 운명이 결정된다. '문제해결 능력을 갖춘 민주화 정치체제'가 정착될 수밖에 없다.

민주화 이후 대통령의 법적 또는 공식적 권한은 변한 것이 거의 없다. 그러나 실질적인 정치적 영향력은 현격히 감소하고 있다. 과거와 같은 제왕적 대통령의 국정운영 방식으로는 결코 성공할 수 없다. 민주주의가 공고해질수록 제왕적 대통령이 설 자리는 줄어든다. 미래의 대통령이 실패한 대통령이 되지 않도록, 나아가 성공한 대통령이 되기 위해서는 국정운영의 방식을 과감하게 바꿔야 한다.

여기에서는 미래의 대통령이 성공하기 위한 몇 가지 처방책을 '사람이 제도보다 더 문제'라는 관점에서 제시하고자 한다. 우선 대통령이 시대 및 사회의 변화와 정합성을 지니려면 그 역할을 완전히 바꾸어야 한다. 사회는 자율성이 증가하고 있고 정책 주체들 간의 갈등은 날이 갈수록 심화되고 있다. 이런 시대에 대통령은 명령자가 아니라 '정치적 조정자$^{political\ broker}$'가 되어야 한다. 이를 기초로 성공을 위한 다섯 가지 주요 처방책을 제시하면 다음과 같다(〈그림 5〉 참조).

첫째, 미래의 대통령은 '실패하지 않는 패러다임'에 기초하여 작고도 중요한 승리를 추구해야 한다. 둘째, 박정희 대통령의 정치적 그늘로부터 탈피해야 한다. 셋째, 전직 대통령에 대한 정치적 차별화를 자제해야 한다. 넷째, 공과 사를 철저히 구별하고 전문성과 충성심 그리고 대표성의 조화를 꾀하여 인사의 공정성을 향상해야 한다. 다섯째, 국회를 중시하여 원만한 여야관계의 형성에 노력하는 입법 리더십을 향상해야 한다.

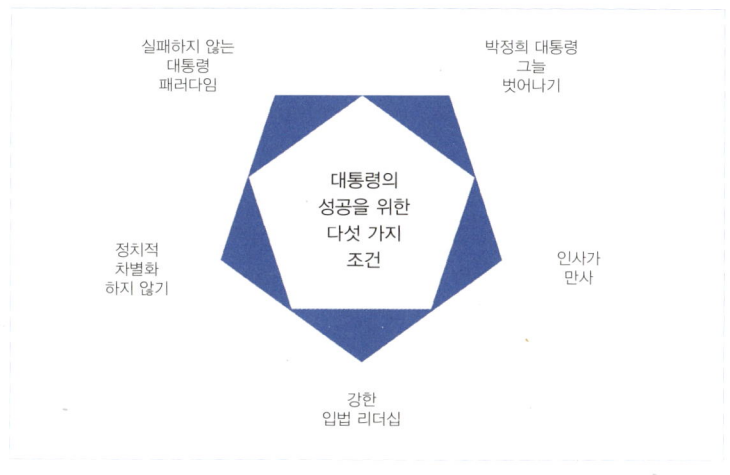

그림 5_ 대통령의 성공을 위한 다섯 가지 처방책

1 실패하지 않는 패러다임

"기본적으로 한 나라의 대통령이 되겠다는 인물이 생각과 준비 없이 당선되면 아무것도 하지 못한다. 현 상황에서 대통령이 되려는 사람은 당면한 경제·사회의 갈등 구조를 정확히 인식하고 조화된 사회를 이루기 위해 무엇을 어떻게 하겠다는 준비가 철두철미해야 한다… 자신이 대통령이 된 뒤 무엇을 어떻게 할지에 대한 밑그림과 청사진을 갖고 있어야 한다. 하지만 현실은 대통령 후보조차 그런 준비를 하지 않는다. 그러니 그 아래 장관이 준비할 리 있겠는가." ─김종인[565]

"잘못된 판단으로 인한 손실은 올바른 판단으로 얻는 이익보다 항상 더 크다. 따라서 현명한 리더는 조직을 잘 관리해서 자신이 맡았을 때보다 조금 더 나은 상태로 다음 사람에게 물려주는 역할을 한다." ─데이비드 브룩스[566]

"위대한 지도자는 항상 위대한 꿈을 지니고 자기 스스로 분기할 뿐 아니라 타인을 분기시킬 줄 아는 사람이라는 것이다. 또한 자기를 분기시키고 국민을 분기시키는 데에는 위대한 비전이 필요하다." ─김정렴[567]

"우리는 달에 가기로 결정했습니다. 그 이유는 쉬운 일이 아니라 어려운 일이기 때문입니다. 이 목표는 우리가 지닌 기술의 한계를 측정하는 기회가 될 것입니다"라고 1962년 9월 미국 휴스턴의 라이스대에서 당시 케네디 미국 대통령은 자신의 국정비전인 '새로운 지평선New Frontier'의 구체적인 프로그램으로 '달나라에 가자'라는 자신의 새로운 국정 과제를 발표했다. 존슨 대통령 아래서 1969년 7월 20일 미국의 유인 우주선 '아폴로 11호'가 달 착륙에 성공했다. "한 인간에게는 작은 걸음에 불과하지만 인류에게는 커다란 진전"이라는 말을 남긴 닐 암스트롱(1930~2012)이 그 우주선의 선장이었다. 이 과정에서 미국의 많은 국민들과 특히 청소년들이 과학기술의 중요성을 인식하게 되었다. 결국은 이러한 과정에서 미국의 과학기술은 비약적인 발전을 이룩했다. 이것이 '대통령의 국정비전'의 힘이다." —'역사 속 오늘'《네이버》

민주화 이후 역대 대통령은 '성공하려는 패러다임'에 집착했다. 임기 5년에 달성하기 어려운 큰 프로젝트를 추진하다 정치적으로 많은 좌절을 경험했다. 그들은 짧은 임기 동안에 작은 프로젝트small project 대신 큰 프로젝트를 성공시켜 작은 성공 또는 승리small win 대신 큰 성공과 승리를 거두어 성공한 대통령이 되겠다고 생각했다. 그러나 바람과 달리 결과는 매우 부정적이었다.

반면 '실패하지 않는 패러다임'은 다음의 세 가지 요소를 강조한다(〈그림 6〉 참조). 현실을 똑바로 알자. 실패하지 않는 대통령이 되어야 성공한 대통령도 될 수 있다.

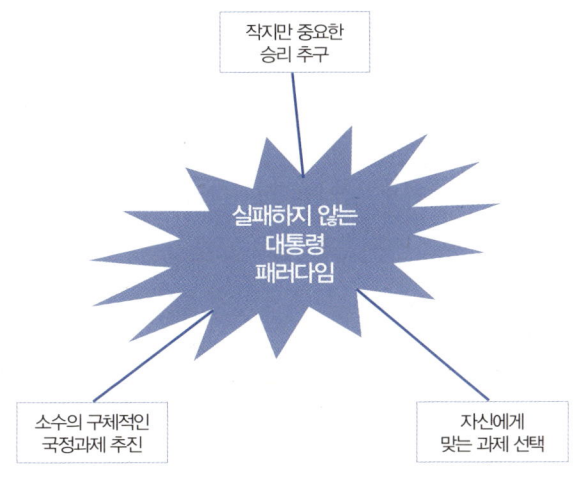

그림 6_ 실패하지 않는 대통령 패러다임

작지만 중요한 승리 추구

대통령의 국정운영에서 큰 프로젝트와 작은 프로젝트의 차이는 정치적 위험성의 정도, 필요한 자원의 정도 그리고 프로젝트의 완성에 필요한 시간 등이다. 이명박 대통령의 경우 한반도 대운하 건설을 대신한 4대강 개발이 큰 프로젝트에 해당된다. 대통령이 큰 프로젝트에서 성공하려면 자신의 정치적 인기 곧 지지도가 매우 높아야 한다. 그럼에도 큰 프로젝트에는 필요한 자원과 시간이 많이 소요되기 때문에 성공 가능성이 매우 불확실하다. 당연한 말이지만 실패의 정치적 파장 역시 작은 프로젝트에 비해 훨씬 크다.

큰 프로젝트는 대체로 집권 초기 청와대를 중심으로 강력히 추진된다. 그러나 집권 후반기로 접어들면 대통령 자신의 정치적 지지율이 하락하면서 추진력을 잃고 적지 않은 자원의 투입에도 불구하고 그 결과는 미미했다. 게다가 철저한 정책효과 분석 없이 큰 프로젝트가 청와대를 중심으로 급하게 추진되는 경우에는 4대강 개발처럼 정치적 논쟁의 온상이 되기 쉽다.

반면 이명박 정부에서 공기업 선진화라는 기치 아래 기관 통합, 기능 분리, 민영화, 구조 조정, 지분 매각 등을 포함한 공기업 개혁은 작은 프로젝트에 해당된다. 이명박 대통령은 공기업 선진화의 대표 사례로 김영삼 정부부터 시도했지만 실패한 한국토지공사와 한국주택공사의 통합을 강력하게 추진했다. 2009년 두 공기업은 한국토지주택공사(LH공사)로 통합 출범했다. 이는 공기업 역사에서 가장 규모가 큰 통합으로 작지만 매우 중요한, 의미 있는 승

리였다.[568]

현행 5년 단임제 아래에서 취임할 미래의 대통령은 성공하려는 패러다임에 사로잡히지 말아야 한다. 상대적으로 정치적 위험이 적고 자원과 시간도 적게 소요되는 작지만 중요한 프로젝트를 통해 작은 성공들을 많이 이루어내야 한다. 이것이 실패하지 않는 대통령으로 가는 첫 번째 길이다.

소수의 구체적인 국정과제 추진

우리 국민은 민주화 이후 역대 대통령을 그들의 업적으로 기억하지 않는다. 국민은 역대 대통령의 훌륭한 업적보다 김영삼 대통령은 'IMF 외환위기', 김대중 대통령은 '대북불법송금', 노무현 대통령은 '탄핵과 자살', 이명박 대통령은 '광우병 사태와 4대강', 박근혜 대통령은 '세월호 참사와 최순실 게이트' 같은 사건과 사고로 더 잘 기억한다. 이는 대통령으로서 국민 기억에 오래 남을 만한 긍정적 업적을 이룩하는 것이 대단히 어려우며, 그러기 위해서는 상당한 행운도 따라주어야 한다는 것을 의미한다.

민주화 이전 임기가 길었던 박정희 대통령은 100억 달러 수출, 국민소득 1,000달러라는 단순하고 짧고 구체적인 정책목표를 효과적으로 달성했다. 반면 민주화 이후 역대 대통령은 공통적으로 남북한 평화정착을 통한 통일기반 조성, 재벌규제 및 중소기업 육성과 경제개혁, 구조화된 부패 청산, 복지제도의 선진화 등 매우 추상적이고 많은 국정과제를 제시하고 이를 자신의 임기 내에 모두 이룩하려고 했다. 하지만 제시한 국정과제를 제대로 완수한 대통령은 없다.

위대한 대통령이 되고 싶다는 강렬한 열망 아래 지나치게 많은 국정과제를 설정하면 오히려 국정운영에 심각한 압박감으로 작용할 수밖에 없다. 민주화 이후 역대 대통령은 취임 전에 구체적인 국정비전을 제대로 준비하지 못했다. 설령 준비했더라도 그 세부적인 방향 및 추진 전략이 부족한 상황에서 국정목표를 너무 많이 설정했다. 종종 그렇게 설정한 국정목표들은 개념 자체가 매우 모호하거나 추상적이었다. 이러한 상황에서 역대 대통령은 바쁜 일정에 쫓겨 주요 정책들을 적절하게 조정하거나 통제하지 못하면서 국정운영의 한계만 드러냈다.

실례로 노태우 대통령은 취임 후 약 364건의 대선공약을 검토했으나 이러한 공약들을 체계적으로 연결하는 국정비전이나 청사진을 구체적으로 마련하지 못했다. 김영삼 대통령의 경우 신한국 창조라는 국정비전은 너무나도 추상적인 반면, 이를 실행하기 위한 깨끗하고 강력한 정부 등의 정책목표는 구체적이지 못했다. 김대중 대통령의 경우 제2 경제도약, 국민화합, 21세기 지식사회, 남북화해협력 등의 국정지표를 발표하고 이를 실천하고자 긴급현안 과제 26개와 100대 국정과제를 마련했지만 지나치게 이론적이고, 체계적이지 못했다.

노무현 대통령은 국민과 함께 하는 민주주의, 더불어 사는 균형발전사회, 평화와 번영의 동북아시대라는 3대 국정목표 아래 한반도 평화체제 구축, 부패 없는 사회, 봉사하는 행정 등 12대 국정과제와 138개 쟁점 현안과제를 제시했다. 그러나 민주당과 갈등으로 대선공약과 일치성이 부족했으며, 이를 실천하기 위한 138개 쟁점 현안과제의 경우 구체적인 실천전략이 없었다.

이명박 대통령은 섬기는 정부, 활기찬 시장경제, 능동적 복지, 인재대국, 성숙한 세계국가라는 5대 국정지표 아래 21대 전략목표와 193개 국정과제를 제시했다. 그러나 너무 많은 국정과제를 제시함으로써 선정 과제의 당위성 및 실천 가능성을 불확실하게 만드는 한계를 드러냈다. 박근혜 대통령은 국민행복과 희망의 시대를 열기 위해 경제부흥, 국민행복, 문화융성, 평화통일기반 구축 등을 발표했으나 국정과제들의 추상성이 너무 높았다. 이것들이 진정 무엇을 의미하는지 몰라서 실행하기가 더욱 어렵게 되자 모양새에만 치중하게 되었다.

《매일경제》(2015.09.22)가 정치분야 전문가들을 대상으로 한 조사에서 나타난 우리의 시대적 과제는 국민통합(16.67%), 경제성장(15.04%), 통일(14.63%), 격차해소(11.79%), 경제민주화(8.13%) 등이었다. 대통령은 시대와 국민이 요구하는 국정과제를 정확히 파악해야 한다. 그 후 짧은 임기 내에 달성할 수 있는 소수의 국정비전이나 목표를 바르게 설정해야 한다.[569] 그리고 소수의 국정목표를 구체적으로 국민에게 제시하고 이를 반복적으로 강조해야 한다. 국정과제의 선택과 집중은 국정목표에 대한 국민의 정치적 지지를 쉽게 이끌어낼 수 있다. 정책의 성공 가능성은 그만큼 높아진다.

명품 국정과제는 버리자: 자신에게 맞는 옷을 입어라

민주화 이후 역대 대통령은 종종 해외순방을 하면서 감동을 받아서, 한두 권의 책을 읽고 감명을 받아서, 세계적으로 유행하는 이슈이자 철학적 테마라 이용하면 좋을 것 같아서 등등의 이유로 자신의 삶과는 동떨어진, 이른바 명품 과제들을 국정과제로 설정했다. 그들은 성공에 집착하여 이렇게 자신의 정치적 역정과 별다른 연관성이 없는 과제를 치밀한 준비 없이 국정과제로 설정했다.

이렇게 대통령이 명품과제를 즉흥적으로 자신의 국정과제 또는 국가 주요 정책으로 설정하고, 정책의 파급효과에 대한 깊은 연구 없이 시행하면 엄청난 시행착오를 겪고 부작용을 초래할 수 있다. 대표적인 실례가 IMF 외환위기를 초래한 김영삼 대통령의 세계화와 2002년 대선에서 노무현 대통령이 충청표 획득을 위해 지역균형 발전을 명분으로 주장한 행정수도 이전 그리고 결실 없이 끝난 이명박 대통령의 공정사회 구현 등이다.

미래의 대통령은 국정과제 설정 시 대통령 당선까지 자신의 삶의 궤적을 면밀히 성찰해보고 자신의 삶과 연관성이 높은 국정과제를 설정해야 한다. 자신의 삶과 연관성이 높은 국정과제에는 국민의 신뢰성이 자연스럽게 높아져서 폭넓은 공감과 지지도 이끌어낼 수 있다. 국정과제 설정에서는 명품보다는 자신에게 맞는 옷을 입는 것이 중요하다.[570]

2 박정희 대통령 그늘 벗어나기

박정희 대통령의 부정적인 정치 유산인 지역감정과 편견에 따른 몰표 경향은 지금까지도 지속되고 있다. 이는 망국적인 고질병이다. 대통령 선거를 비롯한 각종 선거는 물론 대통령의 국정운영에도 부정적인 영향을 미쳤다. 이러한 지역 편견에서 벗어나지 못하면 사실상 우리 정치에 미래는 없다. 왜냐하면 모든 선거 과정에서 정책경쟁이 이루어지지 못하고 국회나 정당 같은 정치·제도적 기관들이 정책개발 기관으로 발전하지 못하는 문제들이 대부분 구시대적인 지역 편견에 기초하고 있기 때문이다.

지역감정과 편견에 따른 투표경향이 얼마나 더 지속될지는 정확하게 알 수 없다. 그러나 앞으로도 상당 기간 동안, 특히 이번 2017년 대통령 선거까지는 적지 않은 영향을 미칠 것이다. 다만 지난 2016년 국회의원 총선에서 여당인 새누리당 이정현, 정운천 의원이 각각 전남과 전북에서 그리고 더불어민주당에서 김부겸 의원을 비롯한 다수의 의원들이 대구와 부산, 경남에서 당선되었다. 이는 정치발전의 작은 희망을 보여준 것이다. 지역 편견을 탈피해야 박정희 대통령의 정치적 그늘 또는 그 망령에서 벗어날 수 있다. 물론 이것은 너무나도 큰 문제이고 적잖은 시간이 걸리는 문제이다. 그래도 지역적 편견은 지금까지 많이 약화되어 왔고 언젠가는 없어질 것이라는 역사적 사실이다. 그것이 우리 정치의 희망이다.

지역 편견 문제를 제외하고도 역대 대통령은 박정희 대통령의 또 다른 그림자에서 벗어나지 못했다. 우선 역대 대통령은 박정희 대통령과 심리적 경쟁이 너무 컸다. 그것이 그들의 국정운영에 심각한 부정적 영향을 미쳤다. 역대 대통령들은 자신과 박정희 대통령을 비교하여 그보다 더 나은 업적을 남기려는 열망이 강했다. 이들은 박정희 대통령의 18년이라는 긴 통치 기간은 간과하고 업적만을 의식해 5년이라는 자신의 짧은 임기동안 지나치게 많은 국정과제를 설정했다.

모든 대통령이 직면하는 현실은 어렵다. 다만 그 어려운 정도가 보릿고개를 막 넘기려고 한 박정희 대통령 당시의 경제상황과 같은 극단적인 위기상황은 아니며 당시처럼 독재국가도 아니다. 때문에 개혁정책에 대한 기득권의 반대는 박정희 대통령이 직면했던 반대보다 훨씬 클 수밖에 없다. 자신들의 개혁정책 추진이 박정희 대통령의 그것보다 훨씬 어렵다는 사실을 민주화 이후의 역대 대통령은 간과했다.

박정희 대통령이 통치했던 시기는 정치, 경제, 사회의 각 영역에서 민주주의가 자리를 잡지 못했다. 국회, 언론, 시민단체 등 제도기관들의 정치적 자율성도 상대적으로 낮았다. 역대 대통령은 현재와 과거의 차이를 분명하게 인지하지 못했다. 그 차이를 머리로는 알 수 있었는지 모르나 체화하지는 못했다. 그들은 박정희 대통령 때에나 권위주의적 리더십이 효율적으로 작용할 수 있었다는 사실을 간과했다. 박정희 대통령이 독재를 통해 가질 수 있었고 또 행사했던 무소불위의 권한과 영향력을 자신들도 갖고 있다고 착각했다. 종종 그들은 박정희 대통령처럼 국민에게 좋은 것이 무엇인지 안다고 확신했다. 매우 교조주의적인 입장에서 국민의 이익과 행복을 위해 열심히 노력하는 대통령을 야당이나 언론이 왜 비판하는지 이해하지 못했다.

현재 우리나라는 정치, 경제, 사회 각 부문이 민주적으로 성숙해가고 있다. 박정희 대통령 시절의 권위주의적 리더십은 더 이상 효용성이 없다. 박정희 대통령조차 현재와 같은 상황에서 5년 동안만 국정을 운영한다면 성공이 쉽지 않을 것이다. 나라는 계속 발전했고 민주주의는 공고화되고 있다. 국회, 정당, 언론, 관료, 이익단체, 민간기업 등 정치·사회적 기관들의 자율성 또한 높아졌다. 대통령의 법적, 공식적 권한이 변화하지 않았다고 해서 대통령의 영향력도 불변인 것은 아니다. 대통령의 실제적 영향력이 분명하고 현격하게 감소한 것은 사실이다. 이를 간과한 대통령은 필연적으로 '대통령의 위기'를 맞을 수밖에 없다.

현행 5년 단임제에서 대통령은 18여 년간 권위주의적 국정운영을 했던 박정희 대통령과 심리적 경쟁에서 벗어나야 한다. 뿐만 아니라 박정희 대통령 같은 권위주의적 리더십을 갖춘 사람은 앞으로 결코 대통령으로 선출되지 못할 것이며, 선출되어서도 안 된다.

백번을 양보해 선출된다고 하더라도 대통령으로서 성공할 수는 없다. 시대와 나라가 요구하는 대통령이 아니기 때문이다.

최순실 게이트의 역설이 있다. 박근혜 대통령의 실패는 한국 정치사에서 박정희 대통령의 정치적 그늘 지우기에는 크게 기여할 것이다. 박정희 대통령 시절 제왕적 대통령은 공과 사를 구별하지 않아도 되었다. 박근혜 대통령은 권력의 사인화가 당연한 환경에서 성장했고 국정을 그렇게 운영했다. 그는 최순실 게이트로 처절하게 실패했다. 박정희식 권위주의 리더십의 한계와 문제점도 민낯으로 드러났다. 그 결과 우리 모두는 박정희의 꿈 또는 망령에서 깨어나게 되었다. 1979년 10월 박정희 대통령은 육체적으로 죽었다. 2016년 10월 박근혜 대통령의 정치적 추락과 실패로 박정희 대통령은 이제 정신적으로도 죽었다. 미래 대통령은 '박정희 대통령의 그림자'를 지우고 넘어가야 한다. 새로운 시대와 환경에서 새로운 리더십으로 새로운 성공 역사를 이룩해야 한다.

3 정치적 차별화하지 않기

"만약 우리가 과거와 현재 사이에서 싸움을 벌인다면 결국 우리는 미래를 잃어버리고 말 것이다." —윈스턴 처칠[571]

"현재의 입장에서 덮어놓고 과거를 전부 부정해서는 안 된다… 어제는 오늘의 어머니다… 과거의 잘못은 교훈으로 삼고 배울 것은 뽑아서 오늘을 살찌워 나가야 한다… 나의 역사관은 공과(功過)를 엄격하고, 구분되게 평가하자는 것이다. 전두환 정권은 과가 컸지만 공도 없지 않았다. 재임 중에 서울 올림픽을 유치하고, 처음으로 무역수지 흑자를 기록하는 성과를 냈다. 한국 최초로 제 임기를 마치고 퇴임한 대통령이라는 점에서는 기록을 남겼다… 전두환은 여전히 12·12 군사반란, 5·17 정권찬탈, 5·18 광주 탄압과 수천억 원 부정축재의 죄가 남아 있다… 과거에 대한 징벌과 청산으로는 작은 정의를 구현할 수 있을 뿐이다. 진정한 역사의 발전은 용서와 화합, 통합을 통한 큰 가치의 성취로서 이룰 수 있는 법이다." —김종필[572]

"(1998)년 7월 31일 전직 대통령 내외를 초청해 만찬을 함께 했다. 최규하, 전두환, 노태우, 김영삼 전 대통령이 참석했다. 생존해 있는 전직 대통령 모두가 만찬을 함께 한 것은 우리 현대사에 처음 있는 일이었다. 나는 국민들에게 통합의 메시지를 전달하고 싶었다. 그들과 국정경험을 나누면서 국난극복의 지혜를 얻고자 했다." —김대중 대통령[573]

1987년 민주화 이후 주기적으로 공정하게 대통령 선거를 치르고 평화적 정권교체가 반복적으로 일어난 것은 우리 대통령제의 제도화와 민주주의 공고화 과정에 크게 기여했다.[574] 대통령 선거를 통한 민주적 제도화가 지닌 장점 중의 하나이다. 주기적이고 반복적인 선거와 정권교체는 장기적으로 주요 국가정책의 계속성과 일관성을 유지하여 안정성을 높일 수 있다. 영국의 경우 내각제 아래에서 보수당과 노동당 사이에 정권교체가 공정하고 반복적으로 이루어진다. 새로 정권을 잡은 정당은 이전 정부의 주요 정책, 특히 외교 및 안보 정책을 존중하고 계속 추구하는 경향이 높아졌다.

이러한 경향은 현재 대통령이 추구하는 정책이 정파를 초월하여 다음 대통령 아래에서도 존중받고 지속될 수 있다는 믿음이 있기 때문에 생긴다. 이것이 '상호존중 및 신뢰성^{reciprocity}'이며 제도화와 민주주의 공고화의 중요한 기준이다.[575] 미국의 경우도 공화당과 민주당의 상호존중 및 신뢰성이 높다. 어느 당의 후보자가 대통령에 당선되어도 주요 국가정책, 특히 외교 및 안보 정책에서의 일관성과 안정성은 상대적으로 높다.

실례로 밴더빌트$^{Cornelius\ Vanderbilt}$, 록펠러$^{John\ D.\ Rockefeller}$, 모건$^{John\ Pierpont\ Morgan}$ 등 당시 강도귀족$^{robber\ barons}$이라 불렀던 독점재벌들에 대한 연방 정부 차원의 산업 및 반트러스트 규제 과정에서 공화당의 시어도어 루스벨트 대통령(1901~1909), 공화당의 태프트 대통령(1909~1913), 민주당의 윌슨 대통령(1913~1921) 등은 정파와 이념의 차이를 초월했다. 재벌들의 엄청난 반대에도 불구하고 그들에 대한 합리적인 감독과 통제 정책을 일관되게 안정적으로 입법화하고 집행했다. 장기적으로 미국의 국가 경쟁력 제고에 크게 기여하였다.[576]

우리는 새로운 대통령이 등장할 때마다 전임 정부의 정책을 무시하고 차별화한다. 새로운 국정과제를 설정하고 새로운 이름으로 추구하는 경향도 높다. 이러한 상황에서는 주요 국가정책의 일관성과 안정성이 극히 낮아진다. 정책에 대한 단기적 시각이 증대할 수밖에 없다. 이를 극복하려면 현행 대통령제가 지속되는 한 공정한 선거와 평화적 정권교체를 자주 '지속적'으로 이룩해야만 한다. 물론 역설적이고 극단적인 주장이기는 하다. 그래도 이렇게 되어야 이념과 지역을 초월하여 전임 대통령과 재임 대통령 간의 상호존중 및 신뢰성을 높일 수 있다.

대한민국이 성공한 프로젝트

전임 대통령을 정치적으로 차별화해서는 안 된다는 주장은 역사를 되돌아볼 때 더 힘을 얻는다. 대한민국이 성공한 큰 프로젝트는 그리 많지 않다. 프로젝트가 성공한 역사 속에는 전임 대통령과 재임 대통령 간 상호존중과 신뢰성이 배어 있다. 상호존중과 신뢰가 없는 경우에는 최소한 여러 대통령이 공동의 노력을 한 결과 성공한 프로젝트가 역사에 남겨졌다.

한강의 기적과 민주화를 이룩한 발전과정에서 '대한민국이 성공한 프로젝트' 대부분은 특정 대통령의 임기 내에서 특정 대통령의 노력만으로 이루어진 것이 아니다. 지역과 이념을 떠나 두 분 이상 여러 대통령의 상호존중과 배려, 그리고 지속적인 노력으로 이루어졌다. 역사가 주는 귀한 교훈이다. 미래의 대통령이 명심해야 한다. 정두언은 "(미래의 대통령은) 과거의 정부를 부정하지 않아야 한다. 역대 정부에서 잘한 일들은 적극 수용하여 계승하고, 잘못된 일들은 비난하지 않고 겸허하게 반면교사로 삼아야 한다. 그리하여 역대 지도자들과의 화해는 물론 그 경륜들을 국정에 긍정적으로 활용해야 한다"라고 주장했다.[577]

경제개발 5개년 계획

대한민국이 성공한 프로젝트 중 첫째로 경제기적을 이룩한 경제개발 5개년 계획을 꼽을 수 있다. 이는 외국자본의 적극 도입을 통한 공업화가 자립경제와 조국근대화로 귀결된다는 서구 근대화론에 바탕을 두고 있다. 정부 주도하에 5년 단위로 수립한 경제계획은 외자도입 및 수출, 저임금·저곡가 정책에 의존해 추진되었다.

이것은 원래 이승만 대통령 당시인 1958년부터 부흥부가 중심이 되어 연구하기 시작한 것이었다. 4·19 직후 민주당 장면 정부는 이를 이어받아 제1차 경제개발 3개년 계획을 입안했다. 이후 1961년 5·16 직후 군사정부가 1961년 7월 종합 경제재건 5개년 계획을 발표한 데 이어, 박정희 대통령이 1962년 1월 제1차 경제개발 5개년 계획의 청사진을 제시함으로써 시작되었다. 이와 관련해서 1961년 장면 총리 당시 여당인 민주당 대변인이었던 김대중 대통령은 "(당시 장면 내각과 여당은) 국민의 경제 수준 전반을 끌어올리는 경제개발계획을 마련했다. 이 계획은 나중에 박정희 쿠데타 세력이 그대로 베껴서 자기들 것인 양 발표했다. 결국 경제개발계획

은 장면 정권이 만들었지만 박정희 정권이 그 열매를 가로챈 셈이었다."라고 주장했다.[578]

정리하면 경제개발 5개년 계획은 이승만 대통령이 시작해서 장면 정부 때 거의 완성했고 박정희 대통령의 집권 초기 추진 과정에서 많은 착오를 겪은 후에 시행되었다. 초기의 시행착오와 관련해 김대중 대통령은 "군사정권의 경제개발 5개년 계획은 민주당 정부의 개발 계획을 그대로 베낀 것이었다. 하지만 군대식 명령과 탁상행정으로는 개발 계획에 스며 있는 취지를 살릴 수 없었다. 농촌에 대한 배려는 오간 데 없고 오직 대기업과 도시 우선 정책만을 밀어붙였다… 농촌은 소외되기 시작했고, 농민들의 삶은 갈수록 피폐했다… 경제는 비틀거렸고, 수습불능의 위기로 빠져들었다. 5개년 경제개발계획은 1년 만에 수정해야만 했다."라고 주장했다.[579]

박정희 대통령은 강력한 행정 리더십을 통해 본격적으로 경제개발 5개년 계획을 추진하여 엄청난 성과, 즉 한강의 기적을 이룩했다. 김대중 대통령은 "박(정희) 정권은 1965년부터 1969년까지 미국의 강력한 지원과 일본의 차관 및 무상자금, 베트남 파병에 따른 본국 송금, 베트남 군수산업 호황 등에 힘입어 경제를 안정시키고 성장의 동력을 얻을 수 있었다. 박 대통령의 집권 시기 중 절정기라 할 수 있다. 경제성장률도 연 10퍼센트를 초과하는 등 발전도상국 중 모범으로 꼽혔다. 박 대통령은 이를 바탕으로 고속도로를 만들고, 많은 빌딩을 짓고, 울산공업단지를 확장하는 등 외관상으로는 눈부신 성장을 이루었다."라고 말했다.[580]

정두언은 "…박정희 대통령은 전통적인 농업국가로서 최후진국이었던 우리나라를 공업국가와 무역대국으로 탈바꿈함으로써 선발 중진국의 앞 대열에 서게 했다. 저임금을 바탕으로 한 경공업부터 시작하여 발 빠르게 중화학공업을 육성하는 등 국가의 산업구조조정에 선견지명을 가지고 임했다…"라고 주장했다.[581]

한편 많은 경제학자들은 경제개발 5개년 계획이 결실을 거둘 수 있게 된 가장 중요한 기반으로 이승만 대통령의 초등교육 의무화를 통한 값싸고 풍부한 양질의 노동력 형성과 토지개혁을 통한 사회 불평등의 완화 등을 지적한다. 이승만 대통령은 한국이 당시 세계에서 가장 가난한 나라 중 하나였음에도 불구하고 1948년 초등교육을 의무화했다. 또한 1949년 토지개혁을 통해 지주들이 땅의 대부분을 시장가격 이하로 소작인들에게 팔도록 강제해 불평등도가 상승하지 않게 했다. 이런 기반이 있었기에 박정희 대통령의 경제개발 5개년 계획이 성공한 것이다.

88 서울올림픽

대한민국이 성공한 프로젝트의 둘째로 제24회 88 서울올림픽이 있다. 1978년 세계사격선수권대회를 성공적으로 치르고 난 후 대한사격연맹회장이던 박종규 대통령 경호실장은 박정희 대통령에게 사회의 선진화, 남북관계에서 우위 선점, 공산권 진출을 위한 국가 전략으로써 올림픽 유치를 건의했다.[582] 박정희 대통령도 1964년 동경올림픽이 일본의 발전에 크게 기여한 것을 상기했다. 올림픽을 개최하면 모든 면에서 나라가 한 단계 발전할 것이라고 생각한 대통령은 올림픽 유치 준비를 지시했다. 유치활동은 박정희 대통령 임기 중인 1979년 9월 19일 국민체육심의위원회 7인 소위원회의 유치 결의에서 비롯되어 10월 8일 서울특별시장이 유치 계획을 공식발표했다.

이후 많은 우여곡절을 거쳐서 유치 계획은 전두환 대통령이 박종규와 노태우 정무장관 등의 설명을 듣고 1981년 그의 정치적 결단으로 정식 승인되었다. 여러 준비과정을 거쳐서 1981년 9월 현대그룹 정주영 회장을 위원장으로 하는 대한민국대표 추진위원회를 바덴바덴에 파견했다. 1981년 9월 30일 밤 11시 45분(한국시간) 올림픽 개최권을 획득했다. 전두환 대통령과 노태우 대통령은 철저한 준비를 통해 1988년 9월 17일부터 10월 2일까지 서울올림픽을 성공적으로 개최했다. 88 서울올림픽은 박정희, 전두환, 노태우 대통령의 지속적인 노력으로 성공한 프로젝트였다.

서울올림픽의 성공에는 결과까지 포함됐다. 지금은 올림픽에서 금메달을 획득하는 것이 당연하다. 서울올림픽 전에 우리나라는 스포츠 변방이었다. 올림픽에서 금메달을 획득하면 광화문에서 카퍼레이드까지 해주었다.[583] 그런 스포츠 변방국가가 금메달 12개를 획득하며 세계 4위라는 종합성적을 냈다. 엄청난 결과에 국민까지 놀라고 믿기 어려워했다. 서울올림픽은 전 국민을 하나로 뭉치게 했고 나라에 대한 자긍심까지 불러 일으켰다. 2002년 월드컵에서 대성공할 수 있는 토양도 마련해 주었다. 다만 1988년 서울올림픽 개회식에 전두환 대통령이 5공 청산이라는 정치적 이유로 참석하지 못한 것은 안타까운 일이다.

서울올림픽은 1987년 민주화에도 크게 기여했다. 1987년 6월 당시 연세대 이한열 군의 죽음으로 촉발된 민주항쟁은 전두환 대통령에게 엄청난 정치적 위기감을 안겨 주었다. 전두환 대통령은 군 병력을 투입하기로 결심했다. 당시는 유혈사태를 예고하는 일촉즉발의 위기 상황이었다. 천만다행으로 올림픽이 대재앙을 막아 주었다. 김대중 대통령은 "세계가 주시하고 있는 올림픽을 앞두고 그런 만행을 감행할 수 없었을 것이다. 사마란치 국제올림픽 위원장은 만일 서울에서 소요가 발생하면 개최 장소를 다른 곳으로 옮기겠다고 밝힌 바 있다. 올림픽은 전 정권이 기회 있을 때마다 전가의 보도처럼 꺼내 국민을 현혹했던 카드였다. 하지만 그 올림픽이 독재 정권을 꽁꽁 묶어 버렸다. 거대한 부메랑이었다. 민심을 향해 던진 추파가 되돌아와 정권의 탄식이 되었다. 전 대통령이 그렇게 자랑했던, 정부 여당이 그렇게 믿었던 올림픽, 그들은 결국 그 올림픽에 갇혀 버렸다."라고 주장했다.[584]

2002 한·일 월드컵

대한민국이 성공한 프로젝트의 셋째로는 2002년 한·일 월드컵이 있다. 월드컵 유치는 1992년 대선과정에서 김영삼 대통령의 선거 공약이었다. 문민정부는 1993년 6월에 국제축구연맹(FIFA)에 유치 의사를 공식 전달했다. 김영삼 대통령은 서울문리대 동창인 구평회 대한무역협회회장을 위원장으로 임명하고 1994년 3월 월드컵 유치위원회를 발족했다. 정몽준 축구협회장, 김운용 IOC 위원, 이홍구 명예위원장 등을 중심으로 월드컵 유치를 위해 치열하게 노력했다. 결국 1996년 5월 31일 FIFA는 집행위원회를 열고 2002년 제17회 월드컵을 한국과 일본에서 공동개최하기로 결정했다. 이는 우리 스포츠 외교의 일대 쾌거였다.

이후 김영삼, 김대중 대통령 등 두 분 대통령의 지속적인 관심과 노력 아래 철저한 준비를 통해 2002년 한·일 월드컵을 성공적으로 개최했다. 성공적 개최에 덧붙여 결과 역시 기대 이상이었다. 2002년 전까지 월드컵은 그저 꿈의 향연에 불과했다. 출전하는 것 자체가 국가의 경사였다. 2002년까지 한국 축구는 월드컵에서 1승도 올리지 못했다. 그런 나라가 포르투갈, 이탈리아, 스페인 등 우승 후보들을 차례로 물리치고 세계 4강에 드는 쾌거를 이룩했다. 2002년 월드컵 당시 나라에 동서갈등은 없었고 이념대립도 없었다. 나라는 완전히 하나였다. 그저 목이 터져라 외치는 대한민국이 전국에 울려 퍼졌다. 온 나라를 붉게 물들여 전 세계를 놀라게 한 붉은 악마의 거리 응원만이 있었다. 붉은 옷으로 무장한 전 국민의 거리 응원은 전 세계 거리 응원의 표상이 되었다.[585] 2002년 월드컵을 계기로 나라의 자긍심은 한없이 높아졌고 IMF 외환위기가 초래한 국민 좌절감은 사라졌다. 하나 된 나라의 위대한 힘을 전 세계에 보여주었다.

서울올림픽 때 전두환 대통령처럼 2002년 한·일 월드컵 개회식에 월드컵 유치와 개최까지 부단히 노력한 김영삼 대통령도 정치적 이유로 참석하지 못했다. 당시 이를 안타깝게 여긴 나는 한·일 월드컵 관련 업무를 책임지고 있던 김진표 청와대 정책기획수석비서관에게 '김영삼 대통령을 개회식에 초청하는 것이 좋지 않겠냐'고 건의했다. 그가 노력했지만 이 제안은 여러 정치적 이유로 결실을 맺지 못했다. 당시 나라의 안타까운 수준이었다. 김진표 수석은 김영삼 대통령 당시 금융실명제 실시와 관련한 실무책임자 중의 한 명이었다는 사실도 아울러 밝혀둔다.

2018년 평창동계올림픽 유치

대한민국이 성공한 프로젝트의 넷째로는 2018년 평창동계올림픽 유치가 있다.[586] 김대중 대통령은 1999년 2월 5일 동계아시안게임 폐막식에서 2010년 동계올림픽 유치를 대내외에 표명했다. 그리고 2001년 12월 동계올림픽 유치위원회가 창립되었다. 그 후 노무현 대통령 시절 2003년 체코 그리고 2007년 과테말라 국제올림픽위원회(IOC) 총회에서 동계 올림픽 유치에 노력했지만 실패했다. 이명박 대통령 때 다시 노력하여 마침내 유치에 성공했다. 2011년 7월 남아프리카 공화국 더반에서 이명박 대통령이 직접 참석한 가운데 평창동계올림픽 유치가 결정되었다.

한편 2007년 노무현 대통령은 과테말라에서 개최된 IOC 총회에 직접 참석했다. 당시 대통령의 참석 여부를 두고 논란이 있었다. 만약 유치에 실패하는 경우 지지율이 떨어져 있던 대통령에게 '모든 것이 대통령 때문'이라는 비판이 쏟아질 것이고 정치적으로도 더 큰 타격을 입을 것이라고 참모들이 걱정했다. 물론 대통령은 참모들의 많은 염려와 걱정을 의연하게 물리쳤다. 대통령으로서 할 일은 해야 한다며 결과에 구애받지 않고 참석해 최선을 다했다.[587]

현재 평창동계올림픽은 2018년 2월 9일 개최를 눈앞에 두고 있다. 이 역시 우리 대통령 역사에 큰 이정표를 제시하게 될 것이다. 평창동계올림픽의 개최는 김대중, 노무현, 이명박, 박근혜 대통령(?) 그리고 2017년에 새로이 선출되는 대통령과 함께 5분 대통령들의 지속적인 노력을 통해 이루어지게 되는 것이다.

1988년 서울올림픽과 2002년 한·일 월드컵이 국가 사회에 끼친 긍정적 영향은 엄청났다. 생산유발, 고용창출, 관광 그리고 지역개발효과 등 가시적으로 드러나는 경제 효과만 따져서는 안 된다. 메가 국가 이벤트는 엄청난 힘이 있다. 경제 효과 외에 지역과 이념으로 분열된 국가 사회를 하나로 만드는 중요한 계기가 된다. 전 세계에 대한민국을 다시 알리는 유·무형의 국가 브랜드 홍보 효과 역시 상상 이상이다.

2018년 평창동계올림픽은 2002년 이후 침체되고 다소 정적으로 움직이는 국가 사회가 다시 용솟음치는 전기가 될 수 있다. 더구나 우리는 지금 전 세계에 한류라는 강력한 문화 브랜드가 있다. 나라의 하드 파워와 소프트 파워가 절묘하게 융합된 스마트 파워 대한민국의 저력을 다시 확인할 수 있을 것이다. 평창동계올림픽 유치가 가져올 기대효과이다.

2000년 남북정상회담

모든 사람이 동의하는 것은 아니지만 대한민국이 성공한 프로젝트가 하나 더 있다. 2000년 김대중 대통령의 남북정상회담이 그것이다. 김대중 대통령 이전의 역대 대통령이 사실 간절히 원해 온 일이 김일성 주석 또는 김정일 국방위원장과의 남북정상회담이다. 다만 박정희, 전두환, 노태우 등 군인 출신 대통령들에게는 남북정상회담을 하기 위해서는 먼저 김일성 주석의 '1950년 6·25에 대한 사과'가 매우 중요한 문제였다. 실례로 노태우 대통령은 1990년 9월 청와대를 방문한 연형묵 북한 총리에게 "김일성 주석은 6·25를 일으킨 장본인이다. 6·25는 우리 민족을 그렇게 많이 죽이고 피를 흘리게 했으므로 그만큼 그 죄의 당사자다."라고 강하게 주장했다.[588]

그럼에도 노태우 대통령 재임 당시 정부는 북한과 비밀스럽지만 꾸준하게 접촉했다. 상호 신뢰를 축적하면서 남북총리회담을 성사시켰고 1991년 12월에는 '남북 사이의 화해와 불가침 및 교류·협력에 관한 합의서'(남북기본합의서)가 남북한 간에 채택되었다. 이 기본합의서는 무력 침략과 충돌 방지, 긴장완화와 평화보장, 교류협력을 통한 민족 공동의 번영 도모, 평화통일을 성취하기 위한 공동의 노력 등을 규정해 '한반도 평화 대장전'으로 평가받고 있다.[589]

이후 남북정상회담 개최에 대한 논의가 있었다. 구체적으로 노태우 대통령은 "김일성은 단 한번 나를 북한에 초청한 적이 있었다. 1992년 봄 윤기복 조평통 위원장이 김일성의 특사로 친서와 초청장을 갖고 서울에 왔다. 초청 시기가 김일성의 생일과 맞물려 있었다. 게다가 북한 측 비밀창구 역할을 해온 박철언 체육청소년부 장관의 이야기로는 김일성의 초청이 '돈'과 관련 있다고 했다. 나는 정상회담이 아무리 중요하다 해도 모양새가 너무 나쁘다고 판단해 초청을 거절했다. 모양새를 구겨가면서까지 할 수는 없는 일이었다."라고 설명했다.[590]

1994년 6월에는 북한의 핵확산금지조약 탈퇴선언(1993)으로 비롯된 남북 긴장의 상황에서도 카터 전 미국 대통령의 주선으로 김영삼 대통령과 김일성 주석 등 양측이 남북정상회담에 대한 의지를 보였다. 마침내 1994년 7월 25일 평양에서 1차 남북정상회담을 개최하기로 합의했다. 그러나 7월 8일 김일성 주석이 돌연 사망함으로써 정상회담은 무산되었다. 대통령마다 남북정상회담을 고민하고 추진했다. 그러면서 북한 지도자의 6·25에 대한 사과 문제의 중요성은 낮아졌다. 이후 김대중 대통령이 남북 간 화해·협력 정책을 일관되게 추진하는 과정에서 김대중 대통령과 김정일 국방위원장의 남북정상회담이 실현되었다.

남북정상회담이 끝난 후 북한에 대한 불법송금문제가 불거졌다. 남북정상회담의 가치는 당연히 떨어졌다. 이 프로젝트를 성공한 것으로 볼 수 있느냐는 문제 역시 논쟁이 될 수밖에 없다. 다만 여기서 강조하는 메시지는 '국가의제$^{national\ agenda}$'는 여러 대통령이 일관성을 갖고 전임 대통령의 결정과 정책을 존중하고 계승·발전해야 성공할 수 있다는 사실이다. 이 역시 역사의 교훈이다.

전두환·노태우 대통령의 잊혀진 업적들

대한민국이 성공한 큰 프로젝트는 여러 대통령이 한 마음으로 노력한 결과이다. 공동 노력이란 아름다운 과정의 산물이기에 시공을 초월하여 역사에 자랑스럽게 새겨진다. 반면 전임 대통령을 정치적으로 차별화한 결과 잊혀지고 왜곡된 업적들도 있다. 정치적 차별화는 전임 대통령의 '과'를 부각하면서 '공'을 희석하는 작업으로 구체화된다. 대통령 역사가 왜곡되는 출발점이다. 희석되고 잊혀진 업적들의 예는 적지 않다. 전직 대통령의 잊힌 업적을 곰씹어보면서 미래의 대통령은 그 전철을 밟지 말아야 한다.

전두환 대통령은 비극적인 5·18 광주항쟁에서 많은 민간인들을 희생하면서 정권을 잡았다. 우리 정치에 어두운 그림자를 오랫동안 드리웠다. 그러나 1979년 박정희 대통령의 시해 이후 질체설명의 경제 위기 상황에서 그는 정부 스스로 고통을 감내하는 경제 안정화 정책을 일관되게 추진해 위기를 극복했다. 1980년 우리나라는 1960년 이후 처음으로 마이너스 경제성장(-2.7%)을 기록했다. 또한 제2차 석유파동까지 겹쳐 1980년 도매물가 상승률이 42.3%까지 치솟았다. 그러나 전두환 정부는 기적 같은 한 자릿수 물가(소비자 물가 기준으로 1981년 13.8%, 1982년 2.4%, 1983년 -0.8%)를 유지하며 당시의 경제위기를 극복했다.[591]

나아가 1986년에는 국제유가, 달러, 금리 등의 3저 호황이 시작된 면도 있지만, 역사상 처음으로 경상수지 흑자를 기록했다. 전두환 대통령의 집권 동안 경제업적(기간 평균)을 박정희 대통령 시해 후와 비교해 구체적으로 살펴보자. GNP 성장률은 -2.7%에서 9.1%로, 소비자물가상승률은 28.7%에서 5.8%로, 1인당 GNP는 1,597달러에서 2,258달러로, 실업률은 5.2%에서 4.0%로, 경상수지는 -5,312(백만 달러)에서 571(백만 달러)로 향상되었다.[592] 우직하게 밀어붙인 안정화 정책이 대성공을 거둔 것이다.

또한 역설적으로 5·18 광주항쟁이라는 정치적 업보와 부담이 전두환 대통령시기에 6·29 선언(1987)을 이끌어내었다. 1987년 6월 민주화 항쟁이라는 정치적 압력에 순응해서 그는 노태우 대통령 후보와 함께 상의(?)하여 6·29 선언을 했다. 더욱이 그가 짊어진 정치적 업보와 부담은 당시에는 아무도 믿지 않았던, 정치적으로 매우 어려운 7년 단임을 실천하도록 만들었다. 7년 단임의 실천은 민주주의 공고화 과정에 일정부분 기여했다.[593] 일반인은 잘 모르지만 정부수립 이후 임기를 정상적으로 마치고 물러난 대통령은 전두환 대통령이 처음이었다.

1987년 6월 민주화 항쟁 정국에서 노태우 대통령 후보는 정치적 생존을 위해 전두환 대통령과 상의(?)하여 6·29 선언을 했다. 민주주의 공고화 과정에서 가장 중요한 대통령 직선제 개헌과 김대중의 사면·복권을 약속했다. 그리고 통일민주당 대통령 후보였던 김영삼 대통령과 평화민주당 대통령 후보였던 김대중 대통령과의 대권경쟁에서 승리했다. 정치적 어부지리와 당시 KAL기 폭파사건의 영향으로 대통령에 당선된 것이다.

노태우 대통령은 국정현안을 특유의 우유부단한 부드러움으로 관리했다. 이러한 관리과정에서 노태우 대통령은 자신이 주장하는 조정의 명수로서,[594] '남의 말에 귀를 기울이고 말을 아끼는 사람으로[595]' 나라의 민주화 이후 노정된 폭발적인 갈등을 무난하게 관리했다. 많은 사람들은 노태우 대통령의 정치적 리더십을 물태우라며 조금은 답답해했다. 시간이 지나 현재 관점에서 살펴보면 정치적으로 긍정적인 면이 적지 않다.

성장의 잠재력 배양을 위해 노태우 대통령은 인천국제공항(1988), 경부고속전철(1992) 등의 사회간접자본 건설을 시작했다. 아울러 북방정책을 통해 1991년 9월 18일(한국시간) 남북한 동시 유엔 가입을 이룩했다. 더욱이 그는 보수와 진보의 이념적 갈등 상황에서 지금까지도 남북관계의 기본이 되는 남북기본합의서(1991)를 김영삼, 김대중 등 여야 정치 지도자들과 합의를 통해 마련하고서 체제 내부의 동의를 받은 후 북한을 설득해 이를 채택했다. 이정철은 "노태우 정부는 탈냉전의 소용돌이 가운데에 한국의 외교 역량을 최대한 활용하여 대중, 대소 수교를 통해 대북 우위를 확립하였다."라고 말했다.[596]

한편 1987년 6·29 선언과 관련해 2002년 《조선일보》와 전국경제인연합회 후원으로 활동한 '한국대통령평가위원회'(위원장: 박동서 서울대 명예교수)의 논의는 주목할 만하다. 이 위원회의 역대 대통령 업적 평가과정에서 평가위원 및 간사였던 나는 전두환 대통령과 노태우 대통령 측에 대통령 평가 취지를 설명했다. 전두환 대통령 측은 6·29 선언이 전두환 대통령의 정치적 결단으로 이루어졌기 때문에 전두환 대통령의 정치적 업적이라고 주장했다. 반면 노태우 대통령 측은 6·29 선언은 그 과정이 어떠하든 대통령 후보인 노태우 대통령이 책임지고 직접 선언했기 때문에 노태우 대통령의 정치적 업적이 분명하다고 주장했다.[597]

한편 김대중 대통령은 "(6.29 선언은) 청와대에서 세밀한 부분까지 입안하여 노(태우) 대표에게 전해줬다. 일종의 기획 상품이며 '각본과 감독에 전두환, 주연은 노태우'였다. 노 대표는 발표만 했을 뿐이지만 모든 공은 노 대표에게 돌아가게 만들었다. 전 정권의 치밀한 각본임에는 틀림없지만 이는 6월 민주항쟁으로 얻어 낸 귀한 결과물이었다."라고 주장했다.[598]

2002년 당시만 해도 전두환 대통령과 노태우 대통령 사이에는 전임 대통령에 대한 정치적 차별화 때문에 교류가 전혀 없는 상태였다. 새마을운동본부 회장을 지낸 전경환의 비리, 일해재단 자금 조성, 광주항쟁, 언론 통폐합 등 1988~89년의 5공 비리 청산과정에서 노태우 대통령은 평생 친구인 전두환 대통령을 백담사로 유배까지 시켰다.[599] 이러한 상황에서 한국대통령평가위원회는 6·29선언을 전두환 대통령과 노태우 대통령의 정치적 업적으로 분류하지 않고 전두환 대통령 시기에 일어난 정치적 사건으로 처리했다.[600]

한국대통령평가위원회에서 6·29 선언을 대한민국 민주주의의 물줄기를 완전히 돌려놓은 위대한 업적이 아니라 정치적 사건으로 평가한 것은 중대한 시사점을 던져준다. 정치적 사건이라는 위원회의 평가 결과는 6·29 선언이 현재 대통령과 대통령 후보(후임 대통령) 두 사람의 업적이라는 함의를 갖고 있다. 위원회는 당시 양측 사이가 물과 불의 관계라는 사실, 양측 다 자신의 업적이라고 주장하고 있는 사실을 고려해서 일단은 정치적 사건으로 평가하고 역사에 더 큰 판단과 평가를 맡겨 놓은 것이다. 이제는 전직 대통령에 대한 정치적 차별화 때문에 희석되고 왜곡된 역사를 제자리에서 올곧게 판단하고 받아들여야 한다.

4 인사가 만사

"정치란 사람을 얻는 것에 그 길이 있으며 인재를 얻는 것은 결코 하루아침에 되는 일이 아니다. '사람을 알아보고 사람을 쓰는 것이 가장 어렵다'는 (청나라 황제) 건륭제의 말은 사람을 알아보는 어려움에 대해 말하는 것이다. 사람을 정확히 보고 제대로 쓴다면 이미 절반은 성공한 것이다." ―즈가오[601]

"정치하는 요체는 인재 얻는 것이 가장 우선이다. 담당자가 그 직무에 적합한 자이면, 모든 일이 다 다스려진다." ―세종대왕[602]

"권력체제에서는 관리들의 책임과 권한을 분명히 해야 한다. 권한이란 말 그대로 직무상의 권한을 말하며, 이에 상응하는 처벌방법을 만들어 스스로 임무를 완성하도록 독려하는 것이 소위 책임에 해당된다." ―즈가오[603]

"과거 정부의 대통령직인수위원회에서 활동했던 한 의원은… '정권을 쥐었을 때 국정 분야별로 어떻게 이끌어 가겠다는 구체적인 안과 실행 계획을 세워 놓지 않는다면 그 정부의 운명은 정해진 것이나 마찬가지'라고도 했다… 천신만고 끝에 정권을 쥔다 한들 국가의 문제들을 어떻게 풀어 낼 것인지 해결책을 갖고 있지 않다면 5년 뒤 그 정부의 운명은 뻔하다… 대선 승리 후 대통령 취임까지 두 달여 동안만 행복한 정부가 되지 않기를 바란다면 말이다." ―민동용[604]

"어진 이를 구하기 위하여 노력하고, 인재를 얻으면 편안해야 하며, 맡겼으면 의심을 하지 말고, 의심이 있으면 맡기지 말아야 합니다. 전하께서 대신을 선택하여 육조의 장을 삼으신 이상, 책임을 지워 성취토록 하실 것이 마땅하며, 몸소 자잘한 일에 관여하여 신하의 할 일까지 하시려고 해서는 아니 됩니다." ―허조[605]

"정부운영은 오케스트라 지휘와 같다. 유능한 팀 없이 아무것도 이룰 수 없다." —리콴유 전 싱가포르 총리[606]

"헌법과 그 안의 권력 구조는 악기와 같다. 누가 연주하느냐에 따라 다른 소리를 낸다… 현행 헌법 속 국무총리는 연주자의 능력에 따라 얼마든지 멋진 소리를 낼 수 있다. 그러나 현재 국무총리 소리를 들어봤다는 사람이 없다. 입을 달아주지 않았으니 총리 탓을 할 수도 없다." —강천석[607]

"(세월호 참사 당시) 내각 총사퇴 건은 당시 국무회의 때 한 여러 이야기 중 하나에요. 정말 충격적이고 가슴 아픈 사건이 벌어졌는데 기성세대의 대표로서 공동의 책임을 느끼고 그에 걸맞은 행동을 하자고 했습니다. 총사퇴 후 개각 때 일부 장관만 바뀌더라도 내각이 자리에 연연하지 않는 모습을 보이는 효과도 생각했죠. 박(근혜) 대통령과 김기춘 실장은 이런 건의 자체를 괘씸하게 받아들인 것 같습니다… 대통령이 결정해주지 않으면 손 놓고 아무것도 하지 않는 정부는 정부가 아니라고 말했습니다. 대통령이 결정하지 않으면 움직이지도, 결정하려 들지도 않았거든요. 아무도 대통령이 결정하는 과정에 끼어들지도, 결과에 대해 책임을 지지도 않았습니다. 예상은 했지만 이 이야기 끝에 대통령이 무척 화를 냈습니다. 듣기 싫어하는 이야기를 하면 사달이 날 걸 알았지만 입 다물고 장관 자리를 지킬 생각은 없었습니다. 제가 그만두고 난 후에라도 달라지지 않을까 기대를 했습니다만 별반 달라지지 않았죠." —유진룡[608]

'인사人事가 곧 만사萬事'이다. 무슨 일이든 사람이 제일 중요하다. 어떤 사람을 어떻게 쓰느냐에 따라 국정운영의 성공과 실패가 갈린다. 대통령의 성공과 실패는 관료조직을 어떻게 잘 통제하고 관리하느냐에 달려 있다. 이와 관련해서 나는 "공무원에게는 '승진'과 '보직'이 제일 중요한 관심사다. 결국 대통령의 성공적인 국정운영을 위해서는 공정한 승진과 보직을 기초로 공무원의 사기 진작을 통해 그들의 협조를 이끌어낼 수 있어야 한다. 결국 공평한 인사정책은 성공한 대통령 리더십의 핵심적 요소이다."라고 주장했다.[609] 적절한 인재의 등용과 발탁 그리고 활용 그 자체가 대통령 리더십의 핵심이다. 대한민국 대통령 역사를 생각해보자. 박정희 대통령을 제외하고 인사관리 능력이 뛰어났던 대통령이 떠오르지 않는다. 민주화 이후로 범위를 한정하면 역대 대통령이 겪은 통치 위기의 이면에는 늘 인사문제가 깔려 있었다.

2002년 한국대통령평가위원회의 대통령 평가 항목은 크게 자질(40%)과 업적(50%)으로 나뉘어져 있다. 개인으로서 대통령의 능력(자질)은 크게 다섯 가지이다. 이는 각각 비전 제시 능력(0.23), 인사관리 능력(0.20), 위기관리 능력(0.19), 민주적 정책결정 및 실행 능력(0.20), 노련성(0.18) 등이다. 괄호 안의 숫자는 다섯 가지 능력의 상대적 중요도이다. 여기서 괄호 안의 상대적 중요도에 주목할 필요가 있다. 이는 한국대통령평가위원회 위원, 관련 교수, 주요 언론사 기자 93명을 대상으로 조사했다. 각 능력별 상대적 중요도에서 알 수 있듯이 대통령 평가에서도 비전 제시 능력과 인사관리 능력 등이 매우 중요하다.[610]

민주화 이후 역대 대통령의 정치적 좌절은 대부분 용인술 또는 인사관리 능력의 부족, 즉 인사실패에서 비롯했다. 대통령의 용인술은 책이나 강연에 해답이 있는 것이 아니다. 대통령 자신의 오랜 경험을 통해 스스로 터득해야 하는 것이다. 따라서 대통령 각자가 처해 있는 시대와 상황에 따라 그 답이 달라지기 때문에 이 능력을 습득하기란 매우 어렵다. 용인술은 대통령의 국정운영 능력에서 제일 중요한 부분을 차지한다.

비선 실세 방지

민주화 이후 청와대비서실 중심이라는 역대 대통령의 국정운영 스타일은 비슷했다. 청와대비서실 중심의 국정운영 과정에서 김대중 대통령 집권 초기의 김중권 비서실장과 말기의 박지원 비서실장, 노무현 대통령 집권 말기의 문재인 비서실장 등을 제외하고는 사조직과 비선 실세 문제가 언제나 불거져 나왔다. 박근혜 대통령의 말벗이 불법으로 국정에 개입한 최순실 게이트는 비선 실세 국정농단의 완결판이자 결정판이다.

민주화 이후 역대 대통령 가운데 김대중 대통령은 대통령직에 대한 두려움을 가장 크게 느꼈다. 이른바 아는 게 병이라고 대통령의 책임감을 남보다 더 많이 알아 걱정이 많고 두려움까지 느꼈다. 두려움 때문에 김대중 대통령은 인사문제와 관련해 매우 독특한 행보를 보였다. 김대중 대통령 주변에는 청와대 경험을 한 사람이 없었다. 당연히 대통령직에 대한 이해도 일천했다. 자연스럽게 김대중 대통령은 청와대 정무수석 경험이 있고 대선 과정 당시 20억 플러스 알파 비자금 문제에서 자신을 강하게 옹호했던(?) 김중권을 초대 비서실장으로 임명했다. 김대중 대통령은 김중권에게 처음부터 국정운영 준비 전반을 맡겼다.

김대중 대통령이 김중권을 신임한 데는 여러 이유가 있다. 우선 김중권은 과묵하면서도 성실했다. 더구나 노태우 대통령 당시 3당 합당 후 이른바 자질론을 내세워 김영삼 대통령 불가론을 주장했다. 김영삼 대통령 때는 정치적 탄압(?)으로 지역구 위원장 자리도 뺏기는 등 수모를 당해 김대중 대통령에 대한 정치적 충성심이 확실했다. 경상북도 출신으로 지역화합 차원에서도 강점이 있었다. 이런 이유로 김대중 대통령은 집권 초기 가신들을 배제하고 의도적으로 김중권에게 정치적 힘을 실어 주었다.

당시 김중권 비서실장 직속으로 총무, 의전, 민정, 법무, 국정상황, 통치사료 등 7개의 비서관이 설치되었다. 이는 민주화 이후 직제상 가장 강력한 대통령 비서실장 체제였다.[611] 김대중 대통령 집권 초기에는 비선의 국정 영향력이 미약한 상태였다. 권한과 책임을 함께 한 김중권 비서실장의 보좌에 힘입어 김대중 대통령은 그 어려운 IMF 외환위기 조기 극복에 성공할 수 있었다. 1999년 11월 김중권 실장이 청와대를 떠난 후부터는 불행하게도 권노갑 등 비선 실세의 국정 영향력이 높아졌고 문제점도 많이 노정되었다.

미래 대통령은 성공적인 국정운영을 위해서 첫째, 선거과정의 '선거운동팀campaigning team'과 통치과정의 '국정운영팀governing team' 간의 차이점을 깊이 인지해야 한다. 선거운동처럼 비밀과 속도를 강조하며 비선 실세를 중심으로 국정운영을 하거나 또는 국정운영 정보를 비공식 채널에 의존하면 일시적 효과는 있을 수 있다. 그러나 투명성과 적법한 절차를 강조하는 국정운영을 선거운동처럼 하면 공식 체계가 붕괴되어 많은 혼란과 부작용이 나타날 수밖에 없고 끝내는 국정운영 자체가 힘들어진다.

둘째, 공조직과 사조직의 차이점을 깊이 인식해야 한다. 대통령이 국정운영을 비선 실세 또는 비공식 채널에 의존하면 여러 문제가 발생한다. 비선 실세와 비공식 채널의 영향력이 커지면 거기에 줄서는 사람이 많아져 공식 조직의 역할과 공식 채널의 기능은 위축된다. 국가 공식 조직의 권위도 떨어진다. 우리는 최근 최순실 게이트를 통해 혼란과 부작용을 충분히 경험했다.

성공적인 국정운영을 위해서는 정부조직 내 공식 직위와 채널을 통한 정보 흐름이 매우 중요하다. 대통령은 공식 조직과 채널을 통해 올라온 정보를 중심으로 정부의 주요 정책결정을 해야 한다. 비선이나 비공식 채널을 통해 올라온 정보는 공식 조직과 채널의 정보를 재확인하기 위해 선별적으로 활용하면서 국정에 임해야 한다.

전문성과 충성심의 조화

대통령은 인재등용 시 충성심과 전문성의 조화를 이루어야 한다. 지극히 당연한 말이다. 문제는 이것이 말처럼 쉬운 일이 아니라는 사실이다. 전문성과 충성심을 모두 구비한 인재는 흔치 않다. 그런 인재를 곁에 두고 있는 대통령은 천운이 있는 사람이다. 현실은 전문성과 충성심 가운데 하나라도 제대로 갖추고 있으면 인재로 대우 받는다. 전문성과 충성심 중 무엇을 택하고 어떻게 조화할 것이냐는 문제는 영원한 딜레마이다.

딜레마를 해결하려면 대통령은 우선 해당 직위가 전문성이 더 필요한지 아니면 충성심이 더 필요한지를 식별할 수 있어야 한다. 또한 대통령은 선거운동과 국정운영에 필요한 보좌진의 특성과 자질이 각기 달라야 한다는 사실을 분명하게 인지하고 있어야 한다.

선거운동에는 단기적 시각을 갖고 특수상황에 즉흥적으로 대응할 수 있는 대책개발에 능한 순발력 강한 보좌인원이 요구된다. 대통령에 대한 강한 개인적 충성심도 필요하다. 반면 국정운영에는 특정정책에 대한 중장기적 시각을 갖춘 전문성 뛰어난 보좌인원이 요구된다. 또한 개인적 충성심도 중요하지만, 무엇보다 자신의 직위에 대한 충성심이 더욱 필요하다.

이와 관련한 대통령의 인사등용에 대해서는 상반된 시각이 존재한다. 대통령의 철학을 잘 이해하는 인사를 기용해야 한다는 시각과 능력이 있는 사람은 이해관계에 상관없이 써야 한다는 시각이 팽팽하게 대립하고 있다. 역대 대통령의 인사등용은 끊임없이 유행어를 만들어냈다. 노무현 정부의 코드 인사, 이명박 정부의 학연·지연 등을 배경에 둔 인사로 고소영(고려대·소망교회·영남), 강부자(강남 땅부자), S라인(서울시장 재직 시절 관료), 박근혜 정부의 수첩인사, 친박인사, 진박인사, 최순실 인사 등이 대표적인 예이다.

이 모두는 이른바 충성심이냐 전문성이냐 나아가 효율성이냐 공정성이냐의 딜레마이다.[612] 이는 정치인인 대통령이 보여주어야 하는 정치적 반응성과 임명되는 사람들의 전문성 사이에서 생기는 문제이다. 정치인으로서 대통령은 지지자들이 기대하는 국정과제를 실천하는 '정치적 반응성political responsiveness'을 보여줘야 한다. 그러자면 대통령은 자신과 정치 철학을 공유하는 사람들을 기용해야 한다. 이 과정에서 역량과 전문성이 부족한 사람을 쓸 때 공공성과 충돌이 생긴다. 반면 전문성에만 치중하여 관료들을 임명하면 관료제의 병폐가 심해져 국민의 이익보다는 조직 이기주의,

복지부동으로 갈 가능성이 크다. 따라서 대통령이 충성도를 따져 정치적 지명을 하는 것은 어느 정도 필요하다. 그러나 충성도를 너무 중요시하면 능력 있고 전문성 높은 인재의 발굴은 저해된다.

관건은 대통령이 충성심과 전문성 사이에서 어느 선을 유지하느냐이다. 미국의 경우 제7대 대통령인 앤드류 잭슨은 '모든 공직은 승리자의 전리품'이라고 생각했다. 이것이 충성심을 기초로 한 '엽관제spoils system'이다. 그런데 제20대 대통령인 제임스 가필드가 선거 후 자리 분배에 불만을 품은 지지자의 총에 맞아 숨지면서 인사 개혁이 시작되었다. 1883년 펜들턴 상원의원은 '펜들턴법Pendleton Act'을 발의했다. 처음에는 전체의 10%에 달하는 연방정부 주요 공직에 대해 완전 공채를 실시할 것을 규정했다. 이후 미국 인사 시스템은 전문성에 기초한 '실적제merit system' 중심으로 바뀌게 되었다. 이 비율은 1897년에는 50%까지로 상승했다.

특히, 미국은 1978년에 공무원제도개혁법을 제정했다. 이른바 '고위공무원단Senior Executive Services'을 구성해 고위 공무원의 10%만 정치적 임명이 가능하도록 했다. 국세청, 연방사회보장국처럼 고도의 전문성과 독립성이 요구되는 기관인 경우 대통령은 정치적 임명을 최소화했다. 대통령은 청장이나 국장만 임명한다. 반면 농림부처럼 주 정부들과 접촉할 일이 잦은 기관은 정치적 임명 비율이 매우 높다. 그렇지만 엽관제와 실적제는 종종 혼합적으로 사용되기도 한다. 실례로 레이건 대통령은 자신의 지지자인 뉴햄프셔 출신 인사를 연방 조달청장으로 임명했다가 그가 자신의 부처 인사에서 지역 편향성을 보이는 바람에 해임한 사례도 있다.

이명박 정부는 대통령과 같은 교회를 다니거나 고향·출신 학교가 같은 사람들을 공직에 상당수 기용해 비판받았다. 그렇지만 미국의 경우에도 학연·지연 등이 공공분야 인사에서 중요하게 작용했다. 클린턴 대통령은 진보라는 이념을 제외하더라도 자신이 졸업한 예일대 법학대학원 출신이나 정치적 기반이었던 아칸소 주 출신을 많이 기용했다. 클린턴 행정부 때 노동부 장관을 지낸 로버트 라이시는 클린턴 대통령과 같은 옥스퍼드대 로즈 장학생 출신이다. 정실인사도 그 사람이 역량만 된다면 관계없다는 것이다.

또한 미국 조지 W. 부시 행정부 때 정실인사로 임명된 연방재난관리국^{FEMA} 마이클 브라운 국장은 허리케인 카트리나 재앙 때 초기대응 실패로 사임했다. 반면 클린턴 대통령 시절 정실로 임명된 연방재난관리국 국장이었던 제임스 리 위트는 재난관리 분야 전문가로서 업적이 매우 좋았다. 둘 다 정실인사였지만 한 명은 무능했고 한 명은 유능했다. 중요한 건 역량 있는 인사를 기용하는 임명권자의 정치적 분별력이다.

우리는 인사와 관련해 흑백논리가 지나치게 강하다. 진보냐 보수냐, 우리 편이냐 아니냐 등 편 가르기가 매우 심하다. 이러한 상황에서는 대통령의 인사에 대한 이념적·지역적 폭이 좁아질 수밖에 없다. 미국의 경우 전통적으로 장관 중 한두 명은 정치적 화합을 위해 이념적 차이를 초월하여 상대 정당 사람을 쓴다. 오바마 행정부에서도 교통장관이 공화당 출신이었으며, 전 국방장관도 공화당 출신이었다. 이처럼 대통령이 인사문제에서 성공하려면 충성심과 전문성을 조화롭게 운영해야 한다.

5년 단임제 대통령은 대통령으로서 일할 시간이 짧다. 대통령 자신이 그 사람의 장단점을 잘 알고 있는 충성심 강한 사람을 등용할 필요는 있다. 다만 대통령은 시기와 자리의 종류, 특성 등을 고려해 충성심과 능력의 비율을 조정하면서 사람을 써야 한다. 구체적으로 장관직은 충성도나 정권창출 기여도를 좀 더 중요시하고, 공기업 CEO는 역량을 더 봐야 할 것이다. 물론 장관직의 경우도 경제, 보건 복지, 국방, 외교 부처 등은 다른 부처보다 전문성이 더욱 강조되어야 한다.

일반적으로 집권 초기에는 국정업무의 전문성을 강조해야 안정된 정권인수를 통해 국정운영의 연착륙이 가능해진다. 집권 초기에 국정운영 경험이 없는 선거운동 보좌인원들을 논공행상으로 국정운영에 참여케 하면 국정의 시행착오가 많아진다. 공익과 사익의 구별이 어려워지고 부정부패가 많아져서 국정의 혼란이 오게 된다. 국정운영의 혼란이 심화되면 대통령은 자신의 정치적 목표를 위한 과업을 체계적으로 수행하지 못한다.

역대 대통령의 집권 초기 경험들이 이러한 문제점을 잘 지적해 주고 있다. 집권 초기에 대통령은 국정경험 없는 자신의 선거운동 보좌인원들을 대통령의 소속 정당이나 연구소 등에 충원해 국정운영의 전문성을 훈련시켜야 한다. 그런 연후에 자신에 대한 충성심이 중요한 집권 중반기 국정의 완성과 마무리 작업을 그들에게 맡기는 것이 좋다.

한편 김영삼 대통령과 김대중 대통령의 '새로운 인물에 대한 끊임없는 추구'는 놀라울 정도였다. 그들은 새로운 인물을 등용하여 새로운 정치적 목표를 추구하려는 정치적 꿈이 강렬했다. 두 대통령이 정치 9단이라는 말을 듣는 이유 중의 하나이다. 두 대통령과 달리 노무현 대통령, 이명박 대통령, 박근혜 대통령 등은 공통적으로 새로운 인물의 충원 대신 충성과 안정에 기초한 '자신들만의 리그'를 강조했다. 그 결과 인재등용을 통한 정치적 통합과 외연 확장 면에서 초라한 성적을 거두었다.

준비된 당선인의 필요

체계적인 준비성을 강조하는 관점에서 미국의 대통령학 학자들은 약 70여 일의 정권인수기간[613]의 준비 정도와 대통령 취임 후 국정운영 결과의 관계를 체계적으로 분석했다. 놀랍게도 정권인수기간에 새 정부에 대한 국정운영 설계, 즉 국정비전의 구체화, 조직 구성, 인원 충원 등 정부구성을 비교적 치밀하게 준비하고 취임한 대통령들, 즉 준비된 당선인들은 대부분 성공적인 국정운영 결과를 이룩했다. 이와 관련해 "'성공한 대통령'은 '준비된 대통령'을 필요로 하고 '준비된 당선자'만이 준비된 대통령이 될 수 있다. 결국 준비된 당선자만이 '성공한 대통령'이 될 수 있다"라고 주장했다.[614]

반면 이 기간 동안 국정운영 계획을 치밀하게 준비하지 못한 대통령들은 취임 후 국정운영 과정에서 아무리 열심히 해도 결국은 성공하지 못했다.[615] 왜냐하면 짧지만 중요한 이 기간 동안 대통령 당선인은 대통령 자신의 본질과 정권을 통해 성취하려는 정치적 목표를 규정하기 때문이다.[616] 정두언은 "…대통령보다 높은 사람이 있다. 바로 대통령 당선자이다. 대통령은 투표자의 과반수를 조금 넘는 지지를 받고 당선되지만, 당선이 된 직후에는 일시적이나마 온 국민의 새로운 기대 덕분에 압도적인 지지도를 구가한다. 우리의 새 지도자는 이 기회를 적극 활용해야 한다. 열렬한 국민의 지지를 기반으로 기득권의 격렬한 저항을 극복하고, 여야 지도자의 적극적인 협조를 얻어 위에서 언급한 국가적 난제에 대해 정치적인 합의를 도출해야 한다…"라고 주장했다.[617]

미래 대통령의 성공은 취임 전 약 70여 일 동안의 대통령직 인수기간에 준비된 당선인으로서 얼마나 체계적으로 국정운영 계획을 마련하는가에 달려 있다. 대통령 당선인이 제일 먼저 해야 할 일도 여기에서 그 답을 찾을 수 있다. 대통령 당선인은 '대통령직 인수위원회'를 빨리 출범시켜 국정을 안정적이고 효과적으로 인수해야 한다.

시작을 어떻게 하나(Well begun is half done)

민주화 이후 매 5년마다 역대 대통령 당선인은 12월 대선이 끝나고 약 70여 일의 정권인수기를 거쳐 다음해 2월 25일 대통령에 취임했다. 미래 대통령이 성공하려면 정권인수기간 동안 국정과제 설정, 조직 구성, 인원 충원 등 대통령직에 대해 치밀하게 준비해야 한다. 역대 대통령은 준비된 당선인이 되는 데 실패했다. 공식적으로 정권인수기에 대통령직에 대한 준비를 처음으로 한 노태우 대통령부터 박근혜 대통령까지 한편으로는 치열한 대선과정에서 정치적 또는 시간적 여유가 부족하여, 또 다른 한편으로는 대통령으로서 쉽게 성공할 수 있다는 지나친 강한 자신감 때문에, 당선인 시기에 국정운영 계획을 치밀하게 준비하지 못한 채 대통령에 취임했다. 당연히 국정운영에 성공하지 못했다.

분석 결과에 따르면 우리의 경우 정권인수기간의 준비 정도와 대통령 취임 후 국정운영 결과의 상관관계가 미국보다 더 높다. 아마 이는 4년 중임 대통령제의 미국과 달리 5년 단임 대통령제인 한국은 정치적 차별화의 가능성이 그만큼 높아 정권 인수의 안정성이 상대적으로 낮기 때문이다.[618]

우리의 경우 대통령의 취임 후 국정운영의 좌절과 실패는 정권인수기간에 잉태된 것이다.[619] 노무현 대통령과 이명박 대통령의 경우 정권인수기간 동안 대통령직에 대한 체계적인 준비가 많이 부족했다. 그 결과 노무현 대통령과 이명박 대통령은 대통령으로서 재임하는 동안 열심히 노력했지만 국정운영 결과는 성공적이지 못했다. 박근혜 대통령은 단순히 대통령직인수위원회 위원장 임명일과 대통령 비서실장 내정일만 놓고 보더라도 인수기간 동안 대통령직에 대한 준비가 노무현 대통령과 이명박 대통령보다 더 많이 부족했다.

대통령 취임 후 박근혜 대통령은 누구 못지않게 열심히 노력했지만 국정운영 결과는 국민의 기대에 크게 못 미쳤다. 노력만큼의 대가는커녕 전임자들보다 더 나쁜 국정운영 결과를 초래한 원인은 바로 준비가 많이 부족했기 때문이다. 불행하게도 최순실 게이트의 시작도 이 기간 동안에 제도권에 뿌리를 내리게 되었다.

대통령 비서실장의 중요성

안정적인 정권인수를 기초로 새 정부에 대한 국정운영 설계, 즉 국정비전의 구체화, 조직 구성, 인원 충원 등 정부구성을 체계적으로 준비해야 한다. 이를 위해서는 무엇보다 대통령 자신의 국정철학을 가장 잘 이해하고 자신을 지근거리에서 보좌할 대통령 비서실장을 최대한 빨리 임명해야 한다. 그를 중심으로 총무수석비서관을 내정하여 실질적인 청와대 인수 작업이 빠르고 체계적으로 이루어지도록 해야 한다. 또한 대통령 비서실장은 차기 청와대와 내각의 핵심 인선 작업에 직접 관여해야 한다.

역대 대통령직인수위원회 위원들의 차기 내각 참여율을 고려할 때 그들이 5년 임기 내 내각에 기용될 확률은 80% 이상이다.[620] 대통령 당선인은 대통령 비서실장과 함께 자신의 국정철학을 잘 이해하면서 해당 분야의 전문성이 높고 정치적 충성도도 강한 인물들을 대통령직인수위원회에 참여시켜야 한다. 아울러 주요정책 추진의 일관성과 안정성 면에서 그들을 차기 내각의 주요 인물로 기용하는 것이 바람직하다.

대통령 비서실장을 중심으로 대통령직인수위원회 위원의 인선과 내각인선이 연계되어야 인수위원들이 자신의 업무에 대해 책임감을 갖고 정권인수 업무에 전념할 수 있다. 대통령 비서실장을 중심으로 한 안정적인 정권인수는 새 정부 출범 초기 발생할 수 있는 다양한 혼선을 방지하게 한다. 대통령의 국정운영 성공 가능성은 그만큼 높아진다. 그러므로 대통령 자신에게 가장 적합한 비서실장을 빨리 임명해야 한다. 자신에게 최적화된 비서실장을 찾아내고 최대한 빨리 임명하는 것, 이것이 대통령 성공의 중요한 선결조건이다. 거듭 강조한다.

국정운영팀의 중요성

대통령도 일반인과 마찬가지로 자신의 정치적 성공에 대해 매우 이기적이고 '제한된 합리성limited rationality'을 가지고 있다. 또한 그가 직면한 세상은 매우 복잡하고 불확실하다. 대통령이 성공하려면 제도와 조직의 도움이 절대적으로 필요한 이유다. 이와 관련해 미국의 아이젠하워 대통령은 "조직은 바보를 천재로 변화시킬 수는 없지만… 비조직화는 큰 재난을 쉽게 낳을 수 있다."고 강조했다.[621]

미래 대통령은 자신의 개인적인 노력과 리더십도 중요하지만 자신의 국정철학을 잘 이해하는 청와대 보좌진, 국무총리, 각 부처 장관을 중심으로 한 행정부와 여당 등을 포함하여 책임을 공유하는 국정운영팀을 구성해야 한다. 이와 관련해서 정두언은 "지금까지 우리의 역대 지도자들은 거의 준비되지 않은 지도자였다. 집권 과정이 정치투쟁의 연속이었고 그 과정에 정치 역량을 집중하다 보니 국정과제나 그것을 담당할 팀워크가 준비되지 않은 채 국정을 시작함으로써 당일치기식 국정운영에 급급하다가 시행착오만 되풀이하곤 했다."라고 주장했다.[622]

장관 중심의 국정운영

미국의 대통령학 학자들은 최근의 미국 대통령 중 제34대 아이젠하워 대통령(1953~1961 재임) 당시의 행정부가 각 부처 장관의 실질적 책임 아래에서 효율적으로 운영되었다고 평가한다. 아이젠하워 대통령은 대내외의 어려움 속에도 8년 재임 중 연방정부의 균형예산을 세 번이나 이룩했다. 당시 많은 학자들은 이러한 업적들이 대통령의 리더십 때문만이 아니라 당시 경제상황이 좋았고 장관들이 훌륭했기 때문이라고 생각했다.[623]

그러나 아이젠하워 대통령 퇴임 후 그의 리더십을 분석한 학자들 특히 미국 프린스턴 대학교 그린스테인Fred Greenstein에 따르면[624] 당시 행정부의 뛰어난 업적이 그가 군에 복무하던 동안 맥아더 장군 등을 진지하게 연구하여 철저하게 준비한 리더십의 결과라고 주장했다. 그의 리더십의 핵심은 백악관으로부터 각 부처 장관에게 권한과 책임을 철저하게 '위임'한 데에 있었다. 각 부처의 자율성을 높이고자 그는 의도적으로 자신의 개입 또는 영향력, 이른바 '손hand'을 자제하고 감추었다.[625]

당시 아이젠하워 대통령은 모든 것을 각 부처 장관에게 위임한 것은 아니었다. 백악관의 각 부처 장관에 대한 조정과 통제를 위해 군대조직에서 갖고 온 '대통령 비서실장Chief-of-Staff, 전속부관'이라는 직위도 처음으로 설치했다. 이렇게 각 부처 장관에 대한 자신의 영향력을 배제하여 그들의 자율성을 높이면서도 백악관 비서실장의 조정과 통제를 통한 책임성도 동시에 높였다. 그린스테인에 따르면 이렇게 미묘하고도 섬세한 아이젠하워 대통령의 통치술 때문에 대통령과 행정부는 성공했다. 성공한 대통령 밑에서 성공한 장관이 나온 것이 아니고 '성공한 장관'이 모여서 '성공한 대통령'이 된 것이다.

우리의 경우도 마찬가지이다. 1960년대 경제개발 5개년 계획의 성공을 담보한 박정희 대통령의 리더십이 대표적 사례이다. 당시 박정희 대통령은 의도적이었던 비의도적이었던 경제정책과 관련해 자신이 직접 관여하지 않았다. 박정희 대통령은 주요 경제정책 결정을 주로 장기영(1964~1967)과 김학열(1969~1971) 등 경제 부총리에 의존했다. 즉, 경제부처 장관에게 모든 것을 맡겼기 때문에 성공할 수 있었다.[626] 이는 당시 박정희 대통령이 경제정책 결정과 관련된 경제이론에 대한 지식과 경험의 한계 때문에 청와대가 아닌 내각의 경제부처가 중심이 되어서 경제정책을 관리해 나갔다. 경제정책은 청와대비서실이 아닌 내각 중심으로 이루어졌고 이것이 성공을 이룩했다.

이는 청와대 비서실 조직만 살펴봐도 경제관련 업무를 포함한 거의 대부분의 국정업무가 정무수석실에 집중되어 경제관련 업무만을 특화한 관리체제를 갖추지 못했다.[627] 경제정책과 관련된 주요 정책결정은 청와대 비서실이 아닌 1961년에 신설된 내각의 경제기획원을 중심으로 이루어졌다.[628] 이 기간 동안 박정희 대통령은 자신이 경제정책과 관련해 직접 관여하지 않았고 경제부처 장관에게 권한과 책임을 맡겼다. 그러한 위임은 성공을 이룩했다.

그러나 민주화 이후의 역대 대통령은 5년이라는 짧은 임기 내에 자신이 제시한 국정과제를 성공적으로 완수하고자 청와대비서실 중심으로 국정을 운영했다. 대통령비서실이 모든 핵심 현안을 직접 관장하면서 신속하고 일사불란하게 정책을 추진했다. 대통령비서실은 해가 갈수록 비대해지면서 국정운영의 모든 정보가 청와대에 집중되었다. 지금까지 청와대는 내각이나 정당 위에 군림하면서 정책결정은 물론 그 집행까지도 주도하고 관여하는 등 과도한 역할과 권한을 행사했다. 청와대는 비서정치, 구중궁궐 또는 권력의 산실로 비판받아 왔다. 일부 대통령 보좌진은 정책 기획과 조정에 초점을 맞춰야 할 비서실 본연의 기능을 망각했다. 심지어 힘의 집중으로부터 나오는 권력남용과 부정부패의 함정에 빠지기도 했다.

그 과정에서 국민은 대통령 참모들의 비리에 대통령이 직·간접적으로 연계되어 있다고 생각했다. 이에 대한 최종 책임자로 대통령을 지목해 '제왕적'이라고 비판했다. 역대 대통령은 청와대 비서실 중심의 국정운영이 야기한 한계를 인식했다. 집권 초기 내각 중심의 국정운영 원칙을 표방하며 대통령비서실을 매번 축소 개편했다. 하지만 '작은 청와대'를 실현하겠다는 그들의 약속은 시간이 흐르면서 유야무야되었다. 집권 말기에 이르면 대통령비서실은 또다시 대통령의 막중한 권한을 등에 업고 정권의 국정목표를 볼모로 삼아 권부화 되었다.

청와대비서실 중심의 국정운영 구조는 정책추진의 효율성을 높여주는 순기능도 있다. 그러나 권력의 집중 때문에 여당과 행정부처 관료들이 청와대의 눈치를 보면서 무사안일, 업무에 대한 나태와 무관심, 복지부동 등의 폐단을 야기했다. 또한 대통령비서실이 참모기능을 벗어나 관료제화되면서 대통령의 신임 획득을 위해 비서관들 사이의 비생산적 경쟁, 정책에 대한 단기적 시각의 강조,

수석실 중심의 부처 이기주의 등 관료제적 병폐도 노정했다. 이러한 현상은 정책화 과정에서 실질적인 권한도 없이 책임만 지는 행정 각 부처의 사기 진작과 동기 부여를 더욱 어렵게 만들었다.

정치인 출신 5년 임기 대통령이 특정 정책 분야의 전문성을 설령 축적했더라도 얼마나 했을까? 국정의 성공을 위해 대통령은 정부 주요 정책을 담당하는 부처 장관을 임명할 때 오랫동안 그 분야를 연구해서 전문성이 축적된 인물을 최우선으로 임명해야 한다. 이러한 장관들에게 전문성이 일천한 대통령이 개입하면 정책 실패의 가능성은 그만큼 높아진다.

이와 관련해서 정두언은 "…이명박 정부 때 사람들은 'MB가 문제다'고 하면, '그래도 대통령이 일은 열심히 하잖아'라고 말하곤 했다… 대통령이 일을 열심히 하면 절대 안 된다. 대통령이 일을 열심히 한다는 것은 많은 일을 한다는 뜻이다. 일이라는 게 많은 이해관계가 걸려 있다. 대통령이 그 내용을 다 알려면 너무 많은 시간이 필요하다. 그런 정보를 얻으려면 두세 시간씩 몇 번을 설명해야 한다. 그런데 대통령에게 한 안건으로 그렇게 오래 설명할 수가 없다. 결국 대통령은 대부분 내용을 잘 모르는 가운데 결정한다. 잘 모르고 결정하다 보니까 엉뚱한 방향으로 결정하기 십상이다… 대부분의 정책 결정은 대통령이 아니라 장관, 차관, 국장이 해야 한다."라고 주장했다.[629] 거듭 강조하지만 정책은 장관에게 맡겨야 한다. 대통령은 장관이 열심히 정책개발에 힘쓰도록 권한과 책임을 넘겨주고 정치에 집중해야 한다.

책임총리가 아니라 전담총리

청와대 비서실 우위의 조직구조는 대통령제의 내각제적 요소인 국무총리에게도 부정적인 영향을 미쳤다. 구체적으로 대통령과 국무총리 간의 불명확한 역할관계로 대통령비서실과 국무총리실 사이의 업무 중복, 정책의 혼선, 행정자원의 낭비, 책임소재의 불명확 등의 폐해를 끼친 것이 사실이다. 대통령비서실 우위의 불균형 구조는 행정조정 과정에서 중복이 가지는 상호견제나 통제의 장점을 살리지 못했다. 국무총리를 포함한 행정부는 대통령의 국정운영 과정에서 소극적인 단순 보조자 역할에 머물러 있었다.

이러한 상황에서 순수 대통령제에서는 존재하지 않는 국무총리의 위상과 지위가 모호해져 버렸다. 대통령제에서 권력의 중심은 대통령이지 국무총리가 아니다. 대통령이 임명하는 국무총리와 대통령의 관계는 상호보완이 아니라 상하 종속관계에 가깝다. 설령 헌법이 보장한 국무총리의 장관임명 제청 및 해임건의권 등의 권한이 제대로 행사되더라도 이것이 국무총리의 자율성을 보장해주지는 못한다.

이러한 문제를 해결하는 대안으로 흔히 '책임총리제'를 언급한다. 노무현 대통령 이후 박근혜 대통령까지 대통령들은 대선 공약은 물론 기회 있을 때마다 책임총리제의 적극 활용을 약속했다. 그러나 책임총리 업무 영역의 모호성과 대통령의 성정 때문에 책임총리제는 공언이 되었다. 오히려 책임총리제가 통치 위기의 주범이 되기까지 했다. 책임총리제가 안 되어서 대통령의 위기가 생긴 것처럼 오도되기까지 한 것이다.

그러나 헌법에 명시된 총리의 권한을 그대로 인정함으로써 국무총리의 권한을 강화하는 책임총리제는 대안이 될 수 없다. 책임총리제의 효용성은 지난 역사가 증명한다. 지금까지 책임총리제에 가장 가까운 총리는 DJP 연합에 기초한 김종필 총리를 제외하고는 이회창 총리와 이해찬 총리였다. 김영삼 정부에서 정치적 야심을 가졌던 이회창 총리(1993~1994)는 임명권자인 대통령과 중요 현안 처리에서 대립을 보임으로써 국정의 혼란이 발생했다. 노무현 대통령 시절 이해찬 총리(2004~2006)는 국정 전반에 걸쳐 대통령을 보좌하면서 강력한 영향력을 행사했다. 이렇게 권한을 지니게 된 국무총리가 만약 차기 혹은 차차기 대통령직에 꿈을 가진다면 국가의 주요 정책들이 정치적 논쟁의 대상이 되어 심각한 국정 혼란이 발생할 수 있다.

이런 잘못을 바로 잡으려면 책임총리제가 아니라 '전담총리제'가 필요하다. 전담총리제는 국무총리가 여러 부처에 걸쳐 있는 주요한 특정정책의 결정과 집행에 집중하여 대통령을 보좌하는 제도이다. 즉 국무총리를 국정운영을 담당하는 하나의 행정전문가로 인정하면서 그가 일자리 창출, 공공분야 개혁 등 여러 부처가 관련된 특정 분야의 최종 결정자 및 집행자의 역할에 전념할 수 있도록 하는 제도이다. 대통령은 국민통합과 국가의 중장기 발전전략, 외교·국방·통상 같은 거시적 차원에 중점을 두고, 국무총리는 행정전문가로서 여러 부처가 관련된 나머지 주요 분야의 조정과 합의를 이끌어가며 대통령을 보좌하는 제도이다.

장관 중심의 국정운영과 전담총리제는 그 궤를 같이 한다. 그 궤는 다름이 아니라 국정운영팀을 중시하는 원칙이고 철학이다. 국무총리와 장관을 중심으로 하는 국정운영팀이 제대로 작동하려면 비대해진 대통령비서실의 규모를 축소해야 한다. 기능도 본래의 비서 기능에 국한하도록 개혁해야 한다. 대통령비서실이 직접 각 부처의 정책결정 과정에 개입하는 것을 막고 그 기능을 각 부처로 돌려줘야 한다. 장관 중심의 국정운영 방식은 행정부의 자율성과 책임성을 강화해 줄 것이다. 그 결과 행정의 독창성과 반응성이 높아지면서 대통령의 국정운영은 그만큼 성공할 가능성이 커진다. 국무총리는 행정 전문가로서 국정 주요 정책의 조정과 합의를 도출하며 여러 부처가 엮여 있는 주요 특정 과제의 결정과 실천에 노력해야 한다.

대통령은 장기적 시각에서 대통령 비서실을 대통령 보좌 그리고 정책 기획과 조정만을 담당하도록 그 기능과 조직을 축소해야 한다. 더구나 대통령은 서울의 청와대에, 국무총리와 대부분 각 부처 장관들은 세종시에 위치해 지역적으로도 떨어져 있다. 대통령은 청와대에 집중된 권한을 세종시의 국무총리를 중심으로 한 각 부처 장관에게 과감하게 위임해야 한다. 장관이 정책추진의 실질 권한을 갖고 책임을 지는 내각 중심의 구조를 마련해야 한다. 구체적으로 대통령은 각 부처의 주요 정책 결정권한은 물론 각 부처 주요 요직에 대한 인사권한을 과감하게 장관에게 위임해야 한다. 위임한 만큼 책임도 강하게 지워야 한다. 이것이 각 부처의 사기를 진작하고 자율성과 함께 책임성을 높이는 방법이다.

정책추진 과정에서 실질적 책임을 가진 장관들이 각 분야에서 작은 성공을 많이 이룸으로써 성공한 장관이 많이 나와야 한다.

작은 성공과 성공한 장관이 모여 실패하지 않는 대통령 나아가 성공한 대통령을 만들어야 한다. 이를 위해서는 장관 임기가 현행 약 1년에서 최소한 약 2년 정도로 늘어나야 한다. 다행히 2005년부터 시작된 장관 인사청문회의 도입으로 정치적 기반은 만들어지고 있다. 장관 인사청문회의 공 아닌 공이다. 국정운영은 대통령 혼자서 하는 것이 아니다. 대통령의 보좌진, 국무총리와 각 부처 장관을 중심으로 한 행정부, 여당 등으로 구성된 책임을 공유하는 국정운영팀이 하는 것이다.

나아가 내각과 여당이 긴밀한 관계를 유지하면서 책임정부를 구현할 수 있도록 해당 분야에 오랜 의정 경험이 있는 국회의원 출신의 장관을 다수 임명하여 그들의 임기를 최대한 보장해 주어야 한다. 이렇게 해야 5년 단임 대통령제의 약점인 대통령의 조기 레임덕을 줄일 수 있다. 대통령과 그의 정부 그리고 여당이 국정운영의 결과에 공동으로 책임지는 새로운 정치문화도 만들 수 있다.

'의원내각형 대통령 정부'의 실천

국정운영의 결과에 공동으로 책임지는 정치문화와 관련해 해법이 하나 있다. 바로 의원내각형 대통령 정부이다. 의원내각형 대통령 정부의 정당화 논리를 도출하려면 몇 가지 가정이 필요하다. 먼저 현행 5년 단임제의 대통령제가 유지된다고 가정하자. 둘째, 우리 대통령들의 인재 발굴 및 등용 능력이 향상되지 않고 박근혜 대통령처럼 지명한 인사들이 인사청문회를 통과하지 못하거나 야당의 강력한 반대에 직면하는 '인사청문회 잔혹사'가 지속된다고 가정하자. 셋째, 대 여야관계를 원만하게 유지함으로써 국회를 통해 정책을 법제화하는 능력인 입법 리더십이 약한 대통령들이 지속적으로 선출된다고 가정하자.

이러한 가정은 현재가 바뀌지 않는다는 것이다. 제도와 관행이 지금과 같다면 의원내각형 대통령 정부는 인사문제를 해결해주는 강력한 도구가 될 수 있다. 이는 5년 단임제의 단점인 정책의 일관성과 책임성을 담보하면서 책임정당제를 강화해 준다. 따라서 미래 대통령은 주요 장관의 자리를 의정경험이 풍부한 국회의원들로 충원하는 의원내각형 대통령 정부 구성을 적극 검토해야 한다.

실제로 2015년 초 박근혜 정부는 국무총리와 장관 등 18명 가운데 3분의 1인 6명을 여당 국회의원으로 충원했다. 이는 향후 국정운영을 여당인 새누리당과 청와대가 함께 끌고 가겠다는 의지의 표현이었다. 비판자들은 당시 박근혜 대통령이 국회 인사청문회를 통과할 사람을 구하기 어려운 현실적 한계 때문에 정치인을 장관으로 발탁했다고 주장했다. 이러한 지적도 분명 설득력은 있다. 그럼에도 의원내각형 대통령 정부가 지닌 가치를 폄하해서는 안 된다.

의원내각형 대통령 정부가 제대로 자리를 잡으려면 중요한 조건이 충족되어야 한다. 무엇보다도 국회의원 출신 장관 후보자의 전문성을 높여야 한다. 이를 위해서 대통령은 해당부처 국회상임위원회에서 최소한 8년 이상 경험한 재선 이상의 여당 국회의원들 중에서 장관 후보자를 지명해야 한다. 둘째, 이렇게 되면 대통령은 장관후보자의 인사청문회 걱정을 덜어도 된다. 재선 이상의 국회의원은 선거를 두 번 이상 거치는 과정에서 정치적, 사회적 검증이 어느 정도 이루어지기 때문이다. 실제로 야당 의원들이 같은 국회의원 출신인 장관 후보자를 너그럽게(?) 봐준 경향도 있다. 2006년 이후 지금까지 장관 인사청문회에서 국회의원 출신 장관 후보자가 탈락된 경우는 없다.

여당 중진의원 출신 장관들은 대통령에 대한 충성심이 높다. 정책의 전문성도 약하지 않아 부처 장악력이 높고 야당과 협상능력도 높다. 입법 리더십이 약한 대통령에게 정치적으로 많은 도움이 되는 이원내각형 대통령 정부를 미래 대통령은 적극 고려해야 한다.

5 새로운 리더십
입법의 달인

"대통령은 행정부의 수반이지만 행정만 하는 사람이 아니다. 정치를 잘하지 않으면 권한을 제대로 행사하기 어렵다." —노무현 대통령[630]

"왕다운 왕은 항상 자기를 낮춘다. 왜냐? 아무리 낮추어도 자기는 왕이니까. 그러나 왕답지 왕은 항상 자기를 높인다. 왜냐? 아무리 높여도 자신이 없으니까' 그는 야당의 지도자뿐 아니라 평의원과도 수시로 만나거나 전화를 걸어 국정의 협조를 구한다." —정두언[631]

"(과거 주 상원의원 당시 당파정치를 깨보려고 애를 썼지만 좌절됐던 경험을 이야기하면서) 항상 100%는 없다는 점을 인식하면서 양보하고 협상해서 뭔가 이뤄내는 것이 중요하다… 그 과정에서 한발 물러서는 것을 나약하다고 여기는 풍토는 없어져야 한다." —오바마 대통령[632]

"여야가 대화와 타협의 정치를 해야 하는데, 여당이 독식하지 말고 야당에 나눠주고 …모든 문제가 여기서 비롯되죠." —정의화 국회의장[633]

"부드러운 것이 강한 것을 이긴다柔能制剛" —노자

"선배 대통령이라 해도 뭐라 할 수 없지. 상당히 어려워. 한 가지 조언해주고 싶은 것은, 대통령은 여러 분야의 사람을 많이 만나야 돼요. 자기가 평소 공부한 걸로는 안 됩니다. 시대가 자꾸 변하고. 특히 우리나라는 남북 대치가 심각하고. 참모가 알아서 모시겠지만. 가급적이면 많은 분야의 사람들을 불러서 만나주시면 좋겠어요." —전두환 대통령[634]

역대 대통령은 국회를 포함한 언론, 시민단체 등 다른 제도적 기관들이 정부의 주요 정책에 관여하는 것을 부정적으로 인식했다. 정부의 신속한 의사결정을 어렵게 함으로써 국정운영의 비효율성을 높이는 요인이라 생각했다. 군인출신 제왕적 대통령 밑에서 국회는 국가의 주요 정책결정 과정에서 거수기 혹은 통법부로 전락하여 본연의 기능을 수행하지 못했다. 군인출신 대통령은 물론 이후 김영삼, 김대중 등 제왕적 대통령들은 명령자의 역할에 충실했다. 명령과 통제를 강조하는 위로부터의 일방적인 신속한 결정만을 중시하는 권위주의적 리더십을 발휘했다.

그러나 1987년 민주화 이후, 특히 2002년 정치적 자원이 매우 빈약한 노무현 대통령의 등장 이후 대통령들의 정치적 영향력은 이전의 제왕적 대통령들에 비해 현저하게 약화되었다. 반면 우리 사회의 여러 가치와 이익들은 민주주의가 발전하면서 갈수록 다양화되고 복잡해졌다. 국회, 정당, 언론, 시민단체 등 사회적 제도적 기관들의 갈등 역시 폭발적으로 증대되었다. 새로운 정치적 교착 상태 또는 거부권 정치의 환경에서 이들 주요 정치 참여자들 간의 첨예한 이해관계를 조율하고 갈등을 완화하는 대통령의 정치적 조정자로서 역할은 더욱 중요해졌다.

명령자가 아니라 조정자인 대통령

민주화 이후 역대 대통령은 야심차게 세운 국정운영 목표를 제대로 달성하지 못한 좌절의 역사를 경험했다. 그들은 시대정신이 요구하는 지도자의 역할과 리더십을 적절하게 발휘하지 못했다. 이것은 곧 '대통령의 위기'로 이어졌다. 이를 극복하기 위해서는 무엇보다 대통령의 정치적 역할과 리더십이 변해야만 한다. 새로운 미래를 제대로 준비하려면 역대 대통령이 지녔던 리더십의 한계와 문제점에 대한 진단이 선행되어야 한다.

대통령이 과거부터 이어져온 정치적 역할을 답습하며 시대가 요구하는 리더십을 발휘하지 못하면 문제는 또 다른 문제를 낳을 수밖에 없다. 그럴 때 대통령의 위기 극복은 요원해진다. 미래 대통령은 시대정신이 요구하는 리더십을 명확하게 파악해야 한다. 이를 기초로 이 요구에 필요한 국정운영의 방향을 설정하며 이를 달성하기 위한 대통령의 역할을 구체적으로 정립해야 한다. 이에 대한 얘기를 조금 더 자세하게 해보자.

역대 대통령의 리더십을 제대로 진단하려면 먼저 국정운영 중심축의 변화를 이해해야 한다. 국정운영의 중심축은 '대통령과 군'에서 '대통령과 관료'로 그리고 '대통령과 국회'로 변화·발전해왔다. 이것은 역사이고 사실이다. 민주화 이전에는 국정운영의 중심축이 대통령과 군의 관계 또는 대통령과 관료의 관계였다. 이러한 국정운영의 중심축에서 대통령들은 명령자의 역할에 충실했다. 그 핵심은 권위주의적인 행정 리더십이었다. 대통령과 군 또는 관료라는 국정운영의 중심축에서 위임자 대리 또는 주종관계에 기초한 대통령의 개인적 카리스마, 계층적 권위 그리고 명령 및 통제 체제로 국정운영이 상대적으로 쉽게 이루어졌다.

그러나 민주화 이후 국정운영의 중심축이 이동했다. 기존의 대통령과 군 또는 관료 관계가 아닌 대통령과 국회 관계로 중심축이 바뀐 것이다. 민주화 이후의 역대 대통령은 정치·사회적 변화에 따른 국정운영 환경의 변화를 통찰하지 못했다. 대통령과 국회의 관계로 발전된 국정운영 중심축의 전환 과정을 이해하지 못했다. 명령자로서 권위주의적 리더십에 안주해온 경향이 강했다. 특히 아버지인 박정희 대통령의 영향을 많이 받은 박근혜 대통령 때 이러한 경향은 더욱 높아졌다. 공과 사의 구별이 약해지면서 결국은 말벗의 어처구니없는 국정 개입 사태를 초래했다.

대통령은 국정운영에서 대화를 통한 타협과 협상 그리고 설득을 귀하게 여겨야 한다. 이는 권위주의적 리더십이 지닌 효용성이 현저하게 약화되었기 때문이다. 실제로 권위주의적 리더십을 지닌 역대 대통령은 시간을 아껴가며 국정에 노력했다. 그러나 시대변화에 적응하지 못한 권위주의적 리더십의 본질적인 한계 때문에 성공하지 못했다. 지금은 불확실성이 높은 남북관계, 더욱 경쟁이 치열해지는 경제 환경, 지역별·이념별·연령별·성별 간 사회적 갈등이 증폭되고 있는 상황이다. 명령자의 역할에 기초한 대통령의 권위주의적 리더십은 이러한 정치·경제·사회·안보 분야의 문제해결에 필요한 '준비된 리더십'을 제공하기에는 역부족이다.

현재 직면하고 있는 정치·경제·사회·안보 분야 등에 산적한 여러 문제들을 해결하기 위한 정치 리더십은 '슈퍼 대통령'의 리더십이다. 개인적인 매력뿐만 아니라 신뢰성, 공평성, 도덕성, 전문성 등을 고루 갖춘, 즉 세종대왕과 이순신 장군의 자질이 함께 있는 리더십을 요구하고 있다. 그러나 현실적으로 이러한 리더십을 갖춘 대통령이 출현하기는 매우 어렵다. 아직도 영·호남간의 지역주의, 정경유착에 기초한 금권정치, 정책내용보다는 인물중심의 투표성향 등 불합리하고 비민주적인 정치풍토가 잔존하고 있기 때문이다.[635] 특히, 영·호남간의 지역주의 현상은 3김의 정치적 퇴장과 함께 노무현 대통령 때 약해졌으나 이명박 대통령과 박근혜 대통령을 거치면서 다시 심화되었다.

또한 사회가 경제적으로 발전하면서 국회, 정당, 언론, 관료, 이익단체 등 정치·사회의 주요 기관들과 민간 기업들도 함께 발전했다. 사회 전반의 자율성이 높아짐에 따라 민주화 이후 대통령의 실제적 영향력은 현격히 감소되었다.[636] 감소된 만큼 대통령의 국정 장악력은 약해졌으며 국정운영의 복잡성과 미묘함은 더욱 높아졌다.

이제 논의를 정리해보자. 메시아나 영웅 같은 슈퍼 대통령의 출현은 현실적으로 불가능하다. 대통령의 실제적 영향력과 국정 장악력은 현저하게 약화됐다. 과거의 권위주의적 리더십이 지닌 효용가치 또한 점점 줄어들고 있다. 사회 전체의 자율성은 증가하고 있고 정책 주체들 간 갈등은 심화되고 있다. 국정운영의 중심축의 변화는 선택지가 아니라 필수이다. 이에 부합하는 대통령의 정치적 역할과 리더십은 무엇일까? 대통령은 명령자가 아니라 정치적 조정자가 되어야 한다.[637] 대통령은 특정 사안에서 상충되는 인물과 이익을 단순히 원만하게 이끌어 가는 단순 '중재자^{coordinator}'의 역할도 뛰어넘어야 한다. 대통령은 목표달성을 위한 구체적인 청사진 아래 일관된 국정방향, 강한 설득력 그리고 굳센 의지를 갖고 절충하고 타협을 이끌어내는 '조정자^{broker}'가 되어야 한다.

미래 대통령은 과거처럼 단순히 높은 경제성장률의 달성에만

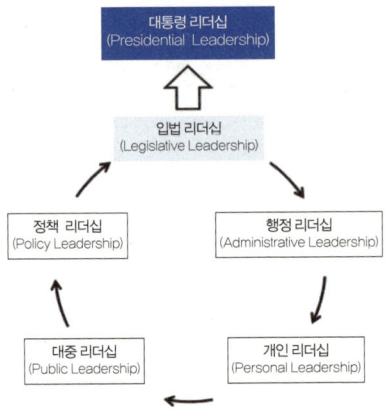

그림 7_ 민주화 이후 대통령 리더십 순환이론: 조정자·입법의 달인

매달려서도 안 된다. 도리어 좀 더 미묘하고 복잡한 차원의 문제 해결에 주력해야 한다. 민주 시민사회의 본질에 대한 철저한 인식, 경제와 사회운영에서 제한된 정부 역할에 대한 바른 이해, 사회이익집단들 간의 갈등 해소 능력 그리고 정책의 성공적 집행을 담보해주는 정치적 연합 및 제휴 도출 능력이 필요하다. 실제로《매일경제》(2015.09.22.)가 정치분야 전문가를 대상으로 한 조사 결과에서도 미래 우리 대통령이 갖추어야 할 바람직한 능력으로 국민통합(30.80%)과 소통(20.33%) 등을 지적했다.

대통령은 정책개발을 중요시하고 정책 리더십을 발전시키면서 정책의 입법화를 가능하게 만드는 입법 리더십을 강조해야 한다. 국회는 더 이상 대통령의 뜻을 따르는 통법부가 아니다. 행정부에 대한 견제 및 감시 기능을 포함한 국회 본연의 권능에 충실한 입법부로 거듭 태어나고 있다. 또한 우리의 관료제는 이미 제도화의 수준이 높아졌다. 국회에서 입법화된 정책에 대한 효율적인 집행의 정도도 매우 높은 수준이다. 대통령의 입법 리더십을 제고해야 한다. 대통령은 행정의 달인이 아니라 '입법의 달인'이 되어야 한다. 입법 리더십이 대통령 리더십의 중심을 차지해야 성공할 수 있다. 이것이 대통령 리더십 순환이론에 기초한 대통령의 성공 전략이다(〈그림 7〉 참조).

거듭 강조한다. 미래 대통령은 정책추진의 명령과 통제에 기초한 주요 책임자 또는 명령자의 역할보다는 타협과 협상 그리고 설득을 강조하는 정치적 조정 기능을 더욱 중요시해야 한다. 이제는 대통령의 명령자 역할과 권위주의적 행정 리더십만으로는 국가정책의 성공을 보장할 수 없다. 도리어 타협과 설득에 기초한 정치적 조정자 역할이 대통령의 성공에 중요하다.

정치의 복원, 대통령부터 변해야

타협과 협상이 사라진 정치문화와 책임성이 결여된 5년 단임 대통령제가 결합하면서 정치는 나라의 가장 큰 골칫거리가 됐다. 대통령과 야당, 국회와 국민, 국민과 대통령, 여당과 야당 간의 잦은 대립은 정치적 교착 또는 마비상태를 불러오곤 했다. 노무현 대통령과 이명박 대통령 그리고 박근혜 대통령까지 지난 14년간은 공통적으로 국회를 멀리한 대통령이 국정을 이끌어 왔다. 또한 그들은 공통적으로 야당이 발목을 잡아 법제화가 어려워졌다며 늘 국회를 비판했다. 하루하루가 당파적 정쟁으로 보내는 정치 실종의 시간이었다.

1987년 민주화 이후 세상은 정책결정 과정에서 과거 권위주의 시대와 확연하게 구별되는 현상들이 나타났다. 정치에 참여하는 주체들이 소수의 특권계층에서 벗어나 국회, 언론, 시민단체, 이익집단 등으로 다양해졌다. 2004년 노무현 대통령 탄핵사건 당시 진보시민단체의 집회, 2008년 이명박 대통령의 미국산 쇠고기 수입 결정에 반대하는 대규모 촛불집회, 2016년 최순실 게이트에 따라 대통령 탄핵을 요구하는 대규모 촛불집회 등은 정치문화의 변화를 극명하게 보여주는 현상들이다.

이제는 국민 개개인이 SNS를 통해 불만을 표현하고 사회를 바꾸고 있다. 아울러 국민 개개인이 모인 새로운 형태의 시민들의 모임들이 활발하고 영향력 있는 네트워크를 형성하고 있다. 정보, 상호협력체제, 소셜 네트워크 서비스가 자율적으로 조직되어 새로운 형식의 민주주의를 형성하고 있는 것이다. 세상은 새롭게 열리고 있다. 과거의 세상을 '닫힌 체제'라고 한다면 지금의 세상은 '열린 체제'이다. 이러한 열린 체제는 계층적 통제를 넘어 증가하는 복잡성에 대한 자연스러운 반응이다.[638] 그러나 열린 체제에서 사회적 갈등을 해결해야 할 대통령의 조정력은 현저하게 낮아져 국정운영이 더욱 어려워졌다.

열린 체제의 미래 대통령은 과거 제왕적 대통령들처럼 명령과 통제에 기초한 권위주의적 행정 리더십만을 강조해서는 국정을 효율적으로 운영할 수 없다. 권위주의적 행정 리더십은 과거의 닫힌 체제에서나 유용한 리더십이며 생명이 다한 리더십이다. 하지만 노무현 대통령, 이명박 대통령, 박근혜 대통령의 예에서 보듯이 5년 단임제의 틀 속에 갇힌 대통령들은 이러한 정치·사회적 변화들을 깨닫지 못했다. 대통령이 제왕적 대통령처럼 막강한 권력을 여전히 행사할 수 있다는 착각의 참혹한 결과물이 2016년의 최순실 게이트이다.

미래 대통령은 제왕적 대통령의 일방통행식 통치에서 벗어나야 한다. 국회, 언론, 시민단체, 이익집단 등의 갈등을 아우르는 '다차원적인 통합'의 리더십을 발휘해야 한다. 국정 성공을 위해 싫든 좋든 원만한 여야관계의 형성, 즉, '정치의 복원'에 노력해야 한다. 정치는 '타협과 가능성의 예술'이다. 이것은 불변의 진리이다. 우리가 직면하는 정치 및 사회문제는 '옳고 그름의 문제가 아닌, 이익 대립에서의 절충의 문제'이기 때문이다.[639] 미래 대통령은 정치의 복원과 정치가 갖고 있는 고유 가치의 실천에 매진해야 한다.

미래의 대통령은 문제점이 많은 국회를 상대해야 하는 어렵고도 고통스러운 노력이 필요하다. 《한국갤럽》(2015.06.22)이 발표한 여론조사에 따르면 국민의 88%는 국회가 역할 수행을 잘 못하고 있다고 답했다. 국회가 잘하고 있다는 긍정적인 평가는 5%뿐이었다.[640] 그러나 대통령은 이 문제 있는(?) 국회에서 자신의 정책이 법제화되지 못하는 경우 직접적으로 가장 큰 정치적 손실을 입는 것은 임기가 제한된 대통령 자신이라는 사실을 분명히 인지해야 한다.

원만한 대 여야 관계의 형성, 즉 정치가 경제나 외교 등 다른 무엇보다 중요하다는 사실을 분명하게 인식해야 한다. 대통령과 정부의 정책은 빠른 입법화가 생명이다. 대통령은 열린 마음으로 타협을 이끌어내는 부드러운 대통령이 되어야 한다. 권위주의적 제왕적 대통령이 보여준 명령과 통제에 충실한 행정의 달인인 명령자가 아니라 타협과 협상 그리고 설득에 충실한 정치적 조정자로서 입법의 달인이 되어야 한다.

만남과 경청을 중시해야

대통령과 여당의 관계인 당청관계는 원만한 여야관계 형성의 기본 관계이고 첫 단계이다. 이 첫 단계가 조화롭게 이루어져야만 원만한 야당 관계 형성도 가능해진다. 대통령과 여당의 관계는 여당 국회의원들에 대한 공천권을 행사했던 제왕적 대통령들에게는 큰 문제가 없었다. 그러나 노무현 대통령은 여당 국회의원들에 대한 공천권을 행사하지 않았다. 이때부터 여당 내 국회의원들의 정치적 독립성과 자율성이 높아졌다. 대통령과 여당의 원만한 관계 형성에도 많은 어려움을 겪게 되었다.

국회의원 자율성 신장의 사례를 들어보자. 노무현 대통령 당시 2003년 우리 군의 이라크 파병, 2005년 대통령의 대연정 제안, 임기 말의 한미 FTA에 대해 여당의원들이 반대했다. 이명박 대통령 당시에는 여당의 친박 의원들이 4대강 개발과 세종시 이전문제에 대해 반대했다. 박근혜 대통령 때는 정부 측 공무원연금개혁안에 대해 여당 일부 의원들이 반대했다. 이와 관련해서 박근혜 대통령은 "여소야대보다 사실 더 힘든 것은 여당과 정부가 수레의 두 바퀴로서 서로 협의를 해가면서 같이 굴러가야 국정 운영이 원활하게 되는데, 내부에서 그게 안 맞아가지고 계속 삐거덕거린 것이라며 이 바퀴는 이리 가는데 저 바퀴는 저리 가려고 그러면 아무것도 안 되는 것인데 그 점에서 좀 미흡했다."라고 말했다.[641]

대통령과 야당 그리고 여당과 야당의 관계는 여야관계에서 가장 핵심이다. 특히 현재와 같은 실질적인 여소야대 상황에서는 야당과 관계가 원만치 않으면 대통령과 정부 정책의 입법화가 이루어지지 않는다. 대통령의 성공적인 국정운영을 위해서는 원만한 여야관계가 가장 중요하다. 사실 지역 및 이념 갈등구조가 매우 복잡한 야당을 상대해서 원만한 여야관계를 형성하는 것은 정치적으로 어려운 일이다. 대통령 아닌 다른 사람은, 예를 들어 국무총리나 장관 등은 정치적 영향력과 자원이 빈약하여 이 일을 맡고 싶어도 할 수가 없다. 여야관계는 오직 대통령만이 할 수 있고 또 해야만 하는 일이다.

'지는 것이 이기는 것이다'는 말은 불변의 진리이다. 원만한 여야관계 형성에서도 마찬가지이다. 대통령 자신이 "감히… 내가 대통령인데…"라는 생각부터 철저히 버려야 한다. 대통령은 여야관계에서 어려움 심지어는 정치적 굴욕 등을 겪더라도 '지는 것이 이기는 것이다'라는 생각으로 국민이 원하는 '편안한 정치'를 펼쳐야 한다. 편안한 정치는 각 부처 장관들이 노력한 결실을 거두게 할 수 있다. 정부 정책들의 법제화를 통해 실질적 추진이 가능해지니 이러한 정치의 복원에 노력해야 한다. 정치를 통한 미래 대통령의 국가경영은 결국 대통령 자신이 삶에서 습득한 지식과 경험을 통해 터득한 '감' 즉, 통찰력 또는 지혜가 함께 어우러져 빚어내는 그의 인생의 예술인 것이다.

이를 위한 구체적인 전략은 십인십색일 것이다. 대통령마다 인생, 철학 그리고 가치가 다르기 때문이다. 다만 미래의 대통령에게 통용할 수 있는 원칙이 있다. 그것은 '많이 만나고 열심히 듣는 대통령'이 되어야 한나는 것이다. 만날 때 '화자^{話者}'가 아닌 '청자^{聽者}'가 되는 대통령이 되어야 한다. 대통령은 편안한 분위기에서 다양한 분야의 사람들을 수시로 만나 다양한 의견을 구하고 들어서 정치권을 포함한 사회전체와 소통을 높여야 한다.[642]

만남에서 대통령은 자신의 의견을 드러내 표출하기 보다는 다른 사람의 의견을 많이 들어야 한다. 미국 링컨 대통령의 리더십을 분석한 정치학자 굿윈$^{Doris\ Kearns\ Goodwin}$은 '민주주의 국가에서 여론에 대한 깊은 이해는 가장 큰 정치적 능력'[643]이라고 말했다. 실제로 대통령이 혼자서 말을 많이 하면 그 자리에서 감히 대통령과 다른 의견을 말할 사람은 없다. 나는 원래 말이 좀 많고 정치적 이해관계도 없을 뿐더러 역대 대통령과 인간적 신뢰관계도 있었다. 그런 나도 역대 대통령 앞에서 대통령과 다른 의견을 개진하기가 매우 조심스러웠다.

이와 관련해 미국 대통령의 노력은 많은 것을 시사해 준다. 클린턴 미국 대통령은 집권 초기 자신의 첫 연방 예산안 통과를 앞두고 "의회를 설득하기 시작했다. 클린턴은 매일같이 의원들에게 전화를 해서 달래고, 애걸하고, 압력을 가하고, 뭔가 할 수 있는 모든 방법을 동원했다."고 한다.[644]

또한 레이건 미국 대통령은 "1980년 선거에서 승리한 후… 이런 말을 했다. 주지사 시절에 얻은 교훈들 가운데 대통령직을 수행하는 데 필요한, 그러면서도 가장 가치 있는 것은 입법부와 협력이 성공할 수 있다는 인식이었다. 레이건은 (대통령) 취임 후 첫 백일 동안 49회의 만남을 통해 467명의 의원들을 만났다. 그 때문에 의원들 중에는 카터 정권 4년 동안 받았던 이상의 대접을 레이건 정권 4개월 동안에 다 받았다고 말했을 정도였다."[645] "…(영부인인) 낸시가 여행 중일 때면, 레이건은 백악관에서 '홀아비의 밤을 즐겼다고… 그럴 때면 절친한 의원 몇 명을 백악관으로 불러 저녁을 함께 한 다음 탁자에 둘러앉아 서로들 체면 따위는 잊고 아주 진한 농담을 주고받았다."고 한다.[646] 이처럼 개인 차원의 좋은 인간관계에 기초한 '만남의 정치'를 통해 레이건 대통령은 집권 초기 정책의 세부 내용에 대해서는 자세히 몰랐어도 각 부처 장관들과 백악관 참모들이 준비한 정책들을 효율적으로 입법화해 정책적 성공을 이룩했다.

우리 대통령은 청와대로 들어가기만 하면 사회 접촉이 떨어져 대통령의 소통능력이 급속히 감소한다.[647] 대통령의 일상적인 만남이 줄어든다. 혼자만의 고독은 많아지고 역사와의 대화 시간이 길어지면 정치적 아집이 높아지고 고립은 깊어진다. 대통령의 정치적 고립은 노무현 대통령은 탄핵 시기에, 이명박 대통령은 광우병 사태 기간 동안에 심해졌다. 박근혜 대통령은 삶 자체가 일상적인 만남이 없었다. 대통령 당선 후에도 고독과 고립은 더욱 심해졌다. 여성 정치인이라는 특수성도 있었다. 이것이 대통령의 정치적 유연성을 급격히 떨어뜨렸다. 거의 유일한 말벗인 최순실의 국정개입과 농단은 일상적 만남과 소통의 중요성을 제대로 보여준다.

큰 문제가 하나 더 있다. 박근혜 대통령을 포함해 역대 대통령의 정치적 고독의 시간이 임기 후반부로 갈수록 더욱 깊어져 정치적 오만과 편견이 함께 높아졌다는 점이다. 이와 관련해 박제균은 "임기 말 지지율이 10%대까지 떨어진 노무현 전 대통령은 역사 얘기를 많이 했다. '세종은 성군이있지만 세상을 바꾸지 못했다', '조선 500년을 지배한 혁명을 성공한 사람은 정도전이다'… 국민은 안 알아 줘도 역사는 평가해줄 것이란 기대 때문이었을까. 권력자가 민심을 곧이곧대로 받아들이지 않고 자기 합리화를 하는 것은 위험한 일이다. 자신에 대한 비판을 비난이나 저항으로 받아들여, 현재의 고난을 극복하는 것이 소명이라고 여겨선 곤란하다. 대통령의 눈과 귀를 가리는 사람은 대통령 자신이다."라고 말했다.[648]

대통령의 정치적 고립을 조금이나마 해소하려면 청와대의 대통령 집무실과 청와대 비서실을 광화문 정부종합청사로 옮겨야 한다. 청와대는 영빈관과 사저로만 사용하면 된다. 이러면 대통령의 일정은 매일 출퇴근하는 개념으로 바뀌게 된다. 특히 박근혜 대통령의 고립에 기인한 최순실의 국정 개입 사태를 경험하면서 '매일 출퇴근 하는 대통령'의 필요성은 더욱 높아졌다.

이를 통해 대통령을 둘러싸고 있는 인의 장막 문제도 조금은 해소된다. 대통령 집무실과 비서실이 함께 있기 때문에 시간과 공간의 비효율성도 극복할 수 있다. 무엇보다 이러한 공간배치는 대통령의 고독의 시간을 줄이고 사회적 만남의 횟수를 늘려준다. 대통령의 소통능력은 제고될 것이고 정치적 유연성 또한 높아질 것이다. 경호 상 불편은 그냥 불편할 뿐이다.

대통령의 정치력 복원이 중요한 이유는 '정치가 정책 위에 있기' 때문이다. 이 사실을 이명박 대통령은 임기 후에야 깨달았다. 임기 말 노무현 대통령이 말했듯이 대통령은 정부 정책의 빠른 추진과 효율성을 중시하는 시각에서 탈피해야 한다. 조금은 느리고 효율성이 떨어지더라도 '관용과 양보'의 정신이 반드시 필요하다.[649] 거겐이 주장한 것처럼 여·야간 대립이 극심한 우리 정치에서 여·야와 협력을 이룩한 대통령보다 더 강력한 힘을 발휘할 수 있는 것은 아무것도 없다.[650] 대통령이 국회에서 여야 간의 초당적인 협력을 기초로 강력한 정책의 승리를 일궈낸다면 이것이 대통령에게는 가장 큰 정치적 자산이 될 수 있다. 이것이 바로 대통령 리더십의 핵심이고 마법이다.

청와대 정무 기능의 강화

대통령의 입법 리더십 강화를 위해서는 청와대 정무기능도 강화해야 한다. 역대 청와대 정무기능 역시 비서진 개인 역량에 따라 수준과 질이 달랐다. 이제는 이러한 정치적 한계를 극복해야 한다. 정무기능의 강화에서도 비서진의 개인 능력이 아닌 팀이 중요하다.

관행이 아니라 시스템으로 움직여야 한다.

청와대 정무팀은 대통령의 뜻을 국회를 포함한 정치권에 단순히 전달하는 비서기능을 넘어서야 한다. 뛰어난 정치적 유연성으로 부족하거나 미숙한 대통령의 정치력을 보좌·보완하여 궁극적으로 원만한 여야관계를 이끌어내야 한다. 대통령은 원만한 당정관계와 여야관계 유지를 위해 청와대의 정무기능을 강화해야 한다. 이로써 대통령은 자신이 추구하는 주요 정책의 빠른 입법화 내지 법제화를 이끌어낼 수 있다.

이를 위해 먼저 청와대 정무수석비서관은 '다선의 전직 국회의원' 출신을 임명하여 대통령과 여당 그리고 대통령과 야당의 원만한 관계 형성에 노력하게 만들어야 한다. 또한 정치 경험이 미약하고 입법 리더십이 약한 대통령의 경우 정치 경험이 많은 다선의 전직 국회의원을 대통령 비서실장으로 임명하여 대통령의 부족한 정치력을 보완해야 한다. 아울러 정무수석비서관으로 대표되는 청와대 정무팀의 기능을 홍보수석비서관과 민정수석비서관 간의 긴밀한 협조를 통해 더욱 강화해야 한다.

아울러 내각에서도 정무기능을 담당하는 장관을 설치하여 원만한 여야관계 형성에 신경을 써야 한다. 구체적으로 내각에 김영삼 정부의 정무장관이나 이명박 정부의 특임장관처럼 정무담당 장관을 설치할 필요가 있다. 다선의 현역 국회의원을 정무담당 장관으로 임명하여 여당과 야당 그리고 대통령과 야당의 원만한 관계 형성에 노력해야 한다.

4
chapter

정치의 마에스트로 Maestro

"지도자의 선택은 '책임과 미련'의 차원을 넘어선다. 어떤 지도자가 되고 싶은지를 선택한다는 것은 곧 국가의 미래와 직결된다. 그렇기에 지도자의 선택은 괴로움을 넘어 두려움이어야 한다." ─이재명[651]

"계획이 실패하는 이유는 목적이 없기 때문이다. 어느 항구로 가야 할지 모른다면, 제아무리 순풍이 불어도 소용이 없다.[652] …강력한 이유는 강력한 행동을 낳는다." ─이지성[653]

"…정치는 단념해야 할 것을 단념하는 기술이다. 해서 안 되는 건 깨끗이 단념해야 한다. 그런 뒤 일의 완급과 선후, 또는 우선순위를 가려서 순리에 맞게 다스려 가는 기술이 현명한 정치라고 하겠다. 내게 정치 9단을 한 마디로 요약하라면 '국사國事를 적절하게 처리할 수 있는 능력'이라고 답해주고 싶다…" ─김종필[654]

"위대한 사람은 없다. 다만 범인凡人이 우연히 만나는 위대한 도전만이 있을 뿐이다" ─Halsey 제독[655]

"알렉산더 대왕이 B. C. 323년 6월 13일 바빌론에서 임종을 앞두고 '누구에게 왕국을 물려줄 것입니까?'라는 질문을 받았을 때 '가장 강한 자에게'라고 말했다. 그가 말한 가장 강한 자가 단순히 육체적 강자를 뜻하지는 않았을 것이다. 당대 최고 수준의 교육을 받았던 인물인 그로서는 아마도 지적으로 가장 강한 자, 가장 강력한 지도력을 발휘할 수 있는 자, 승리할 수 있는 자, 영감을 불어넣고 위엄을 달성할 수 있는 자를 의미했을 것이며, 자신 만큼 강한 자가 뒤를 잇기를 바랐을 것이다… 위대한 지도자, 비범한 지도자, 뛰어난 지도자 범주에는 들어가지 못하더라도 최소한 당대의 시대 사명을 알고 그것을 이루어낼 수 있는 지도자의 등장을 볼 수 있었으면 하는 것이 국민의 진솔한 염원이다." ─허화평[656]

대통령의 업적 평가는 늘 어렵다. 당시의 정치, 경제, 사회적 상황에 대한 이해 없이 특정 대통령의 업적을 평가하는 것은 위험하다. 실제로 미국의 케네디 대통령은 역사학자들의 미국 대통령 통치에 대한 평가와 관련해 "(버럭 화를 내면서) 그 사람들이 도대체 뭘 안다는 거지?… 그 사람들이 이 자리에 앉아 이 모든 신문을 읽고, 하루 종일 사람들의 이런저런 고충을 들어보기나 했느냐 말이지."라고 반문했다.[657] 특정 대통령과 그의 참모들은 모두 직면했던 현실의 문제에 도전했다. 그들은 성공을 꿈꾸면서 해결책을 구상했고 노력했다. 다만 대통령의 업적 평가와 관련해 슬픈 부분은 대통령의 존재감은 그가 바쁜 일정에서 얼마나 노력했느냐가 아니라 그가 이룩한 성과로 확인된다는 사실이다.

민주화 이후 역대 대통령의 국정운영 결과 중 국민에게 위대한 업적으로 각인된 것은 별로 없다. 이런 부정적 현실은 우리 사회가 영호남의 지역 편견에 사로 잡혀 있었기 때문이다. 지역 정서에 덧붙여 진보와 보수라는 이념 갈등도 국민의 부정적 인식에 한 몫을 하고 있다. 지역적으로는 김영삼(영남), 김대중(호남), 이명박(영남), 박근혜(영남) 대통령 등에게 편견이 있다. 이념적으로는 김대중 대통령과 노무현 대통령 등이 편견을 안고 있다. 이런 사실이 대통령의 업적을 객관적으로 평가하지 못하게 만드는 제약점이기도 하다.

미국은 초대 대통령 워싱턴을 비롯하여 링컨, 프랭클린 루스벨트 등처럼 그 업적이 훌륭한 성공한 대통령을 많이 배출했다. 지역과 이념의 편견을 극복하고 국민 대다수가 인정하고 존경하는 위대한 대통령도 만났다. 우리도 이런 대통령을 만날 때가 됐다.

시작은 대통령의 여유와 정치에서

역대 대통령 모두는 국가발전을 위해 열심히 노력했다. 그러나 불행하게도 그들은 대부분 국정의 방향을 잘못 잡고 일만 열심히 해서 기대했던 만큼의 결과를 얻어내지 못했다. 도리어 일을 열심히 안 하고 조금은 편히 쉬었더라면 더 나은 국정운영 결과를 만들어냈을지도 모른다. 이러한 시각의 실례는 박정희 대통령과 전두환 대통령 집권 초기의 경제발전이다. 두 대통령은 경제지식의 한계 때문에 정책의 전면에 직접 나서지 않았다. 청와대는 구체적인 정책에 간섭하지 않았다. 도리어 권한과 책임을 과감하게 내각의 경제부처에 위임했고 결과는 성공이었다.

쉬면서도 방향을 잘 잡는 대통령이 바람직하다. 정책의 여러 면을 두루 골고루 살피면서 국정에는 여유 있게 임하는 것이 중요하다. 남는 시간과 정신적 여유는 가장 중요한 곳에 집중하여 성과를 이루어내야 성공한다. 정두언은 "(미래 대통령은) 국가 운영에 필요한 문제의 본질과 핵심을 꿰뚫고 있는 사람이어야 한다. 그는 지금까지의 우리나라 여느 지도자들처럼 만기친람을 하지 않아야 한다… 하루 종일 바쁘게 일하지 않고, 충분한 휴식을 취하며 묵상과 대화에 많은 시간을 할애해야 한다…"라고 주장했다.[658]

미래 대통령은 고심해서 가장 중요한 것을 선택하고 그것에 집중해야 한다. 이것이 미래의 대통령이 직면해야 할 가장 중요하고도 어려운 과제이다. 이 책에서 끊임없이 강조한 입법 리더십의 제고가 필요한 근본적인 이유도 여기에 있다. 정치의 복원과 원만한 여야관계의 형성 과제 역시 이 연장선상에 있다.

'대통령의 위기'를 겪지 않으려면 선거운동과 국정운영의 차이 즉 통치의 차이를 제대로 이해해야 한다.[659] 선거운동은 기본적으로 '제로섬 게임'이다. 한쪽이 이기면 다른 한쪽은 패배한다. 승리를 위해서는 오직 한 길밖에 있을 수가 없다. 자연히 전쟁 개념을 도입하지 않을 수 없다. 전쟁에서 병사는 이기기 위해서 무슨 일이든 해야 한다. 그것이 옳든 그르든 상대편은 적이 되어야 한다. 타협은 추잡한 의미를 갖는 말로 전락하게 된다.

반면 국정운영은 전혀 다르다. 사안에 따라 상대를 적이 아니라 파트너로 생각할 수 있다. 국정운영은 본질적으로 '윈윈 게임'이 되어야 한다. 양편은 서로에게 이익이 되는 해법을 찾아 협력해야 한다. 모두가 승리를 거둘 수도 있으며, 지는 것이 이기는 경우가 생기기도 한다. 신뢰와 존경에 기초하면 협상이 가능해진다. 서로의 필요에 부응하는 해결에도 이를 수 있다.

여야대립이 극심한 정치 환경에서 '상호신뢰와 존경'은 낯설다. 그러나 미래 대통령의 성공적인 국정운영을 위해서는 필수적이다. 통치는 결코 거칠고 고단한 싸움이 아니며 그렇게 되어서도 안 된다. 미국의 성공한 대통령들의 위대한 입법적 성공은 기본적으로 대통령이 통치의 의미를 깊이 이해했기 때문에 가능했다.

문제는 정치다, 바보야

그 모색의 철학은 "문제는 정치다, 바보야!"이다. 1992년 미국 대선에서 민주당 클린턴 후보가 공화당 부시 대통령을 비판하며 사용했던 슬로건이 "문제는 경제다, 바보야$^{It\ is\ the\ economy,\ stupid!}$"이다. 경제가 어렵던 상황에서 이 슬로건은 시쳇말로 대박을 쳤다. 클린턴의 승리에 결정적인 역할을 했다. 그 후에 이는 문제의 핵심을 제대로 보지 못하는 대상을 비판할 때 즐겨 사용하는 문구가 되었다. 역대 대통령이 직면한 대통령의 위기 상황에서도 이 문구의 날카로움과 적절함을 빛내줄(?) 또 다른 경우를 발견할 수 있다. 바로 "문제는 정치다, 바보야!" 미래 대통령이 대통령의 위기를 제대로 인지하려면 명심해야 할 경우이다.

미국 하원의장을 지낸 오닐$^{Tip\ O'Neill}$은 "모든 미국 정치는 지역의 바닥 민심에서 시작한다(All American politics is local)"라며 미국 정치의 시작과 끝은 민심에 있다는 점을 강조했다. 비슷한 맥락에서 "모든 한국정치는 개인 친분 관계에 달려 있다(All Korean politics is personal)"라고 규정하고 싶다. 개인 친분 관계를 잘 맺어 놓으면 이 친분 관계가 지역 편견과 이념 갈등을 극복하고 새로운 공익을 창출할 수 있다. 물론 개인 친분 관계가 학연, 지연 등에 기초한 특수 관계라면 전근대적이라는 모순이 있기는 하다. 하지만 이것도 우리 정치문화의 한 부분이라고 생각하자. 이를 긍정적으로 발전시켜 활용해야 한다.

성공하려면 미래 대통령은 자연스러운 분위기에서 좀 더 많은 사람, 특히 여야의 국회의원을 만나고 또 만나야 한다. 때로는 그들의 의견을 경청하고 때로는 자신의 의지를 설명해야 한다. 그들과 친분 관계를 좋게 유지해야 한다. 만남이 정치의 시작이고 끝이다. 이것이 미래 대통령의 할 일이다.

성공한 대통령의 리더십의 요체는 만남을 통한 경청이고 경청을 통한 설득이다. 대통령 자신의 정치적 설득력을 높여야 한다. 대통령의 정치가 필요한 시점이다. 그리고 정책 추진 과정의 효율성을 중시하는 시각에서 탈피해야 한다. 조금은 느리고 효율성이 떨어지더라도 관용과 양보의 자세가 필요하다. 편안함, 자주 만남, 경청, 배려, 타협, 협상, 나눠 갖기, 조금은 느린 것, 조금 부드러운 것 등이 미래 대통령의 새로운 리더십의 소중한 덕목이다.

시대정신과 운

역대 대통령을 관찰하면서 깨달은 사실이 하나 있다. 그것은 자신의 '자질 또는 리더십$^{the\ man}$'과 그에 따른 업적도 중요하지만 또한 그가 처한 '시대 상황$^{the\ era}$'이 허락해야만 위대한 대통령으로 남을 수 있다는 사실이다.[660] 아무리 뛰어난 자질을 갖춘 대통령도 시대 상황이 안 따라주면 위대한 대통령이 되기는 어렵다.

시대 상황에는 시대정신^{zeitgeist}과 운^{luck}도 포함된다. 지도자와 시대가 맞아떨어져야 위대한 대통령이 탄생하는 법이다(The man and the moment have met).[661] 위대한 대통령이 출현하는 경우에는 역설적으로 운(?) 좋게 국가가 운명이 걸린 아주 심각한 위기나 도전, 즉 불행에 직면해 있었다. 위기와 불행 속에서 그 동안 갈고 닦아 왔던 실력을 발현하면 위대한 대통령이 된다. 이러한 관점에서 미래 대통령은 대통령의 역사를 깊이 이해해야 한다. 5년 단임 대통령의 정치적 한계도 알아야 한다. 겸손한 자세로 대통령직에 충실하고 장기적인 시각에서 국가 발전을 위해 노력해야 한다. 그 과정에서 자신의 업적은 자연스럽게 쌓여간다.

또한 미래 대통령은 각자가 '대한민국 대통령 역사'라는 '대통령의 진주목걸이'를 함께 만들어가는 주체라는 사실도 분명히 인식해야 한다. 과거 역대 대통령은 임기 동안 국정운영을 통해 진주목걸이 속에서 하나의 빛나는 진주 구슬이 되기보다는 진주목걸이 자체가 되려고 시도했다. 이러면 국정운영에 성공한다고 믿었다. 진주목걸이 자체를 새로 만들려는 시도가 바로 '성공하려는 패러다임'이고 강박관념이다. 물론 결론은 대부분 큰 진주 구슬이 되기는커녕 아주 작은 구슬로 전락해버렸다.

강천석이 "(재임)대통령 입장에서는 퇴임 후에도 자신의 정치철학을 계승하는 세력이 건재하다는 건 기분 좋은 일이다. 그러나 5년 단임 대통령에겐 이루기 힘든 희망이다. 이루어진다 해도 달라질 게 별로 없다. 3년 전 전국 방방곡곡에 걸렸던 (이명박 대통령의) '녹색성장' 표어는 눈을 씻어도 찾을 수가 없다. 전임 대통령이 후계 세력을 여기저기 심어 놓지 못해서가 아니다. 요란했던 소리만큼 실적이 따르지 않았기 때문이다. 박정희 대통령이 남긴 유산 가운데 무엇이 살아남고 무엇이 사라졌나를 보면 자명하다. 퇴임 대통령을 보호하는 방탄복으로 재임 중에 나라를 굳건히 하고 국민을 편안하게 한 업적만한 것이 없다."[662]는 주장을 대통령 모두 마음 깊이 새겨야 한다. 이것이 바로 '실패하지 않는 패러다임'이다.

미래 대통령은 크게 성공하려는 것보다 작지만 중요한 사업에서 승리를 많이 쟁취하면서 실패하지 않으려고 노력해야 한다. 이러면 다음 대통령은 누가 되든 최초로 실패하지 않은 대통령이 될 수 있다. 이것이 곧 최초로 '성공한 대통령'이 되는 길이다. 정치적 조정자라는 대통령직에 충실하면서 시대정신과 운이 함께 어우러지면 '정치의 마에스트로'가 될 수 있다. 나아가 위대한 대통령이 될 수도 있다.

최순실 게이트는 참담했다. 그러면서 자연스럽게 드는 의문은 한두 가지가 아니다. 박근혜 대통령이 5선 국회의원이 될 때까지 말벗과 이렇게 깊은 관계였다는 사실을 주위 사람들은 정녕 몰랐을까? 2007년 대통령에 도전했을 때 한나라당의 대선후보 검증 청문회에서 전문가들은 왜 몰랐을까? 2012년 새누리당 대통령 후보로서 '대통령후보 텔레비전 토론회'에서 마주했던 많은 전문가들은 어떻게 몰랐을까? 2012년 대선과정에서 야당의 많은 국회의원들은 어떻게 몰랐을까? 대통령이 되었을 때 그를 보좌한 뛰어난 관료 출신 참모들과 밀착 취재한 언론인은 왜 몰랐을까? 그 뛰어난 참모진과 언론인들 중 일부는 이러한 문제점을 알고 있지 않았을까? 정말로 어느 누구도 몰랐을까? 국익보다 사익을 위해 모르는 척 하지는 않았을까? 도리어 최순실의 명을 받들어 공범으로 참여하지는 않았을까? 등등이다.

이와 관련해 전여옥은 "국민은 멀리서만 본다. 당연히 실체를 알 수가 없다. '부모 없는 불쌍한 박근혜'를 지켜줘야 한다고, 그러니 대통령으로 뽑아줘야 한다고, 아버지에게서 보고 배운 것이 있을 거라고 믿는 많은 사람이 있었다. 나는 그 상황이 기막히고 참으로 걱정스러웠다. 불쌍하다고 대통령을 뽑아주면 국민이 불쌍해진다. 어둠 속에 있는 사람을 뽑으면 나라가

epilogue

어둠에 갇히게 된다. 나는 국민도 문제였다고 감히 말하고 싶다. 회사에서 직원을 뽑을 때는 나보다 더 똑똑하고 야무진 사람을 원하면서 대통령은 불쌍하다고, 어떤 아버지의 딸이라서 표를 준 국민도 문제였다. 그러나 더 나쁜 사람들은 대한민국 정치인들이었다. 야당은 무능했고 새누리당 친박은 '참 나쁜 정치인'들이었다. 그들이 몰랐다고? 개와 소가 웃을 이야기이다. 그들은 아주 잘 알고 있었다. 속속들이 알고 있었다. 그러나 친박들은 권력 나눔, 즉 '잿밥'에만 관심이 있었다. 그리고 약점 있는 대통령이라면 더 좋다고 생각했을 것이다. 그들 마음껏 조종할 수 있으니까 말이다…"라고 주장했다.[663]

　　민주화 이후 모든 대통령의 좌절의 역사 또는 대통령의 위기가 대통령 한 사람만의 잘못은 아니다. 토크빌^{Alexis de Tocqueville}이 말한 것처럼 '국민은 자신들의 수준에 맞는 정부를 갖는다.' 대통령의 부정적이고 자랑스럽지 못한 성적표에는 대통령을 선출한 우리의 책임도 있다. 이와 관련해 "우리가 어쨌기에 그런 사람들을 대통령으로 맞을 수밖에 없었던 것일까?"[664]라고 묻고 싶다. 이 질문에 대한 답은 이 책의 범위를 벗어나지만 '위대한 지도자의 탄생에 대한 국민의 착각과 환상'은 음미할 만하다.

위대한 영웅 출현의 어려움

"요즘 정치지도자들은 국민이 듣고 싶은 것만 얘기하려는 포퓰리즘적 성향이 강하다. '국가가 무엇이냐' '정치를 왜 하느냐'고 물으면 서슴없이 대답할 만한 국가관, 정치관을 지니고 있는 정치인이 많지 않다. 국회의원 몇 번 더 하려는 생각만이 지배적인 건 아닌지 스스로 반성하고 따져 봐야 한다. 나라와 역사가 요구하는 진정한 지도자는 욕먹는 일을 두려워해선 안 된다. 필요하면 국민에게 희생을 요구할 수 있어야 한다" —김종필[665]

"현재의 개헌론이 세^{勢}를 얻고 있는 데는 또 하나 요인이 작용하고 있다. 문재인·반기문·안철수·박원순 등등 대통령 후보로 오르내리는 누구를 현재 권력 구도에 대입^{代入}해 봐도 상황이 개선될 것 같지 않기 때문이다. 대부분의 외곬 정치 스타일로 보아 대통령 5년 단임제의 단점을 더 심화^{深化}시키리라고 염려하는 소리가 커져가고 있다" —강천석[666]

우리는 민주화 이후 김영삼 대통령부터 박근혜 대통령까지 많은 기대를 가지고 새 대통령의 시작을 바라보았다. 그리고 그들의 실패로 실망했고 대통령의 위기도 경험했다. 그러면서 대통령에 대한 실망이 크면 클수록 더 나은 자질의 대통령, 이른바 '백마 타고 오는 초인 지도자'를 기대하고 희망했다.[667] 학자들은 영웅사관에 입각해 대통령의 성공적인 국정운영을 위해 좀 더 훌륭한 자질을 가진 미래 대통령을 선출하는 데 연구의 중점을 두어 왔다.[668]

구체적으로 미래 대통령의 자질과 관련해서 좋은 대통령과 바른 리더십을 막연하게 강조해 왔다. 자질에 대한 막연한 강조는 역대 대통령의 실정, 즉 장기집권, 인권탄압, 부정부패 등과도 밀접한 연관성이 있다. 대통령 개인의 비극인 동시에 국민의 비극인 대통령의 실패 때문에 학자들은 좋은 대통령의 관점을 중시하는 연구를 축적했다. 이러한 연구는 좋은 자질을 갖춘 사람을 대통령에 선출하려는 자질론과 대통령 후보자 중에서 그러한 자질을 갖춘 대통령을 선출하는 과정에 초점을 두었다. 대통령을 꿈꾸는 많은 후보자들은 저마다 자신이 더 나은 자질의 소유자라고 주장했다.

과거 《동아일보》(1998.08.13)가 실시한 여론조사에서 우리 국민은 대통령의 자질 요소로 청렴과 도덕성(24.6%), 미래에 대한 비전(20.4%), 국정운영 능력(19.5%), 개혁성(16.7%), 참신한 이미지(15.2%), 강인한 지도력(0.7%) 등을 들었다. 그런데 최근 《연합뉴스》(2017.01.02)가 실시한 조사에서 국민들은 대통령의 자질 요소로 민주적 소통(41.0%), 경제안정(34.1%), 결단 및 위기관리(14.8%), 통일·안보·외교 관리(6.5%) 등을 들었다. 흥미로운 사실은 시간이 흐르면서 과거 바람직한 자질로 강조되었던 청렴 및 도덕성, 개혁성, 참신한 이미지 등이 뒤로 밀린 점이다.

그러나 현실은 학문세계의 담론이나 일반 여론조사와는 조금 다르다. 일반론은 현실을 제대로 투영해내지 못한다. 영호남간의 지역 편견, 정책 내용보다는 인물중심의 투표성향, 보수와 진보간의 이념 갈등, 연령별·성별 갈등 등 불합리하고 비민주적인 요소가 많은 게 현재의 대통령 선거 과정이다. 이러한 선거과정을 거쳐서 대통령에 당선된 사람은 기대한 만큼 훌륭한 자질의 소유자일 수가 없다.[669] 훌륭한 자질의 소유자가 대통령 선거 과정에서 정치적으로 생존하고 승리하기란 매우 힘들다. 현재의 대통령 선거 과정을 거쳐서 당선되는 사람은 모두가 갈망하는 훌륭한 자질의 소유자가 아니라고 생각해야 한다. 이것이 싫지만 받아들일 수밖에 없는 현실이다.

국민은 아직도 2017년 대선에서 도덕적으로 매우 깨끗하고 모든 문제를 해결할 수 있는 위대한 영웅의 출현을 희망할 것이다. 국민은 다음 대선에서도 '혹시나' 하는 마음을 가지고 여전히 메시아(기적)의 출현을 기대할지 모른다. 그러나 불행하게도 이에 대한 내 대답은 '역시나'이다. 그러한 위대한 지도자 또는 슈퍼 대통령의 탄생 가능성은 매우 낮다. 메시아는 현재 대통령 후보자들 중에 있지도 않고 오지도 않을 것이다. 기적은 일어나지 않는다. 위대한 대통령을 갖기에는 지역과 이념, 연령, 성별 등의 편견이 너무 심하다. 나라가 지향해야 할 방향에 대한 국민의 공감대 또는 합의도 아직 없다.

이와 관련해 주역의 대가 김석진은 "(2017년 선출될 대통령과 관련) 정치가 너무 여론에 휩쓸리고 네 편, 내 편 나뉜 채 이리 갔다 저리 갔다 해서 좋은 대통령이 나오기 쉽지 않을 것 같습니다. 양보다는 음의 시대이니 정치 지도자보다는 국민의 역할 비중이 점점 높아질 것입니다. 젊은 층과 여성, 청소년, 양지보다는 음지에서 일하는 일반 국민과 지도자가 어떻게 합심하느냐가 점점 중요해질 것입니다"라고 말했다.[670] 이게 현실이라면 오히려 '평범한 대통령 또는 평범함보다 조금 모자라는 대통령을 어떻게 도와 미래 대통령이 국정을 더욱 잘 운영하도록 할 수 있는가'에 관심을 두어야 한다.

집단지성의 중요성

"세계의 도전에 대응하고, 민주주의의 불완전성, 각 정파 사이에 놓인 간극을 줄이는 일은 냉소적이거나 겁을 주는 정치가 아니라 우리가 모두 참여하고 함께 하는 정치를 통해 이룰 수 있다." —오바마 대통령[671]

"(도산 안창호 선생이 말하기를) 우리 중에 지도자가 없는 것은 지도자가 되려고 마음먹고 힘쓰는 사람이 없는 까닭이다. 지도자가 없다고 한탄하는 그 자신이 왜 지도자 될 공부를 하지 아니하는가, 그리고 왜 지도자를 기르려 하지 아니 하는가? 이 시대에 우리 모두가 꼭 들어야 할 말이다. 너도 나도 지도자 없다고 염려만 할 것이 아니라 좋은 지도자 재목을 찾아내어, 국민들의 지지를 받으며 소신껏 일할 수 있도록 키워주고 밀어주고 세워주는 일에 나서야 한다. 지금이 그럴 때이다." —김진홍[672]

"역사의 발전이라는 것, 다시 말해서 역사의 발전을 위해 그 사회의 제도와 문화를 개혁한다는 것은 대통령 한두 사람의 힘으로 이루어지는 것이 아닙니다. 우선 정치적으로 판이 잘 짜여야 하고 그 다음에 그것을 강력하게 뒷받침해줄 수 있는 국민적 요구가 있고 그런 변화가 순조롭게 이루어질 수 있는 여러 가지 주변 상황이 함께 어우러져야 합니다. 그럴 때 역사의 큰 진보가 가능한 것입니다. 대통령을 뽑아놓고 그 대통령이 모든 것을 다 해야 된다는 생각을 가지고 있는 한, 우리는 항상 결과에 실망하게 됩니다. 실망하는 것 외에 다른 것은 없을 것입니다." —노무현 대통령[673]

대한민국이 성공하고 전진한 역사를 보면 '역경은 다른 옷으로 갈아입을 수 있는 기회'[674]라는 말이 절로 떠오른다. 국가가 위기에 처했을 때 지역적, 이념적, 연령별, 성별 편견을 벗어나 국민의 공감대가 이루어지면 국가는 성공을 이루었다. 1940~50년대 정부수립기, 1960~70년대 잘살아보자, 1980년대의 민주화 그리고 1997년 IMF 외환위기 극복 등이 대표 사례이다. 모두 하나가 되면 위기는 극복됐고 기적이 창출됐다. 미래 대통령의 성공을 위해 역사가 전하는 귀한 메시지이다.

앞으로 성공한 대통령을 갖기 위해서는 국민도 변해야 한다. 민주화 이전에는 나라가 위기나 어려움에 처했을 때 '대통령이 국민을 걱정했다.' 과거에는 나라가 지향해야 할 국가 비전과 이에 따른 국정과제와 목표도 대통령이 결정했다. 이제는 '국민이 대통령을 걱정해야 한다.' 국민이 '갑'인 시대가 열렸다. 갑인만큼 책임도 그만큼 크다. 강준만이 주장하듯이 이제 국민도 수동적이었던 '구경꾼 민주주의'의 태도와 자세에서 벗어나야 한다.[675]

이와 관련해서 김종윤은 "백성은 물이요, 군주는 배라고 했다. 물은 배를 띄우기도 하지만 뒤집을 수도 있다… 책임 있는 정치란 무엇인가. 표를 얻기 위한 포퓰리즘에 유권자가 휘둘리면 나라는 나락으로 떨어진다. 지난 대선에서 박근혜 후보와 문재인 후보는 과한 복지 공약을 내놨다. 그 공약의 후유증은 지금도 계속되고 있다. 당선된 박 후보가 내걸었던 증세 없는 복지는 사실상 공수표로 판명 났다. 낙선한 문 후보 역시 복지 포퓰리즘에서 벗어나지 못했다. 지금 유권자들이 '속았다'고 땅을 쳐봤자 소용없다. 결국 눈 밝은 유권자가 위대한 지도자를 골라내는 법이다."라고 말했다.[676]

사회는 이념·지역·계층적으로 너무 많이 분열되어 있다. 대통령이 국민의 공감대에 기초한 국정과제와 목표를 설정하기가 매우 어렵다. 이럴 때 방법은 집단지성을 발휘하는 것이다. 깨어 있는 사회 지도층과 지식인들, 소위 집단지성[677]이 지역적, 이념적, 연령별, 성별 등의 편견을 넘어서서 국가 비전과 사회 목표를 설정해야 한다. 이를 일반 국민들에게 널리 알리고 설득하여 국가적 합의를 만들어야 한다. 미래의 대통령은 국가적 합의에 기초를 둔 국정과제를 설정한 후 입법의 달인으로서 이를 빠르게 입법화해 효율적으로 추구해야 한다.

좌절의 역사와 대통령의 위기를 극복하는 근원적인 해답 역시 대통령에게 있는 것이 아니다. 집단지성을 포함한 우리 모두에게 있는 것이다. 김형오는 "사회가 전체적으로 업그레이드 돼야 좋은 지도자가 나온다. 이를테면 성숙한 시민의식, 건전한 시민단체 등이 견인차 역할을 해야 한다…"라고 주장했다.[678] 실례로 1862년 연방붕괴라는 국가 위기 상황에서 링컨 대통령은 의회에서 미국의 노예해방[679]이라는 대전환을 생각할 시기라는 인상적인 말을 남겼다. 그는 연방유지를 위해 노예해방을 강조하며 "과거의 정적인 믿음은 폭풍처럼 몰아치는 현재에는 맞지 않습니다. 어려움이 산적해 있고, 우리는 그 상황에 맞서 일어서야 합니다. 우리가 처한 상황이 새롭기 때문에 우리의 생각과 행동도 새로워져야 합니다. 우리는 우리 스스로를 해방한 다음에야 우리 조국을 구하게 될 것입니다."라고 말했다.[680]

지역·이념·연령 등의 편견에서 탈피

"아베에겐 당내 견제 세력도 없고, 권력도 총리실로 쏠리고 있다. 55년 자민당 창당 이래 없었던 현상이다. 급기야 아베의 임기 연장 문제가 논의되고 있다. 임기 3년인 자민당 총재의 3선을 허용하는 당규 개정 작업이다. 그렇게 되면 아베는 2021년 9월까지 집권이 가능하다. 제왕적 총리의 장기 집권이 이뤄지는 셈이다. 중국 국가 지도자의 10년 임기에 손색이 없다. 한국(5년)과는 완전 역전이다. 중국은 의회가 거수기이고 일본은 내각과 중의원 권력이 일체화된 내각책임제다. 여기에 한국은 여소야대이고, 쟁점 법안의 국회 가결 정족수는 5분의 3이다. 국회는 군림하되 결정하지 못한다. 2000년대 중반의 일본 징지를 보는 듯하다. 세계가, 주변 정세가 그리 한가로운가. 내부가 똘똘 뭉쳐도 헤쳐가기 쉽지 않은 도전 요인이 가득하다. 뭔가 대타협이 필요하다. 연정이 안 되면 정책 연합을 통해서라도 생산할 수 있는 정치의 틀을 짜내야 한다. 그렇게 하지 않으면 우리는 격동의 시대에서 뒤처질지 모른다." —오영환[681]

"대통령이 5년간 대단한 업적을 남기면 또 얼마나 남길 수 있겠나. 진짜 이렇게 죽기 살기로 싸워야 할 이유가 있는 건가. 이 당과 저 당 사이에 무슨 노선 차이가 그리고 크단 말인가."
—박신홍[682]

지금 우리가 처한 국가적 대전환기에서 과연 얼마나 지역적, 이념적, 연령별, 성별 등의 편견에서 빠르게 벗어날 수 있을까? 사회는 급격하게 고령화되는 과정이다. 이러한 인구 변화는 우리 정치의 보수화에 막대한 영향을 미칠 것이다.

구체적으로 연령대별 유권자 구성을 보자. 2012년 대선 당시에는 20대 18%, 30대 20%, 40대 22%, 50대 19%, 60세 이상이 21%를 차지했다. 2016년 말에는 20대 17%, 30대 18%, 40대 20%, 50대 20%, 60세 이상이 24%였다. 2012년 대선에서 2030세대는 전체 연령대의 38%를, 2016년 말에는 35%를 차지했다. 5060세대는 2012년 40%였던 것이 2016년 말에는 44%로 늘어났다. 5060세대와 2030세대의 규모 격차가 2012년 2%였던 것이, 2016년 9%로 늘어났다.[683]

이러한 인구 연령의 변화는 국민의 정치적 성향과 편견에도 막대한 영향을 미치고 있다. 우리 국민의 정치 성향 여론조사에서 40대는 진보(56.4%)가 보수(37.9%)보다 많은 반면, 50대는 보수(56.6%)와 진보(38.5%)의 역전 현상이 나타났다. 특히 60대는 보수(67.4%)가 진보(23.2%)보다 세 배 가량 많은 것으로 조사되었다.[684]

이러한 지역적, 이념적,[685] 연령별,[686] 성별 편견들로부터 벗어나는 데에는 상당히 많은 시간이 필요할 것이다. 이번 2017년 대선까지는 유권자의 보수화가 계속 진척되어 이러한 편견들로부터 크게 벗어나지 못할 것이다. 이 때문에 2017년에 선출될 새로운 대통령이 모든 편견에서 벗어나 성공하기는 어려울 것이다.

또 하나 2017년 대선에서 여성 대통령은 나오지 않을 것이다. 박근혜 대통령 이후 여성 대통령이 다시 선출되기까지는 상당한 시간이 걸릴 것이다. 최순실 게이트는 정치적 폐쇄성과 유연성 부족의 상징이다. 이것이 '여성 대통령의 정치적 한계'로 인식되어서 여성 대통령이 나오려면 시간이 필요하다.

2017년에 선출될 대통령은 성공한 대통령이 되기보다는 '실패하지 않는 대통령'이 되려고 노력하는 것이 좋다. 다만 2017년 이후 다음 대선에서는 지역과 이념, 연령과 성별 등의 편견들로부터 벗어나는 선거문화의 획기적인 변화도 기대한다. 2017년 이후 다음 대선까지도 우리가 변하지 않으면 미래가 너무 어두워진다. 그 때쯤 되면 사회적 부의 불평등 문제 등 거대 담론에 대해 국민의 공감대와 사회의 합의가 이루어질 것이다.[687] 또한 그 때쯤이면 보수진영에서는 이명박 대통령이나 박근혜 대통령보다는 조금은 더 깨끗하고 개혁적이며 따뜻한 후보자가 나올 것이다. 진보 진영에서도 정동영 또는 문재인 후보보다는 조금은 더 합리적이면서 실용적이고 책임 있는 후보자를 만들어낼 것이다.

이와 관련해 정두언은 "…(미래) 새 지도자는 국가의 미래 성장 동력을 확보하기 위해 온 경제 역량을 4차 산업혁명 시대에 걸 맞는 산업구조 조정에 쏟아 부어야 한다. 좀 더 구체적으로는 인공지능, 사물인터넷(IoT), 로봇, 드론, 신서비스 산업에 국가 R&D 역량을 집중해야 한다. 그리고 지금까지 역대 정부가 해내지 못한 공공개혁, 금융개혁, 노동개혁, 재벌개혁을 완수해야 한다… 이 일들이 우리나라의 가장 시급한 당면과제인 일자리 창출과 사회 양극화를 해소하기 위해서도 필수 불가결한 것임을 절감해야 한다…"라고 주장했다.[688]

통치는 예술

"역사에 의존하여 상상력을 자극할 수 있다. 과거를 보는 것은 또 다른 미래를 상상할 수 있도록 해주기 때문이다. 그렇지만 우리는 또한 각자의 정치적 맥락에서 역사의 교훈을 응용하는 법을 배워야 한다." —데이빗 거겐[689]

"정치는 쏟아지는 욕을 참아내면서 문제를 해결해가는 예술이라고도 할 수 있을 것이다." —김종필[690]

이 책은 민주화 이후 역대 대통령이 직면했던 대통령의 위기, 즉 실패의 원인을 분석하고 그 극복 조건, 곧 성공의 실마리를 찾고 있다. 이 책을 쓰면서 대통령의 위기를 초래하는 문제점들을 시원하게 날려버릴 수 있는 '비책'을 제시하고 싶었다. 그러나 역대 대통령과 개인 인연에서 나온 다양한 일화로 구성된 이 책에서 대통령 성공의 만병통치약을 끌어내는 것은 불가능한 일이다. 왜냐하면 대통령 개개인이 각각 직면한 정치·사회·경제적 상황이 다르기에 직면한 문제점들이 상이하고 자신들의 경험과 지식도 모두 다르기 때문이다.

사실은 그런 비책이 있을 수 없다. 비책은 이상향이다. 지금까지도 현실을 이상향에 접목했다가 지우기를 반복하고 있다. 또한 비책과 관련한 대통령의 성공 전략을 끌어내는 것도 쉬운 일은 아니다. 성공한 리더십을 분석한 연구가 참고지식은 될 수 있다. 실제로 정치 현장에서 맞닥뜨리는 문제점을 해결하는 구체적인 방법을 찾는 데는 간혹 도움이 되는 경우도 있다. 그러나 도움이 되지 않는 경우가 더 많았다. 이것은 오마에 겐이치가 비유했듯이 유명한 요리 책의 조리법으로 요리를 했음에도 불구하고 대부분 사람들이 제대로 맛을 내는 요리를 만들지 못하는 상황과 비슷하다.[691]

다만 오랜 경험 속에서 성공과 좌절을 많이 겪어서 요리에 조금은 '감'이 있는 사람들은 유명 요리 책의 조리법을 읽고 특별한 깨달음(소위 '통찰력')이 생겨서 제대로 맛을 내는 요리를 만드는 경우가 있다. 미래 대통령의 성공 역시 마찬가지이다. 대통령의 위기를 극복하기 위한 성공 전략들 중 어느 것을 택하느냐는 결국 특정 개별 대통령의 감, 경험, 통찰력에 의존할 수밖에 없다. 비슷한 문제에 대해 역대 대통령이 어떻게 대응했는지를 상세하게 알고 이해하면 성공적인 국정운영에 도움이 될 것이다.

미래의 대통령이 이 책에서 제시하는 대통령의 성공 전략을 기초로 자신의 '경험'과 '감'을 더해 대통령의 위기를 극복하는 자신만의 통찰력을 높여가기를 희망한다. 이 책은 처음부터 끝까지 "대통령의 국가경영은 그의 삶의 역정이 빚어내는 '예술^{art}'이다."라고 주장한다. 과거 대통령의 실패에서 미래 대통령은 성공의 길을 찾아낼 수 있기 때문이다. 이 책은 과거 대통령의 실패를 미래의 성공으로 연결하는 방법을 제시하고 있다. 여기에 자신의 경험 및 감을 제대로 융합해 '정치에 대한 예술 감각'을 높이면 대통령은 성공한다. 최소한 실패는 하지 않는다. 정치의 마에스트로가 될 수도 있다. 물론 이것은 대통령 자신의 몫이다.

note

| 주 |

감사의 말

1. 장하준(2007), 《나쁜 사마리아인들》, 부키, p.98.
2. 이 책의 서문 말미에 김영삼 대통령은 "고려대 함성득 교수가 대통령학 수업을 통하여 '김영삼 Presidency 심포지엄'을 가진 것은 매우 의미 있는 일이었다고 생각한다. 나 자신은 물론 강의에 초대받은 분들이 성심껏 문민정부에 관하여 말씀드린 것으로 안다. 아무쪼록 어려운 여건 속에서 진행된 이번 심포지움이 문민정부의 역사적 성격과 역할, 그 성공과 실패에 대하여 객관적으로 이해할 수 있는 계기가 되기를 바라마지 않는다."라고 적었다. 함성득(2001), 《김영삼 정부의 성공과 실패》, 나남, pp.17-18.
3. '김대중 대통령의 고려대 특별강좌', 《동아일보》, 1998.06.31. 2009년 8월 김대중 대통령이 돌아가셨을 때, 나는 권노갑 씨의 도움으로 김대중 대통령의 시신이 국회로 옮겨지기 직전 연세대 세브란스병원에서 그의 시신을 마주할 기회를 얻었다. 그때 그 동안의 돌봄과 배려에 머리 숙여 깊은 감사를 표했다.
4. 함성득(2008a), 〈대통령학 전문가가 본 이명박: 150일 간의 이유 있는 혼란〉, 《월간조선》, 6월호, pp.92-106.
5. 함성득(2012), 《대통령당선자의 성공과 실패》, 나남. 이명박 대통령만 생각하면 떠오르는 에피소드가 하나 있다. "이명박 대통령이 서울시장 시절 오후 2시에 시작하는 세미나에 참석하기 위해 안암동 고려대학교에서 택시를 타고 가다가 서울시청 근처 코오롱 빌딩 앞 길가에서 교통이 막혀서 서 있었다. 점심을 먹고 서울시청 쪽으로 걸어가고 있던 이명박 시장에게 택시 창문을 열어 인사를

드렸다. 빨리 내리라고 하기에 엉겁결에 내려 둘이 잠깐 유쾌한 '번개팅' 산책을 했다. 물론 세미나는 조금 늦었지만…"

6. 함성득(2013a), 〈박근혜 당선자에 대한 대통령학 교수의 제언: 큰 성공보다 작은 성공을 노려라!〉, 《월간조선》, 1월호, pp.158-169.
7. 2007년 박근혜 대통령이 한나라당 대표 시절 그의 핵심 측근이었던 전여옥 의원은 "2005년 대구 행사장에서 당시 박(근혜) 대표 바로 뒷줄에 앉아 있었다. 비가 내리기 시작했다. 옆에 있던 의원들이 내게 말했다. '전 대변인, 뭐하고 있나? 대표님 머리에 (우비 모자를) 씌워드려야지.' 순간 나는 당황했다. 자기 우비 모자는 자기가 쓰면 되는 것 아닌가? 나는 (모자를 씌우기 위해) 천천히 일어났다. 그러자 카메라 플래시가 미친 듯이 터졌다. 박근혜 대표는 한마디도, 미동도 없었다."라며 박근혜 대통령을 비판한 적이 있다. 《동아일보》, 2012.01.11.

그런데 나는 박근혜 대통령에 대한 조금 다른 경험이 있다. 2001년 1월 미국의 조지 W 부시 대통령 취임식에 박근혜 대통령과 함께 참석했다. 그때의 경험에 대해 언론에서는 "당시 동행했던 함성득 고려대 교수는 '박 당선인은 워싱턴에 진눈깨비가 내리는 궂은 날씨인데도 끝까지 자리를 지켰다'며 '볼거리가 많은 미국 대통령 취임식에서 (자신의 취임식) 영감을 받았을 것'이라고 전했다."라며 소개했다. 《중앙선데이》, 2013.02.17.; 〈권노갑 회고록〉, 《신동아》 2013년 2월호, pp.204-213. 이날 취임식이 진행되는 동안 간간이 진눈깨비가 내렸는데, 그럴 때마다 박근혜 대통령은 직접 우산을 들어 우산이 없던 내게 씌워주었다. 당시 박근혜 대통령이 직접 우산을 씌워주던 장면은 우연히 사진에 찍혀서 현재까지 보관하고 있다.

8. 한표욱(1984), 《한미외교 요람기》, 중앙일보사.
9. 《중앙일보》는 2015년 3월부터 12월까지 〈김종필 증언록: 소이부답笑而不答〉을 연재했다. 2007년 나는 한 기업인의 재정적 후원 아래서 김종필 국무총리와의 회고록 집필 계약을 맺기 위해 노력했다. 그는 내게 회고록을 쓰게 되면 자꾸만 당시 상황들을 미화하게 되고 당시 사건에 대한 자의적인 해석이 많아져서 '절대로'(?) 회고록을 쓰지 않고 모든 것을 가슴에 안고 가겠다고 말했다.
10. 김종필 총리는 너무나도 노련한 정치인이어서 여러 만남에서 내가 제기한 질문들에 대해 '선택적 기억'을 통해 답을 주어서 많이 실망했다. 한편 《중앙일보》에 연재했던 그의 회고록 상당 부분은 이러한 정치적 노련함에 기초한 '선택적 기억'이 많은 부분을 차지했다. 특히 이후락 대통령 비서실장, 차지철 경호실장, 정일권 국무총리, 김형욱 중앙정보부장 등에 대한 그의 비판적 회고는 선택적 기억의 결과였다. 그들에 대한 개인적 호불호를 제외하고도, 5·16 쿠데타 이후 불거진 새나라 자동차 사건, 워커힐 사건, 증권파동 사건, 회전당구대(일명 파친

코) 사건 등 '4대 의혹사건'에 대해 자신은 전혀 책임이 없다는 주장에 실망했다. 역사적 사실에 대한 그의 자의적 해석과 왜곡의 문제점들(예를 들어, 1963년 한일협정, 1969년 3선 개헌, 1975년 김종필의 국무총리 사퇴이유, 재산축적 등)은 장슬기(2016,《김종필 증언록이 말하지 않은 것들》, 미디어오늘)와 문명자(1999,《내가 본 박정희와 김대중》, 월간 말) 등에 체계적으로 잘 분석되어 있다. 실례로 1975년 김종필의 국무총리 사퇴와 관련 김종필 자신은 '건강상의 이유'를 들었다. 그러나 문명자(1999, 같은 책, pp.220-221)는 1975년 캔두 CANDU 핵원자로 한국 판매에 대한 캐나다 정부의 자체 조사에서 김종필이 뇌물을 받은 것이 밝혀져 해임되었다고 주장했다.

한편 김종필 자신도《중앙일보》증언록과 관련 "…회고록이 아니고 증언록이야. 있던 일을 한 번 더 내가 확인하기 위해, 증언을 하겠다는 뜻에서 증언록이라고 했어. 거기서 박정희 대통령에 대해서 (나쁜 소리는) 한 마디도 안 했어. 나오면 인식이 달라질 정도여. 뭐 다 아는 한 가지 사례만 보더라도 그렇지. 계집애 데려다 술 마시다가 제일 믿는 부하한테 총 맞았잖아. 그걸 뭐라고들 해석하느냐고. 그런 불행은 있을 수 없는 일이야. 당하게끔 했다고. 물론 위대한 사람이야 틀림없지… 박(정희) 대통령도 권력을 잡고 보니까 욕심이 자꾸 났고… 사람이 그래서 망하는 거지. 증언록에 그런 것들 썼으면 더 재미있었을 텐데 일절 박 대통령 관련은 건드리지 않았어. (증언록에) 한 마디도 안 나오지. 국민들이 통 크고 이해력이 많고, 자기를 희생시키면서 나라 구한 분으로 기억하는 게 나을 거야. 그런 분을 제일 측근이 좋지 않은 말을 남겨 놓으면 안 좋다는 생각에서 박 대통령 (나쁜)얘기는 일절 안 했어. 기자들이 자꾸 있을 거라고 물어보는데도 없다고 했어. 책에도 안 썼지…"라고 말했다.〈김종필 전 총리 인터뷰〉,《시사저널》, 2016.11.14.

우연인지 필연인지는 모르지만 내가 관찰한 바에 따르면 김영삼 대통령부터 박근혜 대통령까지 김종필과 정치적으로 제휴를 하거나 또는 김종필의 정치적 지지를 직접적이나 간접적으로 받으면 대통령이 되었다. 반면 그의 정치적 지지를 받지 못한 사람은 대통령이 되지 못했다. 실례로 1997년과 2002년 대선에서 패배한 이회창 한나라당 후보는 김종필과 정치적 제휴를 하지 않았거나 정치적 지지를 받지 못해 대통령이 되지 못했다.

프롤로그

11. 김진명(2010),《몽유도원도》제2권, 새움출판사, p.322.
12. 이명박(2015),《대통령의 시간, 2008-2013》, 알에이치코리아, p.26.

13. 김태효, '미 대학 장서에도 적용되는 '中·日·韓 5:4:1' 원리', 《조선일보》, 2015.10.19.
14. 《경향신문》, '1인당 국민소득 6년 만에 감소', 2016.03.25.
15. 《노컷뉴스》, '이명박 747도, 박근혜 474도… 대국민 사기극', 2015.07.28.
16. 이지성(2015), 《생각하는 인문학》, 문학동네, p.171.
17. 이훈범, '이 무능한 정부를 어찌할꼬', 《중앙일보》, 2015.06.06.
18. 《아시아경제》, 2016.09.21.
19. 허화평(2014), 《경제 민주화를 비판하다》, 기파랑, pp.272-273.
20. 앨런 액슬로드(2004), 《두려움은 없다: 불굴의 CEO 루스벨트》, 나선숙 (역), 한스미디어, p.276.
21. 이하원, '이러려고 대통령을 했나…' 《조선일보》, 2016.11.05.
22. 김충남(2006), 《대통령과 국가경영》, 서울대출판부.
23. 이장규(2014), 《대통령의 경제학》, 기파랑, p.8.
24. 김충남(2006), 같은 책, p.5; 이종률(2002), 《대통령》, 통일시대 연구소.
25. 노무현(2009), 《성공과 좌절: 노무현 대통령 못 다 쓴 회고록》, 학고재, p.30.
26. 이 조사에서 '전직 대통령 중 해방 이후 우리나라를 가장 잘 이끈 대통령이 누구라고 생각하는지' 물은 결과, 박정희 대통령이 44%의 지지율로 1위를, 2위는 노무현 대통령(24%), 이어 김대중 대통령(14%), 이승만 대통령(3%), 전두환 대통령(3%), 김영삼 대통령(1%), 이명박 대통령(1%), 노태우 대통령(0.1%) 순이었다. 한편 박정희 대통령과 노무현 대통령은 연령대에 따라 지지층이 확연히 갈렸다. 구체적으로 노무현 대통령은 저연령일수록(2030 세대에서 약 40%), 박정희 대통령은 고연령일수록(50대 62%, 60세 이상 71%) 지지율이 높았다. 또한 이념적 지지정당별로 보면 새누리당 지지층은 74%가 박정희 대통령을 꼽은 반면, 새정치민주연합과 정의당 등 야당 지지층은 약 45%가 노무현 대통령, 약 30%는 김대중 대통령을 선택했다.
27. 강원택(2012), 〈서언: 노태우 리더십의 재평가〉, 강원택 (편), 《노태우 시대의 재인식》 나남, p.15.
28. 이종률(2002), 같은 책, p.101.
29. Fukuyama, Francis(2016), "American Political Decay or Renewal?", Foreign Affairs, 95(4). 후쿠야마는 통치의 위기를 '비토크라시^{vetocracy}, 즉 '거부권 정치'라고 규정하면서 미국 정치에서 당파간의 첨예한 대립 때문에 반복되는 국가예산의 위기, 관료제의 쇠퇴, 정책혁신의 부족 등을 그 잔상^{hallmark}들의 예시로 열거했다.
30. 김형오(2016), 《누구를 위한 나라인가》, 21세기북스, p.185. 이 책에서 성공하지

못한 대통령 또는 실패한 대통령은 박세일(2002,《대통령의 성공조건 1》, 나남, p.83)이 주장하듯이 취임 당시 대통령의 국민에 대한 약속과 그에 대한 국민적 기대와 희망이 상당 부분 제대로 이행되지 못하여 퇴임할 때에는 박수보다는 비판과 비난을 더 거세게 받는 경우를 의미한다.

31. 저성장은 장기적으로 경제성장률이 지속적으로 하락하는 '성장률 추락 현상'이다. 실제로 한국 경제는 제로 성장 시대에 빠르게 접근 중이다. 1997년 외환위기 이후 한국 경제의 장기 성장 추세를 나타내는 10년 이동 평균 성장률은 5년마다 평균 1%씩 떨어졌다. 실례로 김대중 정부 시절 5%대였던 것이 노무현 정부 시절에는 4%대로 하락했고, 이명박 정부 때는 3%까지 떨어졌고, 박근혜 정부에서는 2%대로 추락했다. 이 추세가 이어지면, 차기 대통령 임기 말에는 장기 성장률이 0%대에 진입할 수도 있다는 것이다. 김세직, '한국 성장률 하락은 미^{美} 경기 변동과 달라 부양책 그만 내놓고 인적자본 육성해야',《조선일보》, 2016.02.20.

32. 우리나라는 2000년 총인구에서 65세 이상 노인 인구가 차지하는 비율이 7.2%에 달해 이미 고령화 사회이다. 2018년에는 노인 인구 비중이 14%이상인 고령사회로 진입할 것이다. 배상근, '2년 뒤엔 노인이 14%… 고령 사회가 시작됐다',《조선일보》, 2016.03.26.

33. '정두언 회고록',《허핑턴포스트》2016.10.18.

34. 이 책은 1987년 민주화 이후 현행 5년 단임 대통령제 아래서 역대 우리 대통령의 성공과 실패를 노태우 대통령부터가 아닌 김영삼 대통령부터 박근혜 대통령까지 살펴보고 있다. 노태우 대통령은 민주화 이후 현행 5년 단임 대통령제 아래서 처음으로 "민주적 경쟁을 통해 당선된 정통성을 갖는 대통령"(강원택(2012), 같은 책, p.5)이었다. 하지만 그는 "군사적 권위주의체제로부터 민주주의적 시민사회로 전이하는 중간단계에 놓여" 있었다. 진덕규(1994),〈노태우 정부의 권력 구조와 정치체제〉, 안청시 (편),《전환기의 한국 민주주의, 1987-1992》, 법문사, p.85. 한편 김대중 대통령은 "(노태우 대통령은) 국민의 직접 선거로 뽑혔지만 결국 그 뿌리는 군사정권"이라고 비판했다. 김대중(2010a),《김대중 자서전》1권, 삼인, p.519. 이러한 관점에서 이 책은 노태우 대통령을 '민주화 과도기의 대통령'(임혁백(2011),《1987년 이후의 한국 민주주의》, 고려대 출판부, p.130)으로 보아 연구의 주요 대상에 포함하지 않고 비교의 대상으로 분석하고 있다.

35. 허화평(2014), 같은 책; 한국대통령평가위원회, 한국대통령학연구소(2002),《한국의 역대 대통령 평가》, 조선일보사.

36. 허화평(2014), 같은 책, p.17.

37. 김용옥(2015), 《도올의 중국일기》 2권, 통나무, p.322.
38. 신동준(2011), 《후흑학》, 위즈덤하우스, p.307.
39. 신동준(2011), 같은 책, p.19; pp.42~43. 또한 그는 "동양 전래의 제왕학 이론은 대통령학 등 서양의 리더십 이론과는 많은 차이가 있다. 자칫 대통령학 이론을 그대로 적용했다가는 낭패를 보기 십상이다. 풍토가 다르면 생장하는 동식물도 다르듯이 동아시아 3국에 부합하는 리더십 이론이 있다. 그게 바로 후흑학과 야스오카학이다."라고 강조했다. 한편 《정관정요》는 중국 당나라 때 사관 오긍이 저술하였고 모두 19권 40편으로 구성되어 있다. 역대 중국 황제들의 필독서로서 당태종(재위기간: 626년~649년)의 처세와 치적을 생동감 있고 사실적으로 서술한 것이 특징이다. 《정관정요》는 성공적인 '수신제가치국평천하'의 사례를 집대성 해놓음으로써 어떻게 나라를 다스리고 권력을 통제하며 인사를 배치할 것인지, 어떻게 이익과 폐단을 가늠하고 신료를 통제하여 부패를 막아 화근을 없앨 것인지, 아울러 민심을 어떻게 살필지 등의 치세에 관한 일련의 지혜를 제시하고 있다. 자세한 것은 오긍(2016), 《정관정요》, 김원중 (역), 휴머니스트; 즈가오(2005), 《강희·옹정·건륭의 인재경》, 파라북스 참조.
40. 강원택(2012), 같은 책; 구광모(1984), 《대통령론: 지도자의 개성과 유형》, 고려원; 김충남(1992), 《성공한 대통령 실패한 대통령》, 전원; 김충남(2006), 같은 책; 김호진(1997), 《한국정치체제론》, 박영사; 안병만(1998), 〈역대 통치자의 리더십 연구〉, 한국행정학회 세미나; 이강로(1993), 〈김영삼의 지도력 유형〉, 《한국정치학회보》, 27(2), pp.145-164; 이종범(1995), 〈김영삼 대통령의 리더십 특성과 국정관리 유형: 문민정부 1년의 정책평가〉, 《한국행정학보》, 28(4), pp.1127-1140; 이종률(2002), 같은 책; 정윤재(2003), 《정치리더십과 한국 민주주의》, 나남; 한국대통령평가위원회·한국대통령학연구소(2002), 같은 책; 한승조(1992), 《한국정치의 지도자들》, 대정진; 함성득(2007), 〈문헌고찰을 통한 한국 대통령의 자질 연구: 전망적 자질 연구의 중요성〉, 《정부학연구》, 13(4), pp.41-62; 함성득·양다승(2012), 〈한국 대통령의 과학기술 리더십 연구: 민주화 이전과 이후의 비교론적 관점에서〉, 《한국정치학회보》, 46(1), pp.141-174.

제1장. 한국의 대통령 왜 성공하지 못하는가

41. 강원택(2012), 같은 책, p.17.
42. 박명호(2007), 〈과도기 정치의 국가통치: 토론〉, 한국정치학회 (편), 《한국의 대통령 리더십과 국가 발전》, 인간사랑, p.194.
43. 강원택(2012), 같은 책, p.17.

44. 이와 관련해 나는 "…현재 우리는 대통령학의 발전을 위한 매우 중요한 자료를 갖고 있다. 그것은 생존해 있는 전직 대통령들이다. 이들 전직 대통령들이 회고록을 저술하고, 이 회고록 속에서 임기 중의 업적 찬양보다는 자신들이 경험한 국정운영의 경험을 더욱 객관적으로 기술한다면 우리의 대통령학 연구에 많은 기여를 할 것이다 …전직 대통령은 그들의 업적 찬양 회고록이 아닌, 성공과 실패에 대한 진술하고도 생생한 회고록을 남기는 것이 매우 중요하다는 사실을 깨달아야 한다. 이렇게 남겨진 자료들을 토대로 대통령의 성공과 실패에 대한 객관적인 분석을 시도해야 한다. 즉 실패에 대해서는 철저한 원인규명을 통해 앞으로 있을지도 모르는 실패를 미연에 방지해야 하며, 훌륭한 업적에 대해서는 그 성공의 열쇠를 찾아내어 계승시켜야 한다. 이는 곧 후대 대통령들의 성공적인 국정운영의 밑거름이 될 뿐 아니라, 국가발전에도 기여할 것이다…"라고 주장했다. 함성득, 〈대통령과 통치자료〉,《조선일보》 2007.01.25.

민주화 이후 역대 대통령은 모두 회고록을 남겼다. 구체적으로 노태우 대통령은 노태우(2011a),《노태우 회고록》상, 조선뉴스프레스 ; 노태우(2011b),《노태우 회고록》하, 조선뉴스프레스, 김영삼 대통령은 대통령 당선 이전까지 회고록인 김영삼(2000a),《김영삼 회고록》1권, 백산서당; 김영삼(2000b),《김영삼 회고록》2권, 백산서당; 김영삼(2000c),《김영삼 회고록》3권, 백산서당과 대통령 당선 이후 회고록인 김영삼(2001a),《김영삼 대통령 회고록》상, 조선일보사; 김영삼(2001b),《김영삼 대통령 회고록》하, 조선일보사, 김대중 대통령은 생전에 집필을 마친 다음 그의 사후에 발간된 김대중(2010a),《김대중 자서전》1권, 삼인; 김대중(2010b),《김대중 자서전》2권, 삼인, 노무현 대통령은 사후에 노무현 대통령이 못 다 쓴 회고록으로서《성공과 좌절: 노무현 대통령 못 다 쓴 회고록》(2009)과 유시민이 정리한 노무현(2010),《노무현 자서전: 운명이다》, 유시민(역), 돌베개, 그리고 이명박 대통령은《대통령의 시간, 2008-2013》(2015) 등을 발간했다.

이러한 역대 대통령의 회고록은 대체적으로 출간 당시의 정치적 사정을 고려하여 각 대통령의 '선택적 기억'에 기초하여 그들의 실수나 과오에 대한 진솔한 반성보다는 업적에 대한 과대한 선전 내지 자랑이 많은 소위 '자화자찬용' 설명이 많다. 또한 서술의 내용이 대부분 시간적 순서에 따른 사건의 나열이 많은 기록물이다 보니 그 학문적 가치는 낮은 편이다. 특히 김영삼 대통령의 회고록과 김대중 대통령의 자서전의 경우 두 분 다 대통령에 당선되기까지 많은 사건과 관계를 함께 경험했다. 그러나 그 사건과 관계에 대한 실체적 사실들, 예를 들어 1961년 5·16 군사 쿠데타, 1968년 김대중 원내총무 인준사건, 1970년 대선 후보 경선, 1971년 대선 패배, 1981년 김대중의 전두환 대통령에게 보낸 자필

탄원서, 1985년 김대중의 귀국, 1986년 민주화추진협의회의 신당창당과 총선참여, 1986년 김대중의 직선제 개헌을 조건으로 한 대통령 불출마 선언, 1987년 대선후보 단일화 실패, 1989년 노태우 대통령의 중간평가 유보, 1997년 기아사태와 IMF 외환위기, 김대중의 비자금 문제 등과 관련하여, 그들은 각자의 정치적 유산을 생각하면서 '선택적 기억'을 통해 상이한 설명과 주장을 펼쳤다.

결국 이러한 역대 대통령의 회고록에 기초하여 과거 특정 사건과 정책들을 살펴보면 각 대통령마다 설명과 해석이 상이해서, 도리어 우리의 체계적인 이해를 어렵게 한다. 결과적으로 민주화 이후 역대 대통령의 회고록에 기초하여 사건과 정책을 살펴서 실패의 원인과 성공의 실마리를 찾기는 매우 어렵다.

45. '이필재의 인사이트: 유진룡 전 문화체육관광부 장관 인터뷰', 《NAVER 포스트》, 2016.11.21.
46. 정판교(2005), 《바보경》, 파라북스, p.138.
47. 장하준(2007). 같은 책, p.335.
48. '靑 소통 위한 건물 재배치 예산… 정작 靑은 '소통 문제없다' 거부', 《조선일보》, 2015.11.04.
49. 최창조(2005), 〈풍수박사 최창조가 들려주는 재벌과 풍수〉, 《신동아》, 7월호.
50. 김두규, '청와대, 말 많은 터지만 문화 융성하기 좋아', 《조선일보》, 2016.03.05.
51. 이하의 논리는 차현호·최준석 (2014: 330-333) 등 건축공학자들의 주장에 근거한 것이다. 이에 대한 보다 자세한 것은 차현호·최준석(2014), 《서울건축만남》, 아트북스 참조.
52. '국정농단사태는 제왕적 대통령제 때문', 《경기일보》, 201.10.31.
53. '정두언 회고록', 《허핑턴포스트》, 2016.12.23.
54. '총선결과 수용하면서도… '하려는 일 다 막혀 엄청난 한限될 것' 울컥', 《조선일보》, 2016.04.27.
55. '헌법憲法은 연주자 실력 따라 다른 소리 내', 《조선일보》, 2016.06.25.
56. 〈김종필 증언록〉, 《중앙일보》, 2015.10.19. 본래 김종필은 대통령제에 대한 위 증언과 전혀 다른 주장을 피력했었다. 김종필은 "10·26 직후인 1980년 1월 《주간한국》과의 인터뷰에서 '정부조직은 대통령 중심제가 좋다'고 밝혔고, 같은 해 3월 기자간담회에서도 '대통령은 언제라도 총리를 경질할 수 있어야 하며, 이원집정부제는 반대한다'고 밝혔다. 5·16쿠데타로 내각제(2공화국 장면내각)를 붕괴한 뒤 강력한 대통령의 2인자 특혜를 누려온 상황에서 차기 대통령이 눈앞에 보이는 상황에서 자연스런 발언이다. 하지만 13대 대선이 끝나고 대통령 당선 가능성이 희박해지자 JP는 1988년 1월 기자간담회에서 내각제를 주장하기 시작했다. JP를 중심으로 한 신민주공화당은 3당 합당(노태우+YS+JP) 결과 민주

자유당으로 흡수됐다. 3당 합당 후 JP는 YS에게 내각제를 하자고 요구했다." 장슬기(2016), 같은 책, p.54.
57. 이명박(2015), 같은 책, pp.584-585.
58. '安, 차기 대통령 결선투표제로 50% 이상 국민동의 얻어야',《연합뉴스》, 2016.12.23.
59. 박근혜 대통령 국회시정연설, 2016.10.24.
60. 이종률(2002), 같은 책; 임혁백(2011), 같은 책; 정종섭(2002a), 〈대통령의 역할 재조정〉, 박세일(2002),《대통령의 성공조건1》, 동아시아연구원, pp.141-177.
61. 임혁백(2011), 같은 책, p.121; 함성득(2005), 〈노무현 대통령의 집권 전반기 리더십 평가〉,《행정논총》, 43(2), pp.409-441; Hahm, Sung Deuk and Dong Sung Lee(2008), "Leadership Qualities and Political Contexts: Evaluation of the Roh Moo-Hyun Administration in South Korea, 2003-2008", Korea Observer, 39(2), pp.181-213.
62. '3김'이라는 말이 한국 정치사에 처음 사용된 것은 박정희 대통령의 죽음 후인 1980년 정치적 자유를 기대하던 '서울의 봄' 때였다. 당시 우리 국민은 이제 직접적인 투표로 대통령을 선택할 수 있게 되었다고 믿었다. 또한 다가오는 대통령 선거에서 야권에서는 대통령 후보로 김영삼과 김대중이 그리고 여권에서는 김종필이 거론되기 시작하면서 이들 세 명을 함께 3김으로 부르기 시작했다.
63. 함성득(2008b), 〈대한민국 헌법 60년: 사회적 갈등을 해소할 민주적 리더십 필요〉,《국회보》, 500, p.33. 국회는 국정감사와 특정한 국정사안에 대해 조사할 수 있고, 이에 필요한 서류의 제출과 증인의 출석 및 증언이나 의견의 진술을 요구할 수 있으며(헌법 제61조 1항), 국무총리·국무위원 또는 정부위원은 국회나 그 위원회에 출석하여 국정처리상황을 보고하거나 의견을 진술하고 질문에 응답할 수 있고(헌법 제62조 1항), 국회나 그 위원회의 요구가 있을 때 국무총리·국무위원 또는 정부위원은 출석·답변하여야 한다(헌법 제62조 2항). 뿐만 아니라 국회는 국무총리 또는 국무위원의 해임을 대통령에게 건의할 수 있고(헌법 제63조 1항), 대통령·국무총리·국무위원·행정각부의 장 등 기타 법률이 정한 공무원이 그 직무집행에 있어서 헌법이나 법률을 위배한 때에 탄핵의 소추를 의결할 수 있다(헌법 제65조 1항). 아울러 국회는 헌법에 의하여 대통령이 각각 임명하는 헌법재판소재판관·중앙선거관리위원회위원·국무위원·방송통신위원회위원장·국가정보원장·국세청장·검찰총장·경찰청장 또는 합동참모의장의 후보자에 대해 인사청문회를 실시하여 그 임명에 대해 동의여부를 결정할 수 있다(국회법 제46조, 제65조).
64. 대통령은 대외적으로 국가를 대표할 권한, 국가의 독립과 영토를 보전하고 국가

의 계속성과 헌법을 수호할 책무에 대한 권한, 그리고 평화적 통일을 위한 성실한 의무에 대한 권한 등과 함께 국정을 조정할 수 있는 권한 및 헌법기관을 구성할 권한 등을 갖고 있다. 국가의 원수로서 대통령은 외국과의 조약을 체결·비준하며, 외교사절을 신임·접수·파견할 수 있고, 선전포고와 강화를 할 권한(이상 헌법 제73조)을 가진다. 그러나 이는 국회의 동의를 얻어야 한다. 또한 국가의 위기적 상황을 극복하고 국가의 독립과 영토보전 그리고 국가의 계속성 등에 관한 책무를 다하기 위하여 경제명령과 긴급재정·경제처분을 내릴 수 있는 권한(헌법 제76조), 계엄을 선포할 수 있는 권한(헌법 제77조), 위헌정당의 해산을 제소할 수 있는 권한(헌법 제8조 4항) 등을 가진다. 그리고 국정의 조정자로서의 헌법의 개정을 발의할 수 있는 권한(헌법 제128조 1항), 국가의 안위에 대한 중요 정책을 국민투표에 부칠 수 있는 권한(헌법 제72조), 임시국회의 집회를 요구할 수 있는 권한(헌법 제47조), 사면·감형·복권을 명령할 수 있는 권한(헌법 제79조) 등을 가진다. 또한 국무총리(헌법 제86조 1항), 대법원장, 대법관(헌법 제104조 1,2항), 감사원장(헌법 제98조 2항), 헌법재판소장(헌법 제111조 4항)등을 국회의 동의를 얻어 임명할 수 있다. 이밖에도 헌법재판소의 재판관(헌법 제111조 2항)과 중앙선거관리위원장을 임명(3명)할 수 있는 권한(헌법 제114조 2항)등이 있다. 함성득(2008b), 같은 글, pp.32-34. 아울러 대통령은 국무회의 의장, 민주평화통일자문회의 의장, 국가안전보장회의 의장, 경제대책조정회의 의장 등을 겸직한다.

65. 또한 대통령은 행정부를 지휘·감독하기 위해 대통령령을 공포할 수 있는 권한(헌법 제75조), 공무원을 임명할 수 있는 권한(헌법 제78조), 법률안을 제출(헌법 제52조)하고 공표(헌법 제53조)·거부(헌법 제53조 2항)할 수 있는 권한 등을 가진다. 대통령의 권한에 대한 이론적 논의는 성낙인(2006),《헌법학》, 법문사, pp.903-946; 정종섭(2002a), 같은 책, pp. 145-147; 함성득(2008b), 같은 글, pp.32-34 참조.

66. 함성득(2003),《대통령학》(제2판), 나남, p.25.

67. 강원택(2004),〈한국 대통령제의 문제점과 제도적 대안에 대한 검토: 통치력 회복과 정치적 책임성 제고를 위한 방안〉, 진영재 (편),《한국권력구조의 이해》, 나남, pp.327-351; 함성득(2005), 같은 글, pp.409-441; 함성득(2009),〈한국 대통령제의 발전과 권력구조 개편: '4년 중임 정·부통령제' 도입에 관한 소고〉,《서울대학교 法學》, 50(3), pp.203-234.

68. 자세한 것은 함성득(2002a),〈한국 대통령의 새로운 역할과 리더십: 명령자에서 조정자로〉,《행정논총》, 40(3), pp.110-112 참조.

69. 임혁백(2011), 같은 책, p.143.

70. '대통령과 검찰은 수사 주체 아니라 수사대상 돼야',《조선일보》, 2016.10.28.

71. 이러한 방향의 행정개혁은 개혁의 출발일 뿐이어서, 정책적 비전이 없는 단순한 정부규모의 축소는 행정 관료의 사기를 저하시킬 뿐만 아니라 개혁에 대한 저항을 야기 시켜 오히려 행정의 생산성 감소를 초래했다. Hahm, Sung Deuk and Kwang Woong Kim(1999), "Institutional Reforms and Democratization in Korea: The Case of Kim Young Sam Administration", Governance, 12(4), pp.479-494; Hahm, Sung Deuk(2001), "Presidential Politics in South Korea: An Interim Assessment for the Kim Dae Jung Presidency and Prospects for the Next Presidential Election", Korea Review of International Studies, 4(1), pp.71-86; 함성득(1998a), 〈김대중 대통령의 정부개혁에 대한 평가와 과제〉,《사회과학논집》, 23, pp.99-118. 정부개혁의 성공은 대통령의 강력한 실행요구와 이에 대한 국민이나 언론의 단기적 호응이 아니라 행정 관료의 개혁에 대한 자발적인 협조에 달려 있다는 것을 전두환 정부, 노태우 정부, 김영삼 정부, 김대중 정부 등의 경험에서도 알 수 있다. 실제로 김영삼, 김대중 대통령의 경우 국민에 대한 단기적인 인기에 관심을 두고 '깜짝 개혁'을 종종 추진하였다. 이렇게 명분과 모양새에 치중한 개혁들은 행정 관료에게 직접적으로 부정적인 영향을 미쳐, 그들로 하여금 개혁의 장기적인 정책적 영향 대신 단기적인 여론의 향배에 관심을 집중시켰다.

72. 유진룡 전 문화체육관광부 장관은 "박근혜 대통령이 세월호 참사 34일 만인 2014년 5월 19일 대국민 담화에서 해경 해체를 선언하기 전 내각의 국무위원들과 한번 상의도 안 하고 혼자서 결정했다"라고 주장했다. '박대통령, 해경해체 독단 결정',《연합뉴스》, 2016.12.28.

73. 함성득(1998b), 〈성공적인 대통령을 위한 국정운영 리더십〉,《한국정치학회보》, 32(1), pp.391-399; Campbell, Colin(1998), The Crisis of the U.S. Presidency, Oxford University Press.

74. 민주화 이후 요구되는 새로운 정치질서 창출이라는 과제와 '저성장, 고령화'라는 새로운 사회·경제적 상황 아래서 지속적인 개혁을 추구하기 위해서는, '국민적 합의'(national consensus)를 이끌어 낼 수 있는 새로운 리더십이 무엇보다 중요해진다. 개혁은 장기적으로는 모두에게 이익이 되나 단기적으로 물질적 손실을 입는 계층의 출현이 불가피하다. 이들이 반개혁적으로 변화되지 않도록 '보다 큰 공익에 대한 국민적 합의와 그들의 자발적인 희생'을 이끌어 낼 수 있는 정치적 리더십이 필요하다. 이것을 가능하게 만드는 리더십으로 시대적 비전과 공익의 중요성을 강조하는 '전환적 리더십'(transformational leadership)을 많이 거론한다. Burns, James(1978), Leadership, Harper and Row. 한편 정치·사회 체제가 민주화되어 국가의 주요 정책과 관련 많은 정치적 주체가 참여하

는 상황에서는 이들 참여자 간의 다양하고 첨예한 이해관계를 타협과 설득을 통해 조정하고 합의를 도출하는 조정자로서 정부 정책의 빠른 입법화를 이끌어 내는 입법 리더십이 전환적 리더십보다 현실적으로 더욱 중요하다. Wayne, Stephen(1978), The Legislative Presidency, Harper and Row.
75. 박명림은 "현행 6월 항쟁 헌법은… 대통령의 5년 단임의 문제에 대통령과 국회의 임기가 일치하지 않는 선거주기 문제가 중첩되면서, 정부능력의 조기 추락을 포함해 대통령-국회 지배정당이 다르며 집권당이 소수당으로 전락하는 분할정부가 반복적으로 등장하였다"라고 주장했다. 박명림(2005), 〈헌법, 헌법주의, 그리고 한국민주주의: 2004년 노무현 대통령 탄핵사태를 중심으로〉,《한국정치학회보》, 39(1), p.261.
76. 자세한 것은 임동욱·함성득(2000),《국회 생산성 높이기》, 박영사 참조.
77. 함성득(2005), 같은 글, p.425 재인용.
78. 함성득(2005), 같은 글, p.429 재인용.
79. 데이빗 거겐(2002),《CEO 대통령의 7가지 리더십》, 서율택 (역), 스테디북, p.222.
80. 노무현(2010),《노무현 자서전: 운명이다》, 유시민 (정리), 돌베개, pp.206-207.
81. 함성득(2005), 같은 글, p.423 재인용.
82. 노무현(2010), 같은 책, p.269.
83. 함성득(2005), 같은 글, pp.424-425 재인용.
84. 함성득(2005), 같은 글, p.425 재인용.
85. 정만희(2008), 〈대통령제에 있어서 분열정부의 헌법문제〉,《헌법학연구》, 14(2), pp.391-430.
86. 노무현(2009), 같은 책, p.29; p.267.
87. 권영성(2008),《헌법학원론》, 법문사; 성낙인(2006), 같은 책; 허영(2008),《한국헌법론》, 박영사.
88. 자세한 것은 함성득(2009), 같은 글, pp.203-234 참조.
89. 박근혜 대통령 국회시정연설, 2016.10.24.
90. 김대중(2010b),《김대중 자서전》 2권, 삼인, p.559.
91. 김대중(2010b), 같은 책, p.559.
92. 《문화일보》(2015.11.17.)가 발표한 조사에서 개헌 시 바람직한 권력구조에 대해 4년 중임 대통령제(36.3%), 현행 5년 단임 대통령제(24.7%), 대통령은 외교·국방, 총리는 내정을 책임지는 분권형 대통령제(19.5%), 의원내각제(9.1%) 등의 선호 순이었다. 또한 《리얼미터》(2016.06.16.)가 발표한 조사에서는 국민 다수가 개헌 필요성에 공감하나, 어떤 형식의 개헌이 바람직하냐고 물은 결과는 '4년

중임 대통령제'가 41.0%로 가장 높게 나타났다. 반면에 다수 정치권 인사들이 선호하는 '대통령과 총리가 권한을 나누는 분권형 대통령제'는 19.8%에 그쳤고, '다수당이 행정부를 책임지는 의원내각제'는 12.8%로 집계됐다. 정치권이 선호하는 이원집정부제 개헌에 대해선 냉랭한 것으로 조사됐다. 아마도 대통령 못지않게 불신이 큰 정치권이 권력 나눠먹기를 하는 개헌이 돼서는 안 된다는 게 국민여론인 셈이다.《연합뉴스》(2017.01.02.)가 발표한 조사에서도 개헌 시 바람직한 권력구조는 4년 중임 대통령제(45.9%), 분권형 대통령제(29.2%), 의원내각제(16.1%) 등의 선호 순이었다.

93. 김혁(2006), 〈한국사회의 변화와 헌법 개정의 필요성〉, 한국정치학회 국회용역 보고서; 이상묵(2008), 〈한국의 권력구조 변화의 원인 분석〉,《한국정치연구》, 17(1), pp.59-85.
94. 박근혜 대통령 국회시정연설, 2016.10.24.
95. 김형오(2016), 같은 책, p.185; 정만희(2009), 〈정부형태에 관한 헌법개정의 방향: 현행 대통령제의 개선방안을 중심으로〉,《헌법연구자문위원회 참고자료집》, pp.150-181; 정주신(2006), 〈민주화 이후 대통령 단임제의 평가와 과제〉,《시민정치학회보》, 7, pp.152-169.
96. Wade, Robert(1992), "East Asia's Economic Success: Conflicting Perspectives, Partial Insights, Shaky Evidence", World Politics, 45(2), pp.270-320. 박정희, 전두환 대통령 시기에는 대통령과 관료의 관계는 강력한 주종관계 내지 위임자 대리(principal-agent relationship) 관계가 존재했다. 따라서 당시 관료는 대통령의 정책지도의 일관성을 전제로 장기적이고 안정된 계획에 따라 정책을 수행함으로써 정책의 계속성과 안정성을 유지했다.
97. 그 이유는 대통령에 대한 충성이 이제 더 이상 실적관료의 장래를 보장해 주지 못하기 때문이었다. Hahm, Sung Deuk and Chris Plein(1995), "Institutions and Technological Development in Korea: The Role of the President", Comparative Politics, 28(1), pp.55-76; Hahm, Sung Deuk and Chris Plein(1997), After Development: Transformation of the Korean Presidency and Bureaucracy, Georgetown University Press.
98. 서주실(1993), 〈대통령제 통치구조의 재검토〉,《월간고시》, 7월호, pp.70-83.
99. 강원택(2004), 같은 책, p.340.
100. 정태호(2007), 〈대통령 임기제 개헌의 필요성과 정당성〉,《헌법학연구》, 13(1), pp.1-6; 함성득(2003), 같은 책, pp.334-335.
101. 함성득(1997a), 〈김대중 대통령 당선자에게〉,《월간조선》, 1월호; 함성득(2003), 같은 책.

102. 선거정국의 상시화와 관련 국회는 1년에 2차례 실시되던 재·보궐 선거를 1년에 한 번만 실시토록 하는 내용의 공직선거법 개정에 의견을 모았고 지난 2015년 7월 이를 법률화했다. 과거에는 지역구 국회의원·지방의회의원 및 지방자치단체의 장의 재보선, 지방의회의원의 증원선거를 매년 4월과 10월 등 2차례 실시했다. 전국동시지방선거 개시일 전 40일 내 보선 사유가 발생된 경우, 보선을 지방선거 50일 이후에 실시했고 이로 인해 과중한 재정적 부담은 물론 낮은 투표율로 인한 대표성 문제, 불규칙한 선거로 인한 혼란, 정당 간 불필요한 정쟁 등 여러 가지 문제들이 발생했다. 이제는 매년 2차례 실시되던 재·보선을 1차례로 줄이되 국회의원 총선(4월)이나 전국동시지방선거(6월)이 있는 해엔 이들 선거와 같은 날 동시에 치르기로 하는 것이다. 다만, 대통령 선거(12월)와 재·보선은 함께 치르지 않는다.

103. Mainwaring, Scott(1993), "Presidentialism, Multipartism and Democracy: The Difficult Combination", Comparative Political Studies, 26(2), pp.198-228.

104. 정만희(2008), 같은 글, p.407.

105. 자세한 것은 함성득(1998d), 〈의회, 정당, 대통령과의 새로운 관계〉,《의정연구》, 4(1), pp.54-78; 함성득·임동욱(2000), 〈생산성을 기준으로 인식한 국회의 현실〉,《의정연구》, 6(2), pp.92-122 참조. Sundquist, James(1992), Constitutional Reform and Effective Government, The Brookings Institution.

106. 정만희(2008), 같은 글, p.394. 협상과 협력의 정치문화가 부재한 우리나라에서 여야 간의 대화를 통한 타협과 절충으로 분점정부의 한계를 극복하기는 쉽지 않다. 분점정부는 책임의 소재를 불명확하게 하고 대부분의 주요 정책이슈를 교착상태로 만들어 정책결정의 도출을 어렵게 하는 부정적인 측면이 강하다. Cutler, Lloyd(1988), "Some Reflections About Divided Government", Presidential Studies Quarterly, 18, pp.485-492. 이런 이유 때문에 민주화 이후 역대 대통령은 인위적인 정계개편을 통해 분점정부를 여대야소로 전환하려고 시도했다. 정당정치가 강한 지역주의와 엄격한 정당규율을 바탕으로 하기 때문에, 분점정부아래서 대통령의 국정운영은 효율성이 저하될 수밖에 없는 것이 현실이다. 정태호(2007), 같은 글, pp.1-60 참조.

107. 자세한 것은 함성득(1998d), 같은 글, pp.54-78; 함성득·임동욱(2000), 같은 글, pp.92-122; Mayhew, David(2005), Divided We Govern: Party Control, Lawmaking, and Investigations, 1946-2002, Yale University Press; Petracca, Mark(1991), "Divided Government and the Risks of Constitutional Reform", Political Science and Politics, 24, pp.634-637.

108. 강승식(2006), 〈분할정부에 대한 기본적 이해〉, 《공법학연구》, 7(4), pp.213-234; 진영재·함성득·임동욱(2002), 〈한국의 '여소야대' 정국과 교차투표〉, 《의정연구》, 13, pp.124-157.
109. Strøm, Kaare(1990), Minority Government and Majority Rule, Cambridge University Press.
110. 정진민(2004), 〈한국 대통령제의 문제점과 극복 방안〉, 진영재(편), 《한국 권력구조의 이해》, 나남, pp.228-229.
111. 이철희(2015), 《이철희의 정치썰전》, 인물과 사상사.
112. 중앙선거관리위원회 역대선거정보시스템(http://www.nec.go.kr/sinfo/index.html).
113. 진영재(2004), 〈성공한 대통령과 실패한 대통령: 인물론, 조직론, 그리고 국민선택론〉, 진영재(편), 《한국권력구조의 이해》, 나남, p.377 민주화 이후 대선 당선자 득표수를 전체 유권자수와 대비하여 살펴보면 노태우 대통령은 32.6%, 김영삼 대통령은 33.9%, 김대중 대통령은 31.9%, 노무현 대통령은 34.3%, 이명박 대통령은 30.5%, 그리고 박근혜 대통령은 38.9%였다. 또한 국회의원 선거 투표율도 제13대 75.8%, 제14대 71.9%, 제15대 63.9%, 제16대 57.2%, 제17대 60.6%, 제18대 46.9%, (제19대 54.2%, 제20대 58%)로 감소했다. 아울러 유효정당의 수를 줄이는 효과가 있는 것으로 알려진 단순다수대표제 선거방식과 지역대립의 세분화 및 이념갈등의 다양화에 기인하여 과거 보수정당(한나라당)과 진보정당(민주당)으로 대분되었던 정당체제가 현재의 자유한국당, 더불어민주당, 국민의당, 바른정당, 정의당 등 다당제로 변화되었다. Cox, Gary(1997), Making Votes Count: Strategic Coordination in the World's Electoral Systems, Cambridge University Press. 진영재는 역대 대통령이 실패한 대통령이 되었던 보다 근본적인 이유는 상대보다 한 표라도 많으면 당선되는 단순다수대표제라는 현행 대통령 선거 제도에 있다고 주장했다. 1987년 있었던 제13대 대통령 선거에서 노태우, 김영삼, 김대중, 김종필, 신정일 후보가 경쟁하여 노태우가 당선되었다. 후보자별 유효득표율을 보면 각각 32.6%, 25%, 24%, 7.2%, 0.2%였다. 당시 민주화 운동 진영을 포함하여 많은 국민들은 김영삼과 김대중의 후보 단일화를 원했다. 두 사람으로 표가 갈릴 경우 단순다수대표제에서는 노태우가 어부지리를 얻으리라는 예상에서였다. 이때 50%이상의 유효득표를 기록해야만 당선되는 절대다수대표제를 택했다면 김영삼이나 김대중이 당선될 확률이 훨씬 높았다.
114. 진영재(2004), 같은 책, p.379. 강원택도 결선투표제 2차 투표에서 다양한 세력들 간의 합종연횡을 통해 세력 연합이 과반수를 획득해내고, 또 의회선거에서

도 유사한 형태의 과반수연합 형성의 가능성을 높일 수 있기 때문에 단순다수제보다는 대통령이 안정적 지지기반을 구축하는 데 대통령 결선투표제가 상대적으로 유리한 제도가 될 수 있다고 주장했다. 강원택(2004), 같은 책, p.348.
115. 정준표(2004), 〈정당·선거제도와 권력구조의 선택〉, 진영재(편), 《한국 권력구조의 이해》, 나남, pp.285-286.
116. 함성득(2009), 같은 글, pp.203-234.
117. 박기덕(2007), 〈한국의 정부형태 및 권력구조 논쟁: 쟁점의 본질과 효율적 대안〉, 《한국정치연구》, 16(1), pp.111-140 참조.
118. 박찬욱(2004), 〈한국 통치구조의 변경에 관한 논의: 대통령제의 정상적 작동을 위하여〉, 《한국정치연구》, 13(1), pp.83-126; 정진민(2004), 〈한국 대통령제의 문제점과 극복 방안〉, 진영재 (편), 《한국권력구조의 이해》, 나남, pp.226-230.
119. 정진민(2004), 〈한국 대통령제의 문제점과 극복 방안〉, 진영재 (편), 《한국권력구조의 이해》, 나남, pp.227-228; 최장집(2003), 〈한국 민주주의의 제도 디자인 서설〉, 《아세아연구》, 114, pp.155-191.
120. 명재진(2007), 〈국무총리제의 합리적 운용의 한계와 개헌 필요성〉, 《헌법학연구》, 13(1), pp.155-185. 국무총리는 국회의 동의를 얻어 대통령이 임명하고, 대통령을 보좌하며, 대통령의 명을 받아 행정각부를 통할한다(헌법 제86조 제1항, 2항). 또한 국무위원은 국무총리의 제청으로 대통령이 임명(헌법 제87조 제1항)하고 행정각부의 장은 국무위원 중 국무총리의 제청으로 대통령이 임명(헌법 제94조)한다.
121. 성낙인(2006), 같은 책.
122. 임종훈(2006), 〈국가권력구조의 개편방향〉, 《헌법학연구》, 12(4), pp.393-420; 정만희(2009), 같은 글, pp.150-181.
123. 강태수(2006), 〈집행부에 대한 헌법개정론〉, 《헌법학연구》, 12(4), pp.485-513; 명재진(2007), 같은 글, pp.155-185.
124. 임종훈(2006), 〈국가권력구조의 개편방향〉, 《헌법학연구》, 12(4), pp.393-420.
125. 김용복(2002), 〈한국 국무총리제도의 문제점과 개선방안〉, 한국정치학회 연말 학술대회.
126. 명재진(2007), 같은 글, pp.155-185.
127. 명재진(2007), 같은 글, pp.155-185; 정종섭,(2002a), 같은 책, pp.141-177; 정종섭(2002b), 〈한국 대통령제의 성공을 실현하기 위한 운영모델〉, 《서울대학교 법학》, 43(3), pp.265-300.
128. 명재진(2007), 같은 글, pp.155-185; 양건(2003), 〈이른바 '제왕적 대통령' 논의에 대한 소고〉, 《세계헌법연구》, 8, pp.113-124.

129. 허화평(2014), 같은 책, pp.373-374.
130. 정윤재(2003), 같은 책, pp.57-58.
131. 강상중(2009), 《반 걸음만 앞서 가라》, 오근영 (역), 사계절, pp.25-26.
132. 채사장(2014), 같은 책, p.89.
133. 첫째, 자질론에서 카리스마는 지도자가 이미 태어날 때부터 보통사람들과 달리 출중한 외모와 목소리, 탁월한 통솔력, 뛰어난 문제 분석력 및 업무통제력, 미래에 대한 비전 등 독특한 자질을 갖고 태어난다는 것이다. 둘째, 후천론에서 지도자의 카리스마는 본인의 노력, 교육의 영향, 경험의 결과, 즉 후천적으로 습득하게 된다는 것이다. 셋째, 상황론은 지도자의 카리스마가 어떤 특정 시기에 특정한 자질이 잘 결합되거나 조화되어 나타난다는 것이다. 이러한 리더십의 연구에서 일반에게 많이 알려진 분석방법은 첫째, 바버(Barber, James(1992), The Presidential Character: Predicting Performance in the White House(4th ed.), Prentice-Hall)의 개인의 개성, 세계관, 행위방식에 기초한 적극-긍정, 소극-부정 분석법이다. 둘째, 번스 Burns, James(1978, 같은 책)의 거래적 리더십과 전환적 리더십 등의 분석법이 있다. 거래적 리더십은 국민들에게 그들이 원하는 물질적 욕구를 충족시켜줌으로써 정치적 지지를 획득하는 리더십이다. 반면 전환적 리더십은 국정운영 비전, 탁월한 도덕성 등을 통해 국민에게 큰 희망과 동기부여를 함으로써 정치적 지지를 획득하는 리더십이다. 함성득(2003), 같은 책, p.111; 마가렛 맥밀런, 2016, 《개인은 역사를 바꿀 수 있는가》, 이재황 (역), 산처럼.
134. 김충남(2006), 같은 책; 안병만(1998), 같은 글.
135. 진영재(2004), 같은 책, p.370.
136. Uk, Heo and Sung Deuk Hahm(2014), "Political Culture and Democratic Consolidation in South Korea", Asian Survey, 54(5), pp.918-940.
137. 그렉 맥커운(2015), 《에션셜리즘》, 김원호 (역), RHK.
138. 진영재, 같은 책, p.370.
139. 이장규(2014), 같은 책, p.9.
140. 진영재, 같은 책, p.370.
141. 노태우(2011a), 《노태우 회고록》 상, 조선뉴스프레스, p.552.

제 2장. 무엇이 문제인가

142. 박세일(2002), 같은 책, p.83.
143. 유승민, 《조선일보》 2016.09.22

144. 《조선일보》, 2015.07.02.
145. 차동엽(2011), 《잊혀진 질문》, 명진출판, 허화평(2014), 같은 책, p.13에서 재인용.
146. 《The New York Times》, 2016.06.24.
147. 이종률(2002), 같은 책, p.137.
148. Robert Strauss, "Some of our worst presidents had the best political résumés", 《Washington Post》, 2016.09.30.
149. 데이비드 브룩스, 《인간의 품격》 김희정 역, 부키, 2016, p.7.
150. 함성득(2016), 《대통령학》(제3판), 나남, p.105.
151. '2009년 산업은행 쪼갠 건 개혁그룹의 '단선적' 발상', 《동아일보》, 2016.09.05.
152. 빌 포셋은 "1932년 후버 대통령은 경제실패와 금주법의 폐해로 인해 프랭클린 루스벨트 후보에게 압도적인 표 차이로 패배해 재선에 실패했다… 루스벨트는 경제적인 파산을 가져 올 후버의 수많은 정책을 그대로 답습함으로써 대공황 기간을 더 연장시킨 책임이 있다…루스벨트가 뉴딜정책을 실시했던 기간에도 실업률은 높았다. 제2차 세계대전이 발발한 뒤에서야 미국은 진정으로 불황이라는 쳇바퀴에서 벗어날 수 있었다"고 주장했다. 빌 포셋(2010), 권춘오 옮김, 《역사를 바꾼 100가지 실수》, 매일경제신문사, pp.426-427 참조. 또한 허화평은 "미국이 뉴딜로 대공황을 극복한 것이 아니라 2차 세계대전으로 인해 대공황에서 벗어났다는 것이 다수 역사가들의 견해이다. 당시 루스벨트 대통령의 측근이었던 헨리 모겐소 재무장관은 1937년 '그 어느 때보다 많은 돈을 퍼부었지만 효과를 내지 못했다'고 고백했다."고 주장했다. 허화평(2014), 같은 책, p.240. 반면 액슬로드는 "뉴딜은 대공황을 종식시키지는 못했다. 하지만 신속한 구제, 긴급원조를 제공했고, 장기적인 희망을 심어주었다는 점에서는 큰 의미가 있다"라고 주장했다. 앨런 액슬로드(2004), 같은 책, p.29. 버냉키도 "프랭클린 루스벨트 대통령은 다루기 힘든 불황에 맞서서 대담한 실험을 했다. 그중에서는 실패한 실험도 있었다… 그러나 다른 실험들은 경제를 회복시키는 데에 결정적인 역할을 했다. 가장 두드러지게는 1933년에 취한 일련의 조치들 중에서는 금본위제도를 버리는 것도 있었다… 전국의 은행 문을 일시적으로 닫고 건전한 은행만이 다시 문을 열도록 하고 연방예금보험공사를 설립하는 법안을 추진함으로써 극심한 금융위기에서 빠져나왔다"라고 주장했다. 벤 버냉키(2015), 《행동하는 용기》, 안세민 (역), 까치, p.55.
　　　대공황과 프랭클린 루스벨트 대통령의 뉴딜정책과의 관계 그리고 뉴딜정책과 경제학자인 케인즈의 유효수요 이론과의 관계에 대해 오해가 많아서 미국 대통령들뿐만 아니라 역대 우리 대통령에게까지도 '정치적 환상'을 초래하고 있다. 이를 바로 잡기 위해서는 장하준의 설명이 유용하다. 장하준(2014), 《장하준의 경제학 강의》, 부키, p.81; p.156. 프랭클린 루스벨트 대통령의 제1차 뉴딜 정책(1933-34)은 상업은행과 투자은행의 분리(1933년 글래스-스티걸법), 소액 예금주 보호제도(예금보험 도입), 주식시장 규제 강화(연방유가증권법), 농업신용대출제도 확충, 농산물 최저가격보장제 도입, 사회기반시설 확충(후버댐 건설) 등이다. 또한 제2차 뉴딜정책(1935-38)은 노령연금, 실업보험을 포함한 사회보장법 제정, 노조를 강화한 와그너법 제정 등이다. 뉴딜정책은 케인즈의 이론에 기초한 것이 아니라 제도학파에 기초하여 거시경제 정책보다는 금융규제, 사회복지, 노동조합 및 수도, 가스, 전기 등의 공익사업 규제 등 제도부문에 집중했던 것으로 이는 정부가 시장에 적극적으로 개입하는 정책이다. 케인즈의 《고용, 이자, 화폐에 관한 일반 이론》은 제2차 뉴딜이 시작되고 1년 후인 1936년에 출간되었다. 따라서 뉴딜정책은 케인즈의 이론에 좋은 증거가 되어 주었다. 실제로 미국의 대공황은 1929년 월가의 붕괴로 시작되었고 1929년과 1932년 사이 미국의 생산량은 30%가 떨어지고 실업률은 3%에서 24%로 8배나 증가했다. 미국이 1929년 대공황 이전 수준의 생산량을 회복한 것은 1937년이다. 그리고 미국이 대공황의 위기를 완전히 벗어난 것은 제2차 세계대전이 발발한 1942년 이후이다. 이는 마치 일본의 패망 후 복구사업이 한국전쟁(1950-53)의 긍정적 효과에 힘입어 성공한 것이나 박정희 대통령의 경제개발 5개년 계획이 월남전쟁의 긍정적 효과와 더불어 성공한 것과 비슷하다. 그리고 많은 미국의 역대 대통령이 간과한 것 중 또 하나가 모든 대통령이 직면한 현실이 어렵지만 그 어려운 정도가 대공황과 같은 극단적인 위기상황이 아니기 때문에, 그들의 개혁정책에 대한 기득권의 반대가 프랭클린 루스벨트 대통령이 직면했던 반대보다 훨씬 클 수 있다는 사실이다.
153. 박정희 대통령도 집권 초기에는 지난 정부들이 준비했던 수출중심의 경제개발 5개년 계획 대신 수입대체산업화(Import Substitution Industrialization)를 추진하다가 성과가 없어 이를 폐지하고 원래의 수출중심 전략으로 전환했다. 김대중(2010a), 같은 책, p.145; p.174.
154. 최근 북베트남이 통킹만에서 미국 매독스호를 선제공격했다는 '통킹만 사건'은 조작됐다는 사실이 밝혀졌다. 2003년 〈전쟁의 안개〉라는 다큐멘터리 영화(2004년 아카데미 영화제 작품상 수상)에서 로버트 맥나마라 베트남전 당시 미 국방부 장관은 미 의회에서 참전의 결정적 계기가 됐던 64년 8월 4일 북베트남의 미국 공격이 없었다고 증언했다. 미 국무부 '특별국가정보평가 보고서'에 따르면 참전 반년 전인 64년 5월 미국 존슨 행정부는 북베트남에 대한 적극적 군사작전을 고려했고, 통킹만 사건 초기에도 곳곳에서 미국이 통킹만 사건을 조작해 베트남에 개입했다는 의혹이 제기되었다. 장슬기(2016), 같은 책,

p.92 참조.
155. 베트남전에 파병된 (우리) 군인은 약 32만 명이 넘는다. 그리고 사망자 5099명, 부상자 1만 1000여명, 정확한 집계조차 힘든 고엽제 피해자들이 있다. 장슬기 (2016), 같은 책, p.90.
156. 장슬기(2016, 같은 책, p.89)는 "18년간 이어진 박정희 정권은 자신의 정당성을 경제성장에서 찾는다. 당시 경제성장의 원동력은 1965년 한일협정으로 일본에 받은 청구권 자금(무상 3억 달러 등 총 8억 달러)과 1964년부터 1973년까지 9년간 베트남(월남)전쟁에 젊은이들을 보내 번 돈(전쟁특수 포함 약 10억 달러)이었다"라고 주장한다. 또한 김시덕은 "한일 국교정상화 과정에서 일본이 지불한 '독립축하금'은 식민지 시기 피해자 개개인에게 거의 주어지지 않았을 뿐만 아니라, 그 후 개개인의 배상 요구를 막는 법적 장애물이 되기도 했다. 베트남 전쟁에서 희생된 한국군 병사는 기억에서 지워졌고, 그들의 출병을 대가로 미국에서 받은 지원은 참전자 개개인에게 돌아가는 대신 '국가'를 위해 쓰였다. 개인의 희생 위에 국가가 탄생하고 성장하는 과정은… 반복해서 보게 되는 잔인한 풍경이다"라고 주장했다. 김시덕 (2015),《동아시아, 해양과 대륙이 맞서다》, 메디치, p.361. 한편 문명자는 "한일협정은 한일간의 잘못된 과거를 청산하고 정상적인 외교관계를 수립하기 위한 것이어야 했다. 이를 위해서는 일본이 과거사에 대한 철저한 반성과 식민지 통치를 통해 한국민에게 끼친 정신적 물질적 피해를 배상하는 것이 당연한 수순이었다. 그러나 동북아에서 일본과 한국을 한데 묶어 강력한 반공동맹을 수립하려 했던 미국의 전략 아래서 박정희 쿠데타 정권은 한일회담의 의의를 청구권 문제에서 경제협력자금 구걸외교로 전락시켜 버렸다. 한일회담 협정문에서… 청구권을 포기함으로써 일본군 위안부, 전쟁 징용자 등 모든 식민지침략 피해자들이 정당한 배상을 받을 수 있는 길을 봉쇄해 버렸던 것이다"라고 주장했다. 문명자(1999), 같은 책, p.60. 나아가 장슬기는 "실제로 (월남) 파병을 계기로 1965년 5월 박정희가 미국을 방문하자 박정희 정부에 대한 비판여론은 잦아들었다. 박정희 정부는 베트남전 특수로 경제성장의 원동력을 얻었고, 이를 이용해 장기집권을 이어갔다"라고 주장했다. 장슬기(2016), 같은 책, pp.98-99. 또한 문명자는 "65년 박정희·존슨 회담 이후… 맹호부대, 청룡부대, 백마부대가 줄줄이 월남으로 떠나면서 박(정희) 정권은 그들이 벌어들이는 외화로 제2차 경제개발 5개년 계획에 박차를 가하고 있었다. 미국은 미국대로 미군의 3분의 1수준의 급료로 월남전에 투입할 수 있는 용병인 한국군의 존재가 반갑지 않을 수 없었을 것이다. 그러나 '월남 특수'는 우리 국민의 생명을 담보로 한 피 묻은 돈이었다"라고 주장했

다. 문명자(1999), 같은 책, p.89.
157. 오마에 겐이치(2006),《The Next Global Stage》, 송재용·강진구 (역), 럭스미디어, p.242; p.245; p.284.
158. 노태우(2011a), 같은 책, p.550.
159. 〈김종필 증언록〉,《중앙일보》, 2015.08.17.
160. 김대중(2010a), 같은 책, p.430.
161. 그는 "김대중은 성명서 낭독 후(1986년 11월 5일) '대통령직선제가 채택되고 신민당과 김영삼씨 자신이 결정한다면 그를 대통령후보로 밀겠다'고 했다. 김영삼(2000b),《김영삼 회고록》2권, 백산서당, p.320… 후보단일화 문제로 수차례 만났을 때도 김대중은 나에게 자신이 출마하지 않을 것이라는 암시를 계속했다. 그는 단일화의 시기를 가급적 늦추자고 하면서, '지금 출마하지 않겠다고 얘기하면 나를 따르는 지지자들을 실망시킨다. 양측의 지지 세력을 끝까지 통합해서 끌고 나가기 위해서는 출마하지 않겠다는 얘기를 지금 해서는 안 된다'고 얘기해 왔다."고 주장했다. 김영삼(2000c), 같은 책, pp.103-104.

반면 1987년 10월 통일민주당을 탈당하고 평화민주당 대통령 후보가 되었던 김대중 대통령은 "1986년 11월 5일 나(김대중)는 대통령 중심제 개헌을 전두환 정권이 수락한다면 비록 사면·복권이 되더라도 대통령 선거에 출마하지 않겠다는 나의 결심을 천명한다… 그러자 당시에 서독을 방문 중이던 김영삼 씨도 현지에서 기자회견을 갖고 '직선제와 사면·복권 등 민주화가 되면 김대중 씨의 출마도 생각해 볼 수 있다'라고 말했다. 나는 김영삼 씨의 기자회견 소식을 듣고 무척 기뻤다…. 김영삼 씨 측은 내가 작년 11월 불출마 선언을 했다며 그 약속을 지켜야 한다고 주장했고, 나는 당시의 선언은 이미 전 정권에서 '4·13 호헌' 조치를 발표함으로써 그 효력을 상실했다고 되받았다. 오히려 내가 '사면·복권되면 대통령 후보를 양보하겠다'고 한 김영삼 씨는 약속을 지켜야 한다"라고 주장했다. 김대중(2010a), 같은 책, p.490.

한편 김종필은 "양 김씨의 후보 단일화 실패가 그들 중 한 사람이 대통령에 당선되지 못한 주요 원인이었다. 그런데 양 김씨는 본성상 후보 단일화가 처음부터 어려웠다… 나는 … 야3당 후보 단일화를 위한 3후보 회동을 제안했다. 그때 김영삼 후보는 '김종필 후보가 사퇴하고 나에 대해 지지를 선언해준다면 3후보 회동에 응하겠다'는 답을 보냈고 김대중 후보는 '김영삼은 후보를 양보하지 않을 것이다'라며 거절했다. 두 사람 다 상대방이 양보하는 것 외엔 다른 생각이 끼어들 틈이 없었던 것이다"라고 언급했다. 〈김종필 증언록〉,《중앙일보》, 2015.09.23.
162. 김영삼(2000c),《김영삼 회고록》3권, 백산서당, p.131.

163. 김영삼 대통령의 비서였던 김기수는 "그해 12월 31일… 설악산 대청봉에 올랐다. 귀가 얼어붙을 정도로 추운 날씨였다. 군인들이 쓰던 대청봉 벙커에서 각하가 양푼에 소주를 따라줬다. 단합이 안 돼 군사정권 5년을 연장하게 된 걸 아쉬워하셨다. 천추의 한이라고 했다. 그러곤 다시 시작하자고 했다"라고 밝혔다. 《중앙일보》, 2015.12.05.

　　한편 1987년 대선 패배 직후 김대중 대통령은 "선거가 끝나자 국민들은 큰 상실감에 빠졌다. 민심은 흡사 폭격을 맞은 듯했다. 거리는 너무나 조용했고, 특히 민주 진영에서는 최악의 상황이 닥치자 어쩔 줄 몰라 했다. 나는 진심으로 미안했다. 어찌됐든 야권 후보 단일화에 실패했기 때문이다. 많은 민주 인사들의 희생과 6·10 항쟁으로 어렵게 얻은 선거에서, 그것도 오랜 독재를 물리치고 16년 만에 처음으로 치른 국민의 직접 선거에서 졌다. 국민들의 원성이 하늘을 찌를 듯했다. 나라도 양보를 했어야 했다. 지난 일이지만 너무도 후회스럽다. 물론 단일화했어도 이긴다는 보장은 없었다. 저들의 선거 부정을 당시로서는 막을 수 없었을 것이다. 하지만 국민들에게 분열된 모습을 보인 것은 분명 잘못됐다"라고 말했다. 김대중(2010a), 같은 책, pp.500-501.

164. 노태우(2011a), 같은 책, p.435. 흔히 사람들은 김영삼 대통령이 말을 잘못한다고 생각한다. 아마도 그의 부산 사투리 때문에 예를 들어 '관광'(강간), '함성득'(함승덕) 등의 단어를 잘 발음하지 못하기 때문일 것이다. 또한 그의 직선적 성격 때문에 자신이 원하는 바를 장황한 설명 없이 바로 표현하기 때문일 것이다. 그러나 실제로 그는 대화에서 상대편이 무엇을 원하는가를 놀라울 정도로 빨리 파악했다. 또한 나는 그와 단 둘이서 식사를 종종 했는데 식사 전 기도를 할 때면 확실히 독실한 기독교 신자답게(?) 말씀들이 좋아서 들으면서 감동받을 때가 많았다. 또한 그는 그 식사가 밥이든 무엇이든 자신의 것의 '반'을 들어서 내게 주었다. 정말로 그는 '소식가'였다. 반면 나중에 설명하겠지만 김대중 대통령은 '대식가'였다. 소식가이든 대식가이든 두 분은 다 건강했다. 아마도 패배한 정치인을 제외하고 승리한 정치인은 다 건강할 것 같다. 이것이 정치의 매력이다. 건강하고 싶으면 정치인이 되면 된다. 그리고 선거에서 패배하지 말고 승리하면 건강해진다.

165. 김영삼(2000c), 같은 책, p.239. 구체적으로 1988년 4월 제13대 국회의원 총선 결과 여당인 민정당은 125석인 데 반해 야당은 평민당 70석, 민주당 59석, 공화당 35석, 기타 10석 등으로 여소야대 정국이 노정되었다. 당시 민주당은 득표율에서는 3.67%나 앞질렀음에도 의석수에서 평민당에게 졌다. 그래도 164석이나 되는 야 3당이 공조하면 125석의 여당을 충분히 견제할 수 있었다. 이러한 정국에서 김영삼은 5공 청산 등 현안에서 김대중보다 훨씬 더 야당의 선명성을

강조하였다. 그러나 노태우 대통령의 중간평가 문제를 둘러싸고 원래 중간평가를 강행하기로 합의했던 김대중과 김종필이 이를 유보하기로 노태우 대통령과 합의했기 때문에 야 3당 공조에 균열이 왔다. 결과적으로 김영삼은 '노태우 대통령 퇴진운동'을 외쳤지만 '1노 3김'에서 '3노 1김'이 된 정국에서 그의 정치적 영향력은 현저히 감소되었다. 이러한 상황에서 김영삼은 문익환 목사의 방북을 계기로 '색깔 함정'에 빠진 김대중을 따돌리고 여소야대 정국을 여대야소로 만들고자 하는 노태우 대통령, 그리고 내각제를 꿈꾼 김종필 등과 이해관계가 맞아 떨어지면서 세 사람은 1990년 1월 22일 3당 합당을 선언하게 되었다.

166. 김영삼(2000c), 같은 책, p.241. 노태우 대통령은 "나는 (1990년) 1월 11일 가장 먼저 김대중 평민당 총재를 청와대로 초청해… 대화하던 중에 나는 '여소야대 정국을 이끌기가 참으로 어렵습니다. 어디 합쳐 볼 생각은 없으십니까' 하고 웃으면서 가볍게 그의 의중을 떠보았다. 그는 '대통령의 심중은 충분히 이해하지만, 어당퀴 합친다는 말이 나오면 내 입장이 아주 어려워질 것입니다. 비록 여소야대의 4당 체제지만 협조할 것은 해드릴 테니 이대로 끌고 나가는 것이 좋겠습니다.' 하고 대답했다."라고 말했다. 노태우(2011a), 같은 책, p.484-485. 김종필은 "88년 4·26 총선은 여소야대의 4당 체제를 출범시켰다. 이는 대화와 타협, 견제와 균형으로 국정을 이끌고 민주화를 실현하라는 국민의 뜻이었다. 하지만 그 한계점은 오래지 않아 드러났다. …정쟁과 선명성 대결로 국민은 정치를 멀리했고 노태우 대통령의 민정당은 집권당으로서의 역할을 제대로 하지 못했다. 집권당의 전략 부재로 대법원장 임명 동의에 실패하면서 민정당과 정부는 무력감에 빠졌다. 오죽하면 노 대통령을 가리켜 '물태우'라는 말이 나올 정도였다. 정치가 삐걱거리고 정부가 제 역할을 하지 못하니 사회도 불안했다… 나는 제4당의 총재로서 캐스팅 보트 역할을 했지만 국리민복을 위한 정치의 임무를 제대로 하지 못하고 있다는 자책과 무력감을 느꼈다. 이대로는 안 된다는 인식 속에 전환과 돌파구를 마련코자 했다."라고 주장했다. 〈김종필 증언록〉, 《중앙일보》, 2015.10.05.

그러나 김대중 대통령은 이 3당 합당을 "민의를 배반한 쿠데타"라면서 "국민들이 투표로 정해 준 정치 구도를 지도자 몇이서 인위적으로 뒤엎은 패륜이었다"라고 비판했다. 김대중(2010a), 같은 책, p.533. 구체적으로 그는 당시 상황을 "사실 노(태우) 대통령은 내게도 합당을 제의했다. 1989년 말 야당 총재 3명과 청와대 회동이 끝난 후 노 대통령은 나를 따로 만나자고 했다. 할 얘기가 있으니 좀 남아 달라고 했다. 둘만 남게 되자 그가 정색을 하고 말했다. '김 총재, 이제 고생 그만하십시오. 나하고 같이 갑시다. 김 총재께서도 이제는 좀 편히 사십시오.' 나는 조금은 엉뚱하고 조금은 황당해서 물었다. '무슨 말씀입니까.' '나하고 당을 같이합시다. 그래서 좋은 일이나 나쁜 일이나 같이 겪읍시다. 그간 고생을 많이 했지 않습니까'… '나는 군사 정부를 반대하고 또 5·17 쿠데타를 반대한 사람입니다. 그런데 어떻게 대통령과 같이 당을 함께할 수 있겠습니까. 걸어온 길이 다르고 정치 노선이 다르지 않습니까'라고 주장했다. 김대중(2010a), 같은 책, p.534.

김종필은 "3당 합당 협상 과정에서 노 대통령과 YS, 김대중(DJ) 평민당 총재의 권력의지와 성향이 드러났다. 노 대통령은 DJ의 참여를 요청했다. 그런데 노 대통령의 DJ에 대한 집착은 YS에 비교하면 그리 크지 않았다. 두 사람 간 색깔 차이가 컸고 노 대통령의 기반인 군부나 대구·경북 지역과 민정당에서 DJ에 대한 거부 정서가 강했기 때문이다. 김대중 총재 역시 노 대통령의 합당 제안에 명백히 거부 입장을 밝혔다. 그는 민정당 사람들이 자신에게 적대적이라는 점을 잘 알고 있었다. 그런 상황에서 당대당 통합을 해 봤자 평민당은 껍데기 역할만 할 것이다, 거대 여당의 일원이 되어 질질 끌려다니느니 제1야당 총재의 영향력을 향유하면서 차기 대통령을 노리는 게 유리하다고 DJ는 판단했을 것이다. YS가 노 대통령의 통합 제안을 받아들인 가장 큰 이유는 4당 체제 아래 대통령 선거전에서 DJ와 겨뤄 이길 자신이 별로 없었기 때문이다. 그의 목표는 오로지 대통령이 되는 것이었다. 후보감이 마땅치 않은 민정당에 들어가 노태우의 뒤를 잇는 게 대통령이 되는 가장 근접한 길이라는 심산心算이었다. YS는 '호랑이 굴에 들어가 호랑이를 잡겠다'는 말로 측근들의 의심을 잠재우고 자신을 독려했다고 한다. 합당에 임하는 자세에서 나는 YS와 달랐다. 나는 북방 외교의 성공 등 국가의 내일을 염원하며 일관되게 행동하려 했다"라고 설명했다. 〈김종필 증언록〉, 《중앙일보》, 2015.10.07. 이와 관련 장슬기는 "(3당 합당으로) 결론부터 말하면 여당인 민정당은 헌정 첫 여소야대 상황에 당황해 이를 해결 할 필요가 있었고, JP는 87년 대선에 비해 88년 총선에서 득표수를 높이며 의미 있는 정치세력이 돼 연정파트너로 인정받게 됐다. 또한 박정희 정권 시절 지역조직을 살려냈다는 평가를 받았다. YS는 87년 대선에 비해 점점 입지가 좁아져 92년 대선에 전망이 어두웠던 상황에서 3당 합당은 각각의 한계를 극복하는 데 도움이 됐다."라고 주장한다. 장슬기(2016), 같은 책, p.83.

한편 김영삼 대통령의 정치적 지원으로 1988년 제13대 국회의원이 되었던 노무현 대통령은 "3당 합당은 두 가지 충격을 주었습니다. 하나는 호남을 지역으로 고립시켰다는 것입니다… 지역구도가 완전히 돌이킬 수 없도록 고착화됐습니다… 다른 한 가지는 3당 합당으로 인해 철새 정치의 수준이 달라졌다는 것입니다. 그전까지만 해도 야심을 가진 한 사람이 국회의원에 당선되기 위해 개인적으로 이 당 저 당을 옮겨 다니는 수준이었는데 이제 차원이 달라진 것입니다. 개인적으로 이곳저곳 오락가락하는 것도 없어져야 할 잘못된 풍토인데, 이제는 정권을 놓고 자웅을 겨룰 정치지도자가 당을 넘어가 버렸으니 엄청난 것입니다…정치 전체가 통째로 기회주의 판이 되어버린 것입니다. 이후… 자신의 소신이나 가치와는 거의 관계없이 당선이나 이익을 위해 아무런 원칙도 없이 보따리 싸들고 돌아다니게 된 것입니다… (3당 합당은) 6월 항쟁의 가치를 통째로 망쳐놓은 것입니다."라고 주장했다. 노무현(2009), 같은 책, pp.146-147; p.152. 또한 그는 "한때 나의 영웅이었던 김영삼 대통령은 '일그러진 영웅'이 되고 말았다. 나는 20년 동안 그가 만든 지역분열의 정치구도와 싸워야 했다. 그가 만든 기회주의 정치문화와 대결해야만 했다"라고 주장했다. 노무현(2010), 같은 책, p.126.

167. 김윤환씨가 생존했다면 어느 쪽이 맞는 주장인지 말을 해 주었을지 모른다… 불행하게도 그는 나와 인터뷰 과정 중인 2003년 12월 사망했다.
168. 노태우(2011b),《노태우 회고록》하, 조선뉴스프레스, pp.498-512. 또한 1995년 10월 27일 '김대중의 실토'에서 밝혀지지만 노태우 대통령은 김대중에게도 20억 원(확실하지는 않지만 물론 더 많을 수도 있다)을 지원했다. 물론 노태우 대통령은 이 부분에 대해서는 더 이상 구체적으로 밝히지 않았다.
169. 김영삼(2000c), 같은 책, pp.316-319 참조.
170. 자세한 것은 노태우(2011a), 같은 책, pp.524-531 참조.
171. 〈김종필 증언록〉,《중앙일보》, 2015.10.12. 실제로 노태우 대통령은 1992년 9월 18일 "관권선거 개입의 폐습을 청산하겠다"는 명분을 내걸고 전격 탈당했다. 하지만 실제로는 사돈인 SK그룹에 대한 이동통신사업 허가 문제 등을 둘러싸고 김영삼 당시 민자당 대선후보 측과의 갈등이 실제 원인이었던 것으로 알려졌다. 1992년 9월 16일 김영삼 당시 민자당 대통령 후보는 한준수 연기군수가 폭로한 '관권선거 의혹사건'과 관련해 기자회견을 열어, 중립 선거관리내각 구성을 위한 부분 개각을 요구했다. 이는 노태우 당시 대통령의 인사권에 대한 '도전'으로 비쳐지는 행동이었다. 노 대통령은 이틀 뒤인 9월 18일 전격적으로 탈당을 발표함으로써 김 후보에게 뜻밖의 타격을 주는 것으로 응수했다. 이 때문에 김영삼 대통령은 훗날 "노 대통령이 나를 대통령에 당선시키지 않기 위해 탈당했다"라고 주장했다.《연합뉴스》, 1999년 5월 18일.
172. 김영삼(2000c), 같은 책, p.354.
173. 김영삼 대통령은 대선 직후 "(김대중씨로부터) 먼저 전화가 걸려와 통화를 했다. 김대중씨는 의원직을 사퇴하고 정계 은퇴를 한다고 말했다. 그는 30년간 민주화를 위해 함께 투쟁해 온 동지다. 비록 방법이 다소 달랐고 간혹 문제도 있었지만 마음 아프게 생각한다. 정계를 떠나더라도 둘이서 가까운 시일 내에 만

나기로 했다. 만나자는 얘기에 김대중 대표도 좋다고 했고, 앞으로 적극 돕겠다면서 훌륭한 대통령이 되어 달라는 당부도 했다"고 말했다. 또한 김영삼 대통령은 "나는 김대중씨를 위로할 겸 대국적인 견지에서 국가 경영 문제를 논의하고 싶었다. 그러나 그는 끝내 나와의 만남을 피하더니 1993년 1월 26일 영국으로 떠났다. 이날 아침 나는 동교동으로 전화를 해서 김대중씨와 짧은 통화를 했다. 내가 '연락을 기다렸는데 못 만나 섭섭합니다. 아무튼 건강히 잘 다녀오기를 바랍니다'고 인사를 건네자, 김대중씨는 '사정이 여의치 않아 연락을 못 드렸습니다. 미안합니다. 앞으로 잘하시기를 바랍니다'고 말했다. 이날 김대중씨는 '나는 정치를 떠났으며 앞으로도 영원히 정치는 하지 않을 것이다'라는 말을 남긴 채 영국으로 출국했다"라고 주장했다. 김영삼(2001a), 같은 책, p.22.

김대중 대통령은 "나는 다시 졌다. 이번 패배는 참으로 받아들이기 힘들었다. 19일 새벽 3시쯤 자리에서 일어났다. 주위가 조용했다. '지금 내가 할 수 있는 것은 무엇일까'… 김영삼 대통령 당선자가 나에게 만나자고 했다. 내 은퇴에 쏟아진 격려와 찬사를 외면하기에는 부담스러웠을 것이다. 몇 번이나 의사를 전달했다. 그러나 딱히 만날 이유는 없었다. 처음에는 내 쪽에서 거절을 했다. 그랬더니 이번에는 민주당 측에서 대선 기간 동안 자행했던 용공 음해에 대해 김 당선자의 공식적인 사과를 요구했다. 회동의 조건인 셈이다. 정계를 떠난 사람으로서 민주당의 의견을 무시할 수 없었다. 김영삼 씨는 끝내 사과하지 않았다. 우리 두 사람의 만남은 결국 무산되었고, 출국 직전에야 내게 전화를 걸었다. 단 1분 동안 통화했다. 돌아보면 수단과 방법을 가리지 않고 목적을 달성하고야마는 김영삼 씨가 부럽지는 않지만 대단하다는 생각이 들었다… 케임브리지로 향하는 비행기 안에서 조용히 눈을 감고 사색에 잠겼다. 나의 인생은 실패인가? 나는 지난 40년 동안 간절히 바랐던 목적 달성과 국민과 민족을 위해 해보려던 뜻을 펼칠 기회를 얻는 데 또다시 실패했다. 가장 큰 슬픔은 낙선보다 지역감정과 용공 조작에 좌우되는 우리 국민, 미래를 위한 변화보다는 이기적 안전에 집착하는 국민에 대한 실망이었다. 그러나 국민은 나를 버려도 나는 국민을 버릴 수 없다… 우리의 정치, 아니 나랏일을 망친 가장 큰 책임자는 언론이다. 그러나 그들은 막강한 힘이 있다. 바꿔 볼 길도 고쳐 볼 길도 없다. 이대로 죽을 수도 포기할 수도 없다. 그래도 하느님을 믿고 역사를 믿고 국민을 믿고 나를 믿고 역사 속에 승부를 걸면서 나가 보자. 무엇이 되는 것보다 어떻게 사느냐가 중요하다는 신념을 견지하면서, 이제 쓰라린 마음에 다시 힘을 주면서 새로운 보람을 찾아서 최선을 다해 살아야겠다"라고 말했다. 김대중(2010a), 같은 책, pp.563-570.

반면 김영삼 대통령은 자신의 대통령 취임식과 관련 "김대중씨를 비롯해서 야당인 민주당(김대중 씨의 지시에 의해)은 대선 기간 중의 (이선실)간첩사건을 구실삼아 나의 대통령 취임식과… 오후의 경축연까지 한 사람도 참가하지 않았다… 나의 당선을 축하하며 영광을 빈다고 전화까지 했던 김대중씨는 32년 만에 맞는 문민시대의 개막 첫날에 이렇게 찬물을 끼얹은 것이다"라고 주장했다. 김영삼(2001a), 같은 책, p.50. 또한 DJ의 정계은퇴와 관련 단 한 사람은 DJ가 대통령을 향한 꿈을 절대 포기하지 않을 것이라는 것을 예견했다. 바로 김영삼 대통령이다. 김진오는 "고^故 김윤환 민자당 전 대표는 'DJ가 정계를 은퇴한다고 선언했을 때 YS만은 DJ가 정계은퇴를 번복하고 복귀할 것이라는 말을 했다고 훗날 전했다"라고 주장했다. 《노컷뉴스》, 2015년 11월 24일.

한편 나는 김영삼 대통령과의 인터뷰 과정에서 학자적 호기심에서 김대중 대통령을 처음으로 만났던 것을 기억하느냐고 물었더니 그가 말하기를 "아마 어느 한정식 집에서 저녁을 먹을 때 이철승씨가 초선인가 재선인가 분명치 않지만 김대중을 데리고 왔는데 그는 얼굴을 포함해 머리 부분이 몸에 비해 상당히 커 보였다고 했다. 그는 말이 없었고 약간은 우울해 보였으며 고개를 들어 사람을 똑바로 보지 않은 약간은 수줍은 스타일이었다고" 했다. 또한 김대중 대통령과의 정치적 경쟁과 갈등이 언제부터 시작되었다고 생각하느냐는 나의 질문에 그는 정확하지는 않지만 아마도 1968년 통합신민당의 원내총무 인선 때부터 인 것 같다고 말했다. 구체적으로 그는 "유(진오) 총재는 김대중을 원내총무로 지명했다. 나는 '김대중 의원이 지명되면 결코 인준이 안 될 것'이라며 반대했다… 당시 당내에서는 모두들 김대중이 총무가 되기를 바라지 않는 분위기였다. 무엇보다도 그는 동료의원들로부터 인간적 신뢰감을 얻지 못했다. 김대중은 내가 원내총무로 있을 때 상도동 우리 집에 가장 많이 찾아 온 국회의원 중의 한 사람이었다. 특히 분과위원회를 배정할 때면 자주 찾아왔다. 그는 언제나 재정분과위원회를 원했다. 재경위는 모든 국회의원이 바라던 상임위 중에서도 노른자위로 알려져 있었다. 유진오 총재는 6월 5일 의원총회를 소집, 원내총무에 대한 인준을 요청했다. 투표결과 41명의 의원 중 김대중 인준 찬성은 16표, 반대 23표, 기권 2표로 부결되었다… 그로부터 5개월 후 나(김영삼)는 11월 8일 열린 의원총회에서 만장일치로 원내총무로 선출됐다. 이로써 나의 네 번째 원내총무 활동이 시작되었다… 1969년 5월 나(김영삼)는 원내총무로 유임 결의를 받아 민중당 이래 다섯 번째 원내총무로 뽑힌 것이다"라고 말했다. 김영삼(2000a),《김영삼 회고록》1권, 백산서당, pp.232-233.

유진오 총재가 원내총무로 지명하기 전까지 통합신민당 대변인으로 활동했던 김대중 대통령은 자신의 자서전에서 이 부분과 관련하여 일체의 언급이 없고 자신의 당대변인으로서 역할을 언급하면서 당시 '김영삼 원내총무'를 김영삼 씨로 언급할 뿐이다. 김대중(2010a), 같은 책, pp.188-193. 또한 김영삼 대통령도 이 부분과 관련 자신의 회고록에서 당시 김대중 대통령을 김대중 또는 김대중 의원으로 언급하지 당 대변인으로서는 전혀 언급하지 않았다. 두 분은 전직 대통령으로서도 각각의 회고록과 자서전을 통해서도 서로 정치적 경쟁을 하고 있다고 나는 생각했다. 사실 당시 4선 의원으로서 네 번째 원내총무에 선출된 김영삼 대통령도 그리고 원외로서 장면 정부 여당의 대변인을 거쳐서 재선 의원으로서 통합신민당의 대변인을 역임하던 김대중 대통령도 이미 떠오르는 별들이었고 이것이 1969년부터 시작된 '40대 기수론'의 기반이 되었다.

흥미롭게도 두 분 다 미국의 케네디 대통령을 정치적 모델로 삼아서 자신들을 '한국의 케네디'라고 칭했다. 먼저 김영삼 대통령은 1964년 8월 미국 방문 시 케네디 대통령 묘소를 참배했고 이어서 민주당 전당대회를 참관하며 당시 미국 내에서 케네디 대통령에 대한 추모 열기와 그의 정치적 유산을 체험하였다. 이후 그는 자신의 저서인 《40대 기수론》(신진문화사, 1971)에서도 케네디 대통령의 말, "평화적 혁명을 불가능하게 만드는 자는 폭력혁명을 불가피하게 만든다"를 인용하면서 그의 정치적 도전을 피력하였다. 김영삼(2001a), 같은 책, p.335. 김대중 대통령도 "케네디는 참다운 용기가 무엇인지를 보여 준 신비로운 인물이었다. 그는 우선 젊었고 세상을 변화시키려는 열정을 지니고 있었다. 무엇보다 변화를 외쳐 국민들에게 희망을 안겨주었다… 그의 일거수일투족은 나에게 힘과 용기가 되었다"라고 말했다. 김대중(2010a), 같은 책, p.153. 나아가 나는 김영삼 대통령에게 그가 경쟁자로서 또는 협력자로서 김대중 대통령과 여러 번 단독으로 협상을 하였는데 그 과정을 기억하느냐고 물었더니 김영삼 대통령은 "김대중은 자기가 원하는 것을 말하기 전에 그것을 직접 말하지 않고 그것과 관련된 배경설명 등 서론을 무척 길게 설명하는데, 그것을 사람들은 그가 논리적이라고 하는데, 그래서 나는 일반적으로 그의 설명을 많이 듣지 않아요. 김대중이 설명하는 동안에 나는 내가 말할 요구사항을 생각하고 있다가 김대중이 장황한 설명을 끝내고 요구사항을 말하려할 때 그의 말을 끊고 나의 요구사항을 먼저 말해버려요. 그러면 그는 무척 당황해하지"라고 말했다.

174. 박정희 정부는 제3공화국, 전두환 정부는 제5공화국, 노태우 정부는 제6공화국이라고 하는데 반면 김영삼 정부부터는 공화국 대신 '문민정부', 김대중 정부는 '국민의 정부', 노무현 정부는 '참여정부', 이명박 정부는 'MB 정부' 또는 '실용정부', 그리고 박근혜 정부는 그냥 박근혜 정부라고 불렀다. 왜냐하면 헌법이 개정되어 새로운 헌법 아래서 선출된 대통령인 경우 '공화국'이라고 한다. 현행 헌법은 1987년 민주화 이후 개정되었고 이 헌법 아래서 노태우 대통령이 선출되었으니 1988년 시작된 노태우 정부는 제6공화국이다. 민주화 이후 역대 대통령

즉, 김영삼 정부는 제6공화국 제2기 정부이고, 김대중 정부는 제3기 정부이고, 노무현 정부는 제4기 정부이고, 이명박 정부는 제5기 정부이고, 박근혜 정부는 제6기 정부이다. 김영삼 대통령 이후 역대 대통령은 군사 독재의 마지막 지도자인 노태우 대통령과 그의 정부, 즉 제6공화국으로 불러지는 것과 그 공화국 울타리가 싫어서 각각 자신의 정부에 대한 새로운 명칭을 붙였다. 이제 헌법이 개정되어 새로운 헌법이 제정되고 그 제정된 헌법에 따라 만약 새 대통령이 선출된다면 그의 정부는 제7공화국이 된다.

175. 김영삼 대통령은 "개혁에는 필연적으로 저항이 따르기 마련이며… (개혁 반대) 세력을 규합할 시간적 여유를 주지 않고 전격적으로… 단행하는 길만이 최선의 선택이었다… 이런 전격 전술은 반대 세력을 압도할 만한 힘이 있을 때 성공할 수 있는 것이다. 내가 문민정부에 대한 국민의 지지가 압도적이고… 확산되는 시점을… 선택한 이유도 거기에 있었다"라고 설명했다. 김영삼(2001a),《김영삼 대통령 회고록》상, 조선일보사, p.95.

176. 이 밖에도 다수의 국회의원이 의원직을 사퇴하였고, 부정축재 의혹이 짙은 공무원 약 3,000명이 구속, 파면 또는 징계되었다. 이러한 인적 청산은 국민의 마음을 후련하게 했다.

177. 하나회는 1973년 윤필용 사건을 계기로 실체가 드러나면서 관련자들이 처벌을 받았다. 이후 1979년 12·12 군사반란, 1980년 5·17 비상계엄 확대로 실권을 장악했고 전두환·노태우 대통령 탄생의 기반이 됐다. 하나회와 관련 노태우 대통령은 "하나회는 일종의 사적인 모임인데 이 조직을 과대 포장하여 정치적으로 이용했다"고 주장했다. 노태우(2011b), 같은 책, pp.453-455. 그러나 김종필은 "전두환이 저지른 잘못의 출발점은 군내에 사조직을 만들어 자기들끼리 좋은 것을 차지했다는 대목이다. 군의 사조직은 내부의 분열을 조장하고 위기 때 결속과 자기희생을 어렵게 한다. 군내 파벌은 이런 일을 반복하면서 누구도 통제할 수 없는 집단으로 변질된다. 이게 하나회가 군에 끼친 해악이다"라고 주장했다. 〈김종필 증언록〉,《중앙일보》, 2015.10.16.

김영삼 대통령은 1993년 3월 8일 하나회 회원이던 육군참모총장 김진영(육사 17기)과 기무사령관 서완수(육사 19기)를 전격 교체하면서 하나회 척결을 시작했다. 그는 이 과정을 "그 전에도 파악하고 있었지만 그때(취임 후) 더 자세히 알게 되었습니다. 취임과 동시에 김진영 육군참모총장, 1군사령관, 2군사령관, 수도경비사령관을 한꺼번에 보직 해임하고 후임자를 동시에 임명해서 그 날로 취임시켰습니다. 딴 수작을 벌이면 안 되니까 서둘러 취임을 시킨 것입니다. 하나회하고 관계없는 사람 중에서 대장을 시키고 이랬더니 깜짝 놀란 겁니다. 천하가 놀란 거예요"라고 설명했다. 김영삼(2001a), 같은 책, pp.90-96. 그는 취임 후 4개월에 걸쳐서 국방부·합참본부·고위장성·군단장·사단장·해군수뇌부·공군수뇌부를 구성하고 있던 고위 간부 87명 중 무려 50명을 교체했다. 당시 '군부 대학살'로도 불린 이 숙청작업에 의해 물갈이된 장교는 모두 약 1,000여 명에 달했다.

178. 또한 그는 "이렇게 해서 암울한 군사 쿠데타의 망령이 사라지게 되었다면서 하나회를 청산 안 했으면 김대중이나 노무현이 대통령이 되지 못했을 것"이라고 주장했다. 김영삼(2001a), 같은 책, p.125.

179. 김종필은 "한국에서 위험한 군내 사조직을 거뜬히 없애버린 건 김영삼의 업적이라 할 수 있다. YS는 2년 뒤인 95년 전두환·노태우 두 전직 대통령을 교도소에 보냄으로써 군부 사조직이 재생할 수 없게 그 심지를 원천적으로 뿌리 뽑았다… 이런 일은 YS 같은 특별한 성격의 소유자가 아니면 해내기 어렵다고 본다. YS는 상황 판단이 집중·단선적이다. 권력의 본성을 감각적으로 느낀다. 하나회 청산은 전격적으로 이뤄져야 하며 꼭대기 전두환·노태우를 정리해야만 완성된다는 판단이 그런 유의 것이다"라고 주장했다. 〈김종필 증언록〉, 《중앙일보》, 2015.10.16.

180. 임혁백(2011), 같은 책, p.131.

181. 김영삼 대통령은 1993년 6월 경제부총리 이경식을 청와대로 불러 실명제 초안을 비밀리에 마련해 오라고 지시했다. 이경식 부총리는 극소수의 전문가를 선발한 뒤 보름 만에 초안을 마련해 왔다. 그는 1993년 7월 재무장관 홍재형을 불러 그 초안을 넘겨주면서 실무 작업에 착수할 것을 지시했다. 홍재형은 재무부·국세청·법제처·은행 직원 가운데 전문가를 차출하여 실무팀을 만들어서 작업을 했다. 1993년 8월 12일 그는 정경유착의 뿌리를 뽑기 위해 금융실명제를 전격적으로 단행했고 당시 일반 국민과 모든 언론은 이를 적극적으로 지지하고 환영했다.

182. 노태우 대통령은 "김영삼 정부 출범 후 단행된 금융실명제 실시라는 고비를 맞고도 비자금을 제대로 처리하지 못했다. 실명제를 실시하는 과정에서 정부 측이 우리의 비자금 관리 사실을 알게 되었다는 이야기를 들었다. 나는 차제에 '정부 측과 상의해 이 문제를 정리하면 되겠구나' 하고 생각했는데 정부 측에서 '이를 문제 삼지 않을 것'이라는 이야기가 들려왔다"라고 설명했다. 노태우(2011b), 같은 책, p.517. 나중에 내가 이러한 사실을 노태우 대통령의 친구이자 금융 전문가인 이원조 의원에게 말했더니 그는 노태우 대통령이 비자금 관리를 자기에게 맡기지 않았고 비전문가인 경호담당 측 인사들에게 맡겨서 비자금 문제가 초래되었다고 안타까워했다. 이와 관련 노태우 대통령은 "전례대로 자금 조성 창구는 청와대로 단일화하고, 자금관리는 보직이 잘 바뀌지 않는 자리에

있는, 신뢰할 수 있는 측근에게 맡겨야겠다고 생각하였다. 돈을 아는 사람은 사고를 낼 염려가 있으므로 차라리 돈을 모르는 사람이 나을 듯 싶었다"라고 설명하였다. 노태우(2011b), 같은 책, p.503.
183. 노무현(2010), 같은 책, p.206.
184. 김영삼(2001a), 같은 책, p.175. 당시 집권당 대표였던 김종필은 "공직자 재산등록, 금융실명제, 하나회 척결… 등은 국민 지지가 높았다. 업적으로 내세울 만하다. 하지만 이른바 국정개혁들이 장기적인 국가운영의 틀에서 이루어지기보다 여론을 의식하는 깜짝 선포가 허다했다. 개혁 조치들은 방향과 속도, 설득의 3요소가 조화를 이루면서 국민과 호흡을 같이해야 하는데 일방적으로 끌고 가는 경우가 많았다"라고 주장했다. 김종필, 〈김종필 증언록〉, 《중앙일보》, 2015.10.19.
185. 자세한 것은 Lipsky, Michael(1980), Street-Level Bureaucracy, Russell Sage Foundation 참조.
186. 《데일리 NK》, 2009.04.13.
187. "클린턴 회고록에 언급된 94년 영변폭격 중단 배경", 《연합뉴스》, 2004.06.24. 이는 카터 전 대통령이 방북해 김일성 북한 주석과 핵문제 해결을 위한 타협을 보기 전 클린턴 대통령은 '정신이 번쩍 드는 보고'를 받았었고 이미 그때부터 영변 폭격계획에 대해 확신을 갖지 못했다는 것을 시사하는 대목이다. 그러나 지난 99년 10월 미국의 CNN 방송이 94년 당시 미 국무부 특사였던 로버트 갈루치와 국방부 소식통의 말을 인용해 보도한 내용에 따르면 "미 정부는 평북 영변의 한 작은 원자로를 폭격하기 위해 크루즈 미사일 발사와 F-117 스텔스 전투기 폭격을 계획했다. 이 폭격이 북한 당국을 자극해 (미국 정부는) 100만 명이 희생될 것으로 예상되는 전쟁을 불러 오리라고 확신하고 있었다." CNN은 영변 폭격이 불러 올 북한 당국의 대응 등을 둘러싸고 클린턴 대통령이 참석한 가운데 백악관에서 심각한 논의가 벌어졌고 폭격 취소로 결론이 났다고 전했다… 1994년 6월 15일, 백악관에서의 긴장된 순간. 페리 국방장관과 존 셸리캐슈빌리 합참의장이 클린턴 대통령과 고위관료들에게 브리핑을 하고 있었다. 3만7천 명의 주한미군을 실질적으로 보강하는 세 가지 방안에 대한 브리핑이었다. 펜타곤은 '중간안'을 주장했다. 병력 1만 명을 증파하고 F-117 스텔스기를 발진시키며 장거리 폭격기와 함께 항공모함을 한반도 또는 그 부근에 추가 배치하는 방안이었다. 페리는 '하루면 한국에 주요 병력을 추가 배치할 수 있었다. 한국에서 미국 민간인을 소개하기 직전이었다'고 당시를 회상했다. 진짜 우려는 북한이 병력증파와 민간인 소개를 공격이 임박했다는 신호로 받아들이고 한국을 선제 침공할 가능성이었다… 페리 장관은 당시 클린턴에게 제시된 방

안 모두가 입맛에 꼭 맞는 것들은 아니지만 어느 것이든 피해가 막심하지는 않을 것이라고 말했다. 갈루치는 '내 기억으로는 대통령이 (세 가지 방안 가운데 하나를) 선택하라는 요청을 받고 선택하기 직전에 평양에 가 있던 카터 전 대통령이 전화를 걸어왔다. 방문이 열려 있었기 때문에 그 전화 벨소리를 다 들을 수 있었다'고 회상했다. 카터 전 대통령은 사적인 시민의 입장에서 북한의 김일성과 회담을 하다가 돌파구가 마련되자 전화를 걸어온 것이었다… 며칠 후 북한은 핵 프로그램을 동결하는 대신 핵폭탄 제조용 플루토늄을 생산해내지 않는 새로운 원자로 건설과 더불어 그에 따른 중유공급을 약속받았다. 북한의 공격을 퇴치한다는 미국의 '작전계획 5027'은 가동 일보직전에 취소됐다."

한편《한겨레》(2016.07.26.)는 "제1차 북핵 위기는 1994년 10월21일 북-미 제네바기본합의 채택·발표로 해소됐다. 미국의 '북한 영변 핵시설 폭격'까지 거론되던 '전쟁위기'를 지미 카터 전 미 대통령의 방북 및 김일성 북한 주석과의 담판으로 넘기고, 이어 북-미가 한 달 남짓 난해한 협상을 포기하지 않은 결과다. 이 과정에서 대북 강경책을 고수한 김영삼 대통령이 이끈 당시 한국 정부의 기여는 없었다. '94년 6월 전쟁위기' 때 김영삼 정부는 국가안전보장회의(NSC)를 소집해 '가상전쟁 도상연습'을 했고, 이홍구 당시 통일원 장관은 "어떤 대가를 치르더라도 북한의 전쟁 기도를 응징할 것"이라고 목청을 돋웠다. 요즘 자주 마주하는 장면과 다르지 않다"라고 주장했다. 이와 관련 이론적 분석은 함성득·김옥진(2005), 〈한국의 외교·안보정책결정과정에서 대통령의 리더십과 관료정치현상과의 연관성 분석: 1, 2차 북핵위기를 중심으로〉,《국제관계연구》, 10(2), pp.37-71 참조.

188. 나는 2000년 10월 친구이면서 미국 클린턴 대통령의 선거참모로서, 특히 1994년 북핵위기 때 클린턴 대통령을 가장 가까이서 보좌했던 딕 모리스를 한국에 초청했고 그에게 영변 폭격에 대해 직접적으로 질문했다. 그는 당시 미 의회에서 공화당의 영향력이 확장되면서 클린턴 대통령의 지지도가 지속적으로 하락하고 있었다고 했다. 그 과정에서 그와 클린턴 대통령은 북핵위기와 관련 이에 강경하게 대응하여 강한 대통령의 이미지 구축하여 지지도를 회복하려고 시도했다고 했다. 이 과정에서 그도 영변 폭격을 찬성했고 그 경우 대통령의 지지도가 약 4%정도 올라갈 것이라는 예측을 백악관 대통령 숙소에서 대통령에게 직접 보고했다고 했다. 그랬더니 클린턴 대통령은 그에게 20분 동안 이 문제를 설명하면서 전쟁을 겪은 한국에서 결코 전쟁이 있어서는 안 된다는 점을 여러 번 강조했다고 했다. '특별대담: 딕 모리스 美선거전략가-함성득 교수',《동아일보》, 2000.10.06.

189. '한미, 북핵北核 과상공세',《동아일보》, 2016.09.24.

190. 김영삼(2001a), 같은 책, p.332; p.334. 김대중 대통령은 "분단 50년 만에 처음으로 한반도 평화와 통일에의 구체적 성과를 기대할 수 있었던 시점에서 이런 돌발 사태가 일어나 정말 아쉬웠다. 그리고 남북 관계가 악화되지 않을까 매우 염려되었다… 국회 외무통일위원회에서 이부영 민주당 의원이 조심스럽게 '혹 정부가 조문 의사를 표명할 용의는 없는가'라고 질문을 했다. 이에 보수 언론들은 앞과 뒤의 전제 조건들을 생략하고 '6·25를 일으킨 전쟁 범죄자에게 조문할 수 있느냐'며 맹공을 가했다. '조문 파동'은 이렇게 시작됐다… 우리가 당시 좀 더 슬기로운 태도를 취했더라면 남북 관계가 개선될 수도 있었다. 조문 파동 당시 정부의 옹색한 태도에 대해서 미·일·중·러 등 여러 나라에서 유감스럽게 생각했다… 나는 조문 파동을 보고 외교가 얼마나 중요한가를 새삼 깨달았다. 과거 냉전 시대와 같이 남과 북으로 갈라놓고 내 편과 적이 있는 시대는 분명히 지나가고 있었다. 미국의 주장을 무조건 따르는 시대도 지나갔다. 우리가 외교 역량을 강화해서 미국과의 관계를 계속 튼튼히 하고 별도로 주변 각국 그리고 세계 여러 나라들과 다각적인 외교 활동을 전개해 나가는 것이 필요했다"라며 안타까워했다. 김대중(2010a), 같은 책, pp.593-594.
191. 1994년 말에는 허락하지 않았던 삼성자동차 설립을 국가경쟁력 강화 차원에서 입장을 180도 바꾸어 이를 허가했다.
192. 장하준은 "한국의 사례에서 볼 수 있듯이 경제적으로 성공을 거둔 나라들은 자만에 빠질 수 있다. 1980년대 후반이 되기 전까지 한국은 기술적으로 자본을 통제함으로써 막대한 경제적 이익을 얻을 수 있었다. 그러나 1990년대 중반에 한국은 신중한 계획도 세우지 않은 채 자본 시장을 대폭 개방했는데, 이는 미국의 압력도 있었지만 30년 동안 경제기적을 계속한 뒤라 자만에 빠졌기 때문이기도 하다. 한국은 부자 나라가 아님에도 불구하고 1996년 OECD에 가입하기로 결정하고부터는 부자 나라처럼 행동했다. 당시 한국의 1인당 국민소득은 대부분의 OECD 회원국들과 비교하면 3분의 1 수준, 가장 부유한 회원국과 비교하면 4분의 1 수준에 불과했다… 1997년의 금융 위기는 이런 행동의 결과라 할 수 있었다"라고 주장했다. 장하준(2007), 같은 책, p.316.
193. 그는 "막상 김종필씨가 탈당한다는 소식은 내게는 충격이었다… 나는 지금도 여러 가지 오해와 감정이 얽힌 상황에서 김종필씨가 탈당한 것을 대단히 아쉽게 생각하고 있다. 만약 그때 내가 김종필씨의 청구동 자책으로 찾아가 내 본심을 전했다면 오해가 풀렸을 것이고 탈당까지는 하지 않았을 것이라고 생각하고 있다. 그의 탈당은 지금까지 나의 정치 역정 가운데 가장 아쉽게 생각하는 사건 중의 하나이기도 하다"라고 말했다. 김영삼(2001b),《김영삼 대통령 회고록》하, 조선일보사, p.33.

194. 김대중 대통령의 정치활동 재개와 관련 김영삼 대통령은 "사실상의 정계복귀였다. 하지만 김대중 씨는 '당원으로서 지방선거에서 후보로 지명된 사람에 대해서는 적극적인 지원을 하겠다'고 말하면서도 '지원 유세일 뿐 정계복귀는 아니다'라고 궤변을 늘어놓았다. 은퇴를 선언했으면 뒤에 물러서 있을 일이고 복귀를 하려면 당당하게 선언할 것이지, 김대중씨는 은퇴다 아니다, 복귀다 아니다, 당원 자격이다 아니다 등등의 말장난을 계속했다"라고 비난했다. 김영삼(2001b), 같은 책, p.93. 나아가 그는 "김대중씨는 대통령 선거에서 패배한 후 내가 그의 부정한 과거를 수사할까봐 두려워서 영국으로 떠난 것이다. 김대중 씨는 자신의 부끄러운 과거 행적이 밝혀지는 것을 두려워했다. 그러다가 내가 김대중씨 본인은 물론 그의 측근에 대해서 어떠한 조사도 하지 않는다는 사실을 파악하고는 귀국했다"라고 주장했다. 김영삼(2001b), 같은 책, p.92.

반면 김대중 대통령은 그의 정계 복귀와 관련 "1995년 7월 13일, 나는 국회의원 51명의 결의로 정치 재개를 요청받았다. 의원들은 야당을 바로 세우고 김영삼 정권의 실정으로 위기에 처한 나라를 바로 세워야 한다고 주장했다. 나는 이를 수용하기로 했다. 일시적인 비난을 받더라도 국민의 고통을 외면해서는 안 된다고 판단했다… 세 번의 낙선은 모두 불공정한 승부의 결과였다. 용공조작 등 매번 부정 선거에 당해서 마음속에는 늘 억울하다는 생각이 숨어 있었다… 그보다 내가 정계 복귀를 결심한 근본적인 이유는 평생 품었던 내 꿈을 실현해 보고 싶었기 때문이다. 그 하나는 민주주의 국가 완성이요. 다른 하나는 민족 통일에 이바지하고자 함이었다. 내 평생의 소원인 두 가지 중에서 하나도 이루지 못하고 물러설 수는 없었다… 나는 대통령이 되어 세상을 바꿔 보고 싶었다"라고 말했다. 김대중(2010a), 같은 책, p.608. 이와 관련 김대중은 "YS가 대통령이 되자 DJ는 정계은퇴를 선언하고 영국에 갔다. YS정부가 덜커덩거리기 시작하니까 DJ는 돌아와서 정계복귀를 선언했다. 그래서 조선일보가 사설에 '정계은퇴 한다고 나가더니 잉크가 마르기도 전에 들어와서 정계복귀하느냐. 이런 식으로 정치인들의 선언이나 결단은 다 휴지조각이냐'고 썼다. DJ가 만나자고 하더라. DJ는 '김주필이 그렇게 순진한 줄 몰랐다'고 했다. 자신이 정계은퇴를 선언한 것은 그대로 남아 있으면 YS가 선거자금을 캐는 등 못 견디게 만들 것이 뻔했기 때문이었다는 것이다. 때론 이긴 자가 진 자에게 복수하는 게 우리나라다. YS가 뒤에 한 얘기가 있다. 'DJ가 나간다는 데 뭘 뒤지겠어'라고 했었다"라고 설명했다. 김대중, '신문기자 50년… 역대^{歷代} 대통령들이 '치워버리고' 싶어 한 직필^{直筆}", 《조선일보》, 2015.05.30.

195. 김대중(2010a), 같은 책, p.612. 아울러 1995년 11월 당시 민자당 강삼재 사무총장은 "김대중씨는 20억 원 이외에 87년 평민당 창당, 89년 노태우의 중간평

가 유보 및 5공 비리 청산 등 역사의 고비 고비마다 노태우로부터 상당한 액수의 돈을 받아왔다"라는 의혹을 제기했다.
196. 김영삼 대통령은 "(김대중의 실토는) 나에게는 물론이고 국민들에게도 엄청난 충격이 아닐 수 없었다. 1992년 대통령 선거를 앞두고 민자당을 탈당해 나의 선거운동을 괴롭혔던 노태우씨가 야당의 김대중 후보에게 거액의 돈을 주었다는 것도 놀라운 일이었지만, 김대중씨 스스로 광주 학살의 살인마라고 맹렬히 비난해온 노태우씨로 부터 돈을 받은 것은 도저히 납득할 수 없는 일이었다. 더구나 1980년 이후 5·18의 최대 피해자로 자처해온 김대중씨가 가해 당사자인 노태우의 부정축재 자금을 어떻게 받을 수 있었는지 나로서는 도저히 이해할 수 없는 노릇이었다. 지금도 김대중씨는 '불의한 돈은 단 한 번도 받은 적이 없다'고 강변하고 있다. 그렇다면 노태우로부터 받은 돈은 정의의 돈이란 뜻인지 궁금하지 않을 수 없다"라고 주장했다. 김영삼(2001b), 같은 책, p.142.

김대중 대통령은 "사실 나는 14대 대선 즈음에 노태우 대통령으로부터 격려금을 받은 일이 있었다. 김중권 정무수석이 그 돈을 내놓았을 때 나는 많이 놀랐다. 그런데 김 수석의 자세가 정중했고, 다른 모두 후보들에게 대통령이 인사를 하는 거라고 하기에 믿었다. 사실 현직 대통령의 격려금을 뿌리치기는 참으로 어려웠다. 그리고 당시는 정치자금법이 없었기 때문에 법에 저촉되지도 않았다. 그러나 이것이 논란이 된 이상 나는 모든 것을 털어버리고 선거에 임하겠다는 결심을 하고 국민들에게 이를 공개했다. 하지만 그 돈은 받아서는 안 될 돈이었다. 국민들에게 고백은 했지만, 내 정치 인생에서도 돈과 관련된 추문이었으니 부끄러운 일이었다"라고 설명했다. 김대중(2010a), 같은 책, p.612. 당시 김대중 대통령을 가까이 모셨던 이강래는 "DJ 선생은 이 사건(김대중의 20억 실토)으로 도덕성에 큰 상처를 입게 되었다. 그동안 DJ 선생은 민주화 투쟁의 상징적 지도자로서 다른 정치인에 비해 도덕적인 면에서 우월한 지위에 있었다. 그리고 광주항쟁으로 사형 선고까지 받았으며, 광주 시민의 전폭적인 지지를 받고 있었다. 이러한 DJ 선생이 광주 학살의 원흉인 노태우 씨로부터 검은 돈을 받을 수 있느냐는 비난 여론이 빗발쳤다. DJ 선생은 위로금 차원이어서 받았다고 변명했지만 통할 리가 없었다"라고 설명했다. 이강래(2011),《12월 19일》, 푸른나무, pp.135-136.

한편 김종필은 "박(계동) 의원의 폭로를 이어받아 김대중 새정치국민회의 총재는 '김영삼 대통령이 92년 대선에서 1조원 이상의 선거자금을 썼다. 현 정권이 자신의 엄청난 비자금은 조사하지 않고 국민회의의 사소한 문제만 표적사정하고 있다'고 비난하더니 며칠 뒤 중국 방문에선 '대선 때 노태우 대통령으로부터 격려금 20억 원을 받았다'고 실토했다. 노태우가 기자회견을 통해 비자금의 용처를 밝히기 전에 DJ가 먼저 알아서 고백한 것이다. 정국은 큰 충격에 휩싸였다. 세상 사람들의 의문은 자연스럽게 '노태우가 야당 후보한테 20억 원을 줬으니 여당 후보였던 YS한테는 얼마를 주었겠느냐'에 집중됐다. 11월 9일 나는 야당 총재로서 국민의 궁금증을 대신해 기자간담회를 열어 이렇게 말했다. 대선 때 천문학적으로 돈이 들어간다. 내가 김영삼 후보를 옆에서 지켜봤던 살아 있는 사전辭典이다. 이제 대통령 본인이 대선자금을 밝히지 않으면 안 될 만큼 위기가 번졌다"라고 주장했다. 〈김종필 증언록〉,《중앙일보》, 2015.10.16.

197. 수사 결과 전두환 대통령은 재임 중 기업인들로부터 총 9,500억 원을 거둬 이 중 7,000억 원을 비자금으로 사용했고 퇴임 시 약 1,600억 원을 챙겨 개인적으로 관리해왔던 것으로 밝혀졌다. 1996년 2월 전두환·노태우 두 전직 대통령과 16명의 전직 장성들이 부패·내란 및 군사반란 혐의로 기소했고 또한 돈을 준 재벌들도 기소했다. 김종필은 "YS는 이런 나의 (14대 대선 당시 YS 대선 자금 내역 공개) 요구와 세상의 궁금증, 여론압박에 대답하지 않았다. 대신 '5·17 쿠데타는 어떤 경우에도 정당화되거나 용납될 수 없으며 이런 불행이 다시 되풀이돼서는 안 된다. 쿠데타를 일으켜 국민에게 슬픔과 고통을 안겨준 당사자를 처리하기 위해 5·18특별법을 제정하겠다'고 밝혔다. DJ는 비자금 정국이 자신을 위험에 빠뜨리자 얼굴빛을 바꿔 자기고백을 하는 방식으로 국민에게 이해를 구했다. 반면 YS는 비자금 정국 자체를 다른 국면으로 더 크게 전환해 국민의 관심을 다른 곳으로 돌렸다… 내가 아는 한 YS의 정치자금에 대한 판단 기준은 자기 위주다"라고 주장했다. 〈김종필 증언록〉,《중앙일보》, 2015.10.16.

198. 김영삼(2001b), 같은 책, p.265.
199. 김영삼(2001b), 같은 책, pp.266-267.
200. 김영삼(2001b), 같은 책, p.271. 당시 노동법 날치기 통과 결정과 관련 김영삼 대통령 및 청와대와 여당의 정치적 자신감, 김대중 대통령 측의 약속 파기 등 많은 주장들이 있다. 당시 나는 우연히 이 파동을 관찰하는 기회를 가졌다. 정치적 실세인 김현철은 자신의 심복인 김기섭 국가안전기획부 차장의 조언에 따라 김영삼 대통령의 정치적 후계자로 김기섭의 서울대학교 은사인 이홍구 신한국당 대표를 마음에 두고 있었다. 김현철은 이홍구의 원만하고 부드러운 리더십의 정치적 장점들을 충분히 이해하고 있었다. 다만 김현철은 이홍구가 악역을 싫어하고 너무 부드러운 스타일리스트라는 것이 대통령으로서는 약점이라고 생각하고 있었다. 이러한 상황에서 김기섭은 이홍구를 설득하여 이 노동법 개정을 통해 이홍구의 '정치적 강경함'(?)을 과시하고자 했다. 아마도 이것은 이홍구가 대통령이 되기 위한 일종의 정치적 승부수였다. 이러한 나의 주관적 관찰도 노동법 파동과 관련 하나의 설명이 될 수도 있을 것이다.

이와 관련 《동아일보》, (2000.10.31.)는 "이홍구(李洪九) 전 총리가 31일 대학 강단에 섰다. 8월 주미대사직에서 퇴임한 후 3개월여 만이다. 이 전 총리는 이날 오전 고려대 행정학과 대통령학 수업(담당교수 함성득(咸成得))에 특별 강사로 나와 자신의 총리시절을 회고했다. 그는 김영삼 정권이 추진했던 △민주화 △지방화 △세계화 △시장개방화 △통일-민족공동체 건설 등 5대 과제에 대해 간략히 설명했으나 평가에 대해서는 '김영삼 정권이 끝난 지 3년이 안 돼 역사적 평가를 하기에는 이르다'고 피해나갔다. 그는 이어 학생들과의 일문일답에서 '20일 강연한 김영삼 전 대통령은 노동법개정안 통과를 지연시키고 기아자동차 처리를 방해한 김대중 대통령에게 환란의 책임이 있다고 했는데 선생님의 생각은 어떠냐'는 질문을 받았다. 이 전 총리는 '당시 정부를 맡았던 사람들에게 1차적 책임이 있다'고 답하고 '강경식(姜慶植) 전 경제부총리에게 환란의 책임을 물었는데…. 강 전부총리는 '좋은 사람'이라고 추천했던 사람이 바로 나였다'고 말해 자신의 책임을 우회적으로, 그러나 솔직히 표현했다. 그는 이어 '돌이켜보면 몰라서가 아니라 알면서도 국가적 프로그램을 밀어붙이지 못했다'고 회고하고 '요즘 경제가 어렵다고 하는데 정치적 대가를 치르더라도 시간을 늦추지 말고 밀고 나가야 한다. 경제지표가 아무리 좋아도 위기는 위기가 가진 특별한 다이내믹스가 있다. 시장에서 (경제가) 안 된다고 생각하면 정말 안 된다'고 강조했다"라고 설명했다.

201. 한편 2016년 6월 '김해공항 확장'으로 마무리된 '동남권 신공항 건설'은 '10년짜리 장편의 정치 코미디'였다. 애당초 동남권 신공항 건설은 김해공항의 협소함과 안전성을 해결하고자 2006년 노무현 정부에서 공론화되었다. 그 사이 동남권 신공항 건설은 2007년과 2012년 대선에서 영남표를 모으는 공약으로 이용됐다. 이명박 대통령이 대통령에 당선된 후 2011년 백지화하면서 사과했다. 이후 2012년 대선에서 여당 후보인 박근혜 대통령과 야당 후보인 문재인 후보도 같은 공약을 냈다. 이렇게 한심한 일들이 정권마다 되풀이 되고 있다.

202. 이후 보다 구체적이고 더 큰 규모의 김대중 비자금이 폭로됐다. 이는 1992년 대선을 전후해 10개 기업으로부터 134억여 원의 돈을 받았고 또한 1987년부터 1997년까지 가족 및 친인척 수십 명의 차명계좌 300여 개를 이용하여 378억 원을 은닉하고 있다는 것이었다. 아울러 1989년 노태우 대통령의 중간평가를 유보해주는 대가로 200억 원을 받았다는 것이었다. 김대중의 비자금은 모두 약 1,300억 원이 넘었다. 물론 김대중 측은 명백한 정치공작이라면서 사실상 부정축재 의혹을 부인했다. 노태우 대통령으로부터 200억을 받은 사실도 부인했다. 그러나 10월 16일 신한국당은 김대중을 특가법상 뇌물수수 및 조세포탈과 무고혐의로 검찰에 고발했다. 자세한 것은 이강래

(2011), 같은 책, pp.292-300 참조.
203. 김영삼(2001b),같은 책, p.343.
204. 김영삼(2001b), 같은 책, p.347. 실제로 김영삼 대통령은 "2010년 친이계 의원들의 초청 간담회에서 '97년 11월 (이회창 후보의 탈당 요구에 대해) 신한국당을 탈당한 뒤 이회창씨는 절대 대통령 안 시키겠다는 각오를 했다"고 고백했다. 'DJ 정계은퇴에 YS만 아니라고 했다',《노컷뉴스》, 2015.11.24.
205. 김영삼(2001b), 같은 책, p.345. 김대중 대통령은 "그런데 참으로 의로운 일이 일어났다. 바로 김태정 총장의 결단이었다. 그는 현명하고 용기가 있었다. (1997년) 10월 21일 김 총장은 나에 대한 비자금 의혹 고발 사건 수사를 15대 대통령 선거 이후로 유보한다고 공식 발표했다… '(김 총장은) 법조인의 양심으로 수사에 착수할 수 없었다. 근거가 있어야지 아무런 근거 없이 어떻게 수사할 수 있겠는가'… 사실 시중에는 나를 수사하면 민란이 일어날지도 모른다는 소문도 돌고 있었다"라고 말했다. 김대중(2010a), 같은 책, pp.618-619.

김대중 대통령을 가까이에서 보좌하였던 이강래는 "특히 한보 사태로 김현철씨가 구속되고 92년 대선자금 불씨가 언제든지 되살아날 가능성이 있어서, YS 입장에서는 퇴임 후의 안전 보장이 무엇보다 중요한 과제로 남아있었다… 나는 이러한 사정 때문에 YS 측도 DJ 선생과 비밀 접촉을 바라고 있을지 모른다고 생각했다. 내 생각에 DJ 선생도 적극 찬동했다. 그 동안 DJ 선생과 곁에서 보고 느낀 것은 DJ 선생과 YS의 관계는 보통 사람의 시각으로는 납득이 되지 않는 일들이 많았다. 복잡하고 특수한 관계였다… 서로가 지고는 못 사는 관계이지만 한편으로는 상대방에 대한 남다른 배려가 있었다"라고 말했다. 이강래(2011), 같은 책, p.254. 그러면서 이강래는 자신과 꼬마민주당에서 자신의 직속 상관이었던 김광일 대통령 비서실장과의 공식 막후 채널을 밝히면서 "신한국당의 전당대회가 끝난 직후인 7월 말경… 이날의 회동(당시 김광일 정치담당특보와 DJ 선생)은 YS의 메시지를 DJ 선생에게 전달하기 위한 자리였다. YS는 철저하게 중립을 지키고 공정하게 선거 관리를 하겠다는 뜻을 전하였다. 이에 대해 DJ 선생도 집권하면 YS의 사후보장을 책임지겠다고 굳게 약속했다"고 말했다. 이강래(2011), 같은 책, p.257. 아울러 이강래는 "YS의 올곧은 소신도 정권교체를 통해 역사가 진보할 수 있도록 길을 열어 주었다. 만약에 당시 상황에서 YS가 검찰에게 수사 지시를 내렸다면 어떻게 되었을지 생각하면 모골이 송연하다. YS가 공명정대하게 엄격한 중립적 태도를 지켰기 때문에, 역사적인 정권교체의 길이 열렸다는 것을 다시 한번 되새겨 본다. 국민의 정부 초창기에 내가 청와대 정무수석으로 YS에게 인사를 갔을 때, YS는 김광일 특보를 통해 나를 잘 알고 있다고 말해 주었다. 그리고 '내가 중립을 지켰기 때문에 DJ가 대선에서 이길 수 있었다. 다른 사람은 모르지만 이 수석은 이것을 꼭 잊지 말라고 당부했다"고 밝혔다. 이강래(2011), 같은 책, pp.309-311.

김영삼 대통령은 "나는 대통령 선거를 앞두고 국무총리, 검찰총장, 대법원장 등을 호남 출신으로 포진시켰다. 당이나 내 주변에서도 반대하는 사람들이 많이 있었지만, 나는 임기 중 최대 과제로 남은 대통령 선거를 가장 공명정대하게 치러야 한다는 생각을 확고하게 굳히고 있었다"라고 주장했다. 김영삼(2001b), 같은 책, p.324. 아울러 그는 1997년 김대중이 대통령에 당선된 후 12월 30일 그 동안 '유보'되었던 김대중 비자금 문제와 관련 김태정 총장과의 면담에서, "김태정 총장은 이 자리에서 뜻밖의 말을 했다. 대통령 선거가 끝난 직후 김대중 당선자가 자신을 불러 김대중씨 자신의 비자금 수사에 대해 나의 임기가 끝나기 전에 '깨끗하게 처리해 달라'고 부탁했다는 것이었다. 비자금을 무혐의로 처리해달라는 부탁이었다… 퇴임을 앞둔 2월… 나는 청와대 집무실에서 마지막으로 김태정 검찰총장의 보고를 받았다. '김대중 당선자의 부탁대로 깨끗하게 처리 했습니다' 김태정 총장은 이렇게 보고했다. '성공한 쿠데타는 처벌할 수 없다'던 궤변과 같이 대통령에 당선된 김대중씨의 비자금 수사는 그의 지시대로 '깨끗하게 처리'되었다"라고 주장했다. 김영삼(2001b), 같은 책, p.381.

한편 김대중 대통령은 "막상 당선되고 보니… 진실을 밝히기 위해 이 (비자금) 사건에 대한 수사를 요청했다. 수사 결과 비자금 사건은 완전한 조작이었다. 관계 기관을 통해 죽은 계좌들을 모두 수집하여 열거한 것에 불과했다"라고 주장했다. 김대중(2010a), 같은 책, p.619. 흥미롭게도 그 후 김태정은 김대중 정부에서도 검찰총장 직을 유지하였고 1999년 법무부 장관에 발탁되었으나 취임 한 달여 만에 부인 연정희씨가 연루된 '옷 로비 사건'과 진형구 당시 대검 공안부장의 '조폐공사 파업유도 발언'에 책임을 지고 장관직에서 불명예 퇴진했다.

206. 1997년 외환위기 전 우리나라의 국가 신용등급은 "당시로서는 '최상'을 유지했다. 무디스는 한국의 국가 신용등급을 1990년 4월 상위 다섯째 등급(A1)으로 올린 후 1997년 11월까지 그대로 유지했다. S&P도 1995년 5월 상위 넷째 등급(AA-)까지 올린 뒤 1997년 10월까지 우리나라로서는 가장 높은 국가 신용등급을 매겼다. 그러나 경제 현장에서는 1997년 초부터 한보·삼미·기아 등 대기업들이 무너지면서 불안감이 확산되고 있었다. 1996년엔 경상수지 적자가 230억 달러를 넘어 '대외 건전성'에도 빨간불이 켜졌었다. 그런데도 강경식 경제부총리 등 경제 관료들은 '펀더멘털(기초체력)은 튼튼하다'며 위기론을 진화했다. 해외 기관들도 가세했다. 1997년 10월 중순 연례협의를 위해 방한한 찰스 애덤스 국제통화기금(IMF) 아·태 담당 부국장은 '한국 경제의 기초가 견실하고 금융개혁을 제대로 추진하고 있어 미래가 밝다'고 했다. 하지만 다음 날 주가지수

는 5년 만에 최저치인 579로 폭락했고 그 후로도 며칠간 주가 하락세는 계속됐다. 300억 달러라는 외환보유액은 뚜껑을 열어보니 한때 39억 달러밖에 없었다. '한국 경제가 잘 한다'는 국제적 칭찬에 취해 눈앞에서 울리는 '위기 경보'를 듣지 못했던 것이다. 11월 21일 한밤중에 임창열 신임 경제부총리가 'IMF에 구제금융을 요청했다'고 발표하는 걸 보고 국민들은 뒤늦게 '경제 체력은 튼튼하다'는 꿈에서 깨어났다. 신용평가사들은 우리나라의 신용등급을 낮추기 시작해, 1997년 말엔 투기등급으로 떨어뜨렸다." '체격 커져도 체력 떨어진 경제… 남 칭찬에 우쭐할 때 아니다',《조선일보》, 2015.12.21.

207. 당시 재정경제원 차관이었던 강만수는 "…외환위기 당시 일본의 자금회수는 너무 컸고 너무 빨라 감당할 수 없었다… 1997년 해외금융기관들은 국내은행들에 빌려줬던 단기차입금의 절반 이상인 375억 달러를 회수했다. 최대 단기 차입선이었던 일본이 가장 큰 문제를 만들었다. 단기차입금(218억 달러)의 60%인 130억 달러를 회수했다. 유럽이 173억 달러 중 45%인 76억 달러, 미국이 56억 달러 중 38%인 21억 달러를 회수 한 것에 비해 훨씬 규모가 크고 회수 속도가 빨랐다"고 밝혔다. '한강의 기적이 일본의 덕?… '朝鮮 근대화시켰다' 같은 제국주의적 발상',《조선일보》, 2015.03.27.

208. 김영삼 대통령은 "12월 4일… 천신만고 끝에 겨우 협상을 마치고 IMF 지원이 임박한 시점에서… 김대중 후보는 IMF와의 협상이 치욕적이며 의혹이 있다는 등의 말을 늘어놓으면서 재협상을 요구했다… 김대중 후보가 국민들의 감정에 영합해 인기만을 목적으로 IMF 재협상론을 주장함으로써 우리는 IMF로부터 또 한 차례 불신을 사는 고비를 맞게 됐다. 김대중씨는 자신의 발언이 파문을 빚고 여론이 악화되자, '재협상이 아니고 추가 협상을 한다는 뜻'이라며 또 다시 말을 바꾸면서 발을 뺐다"라고 주장했다. 김영삼(2001b), 같은 책, p.368-369. 반면 김대중 대통령은 "나는 김영삼 정권의 경제 파탄을 강도 높게 비난하며 IMF 재협상을 주장했다. 그러자 이회창 후보가 재협상론이 외환위기를 더욱 조장한다고 공격해 왔다. 사실 IMF와 맺은 대기성차관 협약 양해 각서는 너무도 불평등했다. 외국인 주식 투자 한도를 50퍼센트로 올리고, 은행과 증권 등 금융 시장을 개방해야 했고, 수입선 다변화제도 앞당겨 이듬해 폐지해야 했다… 그러나 차관 제공의 대가는 너무나 가혹했다. 나는 대규모 실업 사태가 걱정되었다… 나는 2차 후보 간 텔레비전 토론에서 IMF 협정은 성실히 지키되 재협상을 해야 한다고 주장했다… 그 이후 다시 금융 위기가 악화되자 이회창 후보 진영에서 일제히 나의 재협상론을 공격해 왔다… 캉드쉬 IMF 총재도 대량 실업 문제 등을 유발할 수 있는 일부 조항은 다시 협상하자고 했건만 내 참뜻을 왜곡시켜 유포시켰다. 그것 자체가 나라를 위기로 몰고 가는 행위였다"라고

주장했다. 김대중(2010a), 같은 책, pp.622-623.
209. 김영삼(2001b), 같은 책, p.357. 김순덕은 "(2015년 11월) 20일 한국노총 김동만 위원장은 노동개혁 입법을 중지하라며 '정부와 여당은 1996년 12월 노동법 파동 때도 합의되지 않은 내용을 날치기했다가 결국 정권이 교체됐다는 사실을 역사로부터 배워야 할 것'이라고 준엄하게 경고를 날렸다. 하지만 그가 말하지 않은 대목이 있다. 노동계가 사상 초유의 총파업이라는 정치투쟁으로 맞서는 바람에 YS가 항복하고 1997년 3월 새 노동법을 처리했으나, 그해 말 외환위기가 닥쳐 결국 또 고쳐야 했다는 사실 말이다. 국제통화기금(IMF)은 정리해고제를 넣어 노동시장 유연성을 높인 노동법을 다시 만들겠다고 약속하기까지 구제금융을 주지 않았다. 재개정한 노동법은 YS 때의 그 노동법과 거의 같았다. 그때 제대로 노동개혁을 했더라면 외환위기도, 정권교체도 없었을지 모른다는 얘기다. YS는 퇴임 후인 2000년 고려대 강연에서 '금융위기의 원인은 (위기) 1년 반 전부터 추진한 노동법 개정과 금융개혁법을 김대중 씨가 반대했기 때문'이라고 했다. YS로서는 평생의 라이벌인 DJ에게 경제 실패의 원인을 돌리고 싶었을 수 있다. 외환위기의 원인 또는 원흉을 하나만 꼽을 수도 없는 일이다. 그러나 세상이 어떻게 돌아가는지는 외면한 채 이념 편향적, 극단적으로 달려가는 노동계의 이기적 행태는 그때나 지금이나 한 치도 달라지지 않았다. 어제 새벽 저 세상으로 간 YS가 DJ를 만나면 물어봤으면 좋겠다. DJ가 대통령 된 뒤 왜 그리 민주노총 위원장을 노동부 장관 이상으로 대접해 줬는지, 이젠 전 국민이 노동자의 10%밖에 안 되는 노조의 노예처럼 될 판이라는 걸 알고도 그랬는지를"이라고 주장했다. 'YS의 노동개혁 실패, DJ 탓도 컸다', 《동아일보》, 2015.11.23.

이와 관련 김영삼 대통령의 고려대 '대통령학' 수업 강의내용을 간략하게 소개한다. "김영삼 전 대통령은 20일 낮 고려대에서 '대통령학 강의'를 했다… 강의의 주제는 92~97년 재임 기간 중의 치적에 관한 것이었다… ▲경제위기▲ 노동법과 한국은행법 개정이 안됐고, 기아사태가 났기 때문에 IMF가 터진 것이라며 '주변에 있는 그 어떤 사람도 나한테 경제가 위기라고 말하지 않았다'고 주장했다. 또한 김대중 대통령이 노동법 개정을 막았고 기아사태 때는 '국민기업을 살리자고 했지만 그건 거짓말'이라며 '경제원리 대로 하려고 했지만 못하게 해서 IMF가 초래됐다'고 밝혔다. 그는 '내 재임기간 때는 해외 빚이 40억이었는데 지금은 그 수십 배'라며 'IMF가 끝났다는 건 거짓말'이라고 말했다. 그러나 마지막에는 '아쉽다'며 경제위기에 대한 유감을 표시했다… 이 강의를 담당한 함성득 교수는 '학생들의 질문이 꽤 비판적이었음에도 수월히 답변해 주셨다'며 '아슬아슬한 순간이 많았지만 전반적으로 강의내용에 만족한다'고 말했다. 김 전대통령을 강의에 초청한 이유에 대해 함 교수는 '성공한 대통령과 실패한 대통령 모두 학문적으로 의미가 있기 때문'이라며 '이와 같은 강의를 통해 바람직한 '전직 문화'가 조성되기 바란다'고 밝혔다."《동아일보》, 2000.10.21.

IMF 외환위기의 요인들과 관련 약 20년이 지나 강천석은 "…김(영삼) 대통령이 수십만 명이 직장에서 쫓겨나 거리를 헤매야 할 재난^{災難}이 닥쳐오고 있다는 사실을 적시^{適時}에 정확하게 알았더라면 그냥 바라보고만 있지는 않았을 것이다. 무슨 수를 써서라도, 노동법 개정에 반대하며 국회를 마비시키던 야당을 돌려세울 비상수단을 동원했겠지만 역사는 그렇게 흘러가지 않았다. 국가의 재난 앞에선 대통령에게 면책사유^{免責事由}가 없다. 제때 울리지 않는 고장 난 화재경보기 같은 참모들로 자신을 둘러싼 책임이 대통령에게 있기 때문이다… 되돌아보면 1996년에서 1997년으로 넘어가던 그해 겨울은 심상치가 않았다. 기업들은 빚을 얻어 영토를 확장하기 바빴다. 한국 경제를 이끌어온 핵심 산업·핵심 기업들의 채산성^{採算性}은 7~8년 가까이 내리막길을 굴러왔다. 노조는 노동법 개정안 단독 처리를 무효화시키겠다며 전국 규모의 총파업을 벌였다. 야당은 한해 앞으로 다가온 대선 표^{票} 계산에 몰두해 노조 등에 올라탔고 여당은 재계^{財界} 로비에 휘둘려 왔다갔다하면서 국회는 마비됐다. 측근 비리로 곤경에 몰린 대통령의 정치력은 무력화^{無力化} 됐다. 국민은 입으론 불안하다면서도 연휴^{年休} 때마다 공항을 북새통으로 만들만큼 분수^{分數}를 잊었다"라고 주장했다. '김영삼 시대^{時代} 승리와 좌절의 순간', 《조선일보》, 2015.11.28.

210. 2003년 초 노무현 대통령은 정권인수기간 동안 참모들의 추천으로 박세일 교수와 그의 선진화 아이디어에 관심을 표했으나 서로간의 스타일 문제로 실현되지 못했다. 2004년 3월 당시 한나라당 대표였던 박근혜 대통령은 서울대 교수였던 박세일을 공동선거대책위원장으로 전격 영입했다. 비례대표 후보 공천의 전권도 박세일에게 넘겼다. 또한 그는 2004년 총선에서 한나라당 비례대표(2번) 의원으로 당선된 박세일을 여의도연구소장, 정책위원회 의장으로 중용했다. 박세일은 박재완 교수, 이주호 박사, 윤건영 교수 등 소위 '박세일의 아이들'을 등장시키면서 자신의 선진화 정책을 시도하려 했으나 당시 박근혜 대표와 '세종시특별법'을 두고 이견을 보였다. 박세일은 2005년 3월 박근혜 대통령이 지지한 행정중심복합도시법 원안이 국회를 통과하자, '수도 분할은 나라를 하향 평준화시키는 망국적 정책'이라며 의원직과 정책위의장직을 던지고 탈당했다. 이명박 대통령도 박세일의 선진화 정책에 영향을 받아 또 다시 '선진화'를 추진했으나(이명박(2015), 같은 책, p.9), 이번에도 역시 개념이 매우 추상적이고 구체적 프로그램이 준비되지 않아 성공적이지 못했다.

211. 김대중 대통령은 "당시 국내에는 세계화라는 광풍이 불고 있었다. 준비는 전혀 하지 않고 대통령이 어느 날 세계화를 외쳤다. 실무부처들은 후속 조치를 마련

하느라고 허둥거렸다. 이벤트성 정치 쇼에 다름없었다. 그러다 보니 무엇을 어떻게 하는 것이 세계화인지도 모르고 모두 세계화를 따라서 외치고 있었다"라고 비판했다. 김대중(2010a), 같은 책, p.603. 또한 이종률 역시 "사실상 대통령이 국제화와 세계화의 의미가 어떻게 다른지 제대로 알았는지 궁금하다. 일반 국민들은 그래서 '국제화를 더욱 세게 하면 세계화가 된다'라고 비꼬기도 했다"라고 주장했다. 이종률(2002), 같은 책, p.125.

212. 한편 나는 1998년 6월 30일 김대중 대통령을 설득하여 현직 대통령으로서 고려대에서 특별강연을 성사시켰다. 그의 임기가 끝나면 김대중 정부의 성공과 실패에 대한 심포지움을 계획했다. 이에 앞서 김영삼 정부의 성공과 실패에 관한 심포지움도 계획했다. 2000년 여름 김영삼 대통령을 상도동 자택으로 여러 차례 방문하여 고려대 '대통령학' 수업에서 김영삼 대통령 및 그의 정부의 성공과 실패에 관한 심포지움을 갖자고 설득했다. 그 결과 2000년 10월 13일 고려대에서 김영삼 대통령의 강의가 예정되었으나 필자의 수업을 듣는 학생이 아닌 다른 학생들의 반대로 무산되었다. 이날 나는 고려대 정문 앞에서 농성 중인 학생들을 상대로 설득하는 한편 교문 앞 승용차에서 14시간 넘게 기다리고 계시면서 결단코 강연을 하시겠다는 김영삼 대통령의 건강도 걱정해야 했다. 그날 오후 김대중 대통령의 2000년도 노벨평화상 수상 소식이 전해졌다. 나는 교문 앞 농성 장소에서 그날 밤 9시 뉴스 특집 방송의 인터뷰도 했다. 그날 김영삼 대통령과 김대중 대통령의 인생의 저점과 고점을 함께 하는 것 같았다. 한편으로는 김영삼 대통령을 생각하면 안쓰럽고 또 다른 한편으로 김대중 대통령을 생각하면 자랑스러웠다. 그날 밤 고려대 앞에서 김영삼 대통령을 모시고 학생들을 설득하고 있던 중 한화갑씨로부터 전화를 받았다. 김대중 대통령이 나의 인터뷰가 아주 좋았다고 말했다고 전해 주었다. 이후 나는 학생들을 설득하여 김영삼 대통령을 대통령학 수업에 다시 모셔서 특별강연을 들었다. 이를 기초로 나는 김영삼 대통령이 직접 쓴 서문과 함께 《김영삼 정부의 성공과 실패》라는 제목의 책(2001, 나남)을 발간했다.

당시 상황을 김영삼 대통령이 돌아가신 후 《중앙일보》 고정애는 "YS는 높이 날기도 했지만 깊은 수렁으로 굴러 떨어지기도 했다. 그중 하루가 2000년 10월 어느 날이었을 게다. YS가 고려대에서 특강을 하려고 길을 나섰다. 총학생회가 막아섰다. 결국 고대 정문 앞에서 오전 10시 50분부터 다음날 오전 1시 7분까지 14시간 여 동안 사실상 차 안에서 있었다. 막아서는 사람들은 오고 가도 YS는 그 자리에서 버텼다. 그날 평생의 라이벌인 DJ가 노벨 평화상 수상자로 공식 발표됐다… YS는 '노벨상의 가치가 땅에 떨어졌다.'고 분개했다. 다리를 풀러 잠시 차 밖으로 나온 그에게 한 기자가 물었다.

'무엇을 위해선가' YS의 답변은 간결했다. '민주주의를 위해서' 총학생회가 막아선 이유는 이랬다. '김영삼씨는 기본적으로 나라경제를 망친 대통령이고 한보사태-김현철 비리를 일으킨 부패한 정치인이며, 자신에 대한 비판을 억제하기 위해 진보세력을 탄압한 반민중적인 대통령이다. YS가 역사와 민중 앞에 사죄하지 않는다면 고려대 땅에 절대 들어올 수 없을 것이다.' 누군가는 왕소금을 뿌렸다."라고 설명했다. 《중앙일보》, 2015년 11월 26일.

213. 'YS, 서거 후 인식 변화… 호감도 급상승 추세',《중앙일보》, 2015.11.27.
214. 노태우(2011a), 같은 책, p.548.
215. 〈김종필 증언록〉,《중앙일보》, 2015.10.16.
216. 1971년 대선 패배와 관련 김대중 대통령은 "조금만 힘을 냈더라면, 조금만 저들의 부정을 더 감시했더라면, 조금만 더 우리 당이 결속했더라면"이라고 안타까워했다. 김대중(2010a), 같은 책, p.235. 반면 대통령 후보 당내경선에서 패배했던 김영삼 대통령은 "대통령 선거를 승리로 이끌기 위해서는 무엇보다 당의 단합된 모습을 국민들에게 보여주는 것이 중요했다. 나는 1차 투표에서 1위를 차지한 최다득표자로서 김대중 후보로부터 선거대책본부장을 맡아 달라는 제의가 온다면 이를 흔쾌히 수용할 결심을 하고 있었다. 박정희와의 대결을 앞두고 두 사람의 40대 후보, 그것도 경상도와 전라도를 대표하는 두 사람이 공동전선을 형성한다면, 그 파괴력은 막강할 것이라고 나는 생각했다. 그러나 제의는 오지 않았다. 김대중 후보의 후원자격인 정일형씨가 선거대책본부장을 맡게 되었다. 당 안팎에서 큰 기반을 가지고 있던 나와 이철승은 당의 선거조직의 전면에 나서지 못하게 되었다… 패배는 박정희의 지역감정 유발전략이 승리를 거둠과 동시에, 야당이 정권교체를 바라는 국민의 기대에 부응하지 못함으로써 결국 박정희에게 유신 장기 집권으로 가는 길을 터 주었다는 점에서 지울 수 없는 한을 남겼다"라며 아쉬워했다. 김영삼(2000a), 같은 책, pp.348-350.

한편 김대중 대통령은 그의 정치적 역경 내내 늘 '공산주의자 논쟁'에 시달렸다. 김종필은 "DJ는 해방 직후 여운형의 조선건국준비위원회(건준)와 좌파 정당인 조선신민당에 가입한 전력이 있다. 건준과 신민당이 좌파로 기울자 8개월 만에 탈퇴했다는 것이 DJ 본인의 해명이다… DJ에 대해 사상 논쟁이 불거지기 시작한 것은 71년 7대 대통령선거 때였다. 당시로선 충격적이었던 '4대국 부전^{不戰} 보장론'을 공약으로 내걸었기 때문이었다. 유신 이후 DJ는 미국과 일본을 오가며 소위 한국민주회복통일촉진국민회의(한민통)라는 단체를 조직했다. 그 과정에서 친북 재일동포 단체인 재일본조선인총연합회(조총련)의 지원을 받았다. 이는 80년 5·17사태로 권력을 찬탈한 신군부가 DJ에게 사형선고를 내리는 구실이 됐다… DJ는 북한으로부터 직접 돈을 받지는 않았던 것 같다. 다만 한민통 일본 본부를 결성하면서 조총련의 지원을 받은 것은 사실로 보인다. 그러나 그는 북한과 연결된 조총련과 접촉하면서도 결정적인 선을 넘지는 않았다… 공산주의자라는 '레테르^{letter}'가 붙을 만한 치명적인 일은 저지르지 않았다… 그랬기 때문에 DJ는 80년 신군부 하에서 사형선고를 받고도 감형과 형 집행정지로 풀려났고 그 뒤 사면·복권돼 미국에도 갈 수 있었다. 이런 DJ를 용공분자라고 칭한다면 그건 틀린 소리라고 생각한다… DJ는 그런 불순한 용공 활동에까지 발을 들이지 않았다. 경우에 따라서 공산세력을 이용했지만 말이다… DJ가 2000년 노벨 평화상을 수상한 것도 어떻게 보면 북한을 이용한 측면이 있다는 시각도 있다"라고 주장했다. 〈김종필 증언록〉, 《중앙일보》, 2015.10.26.

217. 나는 1996년 가을부터 김대중 대통령에게 '대통령학'을 개인적으로 강의했다. 수업에 앞서 그 동안 지속적인 세 번의 대선 패배와 관련 대통령이 될 수 있을까라는 김대중 대통령의 의구심(?)에 대해 나는 대통령에 당선되고 난 후 어떻게 할 것 인가에 대한 공부를 하면서 '나는 대통령이 될 수 있다'라는 확신을 가지라고 조언했다. 나아가 첫 번째는 관권선거 때문에 졌고 두 번째, 세 번째는 그 자신도 사실상 승리의 확률은 낮다는 것을 이미 알고 있었고 그렇지만 '정치적 생존'을 이유로 어쩔 수 없이 출마하였던 것이니까 과거 선거들은 잊어버리고 1997년 대선이 진짜로 이길 수 있는 선거고 그래서 사실상 이것이 '김대중 인생에 있어서 처음이자 마지막 진짜 대통령 선거'이니까 확신을 가지라고 강조했다. 또한 그에게 대통령 후보자 자신이 당선에 대한 확신을 가져야 참모들도 확신을 가지게 된다고 말했다. 강의를 들으면서 작은 종이에 깨알 같은 글씨로 열심히 메모하던 그의 모습은 여전히 생생하다. 지금도 민주화의 상징이었던 김대중이라는 그 역사적인 인물에게 강의를 할 수 있었던 그 '영광스러운 설렘'을 영원히 잊지 못할 것이다. '호남 차별'을 심하게 경험하여 한국을 떠났고 경상도 출신 사위를 둔 내 장인어른은 그와의 만남에 대한 소식을 듣고 매우 기뻐하셨다. 나중에 그의 당선에 절대자께 고마워하는 하는 장인어른을 보면서 '호남의 한'을 조금이나마 이해하게 되었다. 이후 나는 그에게 강의한 내용을 기초로 1999년 대통령학의 이론적 기본 입문서인 《대통령학》을 출간했다.

김대중 대통령에게 '대통령학 수업'을 진행하면서 자주 식사를 같이 했다. 그는 중국 음식을 좋아했다. 당뇨가 있으셔서 그런지 모르겠지만 소위 '식탐'(?)이 많았고 '소식가'인 김영삼 대통령과는 달리 '대식가'였다. 또한 왼쪽인지 오른쪽인지 정확하게 기억하지는 못하지만 당시 그는 한 쪽 귀의 청력이 좋지 않아서 그를 만나서 앉는 쪽은 정해져 있었다. 종종 이것이 헷갈려서 틀린 쪽으로 앉으면 그가 가르쳐 주어서 자리를 바꾸기도 했다. 이러한 사실이 매우 안타까웠다. 나는 지금도 그가 '대통령을 10년만 빨리 되었어도 훨씬 나은 업적을 낼 수 있었을 텐데'라는 아쉬움을 가득 가지고 있다.
218. 김종필은 "김대중은 원칙적으로 내각책임제를 약속했다. 다만 그 약속을 과연 믿을 수 있느냐가 문제였다. DJ는 고난과 투쟁으로 점철된 야당의 길을 걸었지만 이념과 이력에서 신뢰하기 어렵다는 평판·이미지가 쌓인 것도 사실이다. 우리 당의… 김(용환) (사무)총장은 목동 회동 때 '총재님(DJ)은 거짓말을 잘한다는 소문이 있는데 맞습니까'라고 대놓고 물어봤다고 한다. 그러자 DJ는 '나는 어려운 상황 속에 약속을 못 지킨 적은 있지만 거짓말을 한 적은 없습니다'라고 답변했다. '약속은 깨도 거짓말은 안 한다'는 말이 기묘하고 우스웠다. 그렇다 해도 김용환의 당돌한 질문에 거짓말을 안 하고 논리적으로 진정眞情을 전하려는 DJ의 성의가 느껴졌다… 97년 10월 27일 밤 8시 30분. 김대중 총재가 한광옥 부총재를 데리고 청구동 우리 집을 비밀리에 찾아왔다. 나는 마당으로 마중 나가 그를 기다렸다. 김 총재는 대문을 열고 들어서자마자 다짜고짜 나를 포옹했다. 감정이 상당히 북받치는 모습이었다. DJ가 이런 방식으로 친밀함을 표시하기는 그날이 처음이었을 것이다. 그는 거실 소파에 앉아 인사를 한 뒤 갑자기 바닥에 내려앉았다. 그러더니 '김 총재님, 이번 대통령 선거에서 저를 좀 도와주십시오. 간절히 부탁합니다'라고 했다"라고 주장했다.〈김종필 증언록〉,《중앙일보》, 2015.10.23. 김종필은 김대중씨가 자택으로 찾아와서 내각제로의 개헌, 박정희 대통령 정치적 유산 존중 등 자신이 요구한 사항들을 완전히 받아들이면서 자신에게 간곡히 인간적으로 읍소해서 이루어지게 되었다고 내게 말했다. 참고로 이 당시 상황을 이강래는 "JP는 후보를 양보하고 DJ 선생 승리를 위해 최선을 다해 뛰겠다고 약속했다. 그리고 두 사람은 우리 둘이 손을 맞잡고 남은 여생을 국가와 민족을 위해 봉사하자고 굳게 다짐했다"라고 말했다. 이강래(2011), 같은 책, p.325.

당시 김종필은 한편으로는 김영삼 대통령과 끊임없이 내각제 협상을 하고 있었다.《동아일보》, 2015.04.26. 김종필은 "9월 들어 김영삼 대통령 쪽에서 은밀한 접근이 있었다. DJ와 손을 떼고 YS와 내각제를 추진해 보자는 것이었다. 정부의 한 고위인사는 간접 경로를 통해 내게 다음과 같은 뜻을 전했다. '김(영삼) 대통령이 95년 탈당하는 총재님(JP)을 붙들지 못한 걸 몹시 안타까워하십니다. 지금이라도 내각제 개헌을 추진해 총재님과 손을 잡자고 했더니 대통령께서는 '그렇게 할 수 있으면 좋겠구나'라고 하셨습니다. '자민련 안에서도 김대중의 색깔을 의심하는 의원들이 이회창을 도와야 한다고 목소리를 높였다. YS의 은밀한 제안은 진정성은 있다고 봤지만 현실성은 떨어졌다"라고 주장했다. 〈김종필 증언록〉,《중앙일보》, 2015.10.23. 한편 이러한 1997년 당시 김영삼 대통령과 김종필 총리간의 내각제 협상과정에서 보여 준 김종필의 정치적 결정에 대한 부정적 선입견이 2002년 대선에서도 영향을 끼쳐서 당시 이회창 한나라당 대통령 후보가 서청원 한나라당 대표의 간곡한 요청에도 불구하고 끝까지 김종필과의 정치적 협상을 거부하는 것을 나는 우연히 직접 목격했다.

이후 2001년 9월 3일 국회에서 자민련이 야당인 한나라당에 동조하여 '만경대 방명록 사건'에 의한 임동원 통일부 장관 해임이 결정되면서 DJP 연합이 붕괴될 시기에 나는 김종필 총리와 같이 미국에 있었다. 그는 이 DJP 연합의 붕괴를 비교적 담담히 받아들였다. 당시 그는 '해임과 공조는 별개'라고 주장했지만 김대중 대통령은 이를 정치적 결별로 생각했고 DJP 연합은 3년 8개월 만에 무너졌고 자민련에서 추천한 장관들은 돌아갔다. 김대중(2010b), 같은 책, p.418 참조. 당시 그는 내게 내각제 개헌을 이룩하지 못한 것을 안타까워하며 '대통령제'가 한국 정치의 모든 문제의 근원이라고 주장했다. 물론 나는 이러한 그의 주장을 받아들이지 않았다.

219. 김대중(2010a), 같은 책, p.619. 김영삼 대통령의 3당 합당을 비판하고 합당을 거부하며 꼬마 민주당에 남아 있었던 노무현 대통령은 DJP 연합에 대해서는 "이념과 노선을 100% 순수하게 밀고가기는 어렵다. 국민들이 후보를 볼 때 정치 성향만이 아니라 능력과 안정감 등 여러 가지 측면을 종합해서 판단한다. 정당에 대해서도 그렇다. 누가 주도하는지를 본다. 주도세력의 색깔이 그 정당의 색깔이다. 대통령 후보가 김대중 총재로 결정된 이상 주도세력 문제는 정리가 된 것이 아닐까?… 정당을 순종만 가지고 할 수는 없다. 중간 지대를 많이 포섭해 나가야 한다. 주도 세력의 성격과 철학이 뚜렷하면 된다"라고 주장했다. 노무현(2010), 같은 책, pp.146-147. 그러나 1971년부터 미국에서 김대중 대통령을 정치적으로 지원했던 재미 언론인 문명자는 '그(김대중)는 나에게 '적은 절대로 정면에서 치는 법이 아닙니다. 특히나 강력한 적은 더욱 그렇습니다… 강력한 적 앞에서 일단 후퇴하는 것을 비겁이라고 생각하지 않습니다. 최초의 목표를 잊지 않는다면 말입니다'(라고 말했다)… 김대중씨는 그의 말대로 수많은 적들을 정면에서 치지 않고 일단 후퇴하는 방식을 택했다. 최초의 목표를 결코 잊지 않고 힘을 모으고 축적해 마침내 50년 만의 정권교체를 이루어 내었다. 그 과정에서 이른바 DJP 지역연합이 정권교체를 위한 어쩔 수 없는 선택이었다고 해도 나는 여전히 그 방법에 동의하지 않는다. 원칙에서 벗어난 수단으로 정의로운 목표를 달성하기는 어렵다고 보기 때문이다"라고 주장했다. 문명자(1999), 같은 책, pp.382-383.

한편 김영삼 대통령은 "김대중씨가 그 동안 여러 차례 여러 사람들에게 속임수를 써온 것처럼 김종필씨를 또 속이고 있다고 생각했다. 1996년 총선 때 김대중씨는 집권 여당이 내각제 음모를 꾸미고 있다면서 내각제 개헌을 저지하기 위해 개헌 저지선인 100석을 만들어 달라고 전국을 누비면서 외쳐댔었다. 그런 그가 이제는 내각제 개헌을 하겠다고 약속한 것이다. 김대중씨가 대통령에 당선되는 순간부터 내각제 약속은 절대 지켜지지 않을 것이 분명했다"라고 주장했다. 김영삼(2001b), 같은 책, p.346. DJP 연합의 내각제 개헌문제와 관련해서는 그의 예측이 맞았다. 구체적으로 김종필은 "99년 7월 17일 제헌절 저녁. 김대중 대통령의 초청으로 서울 광나루 워커힐 동쪽 끝 빌라에서 부부 만찬을 했다… 대통령과 늘 만나던 청와대가 아닌 곳의 특별한 초대여서 '올 것이 왔다'고 짐작했다… 김 대통령은 미안하고 주저하는 표정을 지으면서 이렇게 말했다. '대통령이 되어서 여러 가지 검토한 결과 내각제를 하기 어려운 실정이라는 판단을 하게 됐습니다. 약속을 못 지킬 것 같습니다. 죄송합니다.' 나는 한참 침묵을 지켰다. 그런 뒤 '무엇이 그리 어려우십니까'라고 묻자 그는 '정치인과 국민의 의식이 내각제를 하기에는 큰 괴리가 있습니다'라고 말했다. 나는 다시 '내각제 추진은 대통령께서 국회에서 주도적으로 발의하도록 돼 있습니다. 국회 발의라도 해 주셔야 하지 않겠습니까'라고 요구했다. DJ는 '국회 처리가 안 될 줄 뻔히 알면서 어떻게 발의를 하겠습니까. 국민을 두 번 속일 수는 없지 않겠습니까. 막상 이 자리에 앉아 보니 안 되겠습니다'고 했다. 이제 나는 단안을 내려야 했다. '내가 모르는 정상頂上의 고뇌가 있을 수 있겠구나… 저 판단을 내가 따라야 하지 않겠나' 나는 '대통령님의 말씀을 이해했습니다. 그렇게 하겠습니다. 이제 다음 장으로 넘어갑시다'고 결론을 내렸다"라고 설명했다. 〈김종필 증언록〉, 《중앙일보》, 2015.10.28.

그러나 당시 내가 김대중 대통령과 김종필 총리를 만나서 관찰한 판단으로는 물론 주관적이지만 이미 김종필 총리는 김대중 대통령이 내각제 약속을 지키지 않을 것이라고 알면서(?) 합의한 것으로 느껴졌고, 김대중 대통령도 이러한 김종필의 마음을 이미 알고 있었던 것 같다. 그래서 정치는 '선수'들이 하는 어려운 것이라고 생각된다. 장슬기(2016, 같은 책, p.83)는 "(JP는) 97년 대선 역시 DJ에게 밀렸고, JP는 공동정부를 약속받으며 국무총리에 올랐지만 총리가 실권을 갖는 내각제까지 얻어내진 못했다. JP는 증언록에서 DJ가 당시 외환위기 수습을 위해 내각제를 못할 것 같다고 말하자 자신은 '정상의 고뇌를 이해한다'며 내각제 포기를 받아들였다고 밝혔다. 대의를 위해 권력을 포기한 듯 보이지만 그렇지 않았다. 퇴장해야 할 때를 외면한 JP는 퇴출됐다. 자민련은 창당 첫 총선 1996년에 50석을 얻었지만 2000년 총선에서 17석으로 쇠락했다. 2004년 17대 총선에서는 정당지지율을 2.8% 밖에 얻지 못해 비례대표 1번에 이름을 올렸던 JP마저 낙선했다(지역구만 4석). 당시 13%의 지지를 얻은 진보정당인 민주노동당에게도 밀린 참패였다"라고 주장했다.

220. 김대중(2010a), 같은 책, p.22. 노무현 대통령은 이 상황을 "아무 조건 없이 국민회의에 입당해 열심히 선거운동을 했다… 거리유세도 많이 했고 강연도 했으며 텔레비전 방송연설도 했다. 김대중 후보가 38만여 표 박빙의 승리를 거두었다. 그것은 기적이었다. 마치 꿈을 꾸는 것만 같았다. 정치에 입문해서 10년 동안 겪었던 고생과 방황과 좌절을 다 보상 받은 것 같았다"라고 묘사했다. 노무현(2010), 같은 책, pp.145-146. 김영삼 대통령은 김대중 대통령의 당선을 "나는 솔직히 김대중 후보가 대통령이 되기를 바라는 사람은 아니었지만 김대중 씨가 당선 된 것이 결과적으로 잘 된 일인지도 모른다고 생각했다. 나는 김대중 정부의 등장이 해묵은 지역감정을 해소하는데 도움이 되기를 바라는 심정이었다"라고 말했다. 김영삼(2001b), 같은 책, p.373.
221. 임혁백(2011), 같은 책, p.133.
222. "한국 민주주의는 권력교체를 위한 제도화된 장치를 마련함으로써 위기상황에서도 정치적 불안을 야기하지 않으면서 정권교체를 통해 전면적인 경제개혁을 추진할 수 있는 길을 열었다는 것이다"라며 그 의미를 평가한 것이다. 임혁백(2011), 같은 책, p.133.
223. 이강래(2011), 같은 책.
224. 이영작(2001), 《대통령 선거전략보고서: 97 김대중 대통령만들기》, 나남.
225. 1997년 대선과정에서 이회창 신한국당 대통령 후보는 '아들의 병역문제'로 정치적 지지율이 급격히 하락하고 있었다. 당시 김영삼 대통령은 이회창 후보에게 이인제를 직접 만나서 대통령 후보를 제외하고 당권을 포함하여 원하는 모든 것을 주겠다고 하면서 이인제를 설득하라고 강력히 권고했던 사실을 내게 명확히 밝혔다. 나아가 그는 설사 실패하더라도 모든 것을 끌어안고 던지는 정치적 모양새를 보여주라고까지 말했다고 했다. 그 과정에서 그는 이회창 후보에게 1992년 대선에서 자신은 이미 박태준이 돌아오지 않을 것을 알고 있었지만 모든 것을 다했다는 정치적 모양새를 국민에게 보여주기 위해 광양에 있던 박태준을 직접 찾아가 간곡히 협조를 요청했던 사실도 말해주었다고 했다. 이러한 그의 강력한 권고를 받고 마침내 이회창은 1997년 8월 이인제를 만났다. 그 결과는 좋지 못했다. 2001년 미국 조지 W. 부시 대통령 취임식에 참석하여 미국으로부터 대단한 영접(?)을 받고 있던 당시 여당인 새천년민주당의 2002년 대선 선두 주자였던 이인제 의원에게 왜 1997년 이회창의 요청을 받아들이지 않았냐고 직접적으로 물었다. 이인제는 내게 이회창이 찾아와서 만났으나 노트에 말할 요점을 적어가지고 와서 말하면서 '눈'을 한 번도 마주치지 않아서 전혀 진정성을 느끼지 못했고 그 자리에서 다시 한번 이회창을 대통령 감으로 맞지 않다고 생각했다고 말했다.

226. 이인제는 제15대 대통령 선거에 출마했다. 이인제는 김영삼 대통령의 근거지라고 할 수 있는 부산, 경남을 중심으로 하여 4,925,591표(19.2%)를 얻어 김대중 대통령이 당선되는데 결정적인 공헌을 했다. 김대중 대통령 주위의 많은 참모들은 자신들이 개발한 전략들이 좋아서 김대중 대통령이 당선되었다고 지금까지도 주장한다. 그러나 당시의 선거상황과 결과를 자세히 분석해보면 설령 그러한 전략들이 효과적이었더라도 대선 결과에는 겨우 미미한 차이밖에 만들어내지 못했다.
227. 당시 김대중 대통령에게 김영삼 대통령은 이미 아무런 정치적 의미가 없었다. 어떤 면에서는 경쟁의 승리자 입장에서 연민을 느껴서인지 김영삼 대통령이 정치적으로 자신을 공격해도 일체의 대꾸를 하지 않았다. 그는 1997년 대선 과정에서 비자금 문제와 관련 김영삼 대통령의 간접적인 도움(?)을 받은 것을 고려하면 지나치게 정치적으로 냉정했다.
228. 연설문 작성을 통해서도 김대중 대통령의 특성을 제대로 파악할 수 있다. 취임사를 비롯하여 그가 발표한 연설문은 다른 사람들이 그 연설문 작성에 참여하였다 하더라도 대부분의 경우 그 자신이 깨알 같은 글씨로 수없이 고치고 고쳐진 다음에 완성되었다. 결국은 자신이 다 쓴 것이다. 그도 "대통령이 되어서는 연설 담당 비서들이 초안을 잡아 왔다. 하지만 대부분 내가 마무리 손질을 했다. 그들도 나름의 최선을 다해서 가져오지만 내 뜻을 정확히 읽지 못하거나 논점이 흐린 경우가 많았다. 이 때문에 한밤중이나 휴식 시간에도 원고를 썼다… 내 연설문은 어느 것 하나 허투루 작성하지 않았다. 정성을 들이고, 최선을 다했다."라고 말했다. 김대중(2010b), 같은 책, pp.542-543. 구체적 사례가 하나 있다. 나는 1997년 대선 훨씬 전에 그에게 사적으로 대통령학을 강의했다. 흥미롭게도 나는 강의의 수업료(?)로 대통령에 당선되면 고려대학교에 '김대중 대통령 기념관 및 도서관'을 설립하고 필자의 고려대 학부 대통령학 수업에 현직 대통령으로 와서 특강을 해달라고 요청했다. 그는 이를 약속했다. 시간이 지나서 그가 대통령에 당선되었다. 그에게 위의 두 가지 사항의 약속을 지켜달라고 말했다. 그도 이를 다시 한번 내게 확인해 주었다. 취임 직후 그와 고려대학교도 김대중 대통령 기념관 및 도서관의 설립을 시작으로 이를 '김대중 대통령 스쿨'로 발전시킨다는 내 의견에 동의하여 내부적으로 절차를 밟아가는 중이었고 이 과정에서 내 수업에 와서 특강을 하기로 했다. 당시 새 고려대학교 총장님은 현직 대통령이 학교에 오시니 명예 경제학박사 학위를 수여하고 수여식 기념 특별강연 형식으로 바꾸자고 했다. 내 수업에서 특별강연이 명예박사 수여식 기념특별강연 형식으로 판이 커진(?) 것이었다. 이 과정에서 나는 1998년 6월 30일 이 특별강연의 사회자이면서 동시에 김대중 대통령 특별강연 연설문 초안

담당자가 되었다. 청와대 비서관 및 외부 전문가와 함께 연설문 초안을 준비했다. 김대중 대통령은 우리가 준비한 연설문 '새로운 시작을 위하여: 경제개혁을 중심으로'를 보시고 제목과 내용이 마음에 들지 않는다고 했다. 강연의 제목을 그가 직접 '우리 민족을 생각하며'로 바꾸었으며 연설 직전까지 연설문을 꼼꼼하게 직접 준비했다. 그의 다른 연설문과 비교할 때 상대적으로 정치적 중요성이 작은 연설문에도 그는 정성을 기울였다.

다음은 그의 고려대 특강에 대한 《동아일보》 기사이다. "김대중 대통령의 인촌기념강좌 특강은 지난해 가을 대통령후보 때부터 약속됐던 행사였다… 현직 대통령이 국내 대학에서 특강을 하는 것은 처음 있는 일로 그 의미가 작지 않다고 생각했기 때문이라는 것이 청와대측의 설명이다…민주화됐다고는 해도 일부 학생들의 급진적 신념과 사고에 대한 우려가 여전한 캠퍼스에서 대통령이 특강을 한다는 것은 경호 차원에서 상상할 수 없는 '모험'에 가까운 것이기 때문이나. 그러나 김 대통령은 지성과 자유가 살아 숨 쉬는 캠퍼스에서 뭔가 역사적이고 교훈적인 얘기를 하고 싶었고 자신의 이 같은 특강이 앞으로도 좋은 선례가 되리라고 믿었다는 것이 관계자들의 전언이다. 고려대 정책대학원의 함성득咸成得(정책학) 주임교수는 전후 미소美蘇간 양극적 냉전체제의 시발을 알린 '철의 장막'이란 표현도 1946년 당시 윈스턴 처칠 영국총리가 미국의 미주리주에 있는 워싱턴대를 방문했을 때 언급해 '역사적인 말'이 됐다고 지적했다. 김 대통령의 특강이 확정되자 청와대와 고려대 정책대학원측은 조금 다른 방식으로 특강 내용을 구성해 김 대통령에게 건의했다. 청와대 공보수석실이 전담해서 연설문을 작성하던 식에서 벗어나 청와대 공보 경제비서관을 중심으로 고려대 정책대학원 한국개발연구원(KDI) 국회 등 민관民官의 분야별 전문가 8명이 국정 전반에 걸쳐 3차례의 토론회를 갖고 여기서 나온 의견들을 취합해 건의한 것. 이 같은 방식은 미국의 백악관이 대통령 연설문을 작성할 때 흔히 쓰는 방식이다."《동아일보》, 1998.06.31.
229. 물론 경제위기 상황은 정치적 경쟁자였던 김영삼 대통령을 식물 대통령으로 만들었고 김대중 대통령을 대통령에 당선시키는데 직접적으로 공헌했다. 한편 집권 초기 그의 첫 미국 방문을 앞두고 나는 대통령은 인생 스토리가 있는 분이니 지금까지 외무부가 주관하던 전통적인 방식에서 벗어나서 미국의 광고 및 로비회사를 고용하여 방미를 기점으로 그를 제대로 미국 전역에 제대로 알리자고 그와 김중권 비서실장에게 설명했다. 내 구상은 그의 첫 방문지로 시카고로 가서 당시 인기 최고였던 '오프라 윈프리 쇼'에 출연한 후 뉴욕으로 가서 NBC '투데이쇼'에 출연하여 미국 전역에 '김대중 붐'을 조성한 다음 워싱톤으로 가서 미의회 상하양원합동회의에서 연설하고 클린턴 대통령과 정상회담을 하자

는 것이었다. 당시 그와 김중권 비서실장은 내 제안을 좋아했다. 그런데 당시 미국 문제를 담당하고 있던 분(송민순 전 외교통상부 장관)이 찾아와서 대통령의 미국 방문과 관련 모든 문제를 외교부에 맡겨 달라고 했다. 나는 이러한 문제로 외교부 직업 관료들과 다툼을 하기 싫어 이 문제에서 손을 놓았다. 2015년 4월 아베 일본 총리의 미국 방문 당시 일본이 미국의 로비 및 광고회사를 고용하여 '미일정상회담'을 일본 역사에서 가장 멋지게 치루어 내는 과정을 지켜보면서 매우 안타까웠다. 아베 총리가 그 정도로 할 수 있다면 김대중 대통령은 인생 스토리가 아베 총리와 비교하여 몇 배나 감동적이기 때문에 훨씬 잘 할 수 있었을 것이다.

또한 당시 미국 방문 준비 과정에서 김대중 대통령의 참모들이 노력하여 그가 미국을 방문하면 미국의 주립 대학에서 명예박사를 수여하겠다는 제안도 받았다. 그러나 그는 워싱턴의 조지타운대에서 명예박사를 받고 싶어 했다. 나는 정권인수기간 동안에 미국 조지타운대를 방문하여 협의했고 명예 인문학 박사를 수여하겠다는 결정을 당선자 측에 전달했고 그는 무척 기뻐하셨다. 그는 취임 후 미국을 방문하여 조지타운대로부터 명예인문학 박사를 받았다. 이와 관련 김하중(2015, 같은 책, p.108)은 "조지타운대학에 가서 대통령에 당선되기 전에 결정되었던 인문학 명예박사 학위를 받았다"고 기술하였다. 당시 김대중 대통령은 조지타운대의 명예박사 학위에 애착을 가졌다. 1996년 초 국회의원 총선에서 새정치국민회의가 좋은 성적을 거두지 못하여 실의에 차서 미국을 방문한 일이 있다. 조지타운대에서 특강이 예정되어 있었으나 당시 김영삼 정부의 반대(?)가 있어서 그는 대학 내에서 특강을 하지 못했고 결국은 조지타운대 리비학생센터에서 하게 되었다. 그 상황이 나 역시 조금은 안타까워서 그를 학교 내로 모셔서 안내를 맡기도 하였다. 내 생각으로는 그 역시 그 일 때문에 조지타운대 명예박사에 애착을 가졌던 것 같다. 또 하나 김영삼 대통령이 미국을 첫 방문했을 때 조지타운대와 명예박사 수여에 관해 협의를 했으나 협의가 잘되지 않아서 김영삼 대통령은 명예박사를 수여받지 못했다. 이후 협의가 잘 되어서 김영삼 대통령은 1995년 조지타운대로부터 명예박사를 받았다. 이 사실을 그가 너무나도 잘 알고 있었기 때문에 미국의 첫 방문에서 조지타운대로부터 명예박사를 받고 싶어 했던 것 같다.

230. 실제로 김대중 대통령은 "정권 인수를 위한 현안 파악에 착수했다… 임창렬 부총리 겸 재정경제원 장관이… '12월 18일 현재 외환 보유고가 38억 7000만 달러에 불과합니다. IMF 등의 지원을 받더라도 당장 내년 1월 만기의 외채가 돌아오면 갚기 어렵습니다.' 충격이었다. 나라의 금고는 텅 비어 있었다. 언제 파산할지 몰랐다. 기가 막혔다. 국가 운영을 책임진 사람들의 큰소리는

다 어디로 가고 일국의 부총리가 풀이 죽어 내 앞에 앉아 있었다. 나라 살림이 이 정도로 심각할 줄은 진정 몰랐다… 임 부총리가 실정을 시인했다. 정부가 적절하게 대응하지 못한 것이 경제가 어려워진 주요인입니다"라고 말했다. 김대중(2010b), 같은 책, p.17.
231. 함성득(1998a), 같은 글, pp.99-118.
232. 신정록(1999), 〈DJ 정계 대개편 칼 뽑을까〉,《주간조선》, 1535호, p.38.
233. 김대중 대통령의 대통령 당선을 예측하고 용기를 주어서 그가 평소에도 말씀을 귀담아 경청했던 '설송 스님'과 나만이 김대중 대통령에게 1998-2001년 중반까지는 외환위기 극복에 매진하고 남북정상회담을 조금 늦추어서 그 이후에 추진하라고 건의했다. 당시 담배를 자주 피던(?) 설송 스님은 내게도 그렇게 하면 김대중 대통령은 역사에 길이 남을 것이며 노벨평화상도 임기 말이나 그 이후에 수상할 것이라고 말했다.
234. 김하중(2015), 같은 책, p.638.
235. 김대중 대통령의 IMF 권고에 따른 경제위기 극복 노력에 대해 IMF를 '나쁜 사마리아인들Bad Samaritans' 중의 하나로 간주하는 장하준은 비판을 가했다. 장하준은 "한국은 외환위기를 맞은 1997년 12월에 IMF와의 협정에 서명했을 때, 국내총생산 대비 1% 수준으로 예산 흑자를 유지하라는 요구를 받았다. 외국 자본이 엄청나게 빠져나가면서 경제가 심각한 후퇴 국면으로 빠져들고 있던 당시 상황을 감안하면, IMF는 한국 정부에 대해 예산 적자를 늘릴 수 있도록 허용해야 했다. 한국은 그런 정책을 쓸 수 있는 상황이었다. 당시 한국은 부자 나라를 포함해 전 세계에서 국내 총생산 대비 정부 채무가 제일 낮은 나라 중 하나였다. 그럼에도 불구하고 IMF는 한국이 적자 지출을 활용하지 못하도록 막았다. 경제는 당연히 폭락했다. 1998년 처음 몇 달 동안 하루에 100개 이상의 회사가 도산했고, 실업률은 거의 세 배가 되었다… 이렇듯 통제 불가능한 경제 폭락의 회오리가 계속될 조짐이 보이자 비로소 IMF는 정책을 완화하여 한국 정부가 적자 예산을 운용할 수 있도록 허용했지만, 그 규모는 국내총생산의 0.8% 이내로 매우 작은 것이었다"라고 주장했다. 장하준(2007), 같은 책, pp.240-241. 또한 그는 "한국은 이(1997년) 금융 위기 이후 과거의 성장세를 완전히 회복하지 못하고 있는데, 그 주된 이유는 한국이 '자유시장 원칙'을 지나치게 열정적으로 신봉하게 된데 있다"라고 주장한다. 아울러 그는 "정부가 단기간에 지나치게 많은 기업들을 매각하려고 한다면 가격에 좋지 않은 영향을 미친다. 이런 식의 '떨이' 방식은 정부의 협상력을 약화시키고, 정부의 수입을 줄일 뿐이다"라고 말하면서 김대중 대통령 당시 대우자동차의 미국 GM에 매각과 관련 비판적 시각을 보여줬다. 장하준(2007), 같은 책, p.181. 이러한 그

의 시각은 신장섭의 연구에도 영향을 미쳤다. 신장섭(2014), 《김우중과의 대화》, 북스코프.

이러한 김우중 회장, 장하준, 신장섭 등의 주장과는 달리 김대중 대통령은 당시 항간에 떠돌던 소문, 즉 1997년 대선과정에서 김우중 회장의 김대중 대통령에 대한 재정적 지원과 관련해서 김우중 회장과의 관계를 솔직히 밝히면서 '대우사태'를 매우 자세히 설명했다. 그는 "김우중 대우그룹 회장은 1998년 1월 24일 기업들이 앞장서서 수출을 대폭 늘려 나라 곳간을 일거에 채우자고 제안했다. 불필요한 수입을 대폭 줄여 500억 달러의 무역 흑자를 올리면 일시에 외환위기를 극복할 수 있다고 주장했다. 그러면서 재계 전체가 이번만은 구조 조정을 확실하게 해야 살아남을 수 있다면서 구조조정에 모범을 보이겠다고 약속했다. 나는 그런 김 회장이 고마웠다… 그런데 1월 말에 열린 다보스 포럼에 참석해서는 다른 얘기를 했다. 외환위기는 '금융기관이 멋대로 단기 채무를 늘리다 생긴 일이지 우리 기업이 뭘 잘못했느냐'며 책임을 떠 넘겼다. 나는 김 회장이 왜 말을 바꾸는지 의아했다… 대우는 2월 2일 GM과 70억 달러 규모의 외자를 유치한다는 양해각서를 체결했다고 발표했다. 대우는 이 70억 달러를 믿고 필요한 자금을 기업 어음이나 회사채를 발행하여 조달했다. 그러나 미국 GM 본사의 총파업으로 외자유치가 불가능해졌다. 그러자 대우는 기아차 인수로 방향을 틀었다. 그러나 이마저도 무산되었다. 공개 입찰에서 낙찰을 받은 것은 현대였다. 대우는 자꾸만 수렁에 빠져들었다… 김(우중) 회장은 나와 야당에 많은 도움을 주었다. 나는 김 회장의 마음 쏨쏨이를 잊지 않고 있었다. 나는 김중권 비서실장에게 김 회장을 만나 더 늦기 전에 강력한 구조 조정에 나서라고 촉구하도록 했다… 청와대에서 김 회장을 만났다… 구조 조정은 물론이요 부실기업의 상징인 삼성차를 인수하고 대우전자를 삼성에 넘기겠다는 것이었다. 삼성과의 빅딜에 적극 나서겠다니 가히 획기적인 안이었다… 12월 15일 하노이 대우호텔에서 조찬을 함께 했다. 강봉균 수석을 배석토록 했다. 김 회장은 무역 금융 제재를 풀어 달라고 호소했다. 나는 강 수석에게 검토해 보라고 지시했다… 대우는 삼성차를 인수하는 대가로 2조원의 현금을 요구했다. 나는 다시 김 회장을 청와대로 불렀다. 그를 향한 경고였지만 달리 보면 연민이었다… 대우가 자구 계획을 추가로 발표했다. 주력기업인 대우중공업 조선부문과 힐튼호텔 등 11개 계열사 및 사업 부문을 추가로 매각한다는 내용이었다… 그러나 시장은 반응이 없었다. 대우의 자금난은 갈수록 심해졌다… 김 회장의 몰락과 대우 그룹의 해체는 진정 내가 바라지 않은 불행한 일이었다. 나는 그를 신뢰했고 대우그룹의 미래를 믿었다. 하지만 그는 내 의지를 경시하고 시장 움직임을 과소평가했다. 그가 왜 구조 조정에 망설였는지는 아직도 모르겠다. 대우그룹의 해체는 빚을 내서 몸집을 불리고, 분식회계와 같은 탈법적 금융 기법으로 부실의 실체를 가리는 수법이 더 이상 통할 수 없는 새 시대가 도래했음을 보여줬다. 나는 그가 돌아와 다시 새 출발할 것으로 믿었다. 돌이켜보면 그의 성장 신화를 묻어야 한다는 것은 참으로 잔인한 일 이었다"라고 설명했다. 김대중(2010b), 같은 책, pp.58-61. 또한 당시 재정경제부 정책조정심의관으로 이 과정을 관찰하였던 조원동도 대우그룹은 경제 관료에 밉보여 기획해체 된 것이 아니라 김우중 회장의 '허세부리기 전략' 또는 '무리수'의 결과라고 주장했다. 조원동(2015), 《경제는 게임이다》, 한국경제신문.

236. 김대중(2010b), 같은 책, pp.67-68.
237. 김하중(2015), 같은 책, p.277.
238. 1996년 가을 내가 김대중 대통령을 만날 때 한 번은 그 자리에 임동원 씨를 배석시켰다. 김대중 대통령은 그 자리에서 자신의 남북관계 구상을 설명했는데 그의 열정을 느낄 수 있었다. 이 국정목표는 임동원 씨와 끝까지 함께 할 것으로 나는 생각했다. 당시 그는 임동원 씨가 도와준 자신의 책(《김대중의 3단계 통일론》)에 자필 서명을 하여 내게 주었다. 지금도 나는 이를 소중히 간직하고 있다. 육군 소장 출신인 임동원은 노태우 정부에서 남북고위급 회담 대표와 통일원 차관을 지낸 사람이었다. 남북의 화해·불가침·교류협력에 관한 역사적 합의인 1991년 '남북기본합의서'를 이끌어낸 주역이었다. 이희호 여사는 "남편(김대중 대통령)은 임동원 씨의 경험과 능력을 탐냈어요. 그래서 아태재단 사무총장으로 모시려고 정동채 비서실장을 보냈는데, 그쪽에서 계속 사양했어요. 정동채 실장이 세 번째 찾아갔을 때에야 마음을 열어서 1995년 1월에 우리 집에서 만났지요… 남편과 임동원 총장은 통일 문제를 놓고 이야기를 참 많이 했어요. 어느 날은 호텔에 투숙해 밤이 새도록 토론하기도 했고요… 그런 토론 끝에 완성된 것이 남북연합-연방제-완전통일을 뼈대로 하는 '3단계 통일론'이었다"라고 주장했다. '아태재단 만들어 밤샘 토론하며 '햇볕정책' 창안', 《한겨레》, 2016.06.30.

한편 김종필은 "2001년 1월 나는 청와대에서 김대중 대통령과 부부 동반 만찬을 하면서 DJP 공조 재가동에 합의했다. 하지만 복원 과정의 곡절만큼 파란이 일었다. 그해 8월 평양에서 열린 8·15 민족통일대축전 행사가 그 계기였다. 남측 대표단 일부가 김일성 생가에서 보인 '만경대 정신을 이어받자'는 행태에 대다수 국민은 분노와 충격에 빠졌다. 그 행사를 주관한 통일부의 임동원 장관에 대해 한나라당은 국무위원 해임 안을 제출했다. 나는 임 장관의 행태를 유심히 살펴왔는데 그가 국정원장이던 2000년 6·15 정상회담 때의 한 장면이 나의 뇌리에 남아 있었다. 평양에서 그는 북한 김정일과 술잔을 부딪치고 귓속 말까지 하며 희희낙락하는 모습이었다. 그가 6·15 회담에 어떤 역할을 했든 간에 그 모습은 최고정보기관 수장의 자격을 잃은 치명적인 처신이었다⋯ 임동원의 평양 처신을 보면 주적主敵 개념은 안중에도 없이 최고의 정보 수집 대상인 적장敵將에게 과공하는 모습으로 국가정보기관의 존재 의의를 망각한 일탈逸脫이었다. 나는 김 대통령에게 '임 장관을 왜 데리고 있습니까. 계속 옆에 데리고 있으면 부작용만 커집니다'며 임 장관의 자진사퇴를 유도했다. 하지만 DJ는 '아니, 그 사람 잘하고 있습니다. 사퇴시킬 이유는 없습니다'고 거부했다. 임 장관 건은 자진사퇴가 아닌 국회 해임건의안 통과로 정리됐다. 이는 자민련과 한나라당의 표결 공조에 따른 것으로 그 결과 DJP 공조는 와해됐다. 자민련으로 이적했던 의원 4명은 민주당으로 복귀했다. 김 대통령의 평소 신중한 자세로 미뤄 볼 때 무슨 이유로 임 장관을 고집스럽게 보호했는지에 대해 나는 지금도 의구심을 갖고 있다"라고 주장했다. 〈김종필 증언록〉,《중앙일보》, 2015.11.09.

239. 강상중(2009), 같은 책, p.123.
240. 김하중(2015), 같은 책, pp.649-650.
241. 김대중 대통령의 인척이자 최측근 참모였던 이영작은 햇볕정책의 구체적인 내용에 관해 "DJ는 1994년 5월 12일 미국 내셔널프레스클럽(NPC) 오찬 연설에서 햇볕정책을 설명했다⋯ 햇볕정책은 다음 세 가지 가정에 근거하고 있다. 첫째, 배고픈 사람은 배를 채워주어야 한다. 둘째, 북한의 핵무기 개발은 미국과의 대화용이다. 셋째, 일본의 핵무장을 두려워하는 중국이 북한의 핵무장을 절대적으로 반대할 것이다"라고 설명했다. '햇볕정책은 실패했다',《조선일보》, 2016.09.20.
242. 김종필은 "내가 국무총리직에서 물러난 뒤인 2000년 3월 김대중 대통령은 독일 베를린자유대학 강연에서 이른바 '베를린 선언'을 발표했다. 북한에 사회간접자본 확충을 포함한 대규모 경제 지원을 할 테니 남북 간 특사를 교환하자는 제안이었다. 햇볕정책에 아무 반응도 보이지 않고 있는 북한 측에 대화를 촉구하는 손짓을 한 것이었다. DJ가 남북 정상회담을 실현하고 노벨평화상을 받기 위해 대북정책을 너무 성급히 추진하는 게 아니냐는 비판과 의심이 야권에서 나왔다. 나 역시 '왜 이렇게 서두르는지 모르겠다'고 지적했다. 마침 총선(4월 13일)을 얼마 앞두지 않은 터라 '신북풍新北風' 논란이 일었다⋯ DJ의 베를린 선언을 기점으로 정상회담을 위한 남북한 비밀 접촉은 급물살을 탔다. 4월 10일 정부는 남북 정상회담이 6월 평양에서 열린다고 공식 발표했다. 총선을 사흘 앞둔 발표 타이밍이 미묘했다. DJ는 6·15 정상회담으로 분단과 적대에 종지부를 찍고 통일에 다가갔다고 자부했다. 하지만 결정적으로 달라진 것은 거의 없었다. 통미봉남通美封南을 바탕으로 핵무기 등 문제에선 미국만을 상

대하려는 북한 정권으로서는 남북 관계가 하나의 수단일 뿐이었다. 우리 정부는 김정일의 답방을 다그쳤지만 결국 그는 오지 않았다. 그래도 DJ에게는 그의 정치 생애에서 뜻 깊은 일이 있었다. 2000년 12월 그가 노벨평화상을 수상한 것이다… 6·15 정상회담은 노벨평화상으로 이어졌고 이러한 DJ의 성취는 오랜 집념의 결실이었다. 6·15 회담 내용은 남북 공동 작품이지만 DJ는 혼자서 노벨평화상을 수상했다. 결과적으로 보면 북한을 용인하는 용공容共이 아닌 북한을 절묘하게 이용하는 DJ식 용공用共이었던 셈이다."라고 주장했다. 〈김종필 증언록〉,《중앙일보》, 2015.11.04.

나는 2001년 1월 조지 W. 부시 대통령 취임식에 당시 여당의 실세인 한화갑 의원과 야당의 박근혜 의원 그리고 김종필 전 국무총리와 함께 참석했다. 이 당시의 인연으로 한화갑은 놀랍게도 2012년 대선에서 박근혜 대통령 지지를 선언하였다.《동아일보》, 2013.02.08. 취임식 전 내 주선으로 미국 새 행정부에서 한반도 문제를 실질적으로 책임지는 리처드 아미티지 미국 국무부 부장관 내정자를 한화갑 의원과 박근혜 의원이 함께 만났고 그는 김대중 대통령의 햇볕정책의 수정을 직접 요구했다. 다음은 귀국 후 나와 한화갑 의원이《동아일보》와 인터뷰한 내용이다. "…리처드 아미티지 미국 국무부 부장관 내정자가 '햇볕정책sunshine policy'이란 용어를 사용하지 말 것을 한국정부에 건의하고, 3월경으로 예상되는 김대중 대통령의 미국 방문을 국빈방문state visit이 아닌 실무방문working visit으로 하자고 제의한 것으로 28일 밝혀졌다. 아미티지 내정자는 19일(미국시간) 오전 워싱턴 코트야드호텔에서 방미 중이던 민주당 한화갑 최고위원 등을 만나 '햇볕정책'이란 용어를 사용하지 않았으면 좋겠다'고 밝히고 '이런 뜻을 김대통령에게 전해달라'고 말했다고 이 자리에 동석했던 고려대 함성득(대통령학) 교수가 전했다. 햇볕정책이란 용어에 대해서는 그동안 일부 한반도문제 전문가들이 개인적으로 적정성 문제를 제기한 적이 있지만 조지 W 부시 행정부에서 한반도문제를 총괄할 당사자가 공식적으로 사용 중단을 권고해 왔다는 점에서 논란이 예상된다. 아미티지 내정자는 또 '김대통령과 부시 대통령간의 정상회담을 가능한 한 빠른 시일 내에 개최했으면 좋겠다'는 한의원의 제의에 대해 '우리도 김정일국방위원장의 서울 답방 전에 한미정상회담이 열리기를 희망하며 그러기 위해서는 실무방문이 됐으면 좋겠다'고 말했다는 것. 한 최고위원측은 최근 이 같은 내용을 김대통령에게 보고한 것으로 알려졌다. 아미티지 내정자는 이어 '김대중 정부가 지금까지 남북관계에 정권의 운명을 걸고 있어서 (햇볕정책이) 실패했을 때의 부담이 크다'며 '그래서 북한의 김국방위원장에 의해 움직이는 측면이 있고 이는 미국 일본에도 영향을 준다'고 말했다고 함 교수는 전했다. 아미티지 내정자는 '부시행정부는 김정일 국방위원장에 반대하지 않지만 한미일 3국이 대북관계에서 보다 나은 지위(a better position)에 서게 되기를 바란다'며 '이를 위해서는 북한과의 상호주의(reciprocity)가 있어야 하고 북한으로부터 긍정적인 반응(positive sign)이 나와야 한다'고 덧붙였다. 그는 긍정적 반응들로 북한이 △휴전선 근처에 전진 배치된 북한군을 후방으로 이동시키거나 △재래식 무기를 감축하거나 △대량살상무기 문제 등에서 확실한 조치를 취해야 할 것이라고 말했다. 이에 대해 한위원은 '한국 정부도 북한의 재래식 무기 감축문제 등을 남북국방장관급 회담 등을 통해 궁극적으로 해결해 나갈 방침'이라며 '한미간에 이런 (대북정책 우선순위에 대한) 시각차가 있는 만큼 한미정상이 하루빨리 만나야 한다'고 거듭 강조했다."《동아일보》, 2001.01.29.

243. 《Financial Times》, 2004.06.19.
244. 김대중(2010b), 같은 책, p.504. 대북송금특검법은 2000년 6월 김대중·김정일 남북 정상회담 직전 현대 측이 북한에 비밀 송금한 4억 5000만 달러의 진상을 조사하기 위해 특별검사를 임명토록 한 법이다. 이는 2003년 3월 당시 국회 다수당인 한나라당이 통과시킨 법안을 노무현 대통령이 거부권을 행사하지 않음으로써 공포됐다. 2003년 6월 특검은 1억 달러는 정상회담과 관련한 김대중 정부의 정책적 차원의 지원금, 3억 5000만 달러는 현대의 대북사업 투자금이라고 발표했다. 결과적으로 비밀·불법 송금을 주도한 혐의로 박지원 전 문화관광부장관(구속), 임동원 전 국정원장(불구속) 등이 기소돼 유죄판결을 받았다.
245. 김하중(2015), 같은 책, p.653.
246. 김하중(2015), 같은 책, p.651.
247. '햇볕정책은 실패했다',《조선일보》, 2016.09.20. 또한 그는 "…그래서 서서히 드러나는 북한의 핵개발 실상에도 1998년엔 '의도에 의혹은 있지만 확증이 없다'고 했고, 2000년엔 '김정일이 핵개발을 않겠다는 약속을 지키고 있다'고 발언한 것으로 보인다. DJ는 NPC 연설에서 남북 간 힘의 균형을 강조했지만 북은 이를 깨뜨리려 한다. 무너진 힘의 균형은 1953년 휴전 이래 60여 년을 전쟁과 평화의 중간지대에서 살아온 남한을 위협한다. 힘의 균형을 되찾아야 다음 60년을 전쟁 없이 살 수 있을 것이다… 햇볕정책을 금과옥조로 받아들이는 호남민심을 얻으려는 어떤 야당도 DJ의 유훈에 역행할 수 없다… 호남인들이 DJ의 오판과 북한의 속임수에 뿌리를 둔 햇볕정책을 과감히 버리고 DJ의 비非반미, 비용공, 비폭력 삼비三非 사상을 받아들여야 한다."라고 주장했다.
248. 김대중(2010b), 같은 책, p.458. 특히, 민주주의를 강조한 김대중 대통령아래서 '국정원 불법 도청'을 한 사실 역시 공개되어 파문이 일었다. 이 사실은 2002년 한나라당 정형근 검찰 수사 결과 도청 대상에 김대중의 숨겨진 딸이라고 주장

하는 인물과 그 어머니도 포함되어 있었다. 이내 검찰 수사가 시작되었고 그 결과 2006년 불법 도청을 지시한 당시 국정원장 임동원과 신건 등에게 유죄가 선고되었다.
249. 강상중(2009), 같은 책, pp.120-121. 또한 김대중 대통령은 "노력들이 당대에 평가받지 못하더라도 역사가 평가하리라 믿었다. 역사의 뒤편에는 정의와 진실을 주관하는 신이 계실 것이기 때문이다"라고 주장했다. 김대중(2010a), 같은 책, p.21. 이러한 시각에서 그는 대통령의 기록은 정제된 평가가 필요하다며 자신의 회고록도 생전에 철저하게 준비하였다. 출간 준비를 완전히 마친 다음 자신의 사후에 출간하라고 말했고 그의 사후 2011년에 자서전이 출간되었다.
250. 노무현(2009), 같은 책, p.149.
251. 김대중(2010b), 같은 책, p.509.
252. '《공존의 공화국을 위하여》 펴낸 김부겸 전 의원', 《중앙일보》, 2015.10.25.
253. 〈김종필 증언록〉, 《중앙일보》, 2015.11.18.
254. 노무현(2010), 같은 책, p.98. 김광일 대통령 비서실장이 내게 밝힌 바에 따르면 김영삼 대통령은 1988년 총선을 앞두고 김광일 비서실장의 추천으로 문재인 변호사를 자신의 지역구에 출마시키려 했으나 그가 정치참여를 거부하여 김 실장에 의해 노무현 대통령이 영입되었다. 이와 관련《동아일보》는 "YS와 문(재인) 대표는 1987년 6월 민주항쟁 당시 부산에서 인연을 맺었다. 1988년 통합민주당 총재이던 YS는 집회 현장에서 수차례 마주친 문 대표에게 13대 총선 출마를 권유했다. 당시 문 대표는 거절했지만 그와 같은 사무실을 썼던 노무현 전 대통령은 YS로부터 같은 제안을 받고 정계에 입문했다. 문 대표가 '여러모로 고인을 떠나보내는 마음이 더 비통하다'고 밝힌 이유다. 문 대표는 지난해 6월 외부에 알리지 않고 상도동 YS 자택에 문병을 했다고 한다"라고 설명했다. 《동아일보》, 2015.11.24.

처음부터 김광일 비서실장은 노무현 대통령의 정치적 매력은 인정했으나 그의 인격적 성숙에는 유보적이었다. 하지만 김 실장은 노무현 곁에 문재인이 있는 한 괜찮다고 생각했다고 했다. 실제로 노무현 대통령도 2002년 대선과정에서 "나는 대통령 감이 됩니다. 나는 문재인을 친구로 두고 있습니다"라고 강조했다. 김영삼 대통령도 처음에는 노무현의 정치적 매력에 상당한 관심을 보였고 한때 자신의 정치적 후계자로 생각하기도 했다. 2002년 대선 과정에서 김 실장은 '노무현이 대통령이 되면 안 되는 10가지 이유'를 발표했다. 김 실장을 만난 자리에서 "김 실장님이 직접 정치적으로 키운 사람을 왜 그렇게 반대하냐"고 물었더니 "자신은 너무나도 노무현을 잘 알기 때문에 그리고 한국의 대통령직이 무엇인지 알기 때문에 우리나라를 위해서 인격적 성숙이 안 된 노무현을 반대한다"고 내게 말했다. 김 실장에 따르면 김영삼 대통령은 이인제를 만나면서 노무현보다 이인제의 정치적 매력에 더욱 끌렸다고 한다. 당시 노무현과 이인제의 정치적 신경전은 매우 높았다. 한편 노무현 대통령은 이인제를 개인적으로 그의 정치적 선택을 좋아하지 않는다고 내게 여러 번 말했다. 심지어 그는 임기 말 《오마이뉴스》 인터뷰에서 왜 그리고 어떻게 대통령이 되었느냐고 하는 질문에서 명확하고도 재미있게 "이인제 이기기 위해 하다 보니 대통령 되었다"라고 말했다. 노무현 대통령은 이인제의 정치인으로서 살아온 길과 그의 정치적 선택들, "3당 합당 때 YS 따라간 것, 경선불복, 그리고 다시 보따리 싸들고 당을 나와서 이전해 온 것 등 이러한 반칙"이 싫어서 그것과 싸우다보니 대통령이 되었다고 말했다. 오연호(2009),《노무현, 마지막 인터뷰》, 오마이뉴스; 노무현(2009), 같은 책, p.159; 노무현(2010), 같은 책, pp.179-180 참조.

한편 2002년 대선에서 노무현 대통령을 정치적으로 좋아하지 않았던 이인제는 이회창 후보를 정치적으로 돕고 싶었지만 김종필 총리의 반대로 전혀 돕지 못했다. 당시 이인제는 그 답답함을 내게 강하게 직접적으로 표현했다. 김종필은 "(2001년 8월 임동원 통일부 장관 해임에 따른 DJP 공조가 붕괴 된 후) 9월 18일 나는 신라호텔에서 이(회창) 총재와 조찬 회동을 하고 양당 간 정책공조를 약속했다. 이를 놓고 JP와 이회창의 보수연합이 등장할 것인가에 정가의 관심이 쏠렸다. 하지만 이 총재는 '3김 정치 청산'과 'JP와의 제휴'라는 두 가지를 놓고 이것저것 저울질만 한 채 결단을 내리지 못했다. 2002년 대선의 해가 시작됐다. 이 후보는 '대세론'을 앞세워 두 번째 도전에 나섰다. 민주당은 노무현 후보가 이른바 '노풍盧風'을 타고 이인제 후보를 눌렀다. 그 무렵 한나라당은 서청원 대표 체제로 바뀌었다. 서 대표는 '이회창-JP 제휴론자'였지만 그 편은 소수였다. 한나라당 내 다수는 이 총재가 JP와 결속하면 수도권 20~30대 유권자의 표를 잃어버린다는 입장을 보였다… 10월 중순 서청원 대표가 은밀히 나에게 만나줄 것을 요청했다… 서 대표는 '이회창 후보를 도와주십시오. 지난 것은 전부 저희들이 잘못 했습니다'라고 지지를 호소했다… 11월 1일 나는 이 후보의 부친 이홍규 옹의 삼성서울병원 빈소를 찾았다. 나의 위로에 이 후보는 '감사합니다'라고 했을 뿐 특별한 말은 나누지 않았다. 장례식을 끝낸 이 후보는 조문을 했던 주요 인사들을 찾아다니며 답례를 했지만 나에겐 전화만 걸어왔을 뿐이었다. 그의 그런 행동은 실망스럽고, 3김 청산 구호에 묶인 좁은 생각이라는 상념이 떠오를 수밖에 없었다. 한나라당은 나를 고사枯死시키려 했다. 자민련 의원들을 계속 빼 가는 방식으로 나의 충청권 영향력을 뭉개고 위축시키려 했다. 선거 막판 여론조사에서 이 후보는 노무현 후보에게 뒤지고 있었다. 한나라당 일각에선 지금이라도 JP를 붙잡아야 승리한다는 의견을 제시했다. 하지만 나에게서 떠나간 어떤 의원은 '이 후보가 JP를 찾아간다면 내가 못 가도록 차 앞에 드러 눕겠다'는 극언까지 했다고 한다. 대선을 나흘 앞둔 12월 15일 나는 '급진세력도 대통령이 될 수 없지만 한나라당도 자격이 없다'며 중립선언을 했다. 그 직전 자민련에 입당한 이인제 총재권한대행이 이 후보를 지지한 데 대해 나는 '당의(黨意)에 저촉될 수 있으니 유념해 달라'고 제동을 걸었다. 나의 중립선언은 음으로 노 후보에 대한 지지로 비치기도 했다. 이 후보는 노 후보에게 패했다. 노 후보와 이 후보의 표 차이는 57만(2.3%포인트)이었다"라고 주장했다. 〈김종필 증언록〉, 《중앙일보》, 2015.11.09.

255. 한편 노무현 대통령은 1988년 김영삼 대통령의 정치적 지원으로 통일민주당 국회의원이 되었으나 3당 합당 당시 김영삼 대통령을 비판하며 따라가지 않았다. 김영삼 대통령은 노무현 대통령에게 상당한 정치자금도 제공했다. 이와 관련 김영삼 대통령은 노무현 대통령의 재임 중 종종 "내가 이렇게 경제적으로 어려운데 함교수가 노무현과 친하니 내가 도와 준 정치자금 중 남은 것으로 집도 샀으니 그 돈 돌려달라고 말하라"라고 내게 농담 삼아 말하기도 했다. 그러나 노무현 대통령은 "(1988년 국회의원) 선거 막바지에 중앙당의 지원금이 왔으나 워낙 돈 안 쓰는 선거운동을 했기 때문에 막판에 쓸 일도 없어서 돈이 남았다… 울산과 마산 등지에서 재벌 후보와 맞붙은 노동자 후보들이 돈이 없어서 만들어 놓은 홍보물을 찾지 못하고 있다고 하기에 돈을 나누어 주었다. 선거 뒷정리가 끝난 뒤에 남은 돈은 부산 청년단체가 사무실 얻는다고 해서 다 줬다(노무현(2010), 같은 책, p.100)… '13대 총선 때 YS가 2억 원을 지원했는데 남은 돈 6,000만원으로 아파트를 계약'했다는 등 당치도 않은 허위보도를 한 것이다. 내가 《조선일보》와 벌였던 그 기나긴 전쟁의 서막이 열렸다(노무현(2010), 같은 책, p.121)… 나는 통일민주당에서 1년 반 동안 김영삼 총재를 모시고 정치를 했다. 그는 나를 총애했다. 상도동 측근들이 시샘할 정도로 자주 독대했으며 매번 두툼한 돈봉투를 받았다. 5공비리 청문회를 한 뒤에는 더 자주 받았다"(노무현(2010), 같은 책, p.125)라고 주장했다. 또한 노무현 대통령은 "사실 나는 초선 국회의원을 지내고 난 이후로 '깨끗한 정치'라는 말을 한 번도 입에 올린 일이 없다"라고 주장했다. 노무현(2009), 같은 책, p.46.

256. 당시 노무현 대통령은 언론보도와는 달리 국회의원 명패를 전두환 대통령을 향해 명패를 던졌던 것이 아니었다. 전두환 대통령에 대해 소극적인 통일민주당 지도부를 비판하면서 바닥에 명패를 팽개친 것이었다. 노무현(2010), 같은 책, p.108.

257. 1996년 고려대 정책대학원 최고위과정의 주임교수를 맡고 있던 당시 나는 노무현 대통령을 최고위과정 수강생으로 모셨다. 그는 다른 정치인들과는 달리

100% 출석을 기록했다. 그에게 인간적 매력을 느껴서 최고위과정의 강의를 요청하였고 수강생으로서는 처음으로 그가 직접 강의를 하기도 했다. 노무현 대통령을 수강생으로 모시게 된 계기는 당시 김대중 총재에게 '대통령학 강의'를 했는데 강의료(?) 명목으로 당시 노무현 새정치국민회의 부총재를 보내주었기 때문이다. 그 학기에 김대중 대통령도 최고위과정 강사로 오셔서 특강을 했다. 당시 그와는 인간적으로 친해졌지만 '대통령학'을 전공하는 학자로 그가 다음에 대통령이 될 것이라고는 단 한 번도 생각해 본적이 없었다. 아마도 나의 눈이 실제로 너무 작아서 미래를 예측하는 눈(?)이 없었던 것 같다.

2002년 민주당 대통령 후보 당내 경선을 앞두고 유시민 전 보건복지부 장관이 'MBC 백분토론'을 진행할 때 노무현 대통령과 함께 출연(2001년 12월 20일)해서 대담을 가진 적이 있었다. 그 일부분을 소개하면 다음과 같다. "함성득/고려대 행정학과 교수: 노(무현) 고문이 대통령 후보가 된다면 그건 정말 여당이 지역정당을 탈피하는 아주 심벌, 상징적인 요소는 있습니다. 다만 내가 걱정하는 건 다음 번 대선에서는, 내년 대선에서는 이게 지금 DJ 대 반DJ 구도 하에서 치러진다면은 아까 지역주의적 요소는 좀 상당히 강하게 작용되지 않을까, 그건 좀 여당이 좀 다른 면을 보여주면 훨씬 더 선구자적인 그런 역할을 할 수 있지 않겠나… 유시민/사회자 : 엄청난 덕담을 해주신 셈인데 답변을 주시죠… 노무현/민주당 상임고문: 우선 감사합니다. 그렇습니다, 지역구도가 3김 시대 끝나면 해소될 거다 라고 이렇게 말씀하시는 분들이 많이 있습니다. 그런데 그렇지 않을 수도 있다. 오히려 그렇지 않을 가능성도 아주 높다. 왜냐하면 지역구도가 단지 3김 정치로부터 비롯된 것이라고 한다면 그것은 3김 시대 끝나면 끝날 수 있습니다만 지역구도가 그 이전에 그 이상의 깊은 뿌리와 원인을 가지고 있습니다. 쉽게 말해서 호남의 소외입니다. 이 호남의 소외가 있었기 때문에 또한 지역구도가 만들어진 거라고 말할 수도 있습니다. 3김이 지역구도 만들려고 해서 쉽게 만들어지는 것이 아니라 뿌리가 있기 때문에 만들어진 거 아니냐, 이렇게 말씀드릴 수 있겠고요. 그 다음에 3김 정치와 우리 지금 또 다른 정당의 정치 스타일이 크게 다른 것도 또한 아니거든요. 역시 지역감정을 부추기면서 지역감정을 정치의 수단으로 계속 사용하고 있는 정치가 계속 되고 있는 한 이것은 계속 될 가능성도 있다."

258. 안희정과 이광재는 "DJ는 노무현을 책임지라는 요구가 온라인을 타고 커지기 시작했다. 결국 그해 8월 DJ는 노무현 전 의원을 해양수산부 장관에 임명했다"라고 주장했다. 박신홍(2011),《안희정과 이광재》, 메디치, p.174.
259. 당시 노무현 후보가 김영삼 대통령을 방문한 이유는 6월 지방선거에서 김영삼 대통령의 도움을 얻어 민주개혁 세력 연합 성공의 시작으로 부산시장 후보 문

제를 상의하고자 했던 것이다. 그는 3당 합당 이전으로 우리 정치 지형을 돌려 놓고 싶어서 상도동계의 지방선거 지원과 새로운 민주 연합에 필요한 정계개편 협조 요청을 하기 위해 방문했다. 노무현(2010), 같은 책, p.186. 김영삼 대통령은 협력을 거절했다.
260. 이 부분과 관련된 보다 자세한 나의 인터뷰는 《주간매경》 2002년 11월호 참조.
261. 흥미롭게도 1993년 노무현 대통령의 '지방자치실무연구소'가 첫 세미나를 할 때도 이광재가 삼성경제연구소 소속 전문가들을 발제자로 불러서 안희정이 경악했다고 한다. 박신홍(2011), 같은 책, p.142. 한편 김종인은 "…노무현 대통령은 서민적이라는 이미지로 당선돼 서민 위주로 할 것이라는 기대가 있었다. 하지만 당선 후 삼성경제연구소에서 만들어 준 걸로 정책을 했다. 한심한 게 뭐냐면 권력이 시장으로 넘어가서 대통령은 아무것도 할 게 없다고 하더라…"라고 주장했다. '김종인 인터뷰', 《동아일보》, 2016. 10.31. 또한 박영선은 "…노무현 정부가 삼성경제연구소와 손잡고 집권 후반 재벌 개혁 타이밍을 놓쳐 결국 정권 실패의 길로 접어들었는데… 노무현 정부의 유산은 '삼성공화국'이었다. 어느 누구도 재벌 개혁이 이뤄졌고 비정규직의 삶이 좋아졌다고 이야기하는 사람은 없었다… '재벌을 개혁한 최초의 대통령', '비정규직의 눈물을 닦아주는 대통령'이 되겠다고 공언했던 노무현 대통령의 의지를 꺾은 노 대통령 참모들…"이라고 주장했다. '박영선… 노무현 참모들 변하지 않았다', 《조선일보》, 2016.10.14.

이와 관련 2002년 대선 당선 후 노무현 대통령의 최측근에게 나는 정세균 의원(현 국회의장)을 대통령 비서실장으로 강력히 추천했다. 그 이유는 성격이 열정적이며 정치통인 노무현 대통령과는 달리 정세균 의원은 매우 침착하고 경제통이며 고향이 전북이어서 노무현 대통령에게는 보완적인 인물로 매우 좋다고 생각했기 때문이다. 그러나 노무현 대통령을 둘러싼 일부 친위세력들은 그들의 정치적 영향력을 유지하기 위해 정세균 의원 같은 소신 있는 정치인 비서실장을 선호하지 않으면서 내 추천은 받아들여지지 않았다.
262. 지난 2000년 12월, 여당의 소장파 리더였던 정동영 의원은 김대중 대통령이 주재한 청와대 최고위원회의에서 정권 최고실세였던 권노갑 고문을 겨냥, "세간에는 김영삼 정권 때 김현철에 비교하는 시각도 있다"며 은퇴를 요구했다. 이른바 '정풍 파동'을 일으킨 것이다. 권노갑 고문은 "순명" 즉 당과 대통령을 위해서 희생하는 것이 저의 숙명"이라는 말을 남기고 정치 일선에서 물러났다. 당시 상황을 김대중 대통령은 "민주당 최고위원 한 명은 내 앞에서 그(권노갑)의 퇴진을 주장했다. 그러나 그 주장이 그리 순수해 보이지 않았다. 어쨌든 그를 보내기로 했다. 따르는 동지들과 눈물의 회동을 했다고 들었다. 어찌 보면 정치란

참으로 무정한 것이었다."라고 설명했다. 김대중(2010b), 같은 책, p.365. 그 즈음 우연하게 나는 노무현 대통령과 저녁을 같이 했다. 이 사건과 관련 그가 말하기를 "저렇게 한 것이 정치인으로서 정동영 의원이 빨리 성장하는 데는 도움을 줄지언정 저것 때문에 대통령은 되기가 힘들 것이에요… 왜냐하면 한국에서는 적어도 리더가 되기 위해서는 '믿을 信'이 있어야 하기 때문이에요"라고 말했다. 한편 노무현 대통령이 당선 된 후 몇몇 참모들이 대선 과정에서 단일화 이후 이를 파기한 정몽준 그리고 경쟁자였던 이회창에 대해서 많은 문제점들이 발견된다며 검찰수사를 강하게 권고했다. 그는 이러한 승자의 패자에 대한 정치보복을 단호히 거절했다고 한다. 승자의 패자들에 대한 '통 큰' 노무현 대통령의 정치는 우리 정치사에서 찾아보기 힘든 사례이다.

263. 노무현(2010), 같은 책, p.184-185 참조.
264. 우상호는 "(386 운동세대 출신 정치인들은) 청춘 때 신분상승의 기회를 포기하고 민주화를 위해 희생한 사람들인데"라고 주장했다. '김종인, 감정 상했을 순 있지만 당 떠나진 않을 것', 《중앙일보》, 2016.05.06.
265. 《뉴스위크》, 2003.02.19.
266. 윤태영(2015), 《바보: 산을 옮기다》, 문학동네.
267. 노무현(2010), 같은 책, p.245.
268. 함성득(2005), 같은 글, p.430 재인용.
269. 이틀 뒤 열린 기자회견에서 노무현 대통령은 자신의 형인 노건평씨에게 청탁한 것으로 알려진 고故 남상국 대우건설 사장을 거명하며 "좋은 학교 나오고 크게 성공한 분들이 시골에 있는 별 볼일 없는 사람에게 머리 조아리고 돈 주는 일이 없었으면 좋겠다"라고 말했다. 그날 오후 남사장은 한강에 투신 자살 했다. 훗날 남사장과 관련해 노무현 대통령은 "부연 설명을 더 하면서 감정이 격해진 나머지 그렇게 된 것 같다… 온 국민이 보는 기자회견에서 내 입으로 실명을 거론한 것은 실수였고 잘못이었다"라고 밝혔다. 노무현(2010), 같은 책, pp.241-242.
270. 2004년 3월 노무현 대통령에 대한 탄핵소추는 2002년 대선의 2차전으로서 정치적 지지층이 약한 그를 대통령으로 인정하지 못하겠다는 보수세력과 그를 지키려는 진보세력간의 충돌에서 파생되었다고 해석되기도 했다. 《조선일보》, 2005.02.07. 김종필은 "자민련이라는 소수 야당의 총재로서 나는 시종일관 대통령의 탄핵에 반대했다. 노 대통령이 위헌·위법적 행동을 했으나 임기 도중 자리에서 물러나야 할 정도로 심각하고 악의적으로 보지 않았다… 설사 대통령이 못났다 해도 대통령직은 최대한 존중받을 필요가 있다. 그런 대통령을 뽑은 것도 국민 아닌가. 이런 판단으로 나는 자민련 의원 10명을 끌고 가

려 했으나 결국 8명이 노무현 탄핵에 찬성했다… 나는 탄핵에 반대한다는 뜻으로 국회 표결에 불참했다"라는 입장을 밝혔다. 〈김종필 증언록〉, 《중앙일보》, 2015.12.02. 또한 김대중 대통령은 "참으로 한심한 일이었다. 국민의 직접 투표로 선택을 받은 대통령을 국회에서 그만한 일로 탄핵을 할 수는 없는 일이었다. 그것도 최병렬, 조순형 같은 정당 대표들이 앞장을 섰다는 것이 믿기지 않았다"라고 주장했다. 김대중(2010b), 같은 책, p.512.

271. 《중앙일보》, 2005.02.21.
272. 노무현(2010), 같은 책, p.237.
273. 당시 노무현 대통령의 지지도는 27.2%였고 여당인 열린우리당의 지지도는 19.3%였다. 이러한 제안에 대해 비판자들은 여야가 연합하여 정치를 잘하면 좋지만 잘못하면 다른 정당, 즉 한나라당에 책임을 미룰 수 있는 정치적 꼼수라고 주장하기도 했다.
274. 윤태영, 같은 책, 참조.
275. 박신홍, 같은 책, p.31.
276. 《매일경제》, 2005.01.03.
277. 《매일경제》, 2005.01.03. 윤태영에 의하면 노(무현) 전 대통령은 분권적 대통령제를 위해 국무총리의 제청을 받아 대통령이 국무위원을 임명하는 제도를 이용해 국무총리 지명권을 과반수를 차지하는 정당에 주겠다는 구상을 했다. 구체적으로 과반의 정당이나 정당 연합이 투표로 총리 후보를 정하는 방법도 생각했다. 총선 직전 이 같은 제안은 '탄핵 사태'로 인해 없던 일이 된다. 하지만 노 전 대통령은 이 같은 취지를 살리기 위해 '총리 중심 국정운영'을 천명하고 국무총리를 국회에서 과반수를 점한 열린우리당 인사 중에서 찾기로 했다. 처음에는 김혁규 전 의원 카드를 꺼냈지만 야당인 한나라당의 반대로 이해찬 의원으로 선회했다. 또한 노 전 대통령은 "이해찬 총리가 국정을 꼼꼼하게 챙겨준 덕에 외교에 전념할 수 있었다… 이제 총리가 물건을 판매하고 경영하는 일에 몰두한다면 대통령인 나는 공장 내의 시스템을 고치는 일에 전념할 것이다"라고 말했다. 노 전 대통령과 이해찬 전 총리의 신뢰는 두터웠지만 갈등도 있었다. 윤태영(2015), 같은 책, p.209 참조. 갈등은 유시민 전 장관에 대한 입각을 두고 나왔다. 노 전 대통령은 유 전 장관을 보건복지부 장관으로 임명할 것을 지시했지만 이 전 총리는 반대의사를 명확히 했다. 접견실에서 만난 대통령과 총리는 고성이 오가며 감정 섞인 말까지 나왔다. 이 전 총리가 "감정적으로 그러지 마세요"라고 하자 노 전 대통령이 "어째서 총리가 생각하는 것만 옳습니까? 발표 안 하면 내가 직접 기자실에 나갑니다"라며 목소리를 높였다. 총리가 쉽게 물러서지 않자 노 전 대통령은 "그럴 거면 그만두세요!"라는 말까지 나오기도

했다. 총리의 권한이 확실하기 때문에 대통령과도 갈등을 빚는 장면이 나올 수 있었다"라고 주장했다.
278. 긍정적인 측면은 함성득(2003), 같은 책, pp.187-199 참조.
279. 《조선일보》, 2005.02.27.
280. 노무현(2010), 같은 책, p.229.
281. 김형오(2016), 같은 책, p.109.
282. 지역균형 발전이라는 가치는 매우 중요하나 '세종시 비효율' 문제는 우리의 미래를 생각해서 어떻게든 해결해야만 하는 문제이다. 세종시 문제는 '표'를 의식한 노무현, 이명박, 박근혜 대통령을 포함한 우리 정치인들과 '충청 지역주의'에 기초한 '민주주의의 비극'을 보여주는 전형적인 사례라고 생각한다. 나는 이명박 대통령의 다른 정책들에 대한 진정성에 대해서는 의문(?)이 있었다. 그러나 이 세종시 비효율 논쟁과 관련 그나마 기업경영과 국가경영을 해보았던 그가 대통령에 당선되고 난 후 표를 의식했던 자신의 정치적 행위를 반성하고 이 문제의 해결을 시도했던 그의 진정성을 믿고 있다. 김형오(2016, 같은 책, p.113)는 "세종대왕이라면 절대로 하지 않았을 세종시. 우리는 이미 최악을 선택했다… 최악의 상황을 피하려면 최선은 아니더라도 차선책은 내놓아야 한다. 행정부의 분할과 행정도시의 산재는 대한민국의 암덩어리다. 이 좁은 나라에 중앙부처가 4개 시(서울·세종·과천·대전)에 흩어져 있는 것은 코미디요 난센스다… 국가경쟁력을 스스로 갉아먹고 나라가 망가지고 있다…"라며 비판했다. 슬픈 것은 해결책이 보이질 않아 매우 답답하다. 내가 호주에 갔을 때 호주도 시드니에서 떨어진 캔버라에 행정수도가 있어서 매우 불편했다. 그래도 호주는 우리보다 나은 점이 수도인 캔버라에 수상과 국회와 사법부가 같이 있고 호주국립대학도 있었다. 먼저 주관적 판단이기는 하지만 당시로서는 정치권의 눈치를 본 정치적 꼼수로서 조금은 '한심한'(?) 결정이었던 세종시에 대한 헌법재판소의 결정을 존중해야하니' 이제 세종시 문제는 돌이킬 수 없다. 이 결정아래서 세종시의 비효율을 줄이기 위해, '한국토지주택공사'(LH)의 비상임 이사로 5년간 재직하면서 세종시 건설을 처음부터 현장에서 지켜 본 한 사람인 내가 생각한 해결방안은 국민투표를 거쳐서더라도 현재 여의도의 우리 국회를 우선 세종시로 이전하고(김형오(2016), 같은 책, p.112), 대법원, 검찰 조직, 행정자치부 등도 세종시로 이전 하는 것이다. 하여간 이 문제는 우리나라의 미래를 생각할 때 정말로 걱정이다.
283. 노무현(2010), 같은 책, pp.253-259.
284. 노무현(2010), 같은 책, p.255.
285. 김대중(2010b), 같은 책, pp.533-534.

286. 노무현(2009), 같은 책, p.25.
287. 이명박 정부는 공식적으로 2008년 8월 '비전 2030'을 폐지하고 2010년 6월 '미래비전 2040'을 발표하였다. 이진석은 "정권이 교체되면 직전 정부에 대한 전면 부정이 벌어진다면서 이전 정부의 정책과 인력을 폐기 처분하다시피 하지 않느냐고 했다. 실제로 전임 대통령의 정책은 부도 수표가 되기 일쑤다. 노무현 정부 마지막 해에 발표된 복지정책 청사진인 '비전 2030'은 이명박 정부에서 언급된 적이 없다. 이명박 정부 시절 스포트라이트를 받았던 '녹색경제'도 박근혜 정부가 들어서면서 찬밥 신세가 됐다. 박근혜 정부의 '창조경제'도 비슷한 결말을 맞을 것이 뻔하다"라고 주장했다. '힘없는 단임제單任制 대통령', 《조선일보》, 2015.06.16.
288. 노무현(2001), 《노무현이 만난 링컨》, 학고재. 노무현 대통령은 이 책을 발간 후 '대통령학'을 연구하는 내게 이 책을 친필로 서명하여 선물로 주었다. 지금도 이 책을 잘 보관하고 있다. 흥미롭게도 링컨은 미국의 제16대 대통령이었고 노무현 대통령은 한국의 제16대 대통령이 되었다. 그리고 두 분 모두 암살과 자살이라는 비극적인 죽음을 맞이했다.
289. 윤성식(2003), 《정부개혁의 비전과 전략》, 열린책들.
290. 마침 윤성식 교수가 친구인 정세균 의원의 소개로 대선과정에서 노무현 캠프에 합류하면서 노무현 대통령의 이러한 구상이 실제화 되었다. 이를 실현시키기 위해 노무현 대통령은 2003년 8월 윤성식 교수를 감사원장에 임명하였으나 국회에서 부결되었다. 그는 나중에 정부혁신지방분권위원회 위원장으로 일하였다. 당시 《동아일보》(2013.06.17.)는 "노무현 대통령이 세무관서장(13일)과 경찰지휘관(16일)을 상대로 한 특강에서 밝힌 '국가개조론'의 이론적 근거를 제공한 것은 고려대 윤성식 교수의 저서 '정부개혁의 비전과 전략'인 것으로 전해졌다… 노 대통령은 당선자 시절 윤 교수의 책을 정독한 뒤 그에게 '정말 잘 쓴 책'이라고 격려했고 취임 직후인 3월 6일 부처 장관들과의 워크숍에선 '여러분도 다 읽어보라'며 일독을 권한 것으로 알려졌다. 노 대통령이 특강에서 '작은 정부'보다 '효율적인 정부'를 강조한 것도 윤 교수의 지론. 윤 교수는 '정부개혁의 목표는 국가능력의 향상이고 정부실패의 교정이다. 바람직한 정부라면 정부개혁으로 명실 공히 큰 정부를 추구해야 한다'고 밝혔다. 윤 교수는 '단지 몇 명의 공무원을 축소했다는 실적에 급급해서는 안 된다. 교육, 경찰, 복지, 환경 관련 공무원은 오히려 증원돼야 한다'고 주장했다. 노 대통령이 '행동양식을 개혁하는 문화개혁'을 강조한 것도 그의 책에 담긴 내용이다. 윤 교수는 이와 관련해 '문화를 바꾸기 위해선 지도자의 솔선수범, 관심, 열정, 개혁에의 참여 등이 절대적으로 필요하다'며 '지도자는 변화를 촉진하는 인자로서의 역할을 해야

한다'고 말했다. 노 대통령의 '개혁주체조직 양성론'과 '개혁세력 네트워크화'와 관련해서도 윤 교수는 '(공무원이 자기 부처의) 개혁 책임자가 되면 시간이 흐를수록 자신을 개혁의 대상으로 생각하지 않고 개혁을 주도하는 사람으로 생각하게 된다'며 '각 부처의 개혁 책임자들은 청와대 정부개혁전담수석, 정부개혁위원회, 기획예산처, 중앙인사위원회, 행정자치부, 민간전문가, 시민단체와 네트워크를 형성해야 한다'고 주장했다. 참여정부는 감사원을 구조조정 1순위로 지목했는데 윤 교수는 자신의 저서에서 '감사원의 개혁 없이 정부개혁은 불가능하다'고 밝혔다."

291. 오영교(2003),《변화를 두려워하면 1등은 없다》, 더난출판사.
292. 노무현(2009), 같은 책, p.29.
293. 'MB, 국익만 추구한 사업가 대통령… 트럼프도 비슷',《동아일보》, 2016.05.24.
294. 먼저 청계천 복원과 관련 정두언은 "사람들은 청계천을 훌륭하다고 얘기한다. 맞다. 눈에 보이는 청계천은 훌륭하다. 흉물로 전락한 고가도로를 걷어내 맑은 물이 흐르는 청계천을 복원한 것만으로도 참 대단하다는 생각이 들게 한다. 하지만 정말 훌륭한 점은 온갖 반대를 극복하고 청계천을 복원한 그 과정이다. 반대 중 제일 컸던 것은 청계천 주변에서 생업을 이어가던 상인들의 반대였다. 더구나 청계천 복원은 서울시가 독자적으로 할 수 있는 일이 아니다. 정부가 승인(구체적으로는 경찰청의 교통 통제)을 해줘야 할 수 있는 일이었다… 이처럼 상인과 정부라는 엄청난 장애와 난관을 극복하고 성공적으로 복원을 했다는 점이야말로 정말로 평가받아야 한다"라고 주장했다. '정두언 회고록',《허핑턴포스트》, 2016.09.27.

　　또한 대중교통 개혁과 관련 정두언은 "나(정두언)는 MB의 서울시 교통 개혁이 청계천 복원보다 더 어려운 과제였다고 본다. 서울은 기본적으로 교통난 때문에 발생하는 비용이 높기 때문에 교통난을 해결하면 사회비용을 크게 절감하는 효과를 볼 수 있다. 이 때문에 역대 서울시장들은 모두 교통 개혁을 시도했다… 하지만 번번이 실패했다… 그만큼 기득권자들의 저항은 집요하고 날카로웠다. 이 때문에 서울시 교통 사정이 나아진 적도, 근본적으로 바뀐 적도 없었다…"라고 주장했다. '정두언 회고록',《허핑턴포스트》, 2016.09.30. 이러한 상황에서 이명박 대통령은 신교통카드시스템, 중앙버스전용차로, 고급버스 등의 도입과 버스노선의 유기적 연계성을 고려한 노선체계개편 등 대중교통 개혁을 강력하게 추진하여 성공시켰다.

295. 실제로 당내 경선 후 이명박 대통령 참모들은 그러한 선거 결과에 너무나도 당황했다. 이명박 대통령의 승리가 자신들의 노력에 의해서가 아니라 이명박 대통령 자신의 대중적 인기에 의해 승리했기 때문에 면목이 없어서 며칠 동안 아

무도 이명박 대통령 앞에 나타나지도 못했다. 정두언은 "…대의원 투표에서의 패배가 가슴을 쳤다. (이명박) 후보에게 면목이 없는 일이었다. 그날 경선 캠프의 팀장급 인사들은 모두 나와 같은 심정이었다. 그래서 저녁에 캠프가 해산되자마자 우리는 각자 집으로 돌아가기 바빴다. 혹시 MB가 다시 부르면 모를까 우리는 절반의 패배에 책임을 지고 백의종군할 것을 이심전심으로 받아들였다…"라고 말했다. '정두언 회고록', 《허핑턴포스트》, 2016.10.18.

296. 자세한 내용은 함성득(2012), 같은 책 참조. 정두언은 "나(정두언)는 MB가 대통령에 당선된 뒤 깜짝 놀랐다. 인사에 대한 준비가 전혀 안되어 있다는 사실을 목격했기 때문이다. MB는 언제나 일주일 후, 한 달 후에 대해서 큰 관심이 없었다. 일주일 후, 한 달 후 내용에 대해 보고를 하면 무관심하거나 딴청을 부리거나 졸았다. 인사도 마찬가지였다. 매사에 사람에 대한 준비가 없고 그때 가서 하면 되지 하는 식이었다. 인선을 하려고 '혹시 생각하신 분 누구 있습니까?'라고 물어보면 '없다'고 말했다. 나는 소스라치게 놀라 식은땀이 났다. 속으로 '큰일 났구나. 조각 누가 해? 내가 해? 나도 준비된 사람이 없는데' 하는 걱정이 몰아쳤다"라고 말했다. '정두언 회고록', 《허핑턴포스트》, 2016.10.26.
297. 이명박(2015), 같은 책, p.88.
298. 이명박(2015), 같은 책, p.73.
299. 이명박(2015), 같은 책, p.516. 대통령직 인수와 관련 나는 2007년 10월 대통령 선거 전 노무현 대통령의 친구인 정상문 총무수석을 만나서 대통령의 성공을 위해 '대통령직인수위원회'의 중요성을 설명했다. 그 자리에서 지금까지는 그 기간이 너무 짧아서 역대 대통령당선인이 어려움을 겪었던 것을 강조했다. 안정된 정권인수를 위해 누가 대통령에 선출되든 대선 전에 좀 더 빨리 이 위원회의 공간적 배치를 설치·준비해두면 시간적 촉박성을 극복할 수 있다고 설득했다. 다시 말해 안정된 대통령직 인수를 위해 대선일 2주쯤 전까지 대통령직인수위원회의 예산과 사무실을 확보하고 모든 기기 등의 설치를 완료하자는 것이었다. 하지만 당시 노무현 대통령의 청와대 내의 몇몇 참모들이 반대하여 공식적 기구 설치는 이루어지지 않았다. 결국은 내 노력과 정상문 총무수석의 도움으로 '대통령직인수위원회'의 시간적 촉박성을 경험해 본 노무현 대통령이 비공식적 사전협의에는 동의했다. 동시에 나는 이명박 대통령을 만나서 대통령직인수위원회의 중요성을 설명하고 이러한 공간 설치를 위해 노무현 대통령 측과 비공식적으로나마 협의하면 시간적 촉박성을 극복할 수 있다고 하니 처음에는 매우 부정적이었으나 결국에는 동의했다. 당시 내가 이명박 대통령에게 청와대 정상문 수석과 정두언 의원이 서울시에 같이 근무한 경험이 있으니 이쪽 대표로는 정두언 의원이 참여하면 좋겠다고 하니 이에 동의했다. 이명박 대통령도 서울

시에서 일했던 정상문 수석을 잘 알고 있었다. 이명박 대통령이 신재민도 함께 가라고 말해서 대선 전에 나와 정상문 수석, 정두언 의원, 신재민 전 차관 등이 만나기로 했다. 당시 나는 대통령직인수위원회의 공간적 설치를 대선 전에 조금만 빨리 하면 시간적 촉박성을 극복할 수 있고 비공식적 협의 과정에서 재임 대통령 측과 대통령당선인 측간의 긴밀한 협조 속에 정권의 인수인계가 보다 효율적으로 이루어 질 수 있다고 생각했다. 불행하게도 만나기로 한 무렵 정상문 총무수석에 대한 검찰수사가 진행되어 이 만남은 이루어지지지 못했다. 자세한 내용은 함성득(2012), 같은 책 참조.

300. 2015년 4월 성완종 경남건설 회장의 자살과 리스트 파문이 터졌다. 당시 이명박 당선인과 노무현 대통령의 첫 만남(2007년 12월 28일) 3일 뒤인 12월 31일의 성완종 회장의 특별사면을 대통령이 지시한 것인지 아니면 당선인이 요청해 이루어진 것인지가 많은 관심을 받았다. 그 자리에 배석했던 당시 대통령 당선인 대변인이었던 주호영 의원이 내게 밝힌 사실은 다음과 같다. 첫 만남에서 노무현 대통령은 첫째, 자신이 이지원 시스템을 체계적으로 청와대에 갖추어 놓았다고 자랑을 했다. 둘째, 자신이 만든 종합부동산 세재 개편이 결국은 부동산 시장을 안정시킬 것이라고 주장했다. 셋째, 자신이 청와대 내에 운동을 할 수 있는 장소를 몇 곳 더 만들었다고 했다. 이에 이명박 당선인은 한미 FTA와 관련 쇠고기 협상을 노무현 대통령이 끝마쳐 줄 것을 요청했으나 노무현 대통령은 그것은 자신에게 너무 많은 것을 요구하는 것이라고 반박했다. 그리고 그 만남은 어색하게 끝났다고 했다.

301. 정두언은 "MB 정부도… 촛불사태를 겪고 난 뒤 저 사람들은 화해할 수 없는 세력이다. 그 핵심이 노사모이고 친노라고 생각하게 된 것이다."라고 주장했다. '정두언 회고록',《허핑턴포스트》, 2016.11.29.

302. 이명박(2015), 같은 책, pp.177-178. 반면 김대중 대통령은 "이명박 당선인의 국정 운영이 걱정됐다. 과거 건설회사에 재직할 때의 안하무인식 태도를 드러냈다. 정부 조직 개편을 봐도 토건업식 밀어붙이기 기운이 농후했다… 그의 말대로 실용적인 사람으로 알고 대세에 역행하지 않을 것으로 믿었는데 내가 잘못 본 것 같았다. 나라와 국민을 위해 가장 보편적인 길을 찾는 것이 실용일진대, 그는 실용의 개념을 잘못 이해하는 것 같았다"라고 주장했다. 김대중(2010b), 같은 책, p.538.

303. 이명박(2015), 같은 책, pp.131-181.
304. 방현철,《조선일보》, 2016.07.20.
305. '정두언 회고록',《허핑턴포스트》, 2016.12.13.
306. 이장규(2014), 같은 책.

307. 김대중(2010b), 같은 책, p.544.
308. 이명박(2015), 같은 책, pp.126-128.
309. 이와 관련 정두언은 "…사람은 한번 성공한 것을 또 써먹으려고 하는데, 두 번째까지 성공하기는 어렵고, 오히려 그것 때문에 처절한 실패를 맛보는 경우가 많다. MB도 청계천(물)으로 성공한 후 대운하(물)로 다시 더 큰 성공을 해보려고 한 것이다. 그런데 청계천과 대운하는 규모도 다르고 성격도 달랐다… 대운하의 난이도를 정치적으로 보면 청계천의 두 배가 아니라 100배 정도 되는 것이었다. 그러나 MB는 이 문제를 단순하게 생각했던 것 같고, 나도 마찬가지였다… 이렇듯 인간은 큰 성공을 하면 그 방식을 또 쓰려고 하다 망한다. MB에게는 대운하가 그 짝이 되어버렸다…"라고 주장했다. '정두언 회고록', 《허핑턴포스트》, 2016.11.04.
310. '정두언 회고록', 《허핑턴포스트》, 2016.11.04.
311. '정두언 회고록', 《허핑턴포스트》, 2016.11.04.
312. 한편 박중현은 "…두 달여 동안 이뤄진 4대강 사업의 복권復權 과정은 극적이었다. 43년 만에 찾아온 최악의 가뭄 탓에 금기禁忌로 여겨지던 '4대강'이란 용어는 올해 9월 말 '4대강 활용 방안'이란 표현으로 정부 공식문서에 다시 등장했다… 18일 열린 국토교통부 주최 토론회에서 참석자들은 '불필요한 논란 그만두고 4대강 사업으로 확보한 11억 7,000만 통의 물부터 가뭄 극복에 활용하자'는 의견을 쏟아냈다… 그래도 4대강 사업을 천천히 진행했더라면 좋았을 것이라 생각하는 이들이 여전히 적지 않다. 치수治水가 급하고, 지역 여론도 호의적이던 영산강 등 1, 2곳만 MB 정부 때 완성했다면 불필요한 논란을 크게 줄일 수 있었을 것이란 의견이다. 이에 대해 강(만수) 전 장관은 단박에 잘라 말했다. '정부 안에서도 여러 장관들이 그런 의견을 냈어요. 하지만 대통령과 난 의견이 달랐지. 임기 내에 완성하지 않으면 영원히 거기서 멈춘다, 이런 생각이었어요. 무조건 3년 안에 끝내기로 하고 속도를 더 높였지.' 극심한 가뭄 앞에서도 완전히 잦아들지 않는 반발을 고려할 때 그의 주장을 인정하지 않을 수 없었다. 우리 사회에서는 대통령이 바뀔 때마다 반대세력이 무조건 정부에 돌을 던지는 일이 반복돼 왔다. 자신들이 여당이던 노무현 전 대통령 때 맺은 한미 자유무역협정(FTA)의 비준을 놓고 이명박 정부에서 야권이 보인 태도가 그랬다. 재집권한 여당마저 4대강 사업을 옹호하는 대신 '문제 있는 사업'으로 규정해 내팽개친 것도 사실이다. 박정희 전 대통령이 반대 여론을 고려해 서울에서 대전까지만 고속도로를 뚫었다면 지금의 경부고속도로가 있었을까. MB 정부로서는 이런 이유에서라도 임기 안에 4대강 사업을 완성하고 싶었을 것이다. 대규모 역사役事가 다 그렇듯 이 사업도 결함이 없지 않았다. 글로벌 금융위기 극복을 위

해 대형 재정사업이 불가피했지만 22조 원이 모두 꼭 필요한 데만 쓰이진 않았을 것이다. 울며 겨자 먹기로 사업에 참여했다가 1조 원 넘게 과징금을 낸 건설업체들은 여전히 불만이 크다. 보를 세워 물의 흐름을 바꾼 만큼 언제든 환경문제도 생길 수 있다. 어찌 보면 이 모든 게 단임제 대통령의 숙명이다. 5년 안에 큰 업적을 내고 싶은 대통령은 누구든 반발과 부작용을 무릅쓰고 속도전으로 금자탑을 쌓으려 할 수밖에 없다. '언젠간 알아주겠지' 기대하면서. 그렇다고 지구적 기상이변이 도와준 4대강 사업처럼 몇 년 내에 재평가 받으리란 보장도 없다"라고 주장했다. 《동아일보》, 2015.11.24.

313. 'MB, 노무현 정부기록, 낯 뜨거워 공개할 수 없는 것 많다', 《한국경제》, 2016.10.24.
314. 이명박(2015), 같은 책, p.353.
315. 김대중(2010b), 같은 책, p.538; p.554.
316. 《경인일보》, 2011.10.17. 땅의 구입가 또한 논란이었다. 이시형이 구입한 사저 부지(토지 140평, 건물 80평) 구입 금액은 공시지가(12억8697만원)보다 10% 싼 11억2,000만원이었고 경호처는 공시지가(10억9385만원)보다 4배 많은 42억8000만원에 구입하였다. 결국 이명박 대통령은 "본의 아니게 사저 문제로 많은 사람들에게 걱정을 끼치게 돼 대단히 안타깝게 생각한다"라고 사과했다.
317. 이후 검찰의 수사가 이뤄졌으나 이시형을 비롯한 관련자 7명이 전원 불기소 처분을 받았다. 전형적인 면죄부 수사 또는 총체적 부실 수사라는 의혹이 제기되면서 2012년 이광범 특별검사에 의한 특검이 출범되었다. 특검은 출범으로부터 한 달 뒤인 2012년 11월 15일 기존 검찰 수사에서 밝히지 못했던 사실들의 발견 및 관련 혐의자들의 불구속 기소라는 결론을 내리면서 종료되었다.
318. 내곡동 사저 문제가 불거지기 전 나는 김승유 하나금융 회장 및 김백준 총무수석 등과 함께 이명박 대통령 퇴임 후 사저 건축과 관련 논의를 했다. 이 자리에서 나는 김대중 대통령의 선례 및 법률에 따라 국고로 원래의 논현동 자택을 리모델링하여 그 곳으로 돌아가는 대신 모교인 고려대학교에 기부하는 것을 제안했다. 당시 김승유 회장은 정치적 상징성이 높은 세종시에 새로이 사저를 건축하자고 제안했다. 이러한 제안들을 이명박 대통령은 받아들이지 않았다. 나는 이명박 대통령의 회고록에서 사저 문제와 관련 그의 진솔한 사과를 기대했었는데 전혀 언급이 없어서 실망했다. 더욱이 2007년 이명박 대통령이 대선 과정에서 약속한 교육장학 사업을 위해 2009년 설립한 '청계재단' 운영을 둘러싸고 정치적인 잡음이 지속되어 많은 국민들을 실망시키기도 했다.

한편 나는 2010년 당시 《중앙일보》와 함께 전임 대통령의 공과를 연구하고 후학을 양성하는 '대통령 스쿨Presidential School' 설립운동을 하고 있었다. 당시 현직 대통령이 이명박 대통령이어서 그의 모교인 고려대학교에 가칭 '이명박 대통령 스쿨' 설립을 주장했다. 이를 위해 나는 그가 대선에서 승리한 3주년이 되는 날이고 40주년 결혼기념일이자 칠순 생일날이었던 2010년 12월 19일《중앙선데이》특집기사를 통해 "일(국정)을 열심히 하는 것도 좋지만 퇴임 준비를 잘 하는 것도 중요하다. 그러려면 지금 시작해야 한다. 내년에 선거가 없지 않나. '퇴임준비위원회' 같은 걸 만들어 이 대통령을 좋아하고 재원을 보탤 수 있는 사람을 참여시켜야 한다. 그리고 '대통령 스쿨'을 어느 대학과 연계해 세울지 정한 다음 학문 분야와 프로그램을 정하고 돈을 모금하는 거다… 이명박이라는 개인이 아니라 돈은 대학으로 가는 것이다. 그러니 오해받을 일은 없다. 어느 대학에 이명박 스쿨이 만들어진다고 가정할 때, 그게 성공하려면 얼마나 좋은 교수를 모셔 오나, 얼마나 좋은 학생이 모이나 두 가지다. 이를 위해 재단은 되도록 많은 장학금을 모으고 투자해야 한다. 만들어 놓은 학교가 사회적으로 순기능을 하기 위해 필요하다. 박정희기념사업이 지지부진한 것도 사실 자금이 모자라지 않았기 때문 아닌가. (박 전 대통령에게)신세 진 사람이 그렇게 많은데도 펀딩이 안 된다… 이 대통령은 서울시장 시절 고려대 경영대에 5억 원을 기부해 '이명박 라운지'를 만들었다. 대통령을 처음 배출한 고려대와 이 대통령이 매칭펀드를 만들어 '대통령 스쿨'을 세운다면 의미가 있을 것이다. 내년 초께 '준비위'를 만들면 좋지 않을까 한다. 학교는 학문 분야를 정하는 게 제일 중요하다. 경제냐, 경영이냐, 외교냐, 어떤 분야를 연구하는 학교가 될지 결정해 관련 학과를 조정해야 한다. 물론 학문 분야를 정하는 데엔 당사자의 뜻이 가장 중요하다. 이 모든 게 이 대통령 임기 중에 마무리돼야 한다… 상아탑과 현실의 괴리라는 문제를 풀고 실용학문을 할 수 있다. '대통령 스쿨'과 연계된 도서관과 기념관이 소장한 국정 운영 기록을 연구해 정책의 성공·실패요인을 분석하면 국정 운영의 효율성도 커질 거다. 여기엔 국정 운영에 참여한 관료가 교수진으로 참여한다. 또 공공기관과 유기적으로 협조가 가능해지니까 학생들의 인턴십 기회도 커지고 인재 양성이 될 거다. 미국의 경우 장관 출신, 언론인 출신 등이 특임교수·석좌교수가 돼서 수업을 한다… 정치의식 수준이 높아질 거다. 정치 발전을 위해서는 좀 더 세련된 진보가 나오고, 좀 더 깨끗한 보수가 나와야 하는데 그렇게 되려면 (진보·보수 사이를)왔다 갔다 하지 말고 진보는 진보대로, 보수는 보수대로 계승 발전될 수 있어야 한다… 우리가 조선의 역사를 왕의 즉위에 따라 나눠 보듯이 더 많은 대통령이 나오면 대통령의 시대로 역사를 끊어 보게 될 거다… 대통령은 5년이지만 퇴임 이후의 인생은 죽을 때까지다. 대통령 당선만큼 퇴임 준비에도 신경 써야 한다."고 주장했다. 함성득, 〈카터·클린턴처럼 활동하려면 '이명박 스쿨' 만들라〉,《중앙선데이》, 2010.12.19.

319. Hahm, Sung Deuk and Yong Hwan Choi(2009), "An Early Assessment of

the Lee Myung-bak Presidency: Leadership Style and Qualities", Korea Observer, 40(4), pp.615-638.
320. 노무현(2010), 같은 책, pp.208-209.
321. 이 부분은 "나와 내 정부가 잘했기 때문에"라고 읽는 것이 이해가 쉽다.
322. 이명박(2015), 같은 책, p.155.
323. '정두언 회고록',《허핑턴포스트》, 2016.12.13.
324. '박근혜 대통령의 국정운영에 대한 평가',《세계일보》, 2016.07.11.
325. 《조선일보》, 2016.09.22.
326. 성한용, '박 대통령이 메르스에 쩔쩔맬 수밖에 없는 진짜 이유',《한겨레》, 2015.06.19.
327. 2007년 한나라당 당내 경선 후 박근혜 대통령을 위로 차 만났다. 선거 결과를 힘들게는 받아들였지만 당시 틀린 여론조사 숫자를 가지고 이명박이 박근혜를 훨씬 앞선다고 '장난'(?)을 친《동아일보》,《조선일보》등 보수 언론들에 대해서 매우 섭섭하게 생각했다. 당시 그는 그 패배 결과도 치밀하게 연구했고 특히 '소록도'만 제외하고 전체 호남지방의 여론조사에서 이명박 대통령에게 패배한 것에 대해 깊은 관심을 보였다. 이러한 그의 철저한 분석이 2012년 당내 대통령 후보 결정과정에서 보수진영 대통령 후보지만 호남에 엄청난 관심을 보였고 이후 한화갑, 한광옥, 김경재 등 호남출신 인사 영입 노력에도 영향을 미친 것 같다.
328. 당시 박근혜 대통령은 당원·대의원 투표(80%)에선 이명박 대통령에게 수백 표 앞섰으나 전날 마감된 일반 국민 여론조사(20%)에서 패해 대통령 후보 자리를 내주고 말았다. 구체적으로 "박(근혜) 대통령은 개표 마감 직전 '현장 투표에서 앞서고 있다'는 보고를 받고 단상으로 향했다. 그러나 개표가 완료되자 정반대의 결과가 나왔다. 유정복 현 인천시장이 황급히 단상 위로 올라가 '현장 투표에선 이겼는데 여론조사에서…'라며 말끝을 흐렸다. 사태를 직감한 박 대통령은 '그래서 진 거죠? 알았어요'라고 말한 뒤 승복 연설을 했다."《중앙일보》, 2015.10.10. 당시 그는 "저, 박근혜 경선 패배를 인정합니다. 그리고 경선 결과에 깨끗하게 승복합니다… 국민과 당원의 10년 염원을 부디 명심하시어 정권교체에 반드시 성공해주시기 바랍니다. 치열했던 경선은 이제 끝났습니다… 경선 과정의 일들은 이제 잊어버립시다. 하루아침에 잊을 수 없다면 며칠 몇날이 걸려서라도 잊읍시다. 그리고 다시 열정으로 채워진 마음으로 돌아오셔서 저와 함께 당의 화합에 노력하고 여러분의 그 열정을 정권교체에 쏟아주시기를 당부 드립니다"라고 말했다.《중앙일보》, 2015.10.10.
329. 경제민주화에 대해서는 김종인(2012,《지금 왜 경제민주화인가》, 동화출판사)

을 참조. 그러나 허화평(2014, 같은 책, p.173)은 "그(김종인)가 2013년 새 정부 출범 후에 가진 신문과의 인터뷰에서 '창조경제를 특별히 정의하기란 매우 어렵다. 우리나라에선 새로운 용어가 나오면 용어에 환상이 지나치게 커진다'고 한 것은 바로 그 자신에게 해당되는 말이다. 경제 민주화만큼 추상적이고 정리되지 않은 용어가 가까운 과거에 등장한 바가 없고, 그것이 정치사회적으로 얼마나 큰 환상과 혼동을 초래하고 있는지를 모르고 하는 소리다"라고 비판했다.
330. 허화평(2014), 같은 책, p.259; pp.282-283. 나아가 허화평은 "경제민주화가 내포하고 있는 본질적 모순을 모르고 한때의 정치적 편의에 따라 내세웠다는 것을 인정하면서도 원점에서 재검토하려는 의지와 용기가 없는 정부라면 5년 내내 끌려 다닐 것은 뻔하다"라고 주장했다. 허화평(2014), 같은 책, p.239. 그는 또한 이러한 명망가형 선거용 참모진을 "결코 책임지는 일이 없는 책임에 관한 한 영원한 자유인들…"이라고 비판하며 "…문제는 이들에게 무대를 제공하는 정치인들에게도 있다며… 일반적으로 사상이 빈곤하고, 지적 역량이 제한되어 있으며, 내실보다 겉모양을 중시하는 정치인들"이 더 문제라고 주장하였다. 허화평(2014), 같은 책, pp.15-17.
331. 박보균에 의하면 "박(근혜) 대통령은 대선 공로자들을 챙기지 않았다… 대선 때 앞장선 원로 7인회가 있었다. 원로들은 '고맙다'는 대통령의 전화를 받지 못했다."라고 주장했다. '최태민 그림자', 《중앙일보》, 2016.10.27.
332. 며칠 후 대선에서 패배한 문재인 후보 생일이 되었고 공교롭게도 박영선 의원도 생일이 그 다음 날이라서 두 부부를 같이 모셔서 저녁을 하였다. 당시 나는 문재인·박영선 두 분 생일을 박근혜 당선인 측에 알려주면서 '큰 정치'의 차원에서 축하 화환이라도 보내주면 어떠하냐고 의견을 제시하기도 했다. 훗날 문재인·박영선 의원에게 확인해보니 두 분 다 박근혜 당선인으로부터 화환을 받지 못했다고 했다. 당시 나는 박근혜 대통령이 '대통령으로서 큰 정치'를 조금 더 이해하였으면 좋았을 텐 데라는 아쉬움이 많이 들었다.
333. 《아시아경제》(2013.01.30.)는 "역대 대통령직 인수위원회의 공과를 분석한 책이 출간 한 달이 지나도록 시중에 풀리지 않아 뒷말이 많다. 문제의 책은《대통령 당선자의 성공과 실패》로 대통령학의 권위자로 꼽히는 고려대 함성득 교수가 쓰고, 나남출판이 펴냈다. 이 책은 출간 전부터 '인수위의 교과서'로 불려 관심이 높았다. 인수위원들이 PDF파일 형태로 책을 돌려본다는 소문이 돌았다. 한 대형서점 관계자는 '일반 독자들의 구미를 당길만한 내용은 아니지만, 정권 교체기에 역대 인수위의 성패를 낱낱이 짚어 인문·사회과학 도서로는 드물게 사전 주문을 하는 고객도 있었다'고 말했다. 하지만 1쇄 1500부를 찍어 지난해 12월 10일 출간한 책은 온·오프라인 서점 어디에서도 구할 수 없다. 인터넷 서

점에선 목차 검색이 되지만 거래가 이뤄지지 않는다. 국내 최대 서점인 광화문 교보문고에도 입고되지 않았다. 책은 특히 현 이명박 대통령의 인수위를 중심으로 대통령직 인수와 정부 구성 과정의 어려움을 지적하고 대안을 제시한 것으로 알려졌다. 인수위에서 벌어졌던 권력투쟁과 대통령 측근들의 행태를 가감 없이 비판한 부분도 상당한 것으로 전해진다. 함 교수는 평소에도 '인수위는 점령군이어선 안되고, 인사가 만사萬事'이며, 인수위에 발 그면 미래가 보장된다는 인식을 심어줘선 안 된다'고 강조해왔다… 책은 이런 지적 뒤에 대통령직 인수의 성공 조건과 정부 구성의 방향과 과제, 준비된 대통령 당선인의 국정운영 준비에 대한 조언을 덧붙였다. 부록에는 대통령 당선인과 인수위원을 위한 인수매뉴얼을 담았다… 함 교수는 앞서 28일 한국행정학회가 주최한 '새 정부의 국정철학과 운영방향' 세미나에서 '미래창조과학부는 5년 밖에 지속하지 못할 구조'라고 비판했다."라고 설명했다.
334. 함성득(2013a), 같은 글, pp.158-169.
335. '박근혜 지지율 추락', 《한국일보》 2016.10.15.
336. 사실 창조경제라는 국정과제는 박근혜 대선 캠프 김종인 국민행복추진위원회 위원장아래서 그의 인척인 이명박 정부에서 교육부 차관을 지냈던 한양대 김창경 교수가 만들어냈다. 한편 이명박 정부의 녹색성장 정책을 주도한 김상협 전 청와대 녹색성장환경비서관은 '알려지진 않았지만 이명박 정부에서도 '창조경제'를 내세우려다가 개념 자체가 모호해, 대상이 명확한 녹색성장으로 방향을 잡았었다'고 말했다. 그는 '전임 정권에 대한 반복되는 폄하가 국가 자원의 막대한 손실로 이어지고 있다'며 '법률 정비 등 제도화 수준을 높여야 정권이 바뀌어도 지속 가능성을 담보할 수 있다'고 덧붙였다. 《중앙일보》, 2015.07.26.
337. 《동아일보》는 "박근혜 대통령이 제시한 '3대 국정기조'(문화융성-경제부흥-국민행복)가 비선 실세 최순실 씨와 논의를 거쳐 나온 사실이 정호성 전 청와대 부속비서관의 휴대전화 녹음파일을 통해 드러났다… 이 녹취록에 따르면 박 대통령은 취임식을 앞둔 2013년 2월 중순 최 씨와 국정기조에 들어갈 표현을 논의하면서 '국민교육헌장을 가져와 보라. 좋은 말이 많이 나온다'고 정 전 비서관에게 지시했다. 박 대통령의 아버지 박정희 전 대통령이 1968년 만든 국민교육헌장이 현 정부 3대 국정기조의 원전原典이 된 것이다. 박 대통령과 최 씨는 이어 '창조' '문화' 등의 단어를 놓고 함께 고심했다. 박 대통령이 최 씨에게 '창조문화로 할까, 문화창조로 할까'라고 의견을 구하는 식이다"라고 설명했다. '3대 국정기조도 최순실과 설계', 《동아일보》, 2017.01.10.
338. 김형오(2016), 같은 책, p.93.
339. 장하준(2014), 같은 책, p.151 재인용.

340. 한편 유승민은 2016년 9월 발생한 역대 최고 규모의 경주 지진과 관련 박근혜 정부의 무능한 대응에 대해 "현장에서 아무것도 제대로 움직이지 않는 정부와 공공기관들의 무능과 무책임은 세월호와 구의역 사고 이후 조금도 나아진 게 없어 보인다… 이번 지진 발생 직후 정부의 허둥지둥하는 모습과 늑장대응은 국민을 불안하게 하고 불신만 더 키웠다… 유비무환! 비극적인 참사를 당하기 전에 더 큰 지진이 언제든 올 수 있다고 생각하고 정부는 만반의 대비를 꼭 해야겠다. 이번에도 시간이 지나고 나면 또 없던 일이 되어서는 안 된다"라고 비판했다.《중앙일보》, 2016.09.16.

341. 김형오(2016), 같은 책, p.42. 이상윤은 "박근혜 정부는 메르스 예방관리와 관련하여 이러한 정치의 영역을 기술적 합리성을 내세운 관료주의와 전문가에게 내맡겼다. 박근혜 대통령은 지금까지 그래온 것처럼 이번에도 아무런 '정치적 행위를 하지 않는 것'으로 정치를 하려 했다. 아무것도 책임지지 않겠다는 그만의 태도로 일관한 것이다. 정치가 있어야 할 곳에 정치가 사라졌고, 그 틈을 타 메르스는 기술적 합리성과 전문주의에 근거한 예측을 보기 좋게 뒤집으며 세를 넓혔다. 물론 메르스 확산의 1차적 원인은 국내에 처음 들어온 메르스에 대해 잘 알지 못했던 방역 당국과 의료진들, 전반적으로 허술했던 병원 감염관리체계, 민간의료에 내맡겨져 무정부성이 극에 달한 국내 보건의료제도 등이다. 하지만 정치의 문제가 면책될 수는 없다"라고 주장했다. 이상윤, 〈바이러스, '의사'가 아니라 '권력'이 싸워야〉,《창비주간논평》, 2015.06.10.

342. '박 대통령이 메르스에 쩔쩔 맬 수밖에 없는 진짜 이유',《한겨레》, 2015.06.19.

343. 더욱이 김대중은 "다수 국민은 박 대통령이 여기저기 행사에 가서 써놓은 원고 읽고 사진 찍고 지시하는 패턴에 더 이상 감동받지 않는다. 몸이 아플 정도로 강행군하며 외국을 다녀도 전처럼 애처롭게 여기지도 않는다. 국민이 자기에게 주문하고 싶은 말을 내각이나 비서관에게 하명하는 장면에는 고개를 갸우뚱한다"라고 까지 말했다. '내 무덤에도 침을 뱉어라',《조선일보》, 2015.05.12.

344.《동아일보》, 2015.07.23.

345.《조선일보》, 2016.02.05. 한편 "창조경제 관련 사업으로 3년 간 86억여 원의 예산이 투입된 '무한상상실'의 하루 평균 이용자가 11명(2016년 상반기)인 것으로 나타났다… 최근 3년간 전국의 '무한상상실' 55곳(현재 운영 중 시설)에 대한 하루 평균 이용자 수는 2014년 6.42명, 2015년 9.35명, 2016년 상반기 11.64명이었다. 특히 목포공공도서관, 부산 동의대학교 등 일부 소규모 '무한상상실'의 경우 하루 평균 이용자 수가 1명 이하인 곳도 있었다. 국립과천과학관은 하루 평균 106.2명으로 다른 곳에 비해 이용자가 많았다… '3년간 80억 원이 넘는 예산이 투입된 창조경제의 주요사업이 보여주기식 전시행정에 머문 것'이라고 비

판했다… '무한상상실'은 국민의 창의성, 상상력, 아이디어를 기반으로 과학 실험과 스토리 창작 등을 할 수 있도록 일상 생활주변에 설치한 창의 공간으로 현재 전국 55곳에서 운영 중이다."《중앙일보》, 2016.09.24. 더주 주목할 사실은 2015년 말 기준으로 우리 벤처기업 3만 1260개가 올린 매출 총액이 215.9조원이었다. 반면 우리의 1위 기업인 삼성전자의 작년 매출액은 200.6조원이었다. 이 벤처기업들이 대기업보다 성장성도 높고 기술혁신에도 투자를 많이 하며 일자리도 더 많이 창출했다.《조선일보》, 2016.12.29.

346. "South Korea's Clintonian Scandal",《Wall Street Journal》, 2016.10.31.

347.《일요신문》, 2015.05.20. 나는 박근혜 대통령 대통령직인수위원회가 미래창조과학부 설치 발표 직후인 2013년 1월 한국행정학회 세미나에서 이미 이러한 문제점을 예견하고서, "창조경제라는 개념이 명확하면 기존의 부처가 추진하면 될 것을 개념이 모호한 창조경제라는 국정과제에 맞춘 현재의 미래창조과학부 설치로는 결국 사실상 부처 하나만 더 늘리면서 국가 예산만 낭비하게 될 것이고 5년 후에 사라질 부처를 하나 만들었다고" 주장했다. 이를 소개하면 "박근혜 정부의 공룡부처로 탄생할 '미래창조과학부'가 5년 뒤에 새 정부가 들어서면 사라질 것이라는 우려가 제기됐다. 미래창조과학부의 기능과 역할이 지나치게 방대하고 기존 부처의 반발이 심할 것이라는 이유에서다. 함성득 고려대학교 행정학과 교수는 28일 한국행정학회 주최로 열린 '새 정부의 국정철학과 운영방향' 세미나의 주제발표자로 나서 '미래창조과학부는 정보와 과학기술을 모두 다루게 되는데 성격상 두 분야가 다른 만큼 따로 담당하는 것이 나을 수 있다'면서 '조직을 다스리는 장관이 누가 되느냐가 중요할 것'이라고 말했다. 함 교수는 '정부조직개편안에 정답은 없지만 5년 밖에 지속 못할 구조'라며 '미래창조과학부에 일부 기능을 빼앗긴 전통 부처가 반발하거나 재조정을 요구할 수 있다'고 지적했다."《조선일보》, 2013.01.29.

348.《중앙일보》, 2015.09.15.

349. 다만 박근혜 대통령의 국정 운영을 두고는 잘하고 있다가 20·30대에선 20% 안팎에 그쳤다. 이 비율이 50대에선 64%, 60세 이상에선 83%였다. 강인선, '세대 절벽',《조선일보》, 2016.01.02.

350. 놀랍게도 박정훈은 이미 박근혜 대통령 집권 3년차에 "객관적 팩트로 말하자면 박근혜 정부의 경제성적은 결코 합격점을 넘기 힘들다. 집권 3년간 경제는 내리막길을 걸었다. 수출과 제조업이 죽 쑤고 내수는 싸늘해졌으며, 국가부채와 가계 빚은 위험 수위로 부풀었다. 상인과 자영업자들은 IMF 때보다 더 힘들다고 아우성이다. 일자리가 줄어들고 청년들이 '헬조선(지옥 같은 한국)'을 외치는 지경까지 이르렀다"라고 주장했다.《조선일보》, 2016.02.05.

351. '474 온데간데 없고… 박근혜표 경제도 탄핵감', 《경향신문》, 2016.12.06.
352. '실업자 100만 명 넘었는데', 《한국경제》, 2017.01.12.
353. '현 정부 가계빚 증가액, MB-노정부 합친 수준', 《동아일보》, 2016.10.31. 또한 "국가와 가계 빚은 늘어났다. 국가채무는 2012년 443조 1000억 원에서 2016년 644조 9000억 원으로 200조원 이상 급증했다. 국내총생산(GDP) 대비 국가채무는 34.8%에서 40.1%로 뛰었다. 최경환 경제팀은 인위적 경기부양에만 100조 원 가량 썼다. 가계신용(가계대출과 판매신용을 합친 것)은 2016년 3분기 현재 1296조원으로 2012년(964조원)에 비해 332조원이나 늘어났다. 연간 5~6%이던 가계부채 증가율은 지난해는 10.9%, 2016년 3분기에는 11.2%를 기록했다." '474 온데간데 없고. 박근혜표 경제도 탄핵감', 《경향신문》, 2016.12.06; '청년실업률 10.7%', 《동아일보》, 2017.02.13.
354. 차은택은 박근혜 대통령이 직접 개소식에 참석해 '새로운 미래 성장 동력'이라며 강조했던 '문화창조융합본부'의 본부장도 역임했다. 문화 콘텐츠와 첨단 시술을 융합해 산업화하려는 93개 벤처가 여기에 무료 입주했다. 국가예산 1,300억이 투자되어 이들에게 기술과 아이디어, 상용화 지원까지 해주며 키워내려는 것이었다. 결국 그는 '창조경제의 핵심 부문 설계자이면서 총괄지원자'였다… 그러나 이렇게 중요한 문화창조융합본부의 추진과정의 문제점과 관련 최보식은 '신新산업을 일으키고 365일 멈추지 않는 경제 재도약의 심장이 되기를 기대한다'는 박 대통령 축사가 식기도 전에 난파 직전까지 가버렸다. 대통령이 아무리 '역사적 사명'을 역설한들 소용없다. 실제 추진 과정에서 자기 사람을 심고 봐주고 뭉치기, 공적 권력의 사유화, 눈먼 예산의 유혹 등이 개입되면 다른 골목으로 빠지는 것이라 주장했다. 최보식, '미르재단과 문화계 황태자를 둘러싼 미스터리', 《조선일보》, 2016.9.30.
355. 《한겨레》, 2016.09.28.
356. 《한겨레》, 2016.09.27.
357. 《한국일보》, 2015.11.24. 박성원은 "3권 분립의 원칙상 입법은 국회의 고유 권한이다. 한중 FTA 비준안 처리를 호소하러 간 윤상직 산업통상자원부 장관이 야당 간사를 만나지 못해 5시간이나 국회 주변만 맴돌다 발걸음을 돌린 것도 이를 상징한다. 그런 입법부를 움직일 수 있는 것은 첫째가 국민의 압력(여론)이고, 둘째는 대통령의 설득 리더십이다… 여의도에서는 지금 박 대통령의 말을 패러디해 '만날 앉아서 지시만 하고 민생이 어렵다고 하면서 자기 할 일은 하지 않는다'는 볼멘소리가 나오고 있다. 국회에 숙제만 내줄 뿐 학부모(국민)와 학생(국회의원)들이 왜 이 문제를 반드시 풀어야 하는지, 어떻게 푸는 게 좋은지 안내문도 설명도 없이 불량 학생들이라고 매번 꾸짖기만 한다는 얘기다. 박정

회 대통령은 손 안에 의석 3분의 1의 유정회와 온갖 물적 압박수단을 갖고 있고 국회선진화법이라는 족쇄도 없었지만, 야당 당수 김영삼을 청와대로 초청해 눈물로 협조를 당부하지 않았던가… 3권 분립 위에 군림하는 영도적 대통령도, '대통령 못해먹겠다'며 포퓰리즘과 편 가르기 정치를 펴는 대통령도 아닌 '설득과 솔선의 대통령'이라야 문제 해결이 가능한 시대다"라고 주장했다. '박근혜 국회심판론의 치명적 함정',《동아일보》, 2015.11.27.

358. 《조선일보》, 2015.12.16. 박근혜 대통령은 지난 2016년 1월 대한상공회의소가 등이 주도하는 민생 구하기 입법 촉구 1000만 서명 운동에 참여해 직접 서명했다. 현직 대통령이 길거리 캠페인에 동참한 것은 극히 이례적인 일이었다. 이를 《조선일보》(2016.01.19.)는 "지금 대통령에게 필요한 것은 정치권 밖에서 다수 국민을 상대로 국회를 비판·압박하는 장외정치보다는 여야와 직접 소통하고 설득하는 대국회정치다. 여야지도부, 노동계 핵심 인사들을 만나 티 타임을 갖거나 전화 대화를 통해 설득할 필요가 있다"라고 주장했다.

359. 최장집은 "박(근혜) 대통령이 자신의 세력 확장을 위해 (당에) 과도한 영향력을 행사한 것은 삼권분립이라는 민주주의 원리와 규범에 맞지 않는다"고 비판했다.《동아일보》, 2016.04.26.

360. 김형오(2016), 같은 책, p.81.

361. 김지석은 "(박근혜) 대통령과 정부의 태도에는 '왜 국가 정책에 따르지 않느냐'는 우격다짐이 묻어난다. 사드 배치 결정은 공론화 과정을 거의 거치지 않은 채 내려졌다. 누가 어떤 단계에서 무슨 의견을 제시했는지 오리무중이다. 주무 부서는 국방부이지만 계속 뒷북을 친다. 다른 결정 라인이 있기 때문일 것이다. 이런 현상은 사드 문제뿐만 아니라 박 대통령 집권기 전체를 관통한다. 대통령 혼자서 모든 문제를 결정하든지 아니면 겉으로 잘 드러나지 않는 소수 측근이 중요 현안을 좌우하고 있다고 볼 수밖에 없다. 한국사 교과서 국정화, 한-일 12·28 위안부 합의, 우병우 민정수석 사태 등도 그렇다. 지금의 정부는 이중의 의미에서 '내시 정부'다. 우선 정부 부처들은 들러리 꼴이 돼 청와대 눈치를 보기에 바쁘다. 대통령의 지시와 무리한 밀어붙이기만 있을 뿐 합리적 토론은 설 자리가 없다. 집권 초기부터 문제가 됐던 소수 측근의 영향력도 여전한 것 같다. 이런 구조에선 대통령의 뜻과 그에 대한 충성심만 부각될 뿐이다"라고 주장했다. 김지석, '내시 정부의 정책 무능력',《한겨레》, 2016.08.30.

더욱이 박근혜 대통령은 2016년 9월 야당 주도로 국회 본회의에서 통과된 김재수 농림축산식품부 장관에 대한 해임건의안을 수용하지 않았다. 당시 박근혜 대통령은 "20대 국회에 국민들이 바라는 상생의 국회는 요원해 보인다… 우리 정치는 시계가 멈춰선 듯하고, 또 민생의 문제보다는 정쟁으로 한 발짝도 못 나가고 있는 실정… (당시 정국의 뇌관으로 떠오른 미르재단과 케이스포츠 재단 관련 의혹을 에둘러 반박하며) 대통령직을 수행하면서 한시도 개인적인, 사사로운 일에 시간을 할애하지 않았다"라고 말했다. 《한겨레》, 2016.09.24. 박근혜 대통령은 국회에서 가결된 국무위원 해임 건의안을 거부한 헌정 사상 첫 대통령으로 기록되었다.

성한용은 "지금까지 국회가 국무위원 해임건의안을 가결시킨 것은 다섯 차례가 있었습니다. 임철호 농림부 장관(1955년), 권오병 문교부 장관(1969년), 오치성 내무부 장관(1971년), 임동원 통일부 장관(2001년), 김두관 행정자치부 장관(2003년)입니다. 다섯 차례 모두 당사자가 사임하거나 대통령이 해임했습니다… 국회 인사청문회에서 '부적격' 판정을 내린 장관 후보자를 박근혜 대통령은 해외출장 중에 전자결재로 임명했습니다… 어찌 보면 야당에 '굴종'을 강요한 것입니다… 박근혜 대통령은 물론이고 이원종 청와대 비서실장이나 김재원 정무수석 등 청와대 참모들의 사과나 설득 노력은 거의 없었습니다. 야당으로서는 해임건의안을 내지 않으려고 해도 도저히 내지 않을 수 없는 상황으로 몰린 셈입니다… 이제 국회는 어떻게 되는 것일까요? 나라는 어떻게 되는 것일까요? 박근혜 대통령 한 사람의 독선과 아집이 대한민국을 완전히 망가뜨리고 있습니다. 정말 참담한 일입니다"라고 주장했다. '45년 전 박정희도 해임건의는 '수용'했다', 《한겨레》, 2016.09.26.

362. 《동아일보》, 2016.04.27.
363. '박근혜 지지율 추락', 《한국일보》, 2016.10.15.
364. 《내일신문》, 2016.11.01.
365. 《한국갤럽》은 1988년부터 대통령 직무 평가를 해왔으며 매주 조사는 이명박 대통령 임기 5년차인 2012년 1월부터 시작했다. 이명박 전 대통령의 주간 단위 직무 긍정률 최저치는 2012년 8월 첫째 주 17%였다. 과거 〈한국갤럽〉의 대통령 직무 긍정률 최고치와 최저치 기록은 모두 김영삼 전 대통령의 것이었다. 김영삼 대통령의 취임 1년차 2, 3분기 직무 긍정률은 83%에 달했지만, IMF 외환위기를 맞은 5년차 4분기에는 6%로 하락했었다. "박근혜 대통령 지지율 5%… 통치불능 단계 돌입", 《한국갤럽》, 2016.11.04.
366. 박근혜 대통령 국회시정연설, 2016.10.24.
367. 개헌에 관한 한 박근혜 대통령의 입장은 변신을 거듭했다. 2012년 대선 당시에는 4년 중임제를 골자로 한 개헌 추진을 공약으로 내걸었다. 취임 후에는 '개헌이 블랙홀처럼 모든 것을 빨아들일 것', '지금 이 상태에서 개헌을 하게 되면 경제는 어떻게 살리느냐'라며 개헌에 매우 부정적이었다. 대통령이 개헌과 관련 전격적으로 입장을 선회한 것은 미르·K스포츠 재단 의혹, 최순실 게이트 등 의

혹정국에서 벗어나려는 정치적 시도였다. '박 대통령, 개헌카드 공식화, 의혹정국 돌파', 《연합뉴스》 2016.10.24.
368. '최순실 게이트 덮으려, 개헌 판도라 상자 열다', 《한겨레》, 2016. 10.25.
369. 야당인 더불어민주당은 "9년 전 개헌을 주장한 노무현 전 대통령에게 '참 나쁜 대통령'이라고 했던 말씀을 박(근혜) 대통령에게 그대로 돌려드린다… 개헌은 정략적으로 접근해서는 안 된다… 개헌 제안이 최순실 게이트를 덮기 위한 것이 아니라면, 우병우 수석에 대한 논란을 없애려는 의도가 아니라면, 추락하는 지지율을 블랙홀로 만회하겠다는 꼼수가 아니라면 얼마든지 환영하고, 진지하게 논의하면서 국민 뜻을 모아가겠다"라고 말했다. '민주, 참 나쁜 대통령', 《연합뉴스》, 2016.10.24. 《조선일보》는 사설에서 "박(근혜) 대통령은 이제 국민을 설득할 수 있는 최소한의 도덕성을 상실했고 권위는 회복하기 힘들 정도로 무너졌다… 정부 부처에 대통령의 영(令)이 설 수 없다. 이것은 단순한 레임덕(임기 말 현상)이 아니다. 대통령 국정 운영 권능의 붕괴 사태다"라고 주장했다. '부끄럽다', 《조선일보》, 2016.10.26.
370. 이후 홍윤식은 2007년 한나라당 대선 경선에서 박근혜 캠프의 전문가네트워크 위원장을 역임했다.
371. 당시 나는 박근혜 대통령 이외에 누구도 사용할 수 없었던 의원 사무실 내 화장실도 사용했다. 나중에 알게 되었지만 이러한 직접 소개가 당시 정윤회와 최순실에게 보고되었고 이때부터 나는 '경계의 대상'이 되었다고 했다. 또한 이것이 2012년 박근혜 대통령 당선 후 나에게 닥쳐 온 개인적 불행의 씨앗이 되었다.
372. '조응천, greatpark1819, 19대에도 실질적 대통령하겠단 의미', 《연합뉴스》, 2016.11.04.
373. '박대통령, 통일대박 표현은 최순실 아이디어', 《경향신문》, 2016.11.14.
374. 김준형, '귀신들린 외교', 《경향신문》, 2016.11.04.
375. 지난 2012년 대선을 전후해 박근혜 당시 새누리당 대통령 후보와 최순실씨가 사적으로 나눈 대화 녹취록에 따르면 "최씨는 대선 직전, 당시 후보 비서실장이었던 최경환 의원에 대해 '최경환이…'라며 아랫사람에게나 쓸 법한 말투를 썼다. 박 대통령도 최 의원에 대해 '너무 입이 싸다. 밖에 나가 적을 만들고 돌아다닌다'고 맞장구 치기도 했다…" 《조선일보》, 2017.1.19. 또한 황교안 국무총리는 박근혜 대통령으로부터 새 총리 지명에 대한 연락을 받지 못했다고 한다. 실제로 황 총리가 김병준 신임 국무총리 후보자 지명 사실을 발표 당일 문자메시지로 통보받은 것으로 전해졌다. 《동아일보》, 2016.11.03.
376. 조윤선 문화체육관광부 장관은 "…청와대 정무수석으로 재임하는 동안 박

근혜 대통령과 독대는 한 적이 없다… 회의를 하러 들어가고 나가고 그런 때 나, (대통령) 집무실에서 다른 분들이 계실 때 말씀을 나눈 적은 있다… 독대는 없었다"고 말했다. '조윤선, 정무수석 재임 11개월간 대통령 독대 없었다.'《연합뉴스》, 2016.11.01.

377. 실례로 《경향신문》은 "…2012년 대선 캠프와 현 정부 출범 후 청와대에서 최씨와 가까운 비선 인사들이 언터처블Untouchable(건드릴 수 없는 자들)로 불렸다… 지난 대선 당시 박근혜 후보 대선 캠프의 사회관계망서비스(SNS) 선거운동은 미디어본부와 SNS본부에서 담당했는데 이곳에는 캠프 공식 라인의 지휘를 벗어난 인사들이 있었다고 한다… 당시 한 캠프 인사는… 두 사람은 애초에 본부장 등 윗선의 통제를 받지 않았다며 그럴 군번이 아닌 것으로 보였다고 말했다… 이들은 박 대통령의 최측근 4인 중 좌장이던 고故 이춘상 전 보좌관의 지시를 따른 것으로 알려졌다."라고 주장했다. '캠프와 청와대 내 최순실 라인 의혹 언터처블 있었다', 《경향신문》, 2016.11.04.

378. 최진석은 "…촛불 행진을 야기한 '박근혜 국정 농단' 안에서 내내 아쉬움을 남기는 것이 있다. 바로 지식인들의 몰락이다. 최순실의 딸 부정 입학에도 다 교수들이 개입되어 있었고, 공조직의 사적 유용도 다 고시를 통과하거나 해외에서 박사 학위를 받은 영재급 인재들이 동조하거나 주도하여 벌인 일들이다. 국정이 농단될 때, 그런 지식인들이 부화뇌동하지 않고 한 번만이라도 '저항하는 힘'을 발휘했다면 이런 일이 벌어지지 않았을 수도 있다. 강남의 어떤 아줌마에게 '지시'를 받을 때, 한 번만이라도 지식인으로서 가져야 할 최소한의 자부심이나 자존감 혹은 윤리의식이 스쳐 지나가기만 했어도 나라를 이 지경으로 만들지 않았을 수도 있다…"라고 주장했다. '지식인의 몰락', 《동아일보》, 2016.12.03.

379. '전혀 몰랐다는 전직 비서실장들', 《동아일보》 2016. 10.27. 또한 《뉴시스》는 "이병기 전 청와대 비서실장이 박근혜 대통령이 아닌 문고리 권력 3인방에게 사직서를 전달하고 청와대를 나왔다는 주장이 제기됐다… 김종민 더불어민주당 의원은 '이병기 실장이 청와대를 떠나기로 마음먹은 것은 대통령과 만나는 것은 물론 전화통화도 힘들어서 사표를 냈다고 들었다… 특히 이 실장이 사직서를 대통령 아닌 문고리 3인방 중의 한 명에게 전달했다는 얘기를 들었다'라고 주장했다. 〈이병기 실장, 3인방에 사표 쓰고 나왔다〉, 《뉴시스》, 2016.10.27.

380. 《동아일보》는 "김(기춘) 전 실장은 박 대통령이 18대 대선 출마를 준비하던 2006년 무렵부터 지근거리에서 박 대통령을 보좌했다. 2007년 대선 경선이 본격화하자 김 전 실장은 법률자문위원장을 맡아 최태민 목사를 둘러싼 각종 의혹에 대한 방어 전략을 세우는 등 막후에서 박 대통령을 엄호한 것으로 알려졌

다. 최근 박 대통령의 변호인으로 선임된 유영하 변호사도 이때부터 김 전 실장과 손발을 맞춘 것으로 전해졌다… 박 대통령과 김 전 실장, 최(순실) 씨의 '저도 휴가 회동'을 거쳐 장막 뒤에 있던 김 전 실장이 전면에 등장했다는 여권 핵심 인사의 주장도 새로 나왔다"라고 주장했다. "저도 휴가 뒤 김기춘 전면에", 《동아일보》, 2016.11.19. 또한 조응천은 "김(기춘) 전 실장은 이 정부 출범 첫해인 2013년 8월 초순까지 최순실 주거지로 사용한 미승빌딩 7~8층을 사무실로 얻어 거기서 정권초기에 프레임을 짰다는 그런 언론보도도 있다"라고 주장했다. '최순실 사태 수습 막후지휘부는 김기춘', 《문화일보》, 2016.11.01.

381. 흥미롭게도 박관천 경정(청와대 민정수석실 행정관)은 "…김기춘 전 비서실장이 '정윤회 문건'을 보고 받은 후 태도가 확 달라졌다… 현실 판단을 잘하신 것 같다… 김기춘 전 비서실장이 처음에는 자신의 경질설에 분개했지만, 권력 실세의 힘을 알고 나서 비굴해졌고 타협했다는 뜻… 이정현 홍보수석도 청와대에서 내쳐졌지 않나. 그가 새누리당 대표가 됐을 때, 보고서에 나오는 근본도 없는 놈이라는 말을 인용했을 때 감회가 새로웠다…"고 말했다. '박관천 인터뷰', 《조선일보》, 2016.10.31.

382. 《한겨레》는 "…최순실씨는 2013년 박근혜 정부 출범 초부터 최근까지 이영선 청와대 부속실 행정관이 운전하는 차량의 뒷좌석에 앉아 검문·검색을 받지 않은 채 청와대 정문을 통과해 경내에 드나들었던 것으로 확인됐다…"라고 주장했다. '최순실, 행정관 차타고 청와대 수시로 드나들었다.' 《한겨레》, 2016.11.01.

383. 〈이뉴스투데이〉는 "…청와대 제2부속실은 영부인을 보좌하는 역할이지만, 박근혜 대통령은 배우자가 없다. 이에 이 부속실이 최씨의 국정 개입 통로였다는 정치권 인사들의 주장이 잇따라 제기되고 있다. 사건의 핵심 인물인 안봉근 제2부속실장은 국가정보원, 검찰, 경찰 등 권력기관의 인사에 막강한 영향력을 행사했다. 전직 청와대 관계자는 '당시는 안 실장의 인사 개입을 보면서 욕심이 너무 많다고만 생각했었는데, 이제 보니 그게 다 최씨의 심부름이었다'고 말했다… 이어 안 실장은 최순실의 청와대 출입에도 관여한 것으로 알려졌다. 과거 최씨가 청와대 경비를 담당하는 101경비단과 마찰을 빚을 때마다 안 실장이 문제를 해결, 결국 제2부속실이 모셨던 건 소외 계층이 아니라 최순실이었다. 또한 최순실을 수행하고 보좌했다고 알려진 이영선 행정관, 윤전추 행정관은 모두 제2부속실 출신이다…"라고 주장했다. '청와대 제2부속실', 〈이뉴스투데이〉, 2016.11.01.

384. 안철수는 "…박근혜 대통령의 '비선 최순실'의 국정농단 사태와 관련, '국정농단 최순실이 만든 김기춘·우병우 라인이 치밀한 대응을 시작했다'며 최 씨의 입국 등 일련의 상황이 기획된 것이란 의혹을 제기했다…' '김기춘-우병우가 최순실

385. '안봉근, 대통령 대면보고 가로막고… 우병우, 온갖 인사 개입', 《조선일보》, 2016.11.04.
386. 한편 《경향신문》은 "(최순실 게이트가 터진 후에도 청와대에서는) 사정 당국에 대해 영향력을 가진 최재경 민정수석이 '왕수석' 노릇을 할 것이란 관측도 나온다. 최 수석이 김기춘 전 실장과 가까운 만큼 김 전 실장 입김이 국정에 미칠 가능성도 거론된다."라고 주장했다. '박, 더 이상 쓸 사람 없었나', 《경향신문》, 2016.11.04. 강천석은 "…청와대가 어찌 돌아가는지 모르는 무능한 마름과 어떻게든 진실을 파묻으려는 머슴들이 고립된 대통령을 에워싸고 있다. 대통령 연설문 첨삭添削은 '봉건시대에도 있을 수 없는 일'이라던 비서실장은 '최 여인과 대통령 사이 연락 역할을 했느냐'고 문고리 3인방에게 전화로 문의했다. 비서실장 입으로 실토實吐한 기막힌 이야기다. 청와대 실제 권력 서열을 말해주는 증거다…"라고 주장했다. '서두르라 시간이 없다', 《조선일보》, 2016.10.29.
387. '박근혜 검증, 정두언', 《경향신문》, 2016.10.27.
388. 강천석은 "…이제 대통령 의혹 캐기는 고구마 캐기보다 쉬워졌다. 예산·인사·정책·경제·외교·문화·교육 등 손길 닿지 않은 분야가 없기 때문이다. 여기까지 오는 데 검찰은 털끝만 한 힘도 보태지 않았다. 주범主犯들이 해외로 도피하고 증거를 없앨 시간을 벌어주며 진실 규명을 방해했다. 문고리 3인방과 국정원·검찰·경찰에 둥지를 튼 두 수석 내통內通 세력들은 조직적 저항을 계속하겠지만 그들 뜻대로 되진 않을 것이다. 불과 보름 만에 사태는 '어디까지 캘 수 있나'에서 '어디까지 캐도 되나' 하며 불안해하는 쪽으로 바뀌고 있다…"라고 주장했다. '서두르라 시간이 없다', 《조선일보》, 2016.10.29.

또 다른 불행도 있었다. 최순실의 예전 측근은 최순실의 국정농단 사실을 한 보수 언론에게 제보했다. 그럼에도 해당 언론사는 자사의 사적인 이익과 비윤리적인 약점 때문에 이러한 사실을 국민들에게 알리지 않았다. 이와 관련 김의겸은 "…그런데 언제부턴가 조선이 침묵하기 시작했습니다. 송희영 주필 사건 이후 처신하기가 어려워졌겠죠. 게다가 내년 3월에는 종편 재허가를 받아야 하니 청와대의 눈치를 볼 수밖에 없을 겁니다. 하지만 못내 아쉬운 건 조선이 취재해 놓고 내보내지 못한 내용입니다… 기사는 언제 햇빛을 보게 될까요. 나중에 박근혜 대통령이 힘 빠졌을 때라면 가치가 있을까요? … 기자들의 땀방울이 어느 캐비닛에 처박힌 채 증발돼가고 있습니다…"라고 주장했다. 김의겸, '조선일보 방상훈 사장님께', 《한겨레》, 2016.09.29.
389. 〈시진핑은 헌신의 아이콘, 문재인도 자신을 죽여야 기회 생긴다〉, 《월간중앙》, 2016년 10월호.

390. 1963년 박정희 대통령과 윤보선 대통령간의 제5대 대통령 선거에서 박정희는 영남과 호남에서 압도적 지지를 받아 당선되었다. 당시 총 투표 수가 약 1,100만 표였는데, 두 후보 간 표 차는 약 15만 표에 불과했다. 박정희는 윤보선보다 전남에서 약 28만 표, 경남에서 약 36만 표, 경북에서 약 36만 표를 더 얻어서 당선되었다. 이때까지만 하더라도 현재 우리가 말하는 영호남간의 지역 갈등은 적어도 투표에서 만큼은 나타나지 않았다. 문명자(1999, 같은 책, p.15)는 "정권을 유지하기 위해 급기야 박정희는 호남이라는 희생양을 동원했다. 국민 전체가 호남과 반 호남으로 나뉘어 대립 갈등하게 만든 그의 분할통치 전략이 장기 집권에는 주효했는지 모르지만 오늘날 지역주의라는 민주주의 최대의 장벽을 이 땅에 뿌리박게 만들고 말았다"라고 주장했다. 물론 지역감정과 편견에 따른 몰표 경향은 그 영향력이 줄어들고 있다.

391. 김대중 대통령은 "(1963년 대선에서) 박(정희) 후보는 서울, 경기도, 강원도, 충청도에서는 모두 졌다. 박 후보 연고인 경상도와 아무 연고도 없는 전라도에서만 이겼다. 특히 전라도에서는 윤(보선) 후보를 35만 표 차로 크게 앞섰다. 박 후보는 전라도 표로 대통령이 된 셈이다. 윤 후보 측의 '용공 소동'(여수·순천 반란 사건에 연루된 사람(박정희)이 대통령 선거에 출마했다) 때문에 전라도가 그를 선택한 것이었다. 그러나 박정희는 집권하자마자 전라도를 소외시켰다. 그의 지역 차별 정책에서 망국적인 지역감정이 비롯되었다. 박 정권 18년간 최대의 정치적·도덕적 과오는 지역 차별이었다. 그는 역사에 죄를 지었다"라고 주장했다. 김대중(2010a), 같은 책, p.152. 실제로 1963년 대선 이후 박정희 대통령은 경상도를 중점적으로 개발하여 호남의 민심을 많이 잃었다. 물론 농토가 풍족했던 전라도보다 척박한 경상도를 우선적으로 개발했다는 주장도 있다.

392. 이 당시 상황을 1961년 5·16 때는 JP(김종필)를 도왔지만 1969년 박정희 대통령의 3선 개헌에 반대하여 제명을 당한 뒤 민주화 운동에 헌신했고 이후 김대중 대통령을 정치적으로 지지했던 6, 7, 14대 국회의원을 지낸 양순직 전 한국자유총연맹총재(2008년 작고)로부터 나는 자세히 들었다.

393. 또한 선거 과정에서 영남 지방에 전라도여 뭉쳐라, 호남에서 영남인의 물건을 사지 않기로 했다는 전단지 등이 나돌아 영남 지역주민의 의식을 자극하기도 했다. 1971년 4월 이효상 국회의장은 "박정희, 즉 경상도 출신 대통령을 뽑지 않으면 우리 영남인은 개밥에 도토리 신세가 된다"고 말했다. 이효상은 "쌀밥에서 뉘가 섞이듯이 경상도에서 반대표가 나오면 안 된다. 경상도 사람 중에서 박대통령 안 찍는 자는 미친놈이다"라고 까지 말했다. 현재와 같은 영·호남간 지역감정의 갈등은 오래 전부터 유래한 것이 아니었다. 1971년 대통령 선거를 전후로 지역감정에 의한 투표가 시작된 것이었다.

394. 지역감정과 관련 김대중 대통령은 "나는 내가 호남 사람이라는 것을 자랑스럽게 생각한다. 한 번도 고향에 대해서 다른 생각을 품어 본 적이 없다. 차별받는 호남 사람들을 위해 할 일을 제대로 못해 늘 가슴이 아팠다. 그렇기에 호남인들과 고통을 나누는 것은 마땅하다고 생각한다. 그것은 실로 영광스러운 일이다. 그럼에도 때로는 지역감정을 선동한다는 오해를 받을까 봐 나는 고향인 전라도를 찾는 데 많이 망설였고 가지 않았다. 가고 싶었지만, 진정 만나고 싶었지만 고향 땅을 일부러 밟지 않았다"라며 어려움을 강조했다. 김대중(2010a), 같은 책, p.556.
395. 이러한 지역적 편견을 극복하기 위한 현행 소선거구제에서 중선거구제로의 전환 등의 해결책을 이 책은 다루지 않고 있다.
396. 이하는 전두환 대통령이 내게 밝힌 비화를 재구성하였다.
397. 1977년 미국 하원 외교위원회의 국제관계소위원회의 '코리아게이트'(박동선이 벌인 미의회 의원들에 대한 뇌물로비 사건), 일명 프레이저위원회 청문회에서 미국으로 망명한 주미대사관 이재현 공보관장의 증언을 기초로 문명자(1999, 같은 책, pp.268-269)는 "강영훈씨는 5·16 쿠데타 이후 미국에서 비교적 깨끗하게 살아 온 사람이었다… 그런 그가… 70년대 초반 한국에 가서 10만 불을 받아와 메릴랜드 스프링필드에 한국문제연구소라는 사무실을 차려놓고 미국 언론계와 학계에 돈 봉투를 뿌렸다. 유신을 지지하는 친한파를 만들어 내기 위해서였다… 이 일로 강영훈은 의회 청문회로부터 강제소환장을 받았다. 그는 그를 구인하려는 FBI의 추적을 피해 손가방 하나만 들고 한국으로 도망쳤다"라고 주장했다.
398. 차지철 경호실장(1934년생)은 전두환 대통령(1931년생)보다 나이가 아래고 육군사관학교 입학시험(12기)에서 낙방했다. 포병 간부생을 거쳐서 전두환 대통령과는 공수특전단에서 만났다. 미국에서 특수훈련(레인저)에 같이 참여했을 때 차지철 경호실장은 매우 어려운 처지에 직면했다. 전두환 대통령이 적극적으로 도와주워 그 위기를 벗어난 적이 있어 전두환 대통령에게는 매우 깍듯했다.

　　한편 차지철 경호실장 임명과 관련 김정렴 대통령 비서실장(1969년 10월-1978년 12월)은 육영수 여사가 박정희 대통령의 과음에 대해 걱정을 많이 했다고 내게 말했다. 1974년 8월 육영수 여사가 돌아가신 후 육 여사의 걱정이 생각난 김정렴 실장은 박정희 대통령의 과음을 줄이고자 기독교 신앙이 깊고 술을 전혀 하지 않으며 연세가 많은 어머니를 모시고 살아서 집에 늘 일찍 귀가하는 차지철을 경호실장으로 선택했다. 결과는 최악이 되어버렸다. 이러한 주장은 김종필의 증언과는 다르다. 〈김종필 증언록〉, 《중앙일보》, 2015.07.23.

399. 함성득(2002b), 같은 책, p.154.
400. 이들을 문명자(1999, 같은 책, p.364)는 '박정희가 키운 젊은 사냥개들'이라고 불렀다.
401. 함성득(2002b), 같은 책, pp.131-141.
402. 전두환은 약 800억 원 정도의 중앙정보부 예산을 장악하게 했고 이 중 정권 장악 준비 작업을 위해 약 120억 원을 사용했다. 박재정(2001),《남북한의 최고 지도자》, 백산서당, pp.183-210.
403. 1979년 10·26 사태 이후 상황을 김종필은 "1979년 11월 6일 보안사령관 전두환 소장이 언론을 통해 국민 앞에 등장했다… 온 국민의 이목이 전두환 합수본부장의 '박정희 대통령 시해弒害 사건' 발표 내용에 집중됐다… 전두환은 박 대통령 시해를 김재규 중앙정보부장의 단독 범행이라고 규정했다. 김재규가 10·26 저녁 박 대통령과의 만찬 때 시해 현장에서 50m 떨어진 별채에 정승화 참모총장이 있었다는 사실도 적시했지만 군부나 외세의 개입은 없었다고 했다… 그러나 '군부의 개입이 없었다'는 발표에도 불구하고 군 내부에선 정승화 총장의 10·26 저녁 행적을 놓고 갈등과 대립이 심각하게 벌어지고 있었다… 정승화 총장은 수도경비사령관에 장태완 소장을 임명했다. 비육사 출신인 장태완(1950년 육군종합학교 졸업)소장은 그(전두환)와 경쟁 관계였고 정치색이 짙었던 전두환을 싫어했다… 전날(12월 12일) 한남동 육참총장 공관의 총격전은 전두환의 합수부에 배속된 헌병대와 공관을 경비하던 해병대가 충돌하면서 벌어진 것이었다. 이날 저녁 7시 전두환은 두 명의 대령(보안사 인사처장 허삼수, 육본 범죄수사단장 우경윤) 등을 육참총장 공관으로 보내 정승화 계엄사령관을 내란 방조 용의자로 체포했다. 총격전은 이때 시작됐다. 정승화의 혐의는 박정희 대통령이 서거할 때 궁정동 안가安家 만찬장 옆 별채에 머무르면서 김재규의 범행을 묵시적으로 동의하고 도왔다는 것이다"라고 설명했다. 〈김종필 증언록〉,《중앙일보》, 2015.09.03.
404. 함성득(2002b), 같은 책, pp.136-137. 김종필은 "군부 내에서 이른바 정승화 총장의 군부와 전두환의 신군부 사이에 미묘한 신경전과 갈등이 번져 가고 있다는 얘기였다. 같은 궁정동 울타리에 있던 정승화가 김재규의 저격 사실을 진짜 몰랐을까, 김재규와 차를 함께 타고 육본으로 이동한 뒤 그를 신속하게 체포하지 않은 데에 다른 이유는 없었는가 하는 의문을 전두환 쪽에서 제기했기 때문이다. 계엄사령관으로서 정승화 총장의 장악력에 균열이 생기고 있었던 것이다"라고 설명했다. 〈김종필 증언록〉,《중앙일보》, 2015.09.03. 또한 김종필은 "12월 12일 전두환의 신군부는 정승화 계엄사령관에게 총을 들이대기에 이른다. '이 나라가 어디로 나가야 하는가, 나라에 어떻게 충성해

야 하는가'라는 국가관이나 사명감은 하극상의 그 순간 신군부에게는 없었다. 오로지 권력을 향한 탐심이 발동됐을 뿐이었다"라고 주장했다. 〈김종필 증언록〉,《중앙일보》, 2015.09.07.
405. 김대중(2010a), 같은 책, p.374.
406. 당시 상황을《매일경제》(2013.06.07.)는 "1980년 5월 어느 날, 전두환은 계엄사령관 이희성을 만난다. 그리고 이희성에게 전군 주요 지휘관 회의에서 '계엄령 전국 확대' 안건을 낼 것이며 협조해 줄 것을 요청한다. 이후 진행된 전군 주요 지휘관 회의에서 안종훈 군수사령관의 반대에도 전두환은 백지서명을 받고, 최규하 대통령에게도 재가를 요청한다. 그리고 반대하는 최규하 대통령에게 비상 국무회의를 소집해 달라고 한다. 비상 국무회의에서는 찬반 토론 없이 계엄령 전국 확대를 가결했다. 이는 한국 현대사에 어두운 그림자가 드리우는 계기였다. 보안사령관 겸 중앙정보부장 서리, 두 정보부처를 장악한 전두환 장군은 이 힘을 바탕으로 다시 최규하 대통령과 힘겨루기에 들어간다. 광주에서 계엄 확대에 반대하는 대규모 시위가 발생한 지 이틀째인 5월 19일, 전두환은 최광수 비서실장을 만난다. 그리고 사태를 수습하기 위해 대통령 긴급조치에 의한 비상기구 설치가 시급하다고 최광수를 설득한다. 이 사실을 최광수로부터 전해들은 최규하는 이희성 계엄사령관을 불러 전두환의 계획을 흘린다. 그리고 이희성은 전두환에게 불같이 화를 낸다. 하지만 전두환은 그런 이희성에게 협조를 가장한 협박을 한다. 12·12 직후, 이희성을 계엄사령관으로 추대한 장본인이 바로 전두환이었던 것이다. 결국 최규하 대통령은 비상기구 설치에 동의한다. 전두환은 국보위 상임위원장에 오르고 군 인사들로 자리를 채운다. 마침내 1980년 5월 27일, 국가보위비상대책위원회 설치가 국무회의를 통과했다. 그러나 전두환에게는 마지막 꿈이 남아있었다. 바로 청와대 입성, 대통령이었다. 전두환 상임위원장은 국보위를 통해 국정 전반을 통제할 수 있게 됐다. 이를 바탕으로 유신헌법 개정에 들어갔다. 전두환은 대통령을 단임으로 하고 임기를 7년으로 정한다. 그러나 최규하도 당하고 있지만은 않았다. 평화적으로 정권을 넘기겠다는 마지막 결심을 실행한 것이다. 바로 정치일정이었다. 놀란 전두환은 최규하의 오랜 친구인 김정렬을 부른다. 그리고 최규하에게 하야를 권할 것을 부탁한다. 그리고 7월 31일, 최규하 대통령은 전두환 보안사령관을 불러 오랜 침묵 끝에 자신이 대통령직을 내려놓기로 했다는 결심을 전한다"라고 설명했다.
407. 신군부 측의 요청으로 김정렬 전 국방부 장관이 최규하 대통령의 하야를 이끌어낸 것으로 알려졌다. 이후 김정렬은 제5공화국 출범과 함께 평화통일자문회의 수석부의장, 국정자문위원으로 활동하였고 1987년부터 1988년 초까지 국무총리로 등용되었다.

408. '전두환·이순자, 30년 침묵을 깨다!', 《신동아》, 2016년 6월호.
409. 노태우(2011a), 같은 책, p.314.
410. 보다 자세한 것은 함성득(2002b), 같은 책, pp.134-141 참조.
411. 함성득(2002b), 같은 책, p.137. 한편 노태우 대통령에 의하면 김종필은 박정희 대통령이 암살 된 후 1980년 초기 '정치의 봄' 시절 《중앙일보》에 밝힌 그의 주장들과는 달리 자신이 유신과는 관계가 없으며 오히려 처음부터 유신을 반대했다고 말했다. 노태우(2011a), 같은 책, pp.251-252; pp.435-436. 노태우 대통령은 1987년 대통령 선거에서 당선 되고 난 후 당시 대선에서 패배하였던 김종필 신민주공화당 총재와의 만남에서 먼저 김종필이 그에게 박정희 대통령에 대한 이야기를 하면서 유신의 배경에 대해서도 다음과 같이 설명했다고 한다. 김종필은 그에게 "유신 전에 있은 대통령 선거에서 박(정희) 대통령은 김대중 씨에게 승리했다. 그 차이가 너무 근소했다. 1960년대 한국에서 가난을 몰아내고 근대화를 위해 대통령이 바친 노력은 엄청난 것이었다… 1971년 대통령 선거 결과는 박 대통령에게 패배와 다름없는 절망감을 안겨 주었다… 박 대통령이 선거 이후 여러 날 밤잠을 이루지 못하고 고민하였다… 그 결과 1972년 유신조치를 구상하게 되었다"라고 말했다. 노태우(2011a), 같은 책, p.435. 이러한 김종필의 설명을 듣고 노태우 대통령은 김종필에게 "나(노태우 대통령)는 그(김종필)의 과거 처신에 대해 아쉽게 생각해 온 점을 지적했다. 10·26사건 이후 정치권에서 유신을 비판하고 나섰을 때 자신(김종필)은 유신을 반대했노라고 책임을 회피하는 듯한 처신을 함으로써 군부 엘리트들이 실망한 점을 이야기했다. 내(노태우 대통령)가 '만약 제3공화국 시절의 위치로 보아 박 대통령이 안 계시는 마당에 모든 책임을 다 지겠다. 국민들의 어떠한 심판도 달게 받겠다는 입장을 취했다면 틀림없이 많은 국민이 (당신을) 지도자로 택했을 것'이라고 했더니 그(김종필)는 숙연한 태도를 보였다"라고 주장했다. 노태우(2011a), 같은 책, p.436.

또한 허화평도 내게 당시 김종필의 유신을 포함한 박정희 대통령의 정치적 유산에 대한 비판적 자세에 무척이나 실망하였고 나아가 당시 그들, 신군부들은 김종필에 대해 '인간적인 배신과 분노'까지 느꼈다고 분명하게 말했다. 당시 박근혜 대통령도 이러한 김종필의 박정희 대통령의 정치적 유산에 대한 태도에 무척이나 실망하였을 것으로 나는 판단한다. 노태우 대통령과 허화평은 내게 박정희 대통령이 시해되고 나서 당시 공화당 내에서는 통일주체국민회의에서 선출되는 대통령 후보로 김종필을 추대하려는 움직임이 있었으나 유신을 포함한 박정희 대통령의 정치적 유산에 대한 김종필의 기회주의적(?)인 비판적 태도에 당시 정승화 육군 참모총장 뿐만 아니라 전두환 대통령을 포함한 신군부들도 분노하여 김종필의 추대에 반대했다고 분명하게 밝혔다. 노태우(2011a), 같은 책, p.234. 반면 김종필은 "나는 유신 대통령을 할 생각이 손톱만큼도 없었다. 그때 정치의 배후에서 실권을 행사하고 있던 군부도 나를 경계했다. 나는 박 대통령이 돌아가신 것으로 유신은 막을 내렸다고 판단했다. 새 시대에서 페어플레이를 하고 싶었다. 처삼촌인 박 대통령의 비참한 죽음을 보고 그 자리에 대한 의욕이 도무지 생기지 않았다"라고 주장했다. 〈김종필 증언록〉,《중앙일보》, 2015.09.02. 결과적으로 1980년 12월 6일 통일주체국민회의에서 최규하 대통령 권한대행이 박정희 대통령을 이어서 제10대 대통령으로 선출되었다.

당시 공화당의 당내 서열 1위로 '박정희 체제의 붕괴' 이후를 관리하게 된 박준규는 유신헌법 아래 통일주체국민회의 대의원 선거를 통해 공화당이 재집권하는 것을 일찌감치 포기하고 헌법을 고쳐 3김에게 공정한 기회를 보장한다는 생각을 굳혔다고 했다. 당시 육사 8기를 중심으로 당내 일부세력이 '왜 기득권을 포기하느냐'고 거세게 반발했지만 그는 '그 기득권이라는 게 불덩이요, 폭발물이다. 스스로 내놔야 한다. 공정하게 선거해서 이기면 되지 않느냐'라고 설득했다고 한다. 함성득(2002b), 같은 책, pp.133-134. 박준규는 "JP(김종필)은 미지의 세계에 발을 들여놓기보다, 지금 바로 대통령이 되는 게 좋다는 뜻이었던 것 같지만 내가 안 움직였었어요. 총재 대행인 내가 사표를 안 내는 한 JP는 정권을 잡을 수가 없었으니까. 나와 신현확 부총리, 그리고 지금은 돌아가신 다른 한 사람과 셋이서 '최규하를 앞세워 과도정부를 만들자. 과도정부가 개헌을 완성하고, 3김 모두가 참여하는 선거를 실시하자'고 의견을 모았어요… JP를 지지하는 사람들이 구기동 우리 집에 쳐들어오고, 나라 팔아먹는다는 협박 전화가 밀려들고, 계속 설득하니까 JP가 '군부가 내게 거부감을 갖고 있는 것 같다'며 '박의장만 믿소'라고 해. 그래서 '통대(통일주체국민회의 대의원)선거는 안 나가는 겁니다'고 다짐을 받았어요. 그리고 이효상씨와 정일권씨를 모시고, 그 자리에서 JP가 한 번 더 확약을 했어요. 내가 곧 바로(1979년 11월) 당 의장직에서 사퇴했고, 그래서 JP가 당무회의에서 당의장서리가 되고 동시에 공화당 총재서리가 됐어요… 그래도 JP가 현실을 보는 눈이 있어. 무엇보다 군이 JP가 통대에서 대통령이 된다는 사실에 거부감을 갖고 있으니까. 선문답 한참 하다가 포기했지. 그래서 최규하 씨가 단독으로 출마해 대통령이 된 겁니다"라고 주장했다. 〈인터뷰 - 전前 공화당 의장 전前 민정당 대표 전前 국회의장 박준규朴浚圭〉,《월간조선》, 2002년 2월호, pp.310-311.

그러나 김종필은 "나중에 알았지만 전두환은 10·26 박 대통령 서거 이후 보안사 핵심참모들에게 5·16을 연구하라고 지시했다고 한다. 벌써부터 음모가 계획됐던 것이다. 내가 바로 5·16의 씨를 뿌린 사람인데 그대로 따라 한 신군부의 기습에 꼼짝없이 당했다. 역사의 아이러니인가, 아니면 누군가는 내가 만든 업보라고도 하는데 상황은 그렇게 전개되고 있었다"라고 주장했다.《중앙일보》, 2015.09.11. 반면 이종률은 "박대통령 시해라는 혼란스러운 시기에 갑작스럽게 등장한 전두환은… 마침 시해의 현장 부근에 있던 정승화 계엄사령관과의 알력으로 노태우와 함께 12·12사태를 일으켜 정권을 장악, 위기수습과정에서 신군부에 떠밀려 대통령이 되었다. 5·16 군사쿠데타처럼 치밀한 사전계획과 구상이나 준비는 없었다"라고 주장했다. 이종률(2002), 같은 책, p.95. 이와 관련 장슬기(2016, 같은 책, pp.53-54)는 "1980년 1월17일 전두환은 언론사 간부들과 술자리에서 'JP는 안 되겠어'라고 했다. 봄은 꽃피지 못하고 다시 겨울로 되돌아갔다. 10.26 이후 만발했던 개헌논의가 얼어붙고 1980년 5월17일 전국에 비상계엄령을 내린 신군부는 모든 정치활동을 중단시켰다. 당시 국군보안사령관 전두환 육군소장은 중정부장, 계엄사 합동수사본부장까지 겸임하고 있었다. JP는 신군부에게 부정축재로 쌓은 216억 4,648만원을 몰수당했다. 1980년 6월 공화당 총재직에서도 물러났다. 그리고 전두환 집권기 7년 동안 잊혀졌다"라고 주장했다.

412. 〈김종필 증언록〉,《중앙일보》, 2015.09.11. 김종필은 "5·17 정권 찬탈이 결국 시민의 죽음(5·18 광주항쟁)으로까지 이어진 현실을 접하면서 힘이 없어서든 욕심과 분열 때문이든 정치인으로서 미리 막아내지 못한 데 대해 한없는 회한과 자책이 가슴에 사무쳤다"라고 말했다. 〈김종필 증언록〉,《중앙일보》, 2015.09.14.

413. 특히 노태우 대통령의 국정업적과 관련 고려대학교 '대통령학' 수업에서 역대 대통령의 '대선공약이행도'를 측정했는데 노태우 대통령이 압도적으로 일등을 했다. 나는 물론 학생들 까지도 그 결과에 모두가 깜짝 놀랐다. 놀란 이유는 아마 임기 후 밝혀진 비자금 문제와 1980년 '5·18 광주 항쟁'에 대한 책임 등 그의 정치적 이미지가 매우 부정적이었기 때문이었다. 이러한 결과를 그에게 설명하고 공약 이행과 관련 어떻게 노력했느냐고 물었더니 자신은 대통령 재임 시절 공약을 적은 종이를 늘 갖고 다니면서 그것을 보면서 그 이행에 노력했다고 말했다.

414. 노태우 대통령은 내게 군인 시절 아들 재현이가 태어나서 이름을 지으려고 점쟁이를 찾아 갔는데 그 점쟁이가 자신의 사주와 얼굴 특히 귀를 보더니 갑자기 자신한테 큰 절을 하면서 앞으로 대통령이 되실 분이라고 하여 당시에는 믿지는 않았으나 기분은 좋았다고 말했다. 실제로 그가 대통령에 당선된 후 이 사실이 알려져 그 점쟁이에게 많은 손님들이 찾아갔다.

415. 5·16이 일어나고 김영삼 대통령이 처음 만난 군부 쪽 사람은 김종필이었다. 첫 만남에서 그는 군에 대한 약간 두려움(?)을 갖고 김종필과 술을 한잔하면서 대

화를 나누었다. 그는 자신을 감옥으로 보내기 전에 마지막으로 술 한잔 하는구나라고 생각했다. 술과 대화가 끝났을 때 김종필이 그에게 '우리는 함께 할 수는 없는 것 같군요'라고 말하면서 헤어졌다. '자신은 이제 감옥으로 가는 구나'라고 생각했는데 김종필씨는 친절하게 집까지 데려다 주었다. 그는 김종필과 첫 만남을 "나는 그에게서 낭만파, 기분파라는 인상을 받았다"라고 회고했다. 김영삼(2000a), 같은 책, p.161. 이후 그는 김종필에게 항상 좋은 마음이 있었다고 내게 말했다.

김종필은 이 첫 만남을 "중앙정보부장이었던 나는 극비리에 신당(민주공화당)을 만드는 일에 매달리고 있었다. 각계각층의 신진 엘리트를 신당에 합류시키고자 했는데 30대의 젊은 정치인 중에서 돋보이는 인물로 YS가 거론됐다… 그를 공화당에 합류시키기 위해 내가 직접 만났다… 나는 YS에게 '우리 혁명세력과 같이 합시다. 우리와 함께 협력해서 이 나라를 제대로 엮어 나갑시다'라고 설득했다. 하지만 그는 내 말을 듣지 않았다. YS는 '전부 다 군사정권 세력에 휩쓸리면 발전이 없습니다. 거기에 반대하는 세력도 있어야 합니다. 그런 뜻에서 나는 지금 걷는 길을 가겠습니다'라고 내 제안을 거절했다. 정보부장이었던 내 앞에서 스스럼없이 혁명에 반대한다는 의사를 표출하는 정치인은 당시 드물었다. 나는 자신이 하고자 하는 일에 굳은 신념을 가진 YS의 의견을 존중하기로 했다. 신당 참여 권유를 깨끗이 중단하고 '편안한 마음으로 술이나 한잔하자'고 했다. 그때 YS에 대한 첫인상은 고집이 보통이 아닌 인물이구나, 외고집이 쇠심줄같이 세지만 거짓말은 하지 못할 사람이라는 거였다"라고 말했다. 〈김종필 증언록〉, 《중앙일보》, 2015.11.23. 한편 김종필은 "YS는 자신에 대해 '돌려 말하지 않는 성격'이라고 말한 적이 있다. 내가 보기에도 화가 나면 전후좌우 생각하지 않고 마구 직선적으로 말하는 스타일이었다. 고집도 셌다. 오랫동안 야당 생활을 해온 사람들의 전형적인 성격이었다. YS가 대통령이 된 뒤의 일이지만 전두환·노태우 두 전직 대통령을 한꺼번에 형무소에 몰아넣는 결단은 누구도 할 수 없는 대단한 일이었다. 나는 그 점에서 YS를 높이 평가한다. 하지만 YS는 타협을 몰랐다. 정치라는 건 타협의 산물인데 그걸 거부하니 정치가 온전하게 펼쳐지지 않았다"라고 주장했다. 〈김종필 증언록〉, 《중앙일보》, 2015.08.17.

416. 김영삼(2000a), 같은 책, p.288.
417. 김영삼(2000a), 같은 책, p.83.
418. 〈김종필 증언록〉, 《중앙일보》, 2015.08.17. 반면 내가 보기에 인간적으로 따뜻한 정이 많은 김영삼 대통령은 "나는 민주주의 신봉자로서 그 어떤 정치보복에도 반대하는 사람이다. 1979년 10월 독재자 박정희가… 살해됐을 때, 나는 주변의 반대를 무릅쓰고 박정희의 빈소를 찾았다. 나는 박정희의 독재정치를 증오했

고, 그에 맞서 굽힘없이 싸웠지만, 망자에게까지 원한을 품는 것은 인륜상 옳지 않다고 생각했기 때문이다"라고 말했다. 김영삼(2000b), 같은 책, p.92.
419. 많은 사람들은 김영삼 대통령이 재임 시 평생의 경쟁자였던 김대중 대통령을 많이 의식했을 것이라고 생각한다. 그러나 그는 집권 초기 김대중 대통령을 전혀 의식하지 않았고 안중에도 없었다. 왜냐하면 김대중 대통령은 1992년 대선에서 패배한 후 바로 정계은퇴를 선언했기 때문이다. 즉 그의 정치적 경쟁의식은 김대중 대통령이 1995년 정계복귀 선언을 할 때까지 전혀 없었다. 실제로 그는 집권 초기 김대중 대통령과 그의 지지자들에 대해서 어떠한 정치적 보복도 하지 않았다. 이것이 당시 김대중 대통령의 매우 '현명한 정치적 선택'(?)이었고 이러한 선택 때문에 지지자들은 상처입지 않으면서 정치적 자원을 축적할 수 있었다. 김영삼 대통령이 금융실명제 시행의 부작용으로 정치적으로 매우 어려운 상황에 처한 1995년, 김대중 대통령은 정치적 귀환에 성공했다.
420. 2006-2007년 당시 김영삼 대통령은 내게 "한국의 민주화를 저해한 독재자 박정희의 딸 박근혜가 어떻게 대통령이 될 수 있어?"라고 반문하기도 하였다. 하지만 그는 2012년 대선과정에서 박근혜 대통령을 지지하였다. 이 과정을《동아일보》는 "박(근혜) 대통령에 대해서도 종종 '독재자의 딸'이라며 강하게 비판하기도 했다. YS는 2012년 대선을 앞두고 상도동 자택에서 당시 새누리당 대선후보 경선에 참여하기로 한 김문수 경기도지사를 만나 박근혜 전 새누리당 비상대책위원장을 겨냥해 '칠푼이'라고 평가절하 했다… 앞서 2007년 한나라당 대선후보 경선에서 YS는 박 대통령이 아닌 이명박 전 대통령을 지지했다. 그러나 YS는 2012년 대선 직전에 김무성 당시 새누리당 총괄선대본부장을 통해 박(근혜) 대통령 지지 의사를 밝혔다. 박(근혜) 대통령도 당선 직후 YS에게 전화를 걸어 감사 인사를 전했다. 박(근혜) 대통령은 2012년 8월 YS 자택을 방문한 자리에서 '입원했다고 해서 걱정했다. 오늘 뵈니까 건강해 보인다'고 안부를 물었고 YS는 '많은 산을 넘어야 할 텐데 잘나길 바란다'고 당부하기도 했다"라고 설명했다.《동아일보》, 2015.11.23. 몇몇 사람들은 2012년 대선 당시 이러한 김영삼 대통령의 박근혜 대통령에 대한 정치적 지지 결정이 자신의 차남 김현철의 정치적 장래를 위해 그렇게 하였다고 주장한다. 사실 김영삼 대통령은 내게도 여러 번 말했지만 자신의 임기 중 구체적인 증거도 없는 상황에서 여론에 밀려 구속시킨 아들 김현철에 대한 아버지로서의 '미안함'이 매우 컸다. 아마도 '정치인 김영삼 대통령'과 '아버지 김영삼 대통령'은 달랐는지도 모른다. 그러나 "(김현철은) 지난 2012년 '박근혜 비대위' 체제로 치러진 19대 총선 때도 새누리당 공천에 도전했지만 경선할 기회도 갖지 못한 채 배제된 바 있다. 당시 현철씨는 정치적으로 아버님께서 박정희 전 대통령과 박근혜 비대위원장을 비판하지 않

앉다면 과연 이렇게 됐겠는가"라고 했다.《조선일보》, 2015.11.28. 이후 김현철은 2012년 대선과정에서 문재인 후보를 지지했다.

421. 김대중 대통령의 재임 기간 중 김영삼 대통령은 그를 정치적으로 자주 공격했다. 그는 일체 반응하지 않았다. 그 이유는 그의 마음속에 김영삼 대통령은 전혀 없었기 때문이다. 그는 IMF 외환위기 초래로 김영삼 대통령의 정치적 생명과 유산은 끝났다고 생각했다. 김영삼 대통령이 정치적으로 그를 자주 공격할 당시인 2000년 6월 19일 그와 김영삼 대통령의 회동이 있었다. 김영삼 대통령은 상도동으로 나를 불러 회동에서 말할 내용을 전했고 두 분의 화합을 위해 나는 김대중 대통령 측에게 주요 내용을 미리 알려주었다. 회동 후 김영삼 대통령은 자신은 식사하면서 하고 싶은 말을 다해서 만족하였고 김대중 대통령은 잠자코 묵묵히 듣기만 하였다고 내게 말했다.

422. 김대중(2010a), 같은 책, p.98.

423. 매우 흥미로운 역사적 사실이 있다. 노태우 대통령은 인제에서 박정희 대통령 아래서 소대장으로 근무했다. 노무현 대통령은 인제에서 사병으로 군 생활을 했다. 전두환 대통령도 물러난 후 5공 청산 때 인제의 백담사에 있었다. 김영삼 대통령조차 1987년 대선에서 노태우 대통령에게 패배한 후 설악산 대청봉에서 시간을 보냈다. 군대를 가지 않은 이명박 대통령과 여성 대통령인 박근혜 대통령을 제외하고는 근대화 이후 역대 대통령 모두 강원도 인제군과 인연을 맺었다. 대한민국 남성 장수 마을인 인제의 힘 때문이라는 풍수지리적 속설이라고 간과하기에는 인연의 힘이 너무 강하다. 강원도 인제군은 '한국대통령학연구소'와 함께 이러한 사실들을 기념하여 '대통령 테마파크'를 설립하고자 했는데 여러 정치적 이유 때문에 아직 만들지 못했다.

424. 김대중(2010a), 같은 책, p.131. 5·16 혁명에 대해 당시 장면 총리의 신파 소속이었던 김대중 대통령은 '윤 (보선) 대통령은 미국 측 요구를 묵살했을 뿐만 아니라 적극적 행보로 쿠데타를 지지했다. 야전 부대를 총괄하는 이한림 제1군 사령관에게 친서를 보내 병력을 움직이지 못하게 했다. 대통령은 쿠데타군이 자신을 옹립할 것이라 믿었던 게 분명하다. 주모자 박정희 소장이 윤 대통령을 찾아가 이렇게 말했다. '우리는 각하를 위해 쿠데타를 일으켰습니다.' 이 말을 믿었고 자신을 중심으로 한 정계 개편을 머릿속에 그렸을 것이다. 헌법을 온몸으로 지켜야 할 대통령이 군사 쿠데타를 인정해 주고 5·16 이후 10개월 동안이나 대통령직에 머물렀다. 이는 쿠데타 세력에 정치적 정통성을 부여한 셈이다. 대통령은 쿠데타를 인정하고 (장면) 총리는 사라졌으니 미국으로서도 어찌해 볼 방도가 없었다… 이기붕으로부터 장면으로 변절한 장도영은 쿠데타를 방조했고, 후에는 지원했다. 일련의 행보로 볼 때 그는 양다리를 걸쳤던 게 분명하다.

한쪽 다리는 쿠데타 세력에, 다른 다리는 민주당 정부에 얹어 놓고 있었다… 6월 10일 중앙정보부를 설치하는 법안이 공포되었다. 초대 정보부장은 김종필씨였다. 모든 정치 공작과 사찰의 음모가 여기서 배양되었다. 공포의 정보 정치는 이때부터 시작되었다. 이후로 한국의 정치는 중앙정보부에서 조종하였다… 나아가 정보부는 전두환, 노태우 등으로 이어지는 군인 대통령의 칼이 되었고 반대편을 쓰러뜨리는 총구가 되었다… 중앙정보부를 만들었던 김종필씨 역시 나중에는 정보 정치의 피해자가 되었다. 그는 정보부의 회유와 협박에 여러 차례 국외로 쫓겨나야 했다. 역사의 아이러니였다… 5·16은… 아무리 미화해도 애당초 혁명은 될 수 없었다. 무력을 동원한 권력 탈취, 그 이상도 이하도 아니었다. 민주주의의 싹을 무력으로 잘라버렸다. 정당 정치와 의회 민주주의를 짓밟았다. 군부는 정치적 패권을 장악한 특권 집단이 되었고, 이후 정치군인이 득세하였다. 5·16 군사 쿠데타로 우리 민주주의 역사는 30년이나 후퇴했다"라고 주장했다. 김대중(2010a), 같은 책, pp.133-138.

425. 김대중(2010a), 같은 책, p.356.
426. 김대중(2010a), 같은 책, p.360. 또한 그는 "세월이 흘러 그(박정희)의 만딸 박근혜가 나를 찾아왔다. 박정희가 세상을 떠난 지 25년 만이었다. 그녀는 거대 야당인 한나라당의 대표였다. 2004년 8월 12일 김대중 도서관에서 박 대표를 맞았다. 나는 진심으로 마음을 열어 박 대표의 손을 잡았다. 박 대표는 뜻밖에 아버지 일에 대해서 사과를 했다. '아버지 시절에 여러 가지로 피해를 입고 고생하신 데 대해 딸로서 사과 말씀드립니다.' 나는 그 말이 참으로 고마웠다. '세상에 이런 일도 있구나' 했다. 박정희가 환생하여 내게 화해의 악수를 청하는 것 같아 기뻤다. 사과는 독재자의 딸이 했지만 정작 내가 구원을 받는 것 같았다… 나는 박 대표에게 지역 갈등을 해소하고 국민 화합에 앞장서 줄 것을 당부했다. 비록 아버지는 국민을 갈라놓았지만 그 딸이 나서서 바로 잡는다면 참으로 의미 있는 일이라 여겼다"라고도 말했다. 김대중(2010a), 같은 책, pp.360-361.
427. 당시 양순직 자유총연맹 총재는 김대중 대통령 집권 초기 '제2건국 운동'에 직접 참여하여 큰 영향력을 행사했다.
428. 김대중(2010b), 같은 책, p.100.
429. IMF 외환위기 아래서 김대중 대통령은 국민적 지지가 매우 높았고 상대적으로 김영삼 대통령은 책임론 때문에 국민적 인기가 형편없었다. 그는 김영삼 대통령의 정치적 가치가 현저히 약화되었기 때문에 김영삼 대통령과의 전략적 제휴보다는 다른 대안인 김중권의 구상을 선호했던 것 같다. 더구나 김중권 비서실장은 김영삼 대통령과는 악연이 많이 얽혀 있었다. 노태우 대통령 당시 정무수석

이었던 김중권은 3당 합당 이후 소위 자질론을 내세워 김영삼 대통령 만들기를 반대하였다. 이후 김영삼 대통령 재임 중 맡고 있던 지역구위원장까지 빼앗기는 수모를 당하였다. 김중권 비서실장은 내게도 김영삼 대통령의 정치적 무용론을 강하게 피력하기도 했다.

한편 김영삼 대통령은 당시 상황을 내게 설명한 적이 있다. 김대중 대통령의 집권 초기에 청와대 인사가 김영삼 대통령을 찾아 와서는 아들인 '김현철 사면 복권'(후에 김현철은 1999년 잔여형기 면제, 2000년 복권 되었다)이 소관 부처 장관인 박상천 법무부 장관이 반대해서 어렵겠다고 말했다. 김영삼 대통령은 그에게 직접 "누가 대통령 안 해 보았나?… 됐다"라고 말했다. 이는 "대통령인 김대중, 지가 해주기 싫은 거지 왜 장관을 핑계돼"라는 뜻이었다. 김대중 대통령은 김영삼 대통령과 정치적으로 화해를 할 수 있었으나 불행하게도 몇 가지 일 때문에 실패했다. 김진오는 "1997년 12월 20일 YS는 현직 대통령 자격으로, DJ는 대통령 당선인 자격으로 청와대에서 마주 앉았다. 축하(YS)와 감사(DJ)의 대화를 시작으로 감개무량한 회동이었다… 이 자리에서 YS는 차기 대통령인 DJ에게 한 가지를 부탁했다. 한보 비리 사태로 구속된 아들 현철씨를 특별사면해 달라는 것이었다. 영부인이던 손명순 여사도 이희호 여사의 손을 잡고 '아들(현철씨)을 부탁한다'고 말했다. 박지원 의원은 '손 여사는 눈시울을 붉혔으며 이 여사도 아들을 키우는 만큼 이심전심이었다'고 전했다. 김대중 당선인은 YS와 손 여사의 간곡한 요청에 대해 '잘 알았다'며 화답했다. DJ는 대통령에 취임한 직후… 김현철씨 특별사면을 지시했다. 그러나 박상천 법무장관은 세 차례나 현철씨의 사면을 강하게 반대했다… 당시 청와대 관계자는 '박상천 장관 때문에 YS와 좋던 분위기가 깨지게 생겼다'며 아쉬워했다. DJ는 이때부터 YS로부터 욕을 먹기 시작했다. YS는 '누구는 대통령 안 해봤느냐'며 격분했고, 전직 대통령 초청 모임에도 나가지 않았다. DJ는 99년 5월 박상천 법무장관을 바꿨다. 김정길 당시 법무장관 등에게 어떻게든 현철씨를 특별사면시키라고 지시했다… DJ는 1999년 8·15 광복절 특사 때 현철씨에 대한 잔여형기 면제를 조치를 내려 석방했고, 2000년 광복절 특사로 복권까지 했다. DJ는 경실련 등 시민단체로부터 갖은 비판을 받아가며 현철씨에 대한 특별사면을 단행했으나 YS로부터는 고맙다는 말은커녕 독설의 선물만 받았다. YS는 너무 늦게 사면을 해줬다는 이유이고, DJ는 현철씨 사면 때문에 박상천 전 장관과 영원히 갈라서게 됐다고 한탄했다고 한다. 이강래 전 수석은 'YS 같았으면 무조건 사면하라고 지시했겠지만 DJ는 참모들이 안 된다고 하면 강하게 밀어붙이는 성격이 아니고 법과 원칙을 가능한 한 지키려 노력하다 보니 늦어진 것'이라고 설명했다… 실제로 김대중 정부는 집권 초기에 YS의 상도동계 의원들을 영입하는 대폭적인 정계개편을 착수했다. 문희상 당시 정무수석은 민주화운동 세력을 하나로 묶는 큰 틀의 정계개편을 주장했고, 김중권 당시 비서실장은 DJP 연합이 깨질 수 있다는 이유를 들어 반대하며 신한국당 의원들의 빼내오기를 통한 원내 과반 의석을 주장했다. 김중권 실장과 문희상 수석은 정계개편을 놓고 맞섰다. DJ는 정치 현실을 감안해 김중권의 손을 들어줬다. 문희상은 국정원 기조실장으로 쫓겨났다. 이강래 기조실장이 정무수석으로 영전하고 큰 틀의 정계개편 추진은 시작도 해보지 못하고 없던 일이 됐다… 2000년 6월 DJ는 전직 대통령들을 초대한 자리에서 YS에게 '거산(巨山)(YS의 호), 이제 우리 화해하자'고 손을 내밀었다. YS는 '그러면 IMF에 대해 후광(後廣)(DJ의 호)이 먼저 사과하라. 그러면 화해한다'고 대꾸했다. IMF 사태의 책임을 전부 자신에게 떠넘긴 것을 사과하란 요구였다. 하지만 DJ는 끝내 아무런 말을 하지 않았다. YS는… 자신이 경제 관료들과 참모들로부터 보고를 잘못 받은 것은 맞지만 그게 어찌 나만의 잘못이냐는 주장이었다… 양김은 IMF 책임론을 놓고 통 크게 나오지 않았다… YS는 지난 2000년 DJ가 노벨 평화상을 수상하자 '노벨상 가치가 땅에 떨어졌다'고 폄하하기도 했다… 2000년 6.15 남북정상회담에서는 극언을 써가며 DJ를 깎아내렸다… (이렇게) 1987년 민주화 이후 후보단일화 문제가 양김을 갈라서게 한 이후 한국 현대사의 두 거목은 진정으로 화해하지 못하고 눈을 감았다… 살아생전에 손을 맞잡는 장면을 국민에게 보여주지 못하고 형식적인 화해를 하는데 그쳤다. YS는 지난 2009년 8월 10일 오전 DJ가 입원중인 신촌 세브란스 병원을 찾았다. 당시 YS는 투병 중인 DJ와 직접 대화를 나누진 못하고 이희호 여사와만 15분가량 면담하며 위로했다. YS는 병원을 떠나면서 기자들의 '두 분이 화해한 것으로 봐도 되느냐'는 질문에… '화해로 봐도 된다'고 고 답했다. YS의 화해 발언이 나온 지 8일 만에 DJ는 영면의 길로 떠났다. 그리고 6년 뒤 YS도 눈을 감았다"라고 말했다.《노컷뉴스》, 2015.11.24.

430. 김대중(2010b), 같은 책, p.22.
431. 노무현 대통령은 "지금도 박정희 대통령 이야기를 하게 되면 그 일이 머리에 떠오릅니다. 저 역시 박대통령에 대해서는 공과 과를 따로 평가해야 한다고 하다가도 당시 파헤쳐진 묘(6·25 당시 보도연맹 사건으로 죽은 사람과 4·19 이후 마을 사람들이 집단으로 학살당한 이들이 묻힌 곳)의 모습이 떠오르면 '어떻게 공을 이야기할 수 있겠는가?' 하며 생각이 바뀌어버립니다. 증오감 같은 것입니다. 판단 이전에 증오감 같은 것이 있어서 박정희 대통령에 대해서는 아무리 생각해도 좋은 평가를 할 수 없습니다… 결국은 부림사건과 같은 충격적인 사건을 접하면서 '그냥 양심적으로 살면 된다는 수준의 문제가 아니로구나!'라는 것을 느끼게 된 것입니다. 권력의 범죄에 대해 매우 충격적인 상황을 알게 된 것

입니다"라고 말했다. 노무현(2009), 같은 책, p.123; p.137.

한편 그는 부일장학회로부터 장학금을 받았다. 그는 이 '부일장학회'가 박정희 대통령 시절 강제적으로 빼앗겨서 '5·16 장학회' 그리고 나중에 '정수장학회'가 되었다고 생각하고 이 문제를 박정희 대통령 비판에 자주 사용했다. 노무현 대통령은 "세상이 많이 바뀐 것입니다. 다만 바뀌긴 바뀌었는데 이상하게 바뀌었습니다. 군사정권 시절에는 남이 가진 것을 강탈할 수 있는 권한이 있었는데, 지금의 정부는 장물을 되돌려 줄 권한도 없는 것입니다. 세상이 바뀌는 과정에서 과거사 정리가 제대로 안 된 채 권력만 민주화되면서 힘이 빠져버리니까 기득권 가진 사람들, 특히 부당하게 기득권을 누리고 있는 사람들에게는 오히려 좋은 세상이 되어버렸습니다. 억울한 일이지만 그것이 우리 역사의 한계라고 생각합니다. 정수재단 건만이 아니라 지난날 역사의 피해를 입었던 많은 사람들의 피해가 다 복구될 수 없습니다. 그래서 제가 가끔 '역사는 물릴 수 없는 것'이라고 말하는 것입니다. '과거사 정리라는 것을 어디까지 해야 하나?' 하면서도 논리적으로 그 한계를 긋기가 어렵고 또 역사의 새로운 기준을 세워나가는데 필요한 만큼 '판단이라도 하고 넘어가자, 하다못해 이름표라도 갈아붙이자!' 하는 그런 것이 역사 정리가 아닌가 싶습니다. 하지만 지금도 저렇게 장물이 그냥 남아 있고 그 주인이 정권을 잡겠다고 하는 상황까지 용납하고 받아들이려니 무척 힘이 듭니다. 말하자면 아무리 역사는 되돌릴 수 없다 해도 우리가 이런 상황까지 받아들여야 하는 것인가, 하는 문제입니다. 박정희 대통령에 대한 평가가 높이 이루어지고 있어서, 역사 정리라는 것도 더욱 한계가 있을 수밖에 없습니다"라고 주장했다. 노무현(2009), 같은 책, pp.124-125.
432. 노무현 대통령은 비민주세력과의 정치적 야합 없이 승리하였기 때문에 정치적 정통성이 김영삼 대통령과 김대중 대통령보다도 더욱 확고하다고 믿었다.
433. 김종필은 "김대중 대통령 말년에 '박정희 대통령 기념관' 건립 비용으로 국회가 책정한 예산 200억 원을 노무현 정부는 집행하지 않았다. 이런저런 이유를 둘러댔지만 결국 노(무현) 대통령이 박정희 대통령의 치적에 동의하지 않았기에 비롯된 일이었다. 입법부가 통과시킨 예산을 대통령이 자의(恣意)로 중단하는 것은 헌법에 따른 국정운영 능력이 부족하거나 이를 외면한 소치라 하지 않을 수 없다"라고 말했다. 〈김종필 증언록〉,《중앙일보》, 2015.11.18.
434. 이명박(2015), 같은 책, p.61.
435. 이철호, '박근혜는 왜 박정희 못 따라가나',《중앙일보》, 2016.05.02.
436. 김대중은 박근혜 대통령에게 "거듭 묻고 싶은 것은 박 대통령은 임기 중 어떤 업적을 달성할 것인가다. 더 나아가 역사에 어떤 족적을 남기고 싶은 가이다. 그를 여기까지 끌고 왔고 여기까지 올려준 것은 어느 부분 아버지 박정희 후광

이다. 박 대통령은 그만큼 아버지에게 빚이 있다. 그것을 갚아야 한다. 아버지의 절반이라도 닮으라는 것이다"라고 단도직입적으로 주장했다. '내 무덤에도 침을 뱉어라',《조선일보》, 2015.05.12.

437. 김종필은 최순실 게이트 이후 박근혜 대통령의 성격과 관련 "…누가 뭐라고 해도. 고집스러운 성격이다… 더 나쁜 것은 저 위엔 없다고 생각하는 게야. 정상에 앉아서 모두 형편없는 사람들만 있다고 생각하는 사람에게 뭔 얘기를 해…"라고 직접적으로 비판했다. 〈김종필 전 총리 인터뷰〉,《시사저널》, 2016.11.14. 이와 관련 장슬기(2016, 같은 책, p.60)는 "좋을 때(박정희 집권기) 함께했던 사람보다는 힘들 때(박정희 사망 이후) 외면 한 사람이 더 기억에 남는다. 1987년 JP가 신민주공화당을 창당하며 참여해달라고 요청했을 때도, 1995년 자유민주연합(자민련)을 창당해 구미 지역구 총선 출마를 제안했을 때도 박근혜는 응하지 않았다. 1997년 15대 대선, 둘은 완전히 갈라졌다. JP가 DJP연합으로 김대중 정부 2인자가 될 때 박근혜는 한나라당 이회창 후보를 지지했다. 1998년 대구 달성 재·보궐선거에서 박근혜는 한나라당 후보로 당선됐다. 둘은 같은 해 11월 대정부 질의에서 햇볕정책을 놓고 충돌하기도 했다"라고 주장했다.

또한 양상훈은 그를 '여왕'으로 칭하며 "박근혜 대통령 계파였다가 결국 등을 지게 된 사람은 많다. 박 대통령의 서울 삼성동 집에서 처음으로 '친박'을 결성했을 때의 멤버 70%가 등을 돌렸다고 한다. 그 사람들이 공통적으로 하는 얘기는 '박 대통령은 우리를 신하^{臣下}로 여긴다'는 것이다… 한 사람은 '내가 머슴 같다는 생각이 들었다'고 했다… 박 대통령 주변엔 신비주의가 있다. 대통령이 언제 출근하는지, 지금 어디에 있는지 청와대 비서실장도 모를 때가 있다. 세월호 사고 때 그렇게 혼이 나고도 메르스 사태 때 또 담당 장관이 대면 보고를 하는 데 6일이나 걸렸다. 사람들은 대체 왜 그러는지 이해를 못 하겠다며 답답해한다. 그런데 대통령과 장관의 관계가 아니라 왕과 신하의 관계라고 생각하고 이 모든 일들을 보면 전혀 이상하지 않다. 전^前 비서실장 시절 수석들은 업무 보고를 대통령이 아닌 비서실장에게도 했다고 한다. 그 비서실장은 '윗분의 뜻을 받들어'와 같은 왕조시대 용어를 써서 대통령을 받들었다. 그러니 대통령과 장관·수석 사이는 군신^{君臣} 관계라고 해도 과언이 아닐 정도로 벌어졌다… 박 대통령은 열두 살 때 청와대에 들어가 18년간 물러나지 않을 것 같은 통치자의 딸로 살았다. 그를 '공주'라고 부른다고 해서 이상할 것이 없는 시대였다. 나중에는 퍼스트레이디의 역할까지 했다. 열두 살부터 서른 살까지의 생활이 사람의 인격 형성에 어떤 영향을 미치는지는 모두가 안다. 박 대통령은 청와대에서 나온 뒤 18년간은 사회와 사실상 분리된 채 살았다. 공주에서 공화국의 시민으로 자연스럽게 내려올 수 있었던 그 기간을 일종의 공백기로 보냈다. 박 대통령이 당선된 다음 날 언론은 '대통령의 딸이 대통령 됐다'고 썼지만 박 대통령을 잘 아는 사람들 중에는 그때 이미 '공주가 여왕 된 것'이라고 말하는 사람들이 있었다. 박 대통령의 불통[不通] 논란에 대해 어떤 이는 '왕과 공화국 사이의 불통'이라고 했다… 그러나 지금 이 시대는 아무리 나라 걱정을 하고 잘해 보려고 해도 그게 옛날 제왕식이면 통하기 어렵다…"라고 까지 비판했다. '여왕과 공화국의 불화',《조선일보》, 2015.07.02.

438. 《중앙일보》, 2015.11.11.
439. 이철호, '박근혜는 왜 박정희 못 따라가나',《중앙일보》, 2016.05.02.
440. 이동훈은 "박(근혜) 대통령에게… 실패는 본인의 치세를 실패로 낙인찍는 데서 끝나지 않을 것이다. 아버지까지 재평가의 대열에 끌어들일 수도 있다"라고 주장했다. '정권 재창출, 대통령 하기에 달렸다',《조선일보》, 2016.05.02.
441. '최순실 국정농단에 박근혜 친동생 박지만…'《아주경제》, 2016.10.31.
442. 김대중, '前 정권 손보기',《조선일보》, 2015.04.14.
443. 송희영, '前 대통령 탓하기',《조선일보》, 2016.01.02.
444. 이만열,〈이승만 국부론〉, 다산연구소, 2016.01.21.
445. 김대중(2010a), 같은 책, p.64.
446. 이만열,〈이승만 국부론〉, 다산연구소, 2016.01.21.
447. 장하준(2014), 같은 책, pp.342-343. 한편 박정희 대통령의 경제개발 5개년 계획 추진 전 경제상황을 이승훈은 "당시 우리 경제는 미국과 유엔의 무상원조 덕분에 부흥했다. 1953년 국민소득에서 경제 원조가 차지하는 비중은 10%에 이르렀다. 1956년에는 이 비중이 최고 13%까지 올라갔다. 당시 투자 자금의 90%는 원조에서 나왔다. 한국 경제가 전쟁 이후 1960년까지 4~5%의 성장을 이룬 것은 대부분 원조의 힘이었다"라고 주장했다. 미국과 유엔의 원조를 가능하게 만든 이승만 대통령의 공을 우리는 현재 간과하고 있다. '한국 1곳에 아프리카 대륙보다 더 많이 원조, 美 31억 달러 쏟아부어',《조선일보》, 2015.05.22.
448. 장하준(2014), 같은 책, p.316.
449. 이장규(2014), 같은 책, p.33.
450. 이종률(2002), 같은 책, p.22.
451. 김대중(2010a), 같은 책, p.117. 장면 정부의 무능과 이승만의 '과'를 강조하며 5·16혁명을 주도했던 김종필도 "이승만 박사는 그늘도 있었다. 자유당 독재와 부정 선거, 학생 시위와 희생… 4·19는 그의 정치의 그늘이다… 이 대통령은 근대화된 사고로 어떻게 하면 이 나라를 자유민주국가로 성장시킬 수 있느냐를 고심하던 애국자였다. 해방되던 해인 45년 이미 70세(당시 한국 남자의 평균수명은 43세)의 노구로 귀국해 48년 초대 대통령에 올랐다. 흔히 이 대통령

을 백범白凡 김구(1876~1949) 선생과 비교해서 평가하곤 한다. 조국의 미래에 대한 우남의 생각은 백범과 달랐다. 단적으로 얘기해 김구 선생은 낭만적 민족주의자였다. 그는 '김일성하고 만나 얘기하면 왜 통일이 안 되겠느냐'고 주장했다. 실제로 백범 선생은 5·10 총선을 앞둔 48년 4월 북한의 초청으로 평양을 방문, 김일성을 만났다. 하지만 아무것도 얻지 못하고 돌아와야 했다… 반면 이승만 대통령은 처음부터 '김일성과 같은 공산주의자와 얘기를 하는 것만으로는 안 된다. 힘이 있어야 한다. 남한에 이북보다 더 강력한 나라를 세워야 한다'고 강조했다. 그런 우남이었기에 김일성이 남침했을 때 강력한 의지를 가지고 그를 막아냈던 것이다"라고 말했다. 〈김종필 증언록〉, 《중앙일보》, 2015.07.17.

452. 《조선일보》(2015.07.18.)에 따르면 "이승만은 늘 고국에 돌아가려고 했다… 귀국 기회도 있었다. 1962년 3월 17일 비행기 티켓을 마련해 한국으로 갈 준비를 마쳤다… 그러나 출발 당일 오전 9시 30분 정부 훈령을 받은 김세원 하와이 총영사가 마키키 집에 와서 귀국 불허 방침을 전했다… 이승만은 귀국이 좌절된 후 건강이 급격히 악화됐다… 한국에 그토록 돌아가고 싶어 했던 이승만은 이곳 202호실에서 마지막 날을 맞는다. 1965년 7월 19일 0시 35분(한국 시각 오후 7시 35분)이었다."

453. 반면 김종필은 "…돌아가신 다음에야 그의 유해遺骸를 한국에 모실 수 있었다. 65년 7월 23일 오후 대한민국 초대 대통령의 유해를 실은 미군 수송기가 김포공항에 도착했다. 박정희 대통령은 이효상 국회의장, 조진만 대법원장, 정일권 국무총리 등 3부 요인을 대동하고 공항에 나가 이승만 박사의 유해를 영접했다… 세간에 '박정희 대통령이 이승만 박사의 환국을 막았다'는 얘기들이 있는데 이는 과장됐거나 잘못이다. 박 의장은 그와 반대로 이 박사의 환국을 원했고 추진했다. 그때 정부 내부뿐 아니라 4·19 세력과 언론 등에서도 이 박사의 귀국을 반대하는 의견이 강했지만 박 의장과 나는 그렇지 않았다. 박 의장은 우남 이승만 박사를 건국의 아버지로 생각했다."라고 주장했다. 〈김종필 증언록〉, 《중앙일보》, 2015.07.17.

454. 여기서 말한 우여곡절은 박정희 정부의 국민장 통보에 대해 이승만 대통령의 가족들이 강하게 반발한 진통들이다. 《조선일보》, 2015.03.23. 이와 관련 장슬기는 "1960년 5월 하와이로 망명한 이승만은 허정 과도내각과 제2공화국 장면 정권으로부터 모두 귀국을 거절당했다. 이승만은 1962년 3월 16일 사과성명을 발표하며 귀국을 추진했지만 박정희 당시 국가재건최고회의 의장은 다음날인 3월 17일 특별지시를 통해 이승만의 귀국을 막았다. 3월 18일자 신문들도 사설을 통해 이승만의 귀국을 반대했다. 정당성이 없던 5·16 세력이 정권 초 권력마저 불안정한 상황에서 국민이 끌어내렸던 대통령을 끌어안긴 힘들었다"라고 주

장했다. 장슬기(2016), 같은 책, pp.74-75.

455. 장슬기(2016, 같은 책, p.59)는 "10·26 이후 권력을 잡은 전두환 신군부는 유신 정권의 흔적을 지워갔다. 다들 유신과 결별해야 하는 분위기였다. 1974년 8월 어머니(육영수 여사)를 잃은 박근혜와 그의 동생들은 아버지를 잃었을 뿐 아니라 '아버지의 사람들'도 잃었다. 1989년 1월 《여성동아》와 인터뷰에서 박근혜는 유신 시절 책임이 막중한 자리에 앉았던 정치인 중에는 유신을 죄악시하는 요즘의 풍토 때문인지는 몰라도 '나는 그때 반대를 했다. 내가 그때 무슨 힘이 있어 반대할 수 있었겠느냐'고 발뺌을 하는 경우가 쉽게 보인다'며 박정희와 선을 긋은 '박정희의 사람들'을 비판했다. 거기엔 JP도 예외일 수 없다. JP는 곧 박정희의 업적을 가지고 신민주공화당을 창당하는 등 박정희 옹호자로 복귀했지만 박근혜는 개인적으로 JP에게 서운한 감정을 잊지 못했던 것으로 보인다. JP는 신군부가 들어서 돌봐줄 이 없는 사촌 박근혜를 외면했다"라고 주장했다.
456. 〈김종필 증언록〉,《중앙일보》, 2015.09.18.
457. 전두환 대통령의 전 사위였던 윤상현 의원은 "우리 (전)장인(전두환 대통령)의 박정희 대통령에 대한 감사의 마음과 존경심은 확실해"라고 말했다. "장인이 월남에 가 있을 때 장모님(이순자 여사)이 재만이를 출산했는데 박정희 대통령이 애 아버지는 월남에 가 있으니 대신 축하한다면서 금일봉을 보내주셨는데 그것이 지금으로 집 한 채 값이었다고 해… 그런 모든 것을 장인이 기억하고 고마워하는데…"라고 내게 말했다.
458. 노태우(2011a), 같은 책, p.16.
459. 이명박(2015), 같은 책, p.739.
460. 이동훈, '정권 재창출, 대통령 하기에 달렸다',《조선일보》, 2016.05.02.
461. 노태우(2011a), 같은 책, p.15.
462. 노무현(2009), 같은 책, p.26.
463. 김대중(2010b), 같은 책, p.485
464. 강상중(2009), 같은 책, p.127.
465. 옷로비 사건은 1999년 5월 신동아그룹 최순영 회장의 부인 이형자씨가 남편의 구명을 위해 김태정 검찰총장 부인 등 고위층 인사의 부인들에게 고가의 옷 로비를 했다는 의혹이 불거지면서 시작되었다.
466. 벤처 거품이 빠지면서 불거진 정현준·진승현 게이트와 이용호·최규선 게이트가 줄줄이 터졌다. 차남인 김홍업과 3남인 김홍걸은 구속됐다. 2002년 지방선거에서 여당인 새천년민주당은 참패했다. 2003년 나라종금 대출 재수사 때에는 장남인 김홍일이 사법처리 되었다.
467. 노무현(2010), 같은 책, p.167.

468. 김대중(2010b), 같은 책, pp.95-96.
469. 김대중(2010b), 같은 책, p.505.
470. 노무현(2010), 같은 책, pp.230-233.
471. 김대중(2010b), 같은 책, p.505.
472. 홍영식, '기록과 폭로 사이… 회고록의 정치학',《한국경제》, 2016.10.22.
473. 노무현(2010), 같은 책, p.188. 실제로 그는 2007년 2월 28일 대선을 앞두고 여당인 열린우리당을 떠나게 되었다. 그는 "내가 당에서 사실상 쫓겨났잖아요. 나를 당에서 그렇게 할 만한 심각한 하자가 내게 뭐가 있었는지 설명이 되어야지요. 어느 나라든 당내 권력투쟁은 있어도 당을 깨버리거나 당의 한 정치지도자를 사실상 출당시켜버린 경우는 없습니다. 그런 원칙에 대한 것은 결자해지의 차원에서 (정동영씨가) 풀어야 합니다… 내가 당에서 나올 이유가 어디 있어요? 사실상 쫓겨났지요. 물론 탈당계는 내가 냈습니다만, 사표를 냈다고 다 자기 스스로 나가려고 한 것으로 보면 안 되지요. 내 탈당은 자의만은 아닙니다." 라며 당시 심경을 토로했다. 오연호(2009), 같은 책.
474. 〈SBS 뉴스〉, 2008.01.12. 이 자리에는 나도 참석했었다. 여담이지만 나는 김영삼 대통령에게 이명박 대통령의 첫 인상을 물어 본적이 있다. 문민정부 시절인 1995년 4월, 지방선거과정에서 민자당은 서울시장 후보로 정원식 전 국무총리를 결정했다. 김영삼 대통령은 청남대에서 휴식을 취하고 있었는데 밤중에 이명박 의원이 갑자기 찾아왔다. 자신이 왜 서울시장이 되어야하는지를 강하게 설명했다. 김영삼 대통령에게 이명박 대통령은 듣던 대로 정치적 감이 있고 배짱이 두둑하게 보였다. 물론 김영삼 대통령에게 깊은 인상을 남겼다. 김영삼 대통령의 이러한 말씀을 2007년 대선 과정에서 이명박 대통령에게 전했더니 그도 그 때를 회상하면서 크게 웃었다.
475. 《중앙일보》, 2015.11.24.
476. 정두언은 "대선 종반 무렵이었다. MB 대선 캠프에서 일하던 추부길은 박연차 태광실업 회장과 선이 닿았다. 추부길은 박연차를 통해서 노무현 대통령의 형인 노건평을 만났다. 추부길은 노건평에게 '이상득을 만날 수 있느냐' 물었다. 추부길은 선거를 치를 때마다 MB의 홍보를 도맡았던, 그리고 당시에는 이상득의 측근 인사였다. 노건평은 '못 만날 일이 뭐 있냐. 좋다. 만나자'라고 했다 한다. 추부길이 내게 이상득-노건평의 만남에 대해 말하며, 노무현-MB 간에 물밑 핫라인이 가동되고 있다고 했다. 추부길은 이상득-노건평의 만남에 대해 MB에게도 보고했다고 말했다. 훗날 언론은 이 사실이 보도되자 이상득과 노건평은 격이 맞지 않다며 추부길의 증언에 신뢰를 주지 않았다. 노건평은 노무현 대통령의 형이었지만 그냥 형이 아니다. 동생을 위해 고생한 형, 동생에게 상당

한 영향력이 있는 형이었다. 이런 면에서 보면 '이상득-이명박', '노건평-노무현' 관계는 닮은꼴이었다. 이런 가운데서도 검찰은 계속 도곡동 땅 문제와 BBK 사건을 수사했다. 물론 정동영 후보에 비해 MB 후보의 지지도가 워낙 높았기 때문에 검찰이 억지로 사건을 만들어서 대선에 개입할 상황은 아니었다. 그러나 혹시 모를 사태까지 철저히 대비해야 하는 것이 참모들의 역할이다."라고 주장했다. '정두언 회고록', 《허핑턴포스트》 2016. 10. 14.

477. 노무현(2010), 같은 책, p.319.
478. 노무현(2010), 같은 책, p.322.
479. 노무현(2010), 같은 책, pp.318-319.
480. 청원서 내용은 "그동안 참여정부 사람들이나 그들과 혹시 관계가 있는지 의심이 갈 만한 기업들은 조사할 만큼 다 조사하지 않았습니까? 그리고 이미 많은 사람이 감옥에 가지 않았습니까? 이미 제 주변에는 사람이 오지 않은지 오래 됐습니다. 저도 오지 말라고 했습니다… 저는 이미 모든 것을 상실했습니다. 권위도 신뢰도, 더 이상 지켜야할 아무것도 남아 있지 않습니다. 저는 사실대로, 그리고 법리대로만 하자는 것입니다. 제가 두려워하는 것은 검찰의 공명심과 승부욕입니다. 사실을 만드는 일은 없어야 합니다… 이제 저는 한 사람의 보통 인간으로 이 청원을 드립니다. 형사 절차에서 자기를 방어하는 것은 설사 그가 극악무도한 죄인이거나 역사의 죄인이거나를 가리지 않고 인간에게 보장되어야 하는 최소한의 권리입니다. 제가 수사에 대응하고, 이 청원을 하는 것 또한 한 사람의 인간으로서 누려야 할 최소한의 권리라는 점을 양해해 주시기 바랍니다"이다. 노무현(2010), 같은 책, pp.327-328.
481. 최순실 게이트와 관련 논란의 중심인물이었던 우병우 전 민정수석은 이인규 당시 중수부장, 홍만표 수사기획관과 함께 노무현 전 대통령의 뇌물수수 혐의를 직접 수사했다. 이와 관련 문재인은 회고록을 통해 '대단히 건방졌다. 말투는 공손했지만 태도에는 오만함과 거만함이 가득 묻어 있었다'고 회상했다. 우 전 민정수석은 노 전 대통령과의 독대에서 '노무현 씨, 당신은 더 이상 대통령도, 사법고시 선배도 아닌 그저 뇌물수수 혐의자로서 이 자리에 앉아 있는 것'이라고 신문한 것으로 알려졌다. '우병우, 노무현 전 대통령 수사 당시 태도는?' 《서울신문》, 2016.11.07.
482. 김대중 대통령은 "노무현 대통령 내외 친인척과 측근들의 비리가 줄줄이 터졌다. 심지어 아들까지 의혹을 받았다. 줄지어 검찰의 조사를 받았다. 검찰은 혐의를 언론에 흘리고, 언론들은 이를 받아 경쟁적으로 보도했다. 여론 재판 양상이었다. 노무현 대통령 개인으로서도 불행이고, 같은 진보 진영 출신 대통령으로서 내게도 불행이었다. 그를 대통령으로 선출한 민주당도 불행이고, 5년간

국가 원수로 모셨던 국민으로서도 불행이었다… 노 대통령은 고향 앞산에서 몸을 날려 스스로 죽음의 길을 택했다. 하루하루가 너무 가혹했을 것이다. 검찰은 해도 해도 너무했다. 노 대통령의 부인, 아들, 딸, 형, 조카사위 등을 마치 소탕 작전을 하듯 조사했다. 그리고 노 대통령의 신병 처리에 대해서도 여러 설을 퍼뜨렸다. 결국 노 대통령의 자살은 이명박 정권에 의해서 강요된 것이나 마찬가지였다"라고 주장했다. 김대중(2010b), 같은 책, p.563.

한편 이명건은 "…노 전 대통령 서거로 대검 중앙수사부의 박연차 게이트 수사는 중단됐다. 그때까지 뇌물수수 혐의 등으로 기소된 사람은 모두 21명. 당시 수사에 깊숙이 관여했던 인사를 최근 만났다. '박연차가 돈을 줬다고 진술한 정치인, 관료가 엄청나게 많았다. 수사가 계속됐다면 100명 넘게 구속됐을 것이다.' …노 전 대통령은 유서에 혐의를 부인하는 말을 한마디도 남기지 않았다. 다만 '나로 말미암아 여러 사람이 받은 고통이 너무 크다. 앞으로 받을 고통도 헤아릴 수가 없다'고 적었다. 그는 자신의 죽음과 '고통받는 여러 사람'의 삶을 맞바꿨다. 그렇게 살아난 사람이 '노무현의 친구' 문재인 전 대표, '노무현의 적자' 안희정 지사다. 만약 노 전 대통령이 검찰에 구속됐다면, 재판을 받고 감옥에 갇혔다면 문 전 대표와 안 지사가 지지율 1, 2위의 대선 후보가 됐을까. 두 후보가 경쟁적으로 '노무현 정신 계승'을 외치며 노 전 대통령을 살려 냈을까…"라고 주장했다. 이명건, '박 대통령이 사는 길', 《동아일보》, 2017.02.21.

483. 《세계일보》, 2016.07.11.
484. 송희영, '전前 대통령 탓하기', 《조선일보》, 2016.01.02.
485. 즈가오(2005), 같은 책, p.34; p.45; p.67; p.80.
486. 황종희(1663), 《명이대방록》, 공상철(2011), 《중국을 만든 책들》, 돌베개, p.325에서 재인용.
487. 오궁(2016), 같은 책, p.344.
488. 《한겨레》, 2016.09.24.
489. 《한겨레》, 2016.10.26.
490. 권석천, '열린 대통령이 미래를 연다', 《경향신문》, 1997.10.06.
491. 한국대통령평가위원회·한국대통령학연구소(2002), 같은 책, p.95.
492. 이종률(2002), 같은 책, p.160.
493. 함성득, '체감 인사편중이 문제다', 《동아일보》, 2001.03.21.
494. 한국대통령평가위원회·한국대통령학연구소(2002), 같은 책.
495. 이 부분은 김정렴 비서실장이 내게 직접 전해준 사실이다.
496. 자세한 것은 함성득(2002b), 같은 책 참조.
497. 김대중(2010a), 같은 책, p.602.

498. 김대중(2010b), 같은 책, p.24.
499. 김대중(2010b), 같은 책, p.42.
500. 이는 이회창 한나라당 총재가 내게 직접 말해준 사실이다.
501. 함성득, '이명박 대통령의 인사쇄신 십계명', 《매일경제》, 2008.06.17.
502. 정윤회는 "1998년부터 2004년까지 박 대통령 곁에서 근무한 경력이 있다. 2002년엔 박 대통령이 한나라당을 탈당해 한국미래연합을 창당, 총재로 취임했을 당시 공식 비서실장을 맡기도 했다. 정 씨를 박 대통령 막후 비서실장이라고 부르는 것도 여기에서 비롯된다. 2004년 이후 정 씨는 여의도에서 종적을 감췄지만 2007년과 2012년 대선을 거치면서 박 대통령 비선라인을 이끌고 있다는 의혹을 받았다… (정 씨의 사생활과 관련)1956년생인 최서원(최순실에서 개명) 씨는 고 최태민 목사의 다섯 번째 부인 딸이다. 최 씨는 20대 중반 결혼했지만 이혼했고, 1985년… 정 씨와 재혼했다. 정 씨는 1955년 생으로 최 씨보다 한 살 많다."《일요신문》, 2016.07.13. 한편《한겨레》(2016.09.20.)는 "최순실씨는 1970년대 후반 박근혜 대통령이 '퍼스트레이디'로 활동하던 시절 측근이었던 최태민(1912~1994) 씨의 다섯번째 딸로 박 대통령과는 '언니 동생' 하는 사이이다. 최태민 씨는 당시 박 대통령이 주도한 '새마음갖기 운동'과 그 조직이었던 '새마음봉사단'의 실세였던 것으로 알려져 있다. 최순실씨는 당시부터 아버지와 박근혜 대통령 사이의 가교 역할을 했다는 것이 주변 지인들의 전언이다"라고 주장했다.
503. 《아주경제》, 2014.07.09.
504. 《시사저널》(2015.07.21.)은 100인의 정치부 기자와 정치평론가를 대상으로 박근혜 정부의 핵심실세 조사를 했다. 결과는 1위 정호성 비서관, 2위 최경환 기획재정부 장관, 3위 이재만 비서관, 4위 안봉근 비서관, 5위 황교안 국무총리, 6위 이병기 비서실장 등의 순으로 나타났다. 또한《매일경제》(2015.09.22.)는 정치 분야 전문가를 대상으로 박근혜 대통령에 대한 정치적 영향력 조사를 했다. 결과는 1위 이재만 총무비서관, 2위 정호성 부속실 비서관, 3위 김기춘 전 비서실장, 4위 최경환 기획재정부 장관, 5위 정윤회, 6위 안봉근 국정홍보비서관… 9위 이병기 비서실장 등의 순위였다. 특히 당시 정윤회는 어떠한 공식 직함도 가지고 있지 않았다.
505. 이철호, '박근혜는 왜 박정희 못 따라가나', 《중앙일보》, 2016.05.02.
506. "…최(순실)씨의 한 지인은 '정윤회씨는 최순실씨와 사이가 좋을 때는 박 대통령과의 관계도 좋았으나 최순실씨와 싸우거나 사이가 나쁘면 박근혜 대통령에게도 홀대를 받았다'고 말했다… 최씨가 박 대통령과 사적인 관계를 넘어 국정에 개입했다는 의혹은 2014년 말 정윤회 동향문건 파동과 함께 한 차례 불거

진 바 있다. 2013년 딸 정(유라)씨와 관련된 이례적인 승마협회 조사·감사 과정에서, 문화체육관광부의 조사가 최순실씨 쪽에 유리하게 흘러가지 않자 담당 국장과 과장이 경질됐고, 이 과정에 최씨의 입김이 작용했다는 의혹이다…" 《한겨레》, 2016.09.20. 또한 조응천은 '우병우 수석의 청와대 민정비서관 발탁과 (헬스트레이너 출신의) 윤전추 행정관의 청와대 입성 배경에 최(순실)씨와의 인연이 작용했다는 이야기가 있다'고 주장했다. 《아시아경제》, 2016.09.21.

507. '박 대통령의 모든 것, 최순실은 책상서 다 받아보고 있었다', 《경향신문》, 2016.10.25. 또한 《한겨레》(2016.09.20.)는 "…최순실씨가 거의 매일 청와대로부터 30cm 두께의 대통령 보고자료를 건네받아 검토했다는 증언이 나왔다. 최씨는 이 자료를 가지고 국정 전반을 논의하는 비선 모임을 운영했다고 한다… 최씨의 사무실 책상 위에는 항상 30cm가량 두께의 대통령 보고 자료가 놓여 있었다… '자료는 주로 청와대 수석들이 대통령한테 보고한 것들로 거의 매일 밤 청와대의 정호성 제1부속실장이 사무실로 들고 왔다'… 비선 모임의 논의 주제와 관련해서는 '한 10%는 미르, 케이스포츠 재단과 관련한 일이지만 나머지 90%는 개성공단 폐쇄 등 정부 정책과 관련된 게 대부분으로…' 이 모임에서는 '인사 문제도 논의됐는데 장관을 만들고 안 만들고가 결정됐다"고 주장했다.

508. Hahm, Sung Deuk, Kwangho Jung, and Sam Youl Lee(2013), "Exploring the Determinants of the Entry and Exit of Ministers in Korea: 1980-2008", Governance, 26(4), pp.657-675.

509. 김대중(2010b), 같은 책, p.41.

510. 강상중(2009), 같은 책, p.127.

511. 김대중(2010b), 같은 책, p.188.

512. 김하중(2015), 같은 책, p.183. 이러한 호남인사 편중 문제와 관련 당시 나는 '체감 인사편중' 문제를 지적했다. "사실 적지 않은 실력 있는 호남 출신 인사들이 역대 비호남 정권의 편견으로 인해 적절한 대우를 받지 못했다. 이런 상황에 좌절한 호남 출신들의 지지로 선출된 김대중 대통령은 이렇게 왜곡된 인사정책을 바로잡아 지역주의 문제를 해결하고자 했다. 그러나 엄한 시어머니 밑에서 고생한 며느리가 시어머니가 됐을 때 더 엄한 시어머니가 되는 경우처럼 현 정부에서도 가장 실패한 정책 중의 하나가 인사정책이다. 실제로 국민이 느끼는 '체감 인사편중'이 심화돼 현재 영호남간의 지역주의는 더욱 악화됐다… 최근 중앙인사위원회(의)… 발표 내용은 우리가 느끼는 인사 편중 정도와는 달리 현 정부에서의 인사패턴은 전체 인구에서 각 지역이 차지하는 인구 분포 비율에 근접한 추세였으며 편중성 또한 역대 정권 중 가장 낮다는 것이었다. 하지만 실제로 많은 국민이 느끼는 지연이나 학연 등에 의한 '체감 인사편중'은 오히려 역대 정

권에 비해 현 정부 아래서 더욱 심화됐다. 그 원인은 무엇일까. 첫째, 언론과 국민의 눈에 쉽게 드러나는 정부 고위 요직에 호남 출신 인사를 임명하는 현상이 짧은 기간에 급격하게 이뤄졌기 때문이다. 둘째, 국민과 직접 대면하는 공기업을 비롯한 정부 산하단체에 호남 출신 인사들이 많이 임명됐기 때문이다. 셋째, 과거 정권의 편중된 인사정책 때문에 호남 출신 인사들은 경력을 제대로 관리하고 실력을 쌓을 기회를 갖지 못해 인재풀이 빈약한 상황에서 사람을 찾다 보니 경력 면에서 많이 뒤지는 호남 출신 인사를 발탁해 그 왜곡성이 더욱 두드러져 보였기 때문이다. 그런 결과로 국민이 느끼는 체감 인사편중 현상은 실제 통계상의 수치보다 훨씬 높은 것이다"라고 주장했다. 함성득, '체감 인사편중이 문제다',《동아일보》, 2001.03.21.
513. 노무현(2010), 같은 책, p.141.
514. Hahm, Sung Deuk, Kwangho Jung, and Sam Youl Lee(2013), 같은 글, pp.657-675.
515. 자세한 것은 함성득(2008a), 같은 글, pp.92-106 참조.
516. 함성득, '이명박 대통령의 인사쇄신 십계명',《매일경제》, 2008.06.17.
517.《조선일보》, 2015.12.16.
518. 이철호, '박근혜는 왜 박정희 못 따라가나',《중앙일보》, 2016.05.02.
519. 대표성과 관련 1948년 건국 이후 임명된 43명의 국무총리 중 호남 출신은 6명이다. 호남출신 국무총리가 건국 30여 년 뒤 전두환 대통령 아래서 5·18 민주화항쟁 이후 민심 수습 차원에서 처음으로 임명되었다. 최영훈, '호남총리로 조각組閣 수준 개각하라',《동아일보》, 2016.04.30. 박근혜 정부에서는 호남출신 국무총리는 없었다.
520.《조선일보》(2016.07.11.)는 사설에서 "그(홍기택)는 2013년 산업은행 회장 선임 때부터 자격 논란을 부른 현 정부의 대표적 낙하산 인사다. 금융 실무 경험이 전무全無한 교수 출신을 산업은행 회장에 앉힐 수 없다는 의견이 청와대 내부에서도 나왔지만 정부는 끝내 홍 회장을 밀어붙였다. 그는 대선 캠프 시절 박 대통령의 경제 교사로 인연을 맺었다. 박 대통령은 취임 직후 '낙하산 인사는 없다'고 약속했으나 그 말이 지켜진다고 믿는 사람은 아무도 없다. 자격 미달 인사가 정권과 친하다는 이유만으로 공기업과 산하기관에 낙하산으로 내려가는 일이 부지기수다. 이번 홍기택 사태 역시 국내로도 모자라 '국제 낙하산'까지 강행한 현 정부의 부실 인사가 낳은 참변慘變이다. 대통령의 '수첩 인사'가 나라 망신, 임명권자 망신을 불러온 셈이다. 누군가가 책임지지 않으면 국민이 납득하지 못할 것이다"라고 주장했다.
521.《중앙선데이》(2015.05.24.)는 박근혜 대통령의 황교안 법무부 장관의 국무총리

지명과 관련 "사람은 쉽게 달라지지 않으며 박 대통령은 더더욱 바뀌지 않는 다… 정치에 대한 불신이 어느 때보다 커져 있는 만큼 박 대통령이 기존 수첩 인사 스타일에서 벗어나 반대 진영을 아우르는 통합과 새로운 변화를 선도하는 쇄신형 인물을 전격 기용해야 한다는 주문도 이어졌다. 하지만 막상 뚜껑을 열어보니 '역시나'였다"라면서 이러한 인사관리의 문제점을 비판했다.

522. 《데일리 중앙》, 2016.08.25.
523. 특히 박근혜 대통령은 2016년 9월 조윤선 문화체육관광부 장관과 김재수 농림축산식품부 장관 등의 인사청문회에서 보듯이 당시 임명에 대한 부정적인 여론이 높고 국회 야당의 강력한 반대에 직면하면서도 그 임명을 강행한 경우가 많아서 문제의 심각성은 더욱 높았다.
524. '박근혜는 왜 박정희 못 따라가나', 《중앙일보》, 2016.05.02.
525. '나는 왜 김정주 같은 친구가 없나', 《동아일보》, 2016.07.28.
526. '헌법憲法은 연주자 실력 따라 다른 소리 내', 《조선일보》, 2016.06.25.
527. 《조선일보》, 2016.04.14.
528. 함성득(2016), 같은 책, p.38.
529. 임철순, 〈현역의원 다 뽑아주지 말자〉, 《자유칼럼그룹》, 2016.01.22; 한국경제연구원(2016), 〈규제개혁 과제의 입법 효율성 분석 및 경제활력 제고방안〉, 한국경제연구원.
530. 〈김종필 증언록〉, 《중앙일보》, 2015.10.19.
531. 김형오(2016), 같은 책, p.186.
532. 《동아일보》, 1963.12.13.
533. 1977년 미국 하원 국제관계소위원회의 '코리아게이트' 사건조사 청문회에 출석한 이후락 비서실장의 둘째 아들 이동훈(한화그룹의 창업자 김종희의 사위)은 "스위스 은행에 있는 돈을 비록 아버지(이후락)가 관리했지만, 그 돈은 아버지의 돈이 아니고 박(정희)대통령이 사용하기 위한 정부자금이었다… 70년대 초반 박 대통령은 군부의 불복종에 대한 두려움 때문에 주요 군 지휘관들에게도 상당한 자금과 혜택을 주었다… 박 대통령은 여당 인사들뿐 아니라 야당 인사들에게도 돈을 주었다"라고 말했다. 문명자(1999), 같은 책, p.216.
534. 박정희 대통령은 당시 주체세력 내부, 즉 함경도와 경상도 출신 그리고 육사 5기와 8기간의 권력 갈등에 골머리를 썩기도 했다. 이 때문에 그는 잠재적인 라이벌 제거에 끊임없이 노력했다. 이른바 김종필 라인이 직계의 역할을 했지만 이미 강력한 하나의 정치 세력으로 부상한 터라 적어도 개인적인 입장에서는 인척인 김종필 역시 정치적으로 신경 쓰이는 존재였다. 당시 그는 군사혁명 동지들과 공화당의 그늘에서 벗어나 자신만의 권력을 강화할 필요성을 절실히 느

끼고 있었다.
535. 《중앙일보》, 2015.04.03.
536. 〈김종필 증언록〉, 《중앙일보》, 2015.07.06.
537. 장하준(2007), 같은 책 p.327; 정정길(1994), 같은 책, pp.63-65.
538. Hahm,Sung Deuk and Chris Plein(1995), 같은 글, pp.55-76; Hahm,Sung Deuk and Chris Plein(1997), 같은 책.
539. Hahm, Sung Deuk, Kwangho Jung, and Sam Youl Lee(2013), 같은 글, pp.657-675.
540. 《동아일보》, 1993.02.26.
541. 《동아일보》, 1998.03.03.
542. 노무현 대통령은 당시 원내대표 경선에 출마하였다가 천정배 의원에게 낙선한 이해찬 의원을 김원기 국회의장의 추천에 의해 국무총리(2004년)로 임명했고 둘 사이의 관계는 친밀하게 되었다. 그 주요 이유는 이해찬 의원의 뛰어난 정치력이 있었고 제13대 국회노동위원회에서 노무현 대통령과 같이 활동을 했기 때문이다. 여기에 이해찬 의원(1952년생)이 노무현 대통령(1946년생)보다 나이가 어려서 조금 내성적인 노무현 대통령에게 편한 대화의 상대가 되었다. 아울러 당시 영부인 권양숙 여사가 관저에서 노무현 대통령으로 하여금 담배를 못 피우게 했는데 두 분 다 담배를 피워서 이것도 친밀한 인간관계 형성에 도움을 주었다고 한다. 사실 김대중 대통령도 박지원 실장뿐만 아니라 내게도 사적으로 이해찬 의원의 조금은 독선적 성격(?)에 대해서 종종 비판도 했지만 그의 정치력과 일에 대한 열정을 높이 평가했다. 김대중 대통령은 이해찬 의원을 교육부 장관(1998년)에 임명했다.
543. 오연호(2009), 같은 책.
544. 오연호(2009), 같은 책.
545. 오연호(2009), 같은 책.
546. 이명박(2015), 같은 책, pp.99-102.
547. 이명박(2015), 같은 책, p.516.
548. 이명박(2015), 같은 책, p.643.
549. 이명박(2015), 같은 책, pp.558-559. 이명박 대통령은 박근혜 전 대표와 정치적 타협과 협력을 강조한 내게 "함교수! 당신이라면 그 사람과 같이 일을 할 수 있겠어?"라고 직접적으로 반문하기도 했다. 그는 일의 내용을 중시했고 박근혜 대표를 일의 내용을 이해하려고 노력하기 보다는 일의 모양새를 중시하는 스타일리스트라며 답답해했다. 박근혜 대통령의 실망스러운 국정운영 결과를 경험하고 나니 '일'을 중심으로 한 그의 판단은 일면 타당성이 있었다.

550. 정의화 국회의장은 "(당시 2012년) 내(정의화)가 (박근혜 비상대책위 위원장에게) 전화를 걸어 '이 법(국회선진화법)이 통과되면 대통령이 돼도 국회의 조력을 받기 쉽지 않다'고 말했어요. 무엇이 문제냐고 묻기에, '한두 가지가 아니다. 국회선진화법을 주도하는 황우여 원내대표에게 얘기를 들어보고 잘 판단하라'고 했어요. 그런데 (박근혜) 대통령은 찬성으로 돌아섰어요. 내가 선진화법 통과를 선언하면서 '이제부터 식물 국회가 안 되려면 대화와 타협밖에 없다'고 말했어요."라고 주장했다. 《조선일보》, 2016.01.11.

551. 홍완식(2012), 〈국회선진화법에 관한 고찰〉, 《헌법학연구》, 18(4), pp.315-342. 개정된 국회선진화법은 과거 날치기 통과의 주요한 수단으로 사용되었던 국회의장 직권상정제도를 '천재지변의 경우, 전시·사변 또는 이에 준하는 국가비상사태의 경우, 의장이 각 교섭단체대표의원과 합의하는 경우'로 그 요건을 엄격하게 제한하였다(제85조제1항 및 제86조제2항). 또한 여당과 야당의 타협을 촉진하는 '의안 자동상정제도 도입(숙려기간 경과 후 30일이 경과한 날 이후 처음으로 개회하는 위원회에 자동상정)', '신속처리제도 도입(재적의원 5분의 3 이상 또는 소관 위원회 재적위원 5분의 3 이상이 찬성하였을 때 신속처리안건으로 지정)', '상임위 내 의안조정위원회 설치(재적 조정위원 3분의 2 이상의 찬성으로 의결)', '의사진행방해filibuster제도 허용(재적의원 5분의 3 이상의 찬성으로 토론종결)', '국회 폭력시 처벌 강화(공개회의에서의 경고 또는 사과의 경우 2개월 동안 수당 월액의 2분의 1을 감액, 30일 이내의 출석정지의 경우 3개월 동안 수당 월액의 전액을 감액)', '예산안 자동부의제도 명시(매년 11월 30일까지 심사완료)' 등의 제도적 보완도 이루어졌다.

　　이제는 과반 이상의 의석수를 획득한 정당이라도 더 이상 독자적인 입법이 불가능하게 되었다. 왜냐하면 국회법 개정으로 국회의장의 직권상정이 유명무실해진 상황에서 법안이 본회의에 상정되더라도 의원 100명의 요구로 무제한 토론이 실시될 경우 의원 180명 이상의 요구로 토론이 종결되지 않고서는 표결절차에 돌입할 수 없기 때문이다(국회법 제106조의2). 지역주의에 기초한 우리 정당정치의 현실을 감안할 때 특정 정당이 재적의원 5분의 3이상 즉, 180석 이상의 의석을 확보하기는 매우 어렵다. 여당이 180석 이상의 의석을 점유하지 못한 경우 본회의에서 야당이 반대하는 법안이나 예산안을 의결하기 위해서는 야당과 대화와 타협을 통한 조율이 필수적이다. 김형오(2016), 같은 책; 함성득(2013b), "박근혜 당선인의 새로운 국정운영 리더십: 제18대 대통령직 인수위원회와 정부조직 개편을 중심으로", 2013년 한국행정학회 기획세미나. 국회선진화법은 다수당의 일방적인 법안처리를 막으면서 여야합의가 안되면 법안처리가 매우 어렵게 되는 정치적 상황을 만들어 내었다. 이러한 상황을 많은 사람들은

'동물국회'를 피하고자 '식물국회'를 만들었다고 비아냥거리기도 하고 있다.

그러나 《중앙일보》(2015.05.05.)의 조사에 의하면 국회선진화법 때문에 입법이 적체돼 '식물국회'라는 제19대 국회의 입법 속도가 94.9일로서 제18대 국회의 114.9일 보다 오히려 20일 짧은 것으로 나타났다. 국회선진화법 이후 우리 국회의 입법활동이 효율적이었다는 것이다. 특히 선진화법의 하나로 도입한 의안자동상정제가 시간 단축의 원인으로 꼽힌다. 이 제도는 상임위에 발의된 의안이 일정 기간 이후 안건으로 자동 상정되도록 규정한 내용이다. 여야 대립의 빌미가 되곤 했던 국회의장의 직권상정도 제18대 국회 때 97차례(전반기 기준) 있었던 데 비해 제19대 국회에선 조사 당시까지 한 건뿐이었다. 국회선진화법을 통해 천재지변, 국가 비상사태, 여야 원내대표 합의로 직권상정 요건이 엄격해졌기 때문이다. 물론 이러한 국회선진화법의 긍정적인 측면에도 불구하고 통과된 법안들은 국가의 주요 정책결정 측면에서 중요도가 떨어져서 여야쟁점 사항들이 별로 없는 것들이었다고 비판자들은 주장한다. 국가 주요정책을 중심으로 여야 쟁점이 첨예한 대부분의 법안들은 국회선진화법에 묶여 국회에 계류 중이라는 것이다.

552. 《조선일보》(2015.07.02.)는 사설에서 "박 대통령은 취임 후 청와대 정무 기능을 의도적으로 축소해왔다고 해도 과언이 아니다. 정치 경험이 전혀 없는 외교관 출신을 정무수석으로 앉히거나 정치권에서 경량급으로 평가되는 인물을 기용했다… 박 대통령은 14년 넘게 국회의원을 지냈고 각종 선거에서 패한 적이 없다. 자신의 정치 감각에 대한 믿음이 누구보다 강할 수밖에 없다. 그러나 대통령이 지금껏 거둔 정치적 성공이 대통령으로서 필요한 정무적 판단의 성공을 보장해주는 것은 결코 아니다. 오히려 반대일 가능성이 있다. 정치 9단으로 불렸던 과거 대통령들도 청와대에 들어간 이후 도저히 이해하기 힘든 인사人事와 정치적 결정을 내리는 경우가 비일비재했다. 과거의 정치적 성공이 대통령을 자기 과신過信과 독선으로 이끌었던 것이다. 박 대통령 역시 이런 오류에서 자유로울 수 없다… 지금 박 대통령에게 무엇보다 필요한 것은 대통령의 눈과 귀를 밝혀주고 손발 역할을 해줄 정무 기능의 복원復元이다."라며 그의 정치력 부재를 비판했다.

553. 《중앙일보》, 2015.05.15.

554. 박근혜 대통령은 2015년 5월 6일 청와대에서 규제개혁장관회의를 주재하면서 "국회가 경제 활성화 법안을 (통과시키지 않고)붙잡고 있는 것이 과연 국민을 위한 정치인지 묻고 싶다… 관광진흥법·서비스산업발전법 등 상당수 경제 활성화 법안이 2년이 되도록 아직도 통과되지 못하고 있어서 정말 안타깝다…"라고도 말했다. 《중앙일보》, 2015.05.07.

555. 《머니투데이》, 2015.11.16.
556. 《문화일보》, 2015.12.14.
557. 김형오는 "19대 국회 4년 동안의 입법 실적이 역대 국회 중 가장 저조하다. '선진화법'으로 식물국회가 돼버린 탓도 있지만, 더 큰 원인은 대화와 타협이라는 본질적 기능을 발휘하지 못했기 때문이다"라고 주장했다. 김형오 (2016), 같은 책, p.18.
558. 실례로 메르스 사태가 심각했던 2015년 6월 말 여야가 합의하여 공무원연금개혁안과 함께 통과시킨 '국회법 개정안'에 대해 박근혜 대통령은 거부권을 행사하면서 여야를 포함하여 국회를 신랄하게 비판하였다. 대통령이 국회 때문에 경제살리기와 일자리 창출이 안된다고 호통을 쳤지만 정작 정치는 미동도 하지 않았다. 또한 당시 여당인 새누리당 유승민 원내대표에 대한 그의 직접적 비판으로 촉발된 상황은 그의 정치력 부재를 여실히 보여주었다.
559. 그래서 나는 "박근혜 대통령을 포함한 앞으로 우리 대통령들은 지난 김영삼 대통령과 김대중 대통령이 그러하였듯이 정치적 제도 기관들, 즉 국회, 정당 등을 무시하고 취임 초 자신의 정치적 인기를 믿고 직접적으로 '국민에게 호소하는 전략'(going public)을 택하기 쉽다. 이러한 방법은 단기적으로는 효과가 있는 것 같지만 장기적으로는 그 효과를 지속하기가 어렵다. 왜냐하면 정치적 인기는 언제나 일시적이기 때문이다. 그 대신 제도적 기관인, 특히 국회의 야당과 충분한 협의와 양보를 바탕으로 합의를 이끌어내 국정운영을 헤쳐 나가는 새로운 대통령의 '입법 리더십'이 필요하다. 왜냐하면 이 방법이 장기적이고 지속적인 효과를 가져와 '정책의 입법적 성공'과 연결되어 대통령의 국정운영 능력을 향상시키기 때문이다"라고 강조했다. 함성득(2013a), 같은 글, pp.158-169.
560. 또한 나는 "…박 대통령은 국정 운영 과정에서 여야를 포함한 국회·언론·시민단체·이익집단 간의 갈등을 아우르는 부드러움과 소통을 강조하는 열린 통합의 리더십이 더욱더 필요하다. 특히, 지난해 5월 통과된 국회선진화법으로 인해 다수당의 밀어붙이기에 의한 법률안 통과가 사실상 금지된 제19대 국회에서 원만한 여야 관계 형성은 박 대통령에게 훨씬 중요한 문제일 수 있다. 그러므로 박 대통령은 높아진 국민의 정치의식에 발맞춰 부족한 타협과 협상의 입법 리더십을 제고해야 한다. 결론적으로 이러한 방향에 기초하여 박 대통령이 여성 대통령의 섬세한 부드러움을 십분 발휘해 '다스림'이 아니라 '이끎'으로 국정을 운영해 나가길 기대한다. 이를 통해 박 대통령은 궁극적으로 경제 업적에 기초한 아버지 박정희 대통령의 성공을 뛰어넘어 소통과 타협 그리고 설득을 강조하는 '열린 정부'의 대통령으로 국민의 마음속에 존경받는 대통령으로 자리매김할

수 있을 것이다"라고 주장했다. 함성득, '다스림 아닌 이끎 리더십을 기대하며', 《문화일보》, 2013.02.25.
561. 박용현, '외교안보와 대통령의 독단', 《한겨레》, 2016.09.22.

제 3장. 성공하는 대통령을 위한 5가지 조건

562. 제러미 리프킨(2005), 《유러피언 드림》, 이원기 (역), 민음사; 노무현(2009), 같은 책, p.18에서 재인용.
563. 유승민, '유승민 대구강연 '그 따님도 대통령 됐지만 다음 준비해야' 열변', 《한겨레》, 2015.10.16.
564. 민동용, '시대정신이 다는 아니다', 《동아일보》, 2016.06.20.
565. 김종인(2012), 같은 책, pp.109-110.
566. 데이비드 브룩스(2015), 《인간의 품격》, 부키, pp.472-473.
567. 김정렴(1997), 《아! 박정희》, 중앙 M&B, p.87.
568. 오연천(2016), 《결정의 미학》, 21세기 북스, pp.222-228; Hahm, Sung Deuk, Kwangho Jung, M. Jae Moon(2013), "Shaping Public Corporation Leadership in a Turbulent Environment", Public Administration Review, 73(1), pp.178-187.
569. 함성득(2000), 〈한국 대통령의 업적 평가: 취임사에 나타난 정책지표와 그 성취도를 중심으로〉, 《한국정치학회보》, 34(4), pp.93-118.
570. 이와 관련 하나의 실례가 있다. 2012년 대선 당시 야당의 당내 대통령 후보 경선 과정에서 손학규 후보는 양극화 문제 해결과 복지를 강조하는 '저녁이 있는 삶'이라는 비전을 제시했다. 이는 다소 추상적이지만 많은 지식인과 젊은이에게 긍정적으로 받아들여졌다. 아마도 이 비전이 민주화 운동 및 진보적인 정치 역정 등 그의 삶의 궤적을 같이 했기 때문에 긍정적인 호응이 있었다.
571. 제2차 세계대전을 앞둔 1940년 윈스턴 처칠의 영국하원 연설.
572. 〈김종필 증언록〉, 《중앙일보》, 2015.07.17; 2015.10.02; 2015.10.26.
573. 김대중(2010b), 같은 책, p.96.
574. Hahm, Sung Deuk, K. Jung, and D. Kim(2013), "Peaceful Power Transfers or Successions and Democratic Consolidation in South Korea", Korean Social Science Journal, 40(1), pp.98-112.
575. Hahm, Sung Deuk(1996), "The Political Economy of Deficit Spending: A Cross Comparison of Industrialized Democracies, 1955-1990", Environment and Planning C: Government and Policy, 14, pp.227-250; Moe, Terry(1990),

"Political Institutions: The Neglected Side of the Story", Journal of Law, Economics, and Organization, 6, pp.213-253.
576. 대런 애쓰모글루·제임스 로빈슨(2012), 《국가는 왜 실패하는가》, 최완규 (역), 시공사, pp.455-463.
577. '정두언 회고록', 《허핑턴포스트》, 2016.12.23.
578. 김대중(2010a), 같은 책, p.127.
579. 김대중(2010a), 같은 책, p.145.
580. 김대중(2010a), 같은 책, p.174.
581. '정두언 회고록', 《허핑턴포스트》, 2016.12.23.
582. 노태우(2011a), 같은 책, pp.268-269.
583. 우리는 1976년 몬트리올 올림픽에서 레슬링의 양정모 선수가 최초로 금메달을 획득했다.
584. 김대중(2010a), 같은 책, p.485.
585. 존경과 경건함의 상징인 태극기는 액세서리가 되었다. 생상유발 효과와 고용창출 효과라는 경제적 효과는 재론할 필요조차 없다. 한편 2002년 붉은 악마의 거리응원에 착안한 국제축구협회[FIFA]는 2006년 독일 월드컵부터 거리 응원에 사용하는 대형 전광판에도 광고료를 받는 상업 수단을 발휘했다.
586. 메가 국가 이벤트의 긍정적 효과를 중요시 한 '한국대통령평가위원회·한국대통령학연구소'는 2002년 역대 대통령 업적을 정리하면서 국가 이벤트의 유치를 성공적 개최 못지 않은 업적으로 평가했다. 메가 국가 이벤트는 긴 준비 시간이 필요해 당해 대통령의 임기 내 혼자만의 노력으로 유치하고 개최할 수 없기 때문이다.
587. 당시 국정원 자문위원으로 있던 내가 들은 야화에 따르면 국정원에서 이 문제와 관련 몇몇 유명한 점쟁이들에게 동계올림픽 유치 가능성을 물어보았다. 점쟁이 모두는 노무현 대통령이 참석하면 유치할 가능성이 매우 높다고 했다. 그렇게 청와대에 보고했다고 한다. 물론 결과는 틀렸지만…
588. 노태우(2011b), 같은 책, p.297.
589. 조우석(2001), 《나는 보수다》, 동아시아, p.302.
590. 노태우(2011b), 같은 책, p.355.
591. 이장규(2014), 같은 책, p.151.
592. 함성득(2016), 같은 책, p.365.
593. 이종률(2002), 같은 책; Cotton, James(1992), "Understanding the State in South Korea: Bureaucratic-Authoritarian or State Autonomy Theory?", Comparative Political Studies, 24(4), pp.512-531.

594. 노태우(2011a), 같은 책, p.129.
595. 노태우(2011a), 같은 책, p.330.
596. 이정철(2015), 〈평화, 지역, 글로벌주의의 교차와 통일외교〉,《철학과 현실》, 107(겨울호), p.144.
597. 노태우(2011a), 같은 책, pp.331-355.
598. 김대중(2010a), 같은 책, p.487.
599. 아마 당시 연희동 1과 연희동 2를 동시에 방문할 수 있는 사람은 정치인과 언론인들을 포함해서도 나 한 사람뿐이었을 것 같다.
600. 한국대통령평가위원회·한국대통령학연구소(2002), 같은 책, pp.58-59.
601. 즈가오(2005), 같은 책, p.118.
602. 《세종실록》, 재위 5년 11월 25일, 박현모(2016),《세종의 적솔력》, 흐름출판, p.152에서 재인용.
603. 즈가오(2005), 같은 책, p.71.
604. '시대정신이 다는 아니다',《동아일보》, 2016.06.20.
605. 《세종실록》, 재위 1년 1월 11일, 박현모(2016),《세종의 적솔력》, 흐름출판, p.174에서 재인용.
606. 《조선일보》, 2015.03.24.
607. '헌법憲法은 연주자 실력 따라 다른 소리 내',《조선일보》, 2016.06.25.
608. '이필재의 인사이트: 유진룡 전 문화체육관광부 장관',《NAVER 포스트》, 2016.11.21.
609. 함성득, '체감 인사편중이 문제다',《동아일보》, 2001.03.21.
610. 한국대통령평가위원회·한국대통령학연구소(2002), 같은 책, pp.46-53; 함성득·임동욱·곽승준(2004), 〈한국 대통령 평가방법의 과학적 설계과정: 다속성 효용이론과 스윙기법을 중심으로〉,《한국정치학회보》, 38(2), pp.263-284.
611. 자세한 것은 함성득(2016), 같은 책, p.161 참조.
612. 아래의 논의에 대한 보다 자세한 사항은 인디애나대학교[Indiana University, USA] 제임스 페리[James Perry] 교수(《Public Administration Review》 편집장)를 초청해 내가 주관한 '민주화 이후 한국 대통령의 인사정책 세미나' 기사(《중앙선데이》, 2012.04.01.) 참조.
613. 미국도 우리와 같이 약 70일로 그 기간이 비슷하다.
614. 함성득(2016), 같은 책, p.295.
615. 거겐(2002), 같은 책; 함성득(2012), 같은 책.
616. 거겐(2002), 같은 책, p.179.

617. '정두언 회고록',《허핑턴포스트》, 2016.12.23.
618. 함성득(2012), 같은 책, pp.19-21.
619. 함성득(2012), 같은 책, p.193.
620. 함성득(2012), 같은 책, p.252.
621. 함성득(2016), 같은 책, p.105.
622. '정두언 회고록',《허핑턴포스트》, 2016.12.23.
623. 데이비드 브룩스(David Brooks)는 "당시에는 물론이고 그 후로도 오랫동안 많은 사람들이 아이젠하워를 서부 개척 소설이나 좋아하는, 감정적으로 단순한 숙맥으로 생각했다"라고 주장했다(데이비드 브룩스(2015), 같은 책, p.137).
624. Greenstein, Fred(1982), The Hidden-Hand Presidency, Basic Books.
625. 거겐(2002), 같은 책, p.40 참조.
626. 함성득(2002b), 같은 책, pp.92-95. 한편 전두환 대통령도 집권 초기 경제에 대한 전문성 부족을 인식하고 '경제는 당신이 대통령이야'라며 김재익 경제수석이 주장한 '경제안정화 정책'을 뚝심 있게(?) 추진하여 제2차 석유파동 이후 42.3%까지 올랐던 물가상승률을 한 자릿수로 잡으면서 '물가를 안정시킨 독재자'로 평가받고 있다. 이장규(2014), 같은 책 참조.
627. 함성득(2002b),《대통령비서실장론》, 나남, pp.92-94.
628. 정정길(1994),《대통령의 경제리더십: 박정희·전두환·노태우 정부의 경제정책관리》, 한국경제신문사, p.57; 함성득(2002b), 같은 책, pp.92-94; 1969년 3월부터 박정희 대통령은 자신의 경제에 대한 지식과 경험이 축적되자 경제정책을 직접 관리하려 했고, 청와대 비서실에 처음으로 경제수석실을 설치했다. 1969년 10월 경제 전문가인 김정렴을 대통령 비서실장으로 임명했다. 이후에는 청와대 비서실이 경제정책의 핵심적 관리자로 등장했다. 함성득(2003), 같은 책, pp.110-111.
629. '정두언 회고록',《허핑턴포스트》, 2016.12.16.
630. 노무현(2010), 같은 책, p.230.
631. '정두언 회고록',《허핑턴포스트》, 2016.12.23.
632.《조선일보》, 2016.02.12.
633.《조선일보》, 2016.01.11.
634. '전두환·이순자, 30년 침묵을 깨다!',《신동아》 2016년 6월호.
635. Hahm, Sung Deuk(2001), 같은 글, pp.71-86.
636. Hahm, Sung Deuk(1999), "Structural and Rational Foundations for the Executive-Bureaucratic Politics in Korea", Korea Journal, 39(2), p.132; Hahm, Sung Deuk and Chris Plein(1995), 같은 글, pp.55-76; Hahm, Sung

Deuk and Chris Plein(1997), 같은 책.
637. 함성득(2002a), 같은 글, pp.102-112.
638. 박영숙·제롬 글렌·테드 고든·엘리자베스 플로레스큐(2013),《유엔미래보고서 2040》, 유엔미래포럼 (역), 교보문고, p.311.
639. 채사장(2014), 같은 책, p.284.
640. 국회의 문제점과 관련 나는 여야가 상임위원회 위원장 자리를 나누지 말고 대통령제의 원칙에 따라 미국처럼 국회 다수당이 상임위원회의 위원장 자리를 전부 차지해야 한다고 생각한다. 상임위원장 자리를 여야가 나누는 관행은 지난 제6공화국의 여소야대 정국에서 만들어진 타협의 결과이다. 그리고 지난 제19대 국회까지는 야당 의원이 법사위원회 위원장을 차지하여 그가 각 상임위원회를 통과하고 법사위원회까지 통과한 법안을 본회의에 상정하지 못하게 방해하는 일이 매우 빈번하게 발생했다. 사실 대통령제인 미국이나 의원내각제인 영국에서도 우리처럼 국회 권력을 여야가 나누어 가지지는 않는다. 왜냐하면 대통령제에서 대통령과 여당이 함께 국정을 책임져야 하는 상황에서 이는 책임정치에 위배되기 때문이다. 특히, 우리의 경우 국회선진화법의 존재로 국회에서 이제 '다수당의 숫적 횡포'가 사라졌으므로 이렇게 상임위원장 자리를 나누는 관행 또한 폐지되어야 한다. 그리하여 다수당이 상임위원회의 위원장 자리를 전부 차지하고 국정의 효율성과 책임성을 높여야 한다.
641.《동아일보》, 2016.04.27.
642. 윤태영은 "(노무현 대통령은)마주앉은 사람이 대통령이라는 무게에 짓눌려 자유로운 의견 개진을 주저하는 일이 없도록, 긴장을 풀어주는 배려를 잊지 않았다. 그의 표현대로 때로는 '싱거운' 농담이나 유머로 대화를 시작하기도 했다. 또 기회가 있을 때마다 참모들과 토론을 벌였다. 대화와 토론은 자신의 생각 속에 있을 수도 있는 잘못된 정보나 판단의 오류를 바로잡으려는 검증 장치이기도 했다. '아니오'를 말하는 것이 소통의 시작이었다면 '아니오'를 듣는 것은 소통의 완성인 셈이었다"라고 말했다. 윤태영(2016), 같은 책, pp.43-44.
643. 도리스 컨스 굿윈(2013),《권력의 조건》, 이수연 (역), 21세기북스, p.635.
644. 거겐(2002), 같은 책, p.404.
645. 거겐(2002), 같은 책, p.268.
646. 거겐(2002), 같은 책, p.270.
647. 이런 현상이 생기는 이유로 흔히 경호상의 문제를 든다. 그러나 경호는 미국 대통령의 경우도 마찬가지이다.
648.《동아일보》, 2016.08.04.

649. 함성득(2008a), 같은 글, pp.92-106.
650. 거겐(2002), 같은 책, p.414.

제 4장. 정치의 마에스트로

651. 이재명, '노무현의 전쟁, 박근혜의 전쟁', 《동아일보》, 2015.11.02.
652. 이지성(2015), 같은 책, p.104.
653. 이지성(2015), 같은 책, p.103.
654. 《중앙일보》, 2015.12.02.
655. Simonton, Dean(1987), Why Presidents Succeed, Yale University Press, p.194 재인용.
656. 허화평(2014), 같은 책, pp.374-375.
657. 거겐(2002), 같은 책, p.500.
658. '정두언 회고록', 《허핑턴포스트》, 2016.12.23.
659. 거겐(2002), 같은 책, pp.482-483.
660. 함성득(2016), 같은 책, pp.326-327.
661. Lonnstrom, Douglas and Thomas Kelly(1997), "Rating the Presidents: A Tracking Study", Presidential Studies Quarterly, 27(3), pp.591-598; Mukunda, Gautam(2012), Indispensable: When leaders really matter, Harvard Business Review Press.
662. 강천석, '대통령의 한가위 정치학', 《조선일보》, 2015.09.26.

에필로그

663. '전여옥 인터뷰', 《조선일보》, 2016.10.29.
664. 리처드 섕크먼(2015), 《우리는 왜 어리석은 투표를 하는가?》, 강순이 (역), 인물과 사상.
665. 〈김종필 증언록〉, 《중앙일보》, 2015.12.02
666. '헌법憲法은 연주자 실력 따라 다른 소리 내', 《조선일보》, 2016.06.25.
667. 김형오(2016), 같은 책, p.63.
668. 김호진(1997), 같은 책; 구광모(1984), 같은 책; 이남영(1996), 〈21세기의 새로운 정치지도자상〉, 한국정치학회 한국정치포럼; 이종률(2002), 같은 책 참조.
669. 함성득(1997b), 〈대통령당선자의 국정운영 준비: 정권인수와 정부구성〉, 《사회비평》, 17, pp.304-329; 함성득(1997c), 〈선거운동과정에서 국정운영과정으로의

전환〉,《정부학연구》, 3, pp.7 – 32.
670. 《동아일보》, 2015.10.26.
671. 《조선일보》, 2016.02.12.
672. 〈이 나라의 지도자들을 걱정한다〉,《김진홍 목사의 아침묵상》, 2016.08.02.
673. 노무현(2009), 같은 책, pp.267-268.
674. 앨런 액슬로드(2004), 같은 책 p.12.
675. 《한겨레》, 2015.09.21.
676. 《중앙일보》, 2015.07.01.
677. 《유엔미래보고서 2040》은 "늘어나는 인구, 문화의 확산, 변화와 상호의존성의 가속 등 모든 것이 의사결정을 하는데 불확실성, 불예측성, 애매모호함과 놀라움을 증가시키고 있다. 하지만 지나치게 많은 정보로 인한 복잡성과 너무 넓어진 선택의 폭은 인간이 의사결정을 하고, 분석하고 종합하는 능력을 초월할 정도로 증가하고 있다… 정보, 상호협력체제, 소셜 네트워크 서비스들이 자율적으로 조직되어 새로운 형식의 초국가적인 민주주의를 형성하고 있다. 이러한 열린 체제는 계층적 통제를 넘어 증가되는 복잡성에 대한 자연스러운 반응이다… 이것을 해결하는 방법은 집단지성 시스템을 활용해 다양한 전문가와 대중의 의견을 활용하는 것이다… (결국) 국가, 세계, 기업의 전략적인 예측에 대한 선택권은 너무 복잡하고 빠르게 변화하고 있어서 의사결정권자들이 일관된 정책을 세우고 실행하는데 필요한 정보를 수집하는 일이 거의 불가능하다. 일관성 없는 정책의 결과는 너무나 심각해서 새로운 체제가 긴급히 필요해진다. 집단지성을 만들어서 사람과 소프트웨어, 정보간의 시너지를 창출하고 필요한 변화에 대한 합의를 확보하는 방법이 해결책으로 떠오르고 있다. 집단지성은 개인의 문제는 물론 회사, 대학, 국가, 전 세계의 문제에도 유용하며, 대중적 합의를 확보하고, 지식의 복잡성 및 상호의존성을 처리하는데 점점 필요해질 것이다"라고 주장했다. 박영숙 외(2013), 같은 책, p.308; p.311; p. 319; p.320.
678. 김형오(2016), 같은 책, p.22.
679. 1862년 링컨이 노예제도를 철폐한 것은 그의 도덕적인 확신에서 나온 행동이 아니라 '연방유지'를 위해 남북전쟁에서 이기기 위한 전략적인 조치였다. 장하준(2007), 같은 책, p.89.
680. 리처드 생크먼(2015), 같은 책, p.64.
681. 오영환, '리더십 초흑자 시대 맞은 일본',《중앙일보》, 2016.08.27.
682. 박신홍(2011), 같은 책, p.226.
683. '60세 이상 유권자 사상 첫 1,000만 명',《동아일보》, 2017.01.11.
684. 《문화일보》, 2015.10.29.

685. 현재 우리 사회는 진보와 보수 세력 간에 이념적 갈등이 심화되고 있다. 그런데 이러한 이념간의 갈등인 진보와 보수는 지역적 편견과 어우러져 그 갈등의 복잡성이 더욱 심하게 되어 버렸다. 그러나 이러한 복잡한 갈등도 그 이념간의 구별을 자세히 관찰해보면 그 이념성의 진정성은 사라지고 '사이비 진보'와 '사이비 보수'만 남아있는 실정이다. 이렇게 정치적으로 한심한 상황을 먼저 우리의 진보를 구별하는 테스트로 살펴보면 첫째, 고향이 어디에요? 라는 질문에 고향이 전라도에요. 둘째, 김대중 대통령을 좋아하나요? 라는 질문에 김대중 대통령을 좋아해요. 셋째, 북한과의 관계에서 경제적 교류 관계를 지속할까요? 라는 질문에 북한과의 경제적 교류와 인도적 지원은 계속해야 한다라고 말하면 이 사람은 '빨갱이 진보'가 된다. 나는 고향이 경북 예천이고 처가는 전남 화순, 나는 김대중 대통령을 정치적으로 비판도 하지만 좋아도 한다. 그리고 나는 북한과의 관계에서 어떠한 경우에도 인도적·경제적 교류는 지속되어야 한다고 생각한다. 이 경우 나의 이념적 정체성은 무엇인가요?

686. 강인선은 "우리나라의 세대차는 상식적 수준을 넘어서는 것 같다. '기초연금 대(對) 청년수당', '정년 연장 대 청년 일자리'…. 세대 간 대립구도가 심해지면서 '제로섬' 전쟁을 벌이는 모양새가 됐다. 세대 차를 넘어 '세대 절벽'이라는 말까지 나왔다.《조선일보》신년호 여론조사를 보면 그 말이 실감 난다. 20·30대는 더불어민주당, 40대는 안철수 신당, 50대 이상에선 새누리당을 각기 가장 많이 지지했다. 20대는 소득 분배를, 50대 이상은 경제 성장을 더 중시했다… 그나마 다행인 것은 안보에 대해선 이견이 거의 없다는 점이다. 여론조사에서 '북한이 우리의 경계 또는 적대적 대상'이라는 20·30대 인식이 50·60대보다 높게 나온다. 부모와 자식, 기성세대와 젊은 세대가 겪는 현실은 동전의 양면이다. 시인 구상(具常)은 이미 오래 전에 '기성세대나 신세대들이나 한 시대 똑같은 상황 속에 살고 있는 동반자요, 매일매일 바통을 넘겨주고 받아야 하는 동일선상의 주자(走者)들'이라고 했다. 그는 '두 세대의 협동 없이는 삶의 공동 터전인 이 나라, 이 사회를 전진시키지 못한다'고 했다. 더 나은 미래를 바라는 건 다를 리 없는데 세대가 전쟁이라도 벌이는 듯 보이는 것은 현실이 그만큼 각박하다는 뜻일 것이다"라고 주장했다. '세대 절벽',《조선일보》, 2016.01.02.

687. 2015년 노벨경제학상 수상자인 앵거스 디턴(Angus Deaton)은 "불평등은 좋은 면도 있지만 어두운 면도 있어요. 좋은 면은 사람들에게 동기(인센티브)를 준다는 겁니다. 먼저 뭔가를 이룬 사람들을 보면서 '아, 내게도 가능성이 있구나' 하고 생각하게 되죠. 새로운 기술이 등장하거나 혁신이 일어나 경제가 성장하면 일부는 먼저 기회를 잡지만 나머지는 뒤쳐집니다. 이때 생겨나는 불평등은 일종의 발전 결과로, 좋은 것이라고 볼 수 있습니다. 다른 한편으로 불평등은 매우 나

쁜 결과를 낳을 수도 있는데, 바로 민주주의를 위협할 수 있다는 것입니다. 몇몇 부자만이 이득을 보는 금권金權 정치가 지배하는 세상이 되는 겁니다… 불평등이 커진 지난 20~30년간 좌파는 '불평등은 나쁜 것이고, 이를 저지해야 한다'고 말했어요. 우파는 '불평등이 뭐가 문제라는 거냐. 문제가 아니다'라고 말했습니다. 저는 이 두 견해 모두 틀렸다고 생각합니다. 좌파의 우려도 맞고 동시에 우파의 주장도 옳습니다. 어떻게든 균형을 찾는 것이 중요합니다. 균형은 나라마다, 시대마다 다릅니다. 이 때문에 각국 내에서 민주적 토론이 필요합니다… (불평등을 줄이기 위해)어떤 것을 할 수 있을지도 알고 있죠. 세금 인상, 공공 보건 시스템 강화, 공교육 개선 등은 이점도 있지만 비용도 많이 듭니다. 지금 필요한 것은 새로운 도구(정책)가 아닙니다. 기술적으로 어떻게 해야 하는지를 모르는 것도 아닙니다. 중요한 것은 '사람들이 무엇을 원하는가'입니다… 불평등이 없는 세상은 불가능합니다. 그렇다고 해서 한 사람이 모든 것을 가지는 세상도 원하지 않죠. 그 중간에 효과적인 것이 각 나라에 있을 텐데, 이게 나라마다 다 다르다는 것을 알아야 합니다… 사회가 불평등에 대해 논의해야 합니다'라고 주장했다. 《조선일보》, 2015.11.14. 보다 자세한 것은 앵거스 디턴 (2014), 《위대한 탈출》, 이현정·최윤희 (역), 한국경제신문사, 참조.

688. '정두언 회고록', 《허핑턴포스트》, 2016.12.23.
689. 거겐 (2002), 같은 책, p.191.
690. 〈김종필 증언록〉, 《중앙일보》, 2015.12.02.
691. 오마에 겐이치(2006), 같은 책, p.80.

제왕적 대통령의 종언

초판 제1쇄 발행 2017년 3월 10일
　　제8쇄 발행 2019년 9월 15일

지은이 함성득

펴낸이 김현주

편집장 한예솔
교　정 김형수
디자인 노병권
마케팅 한희덕
펴낸곳 섬앤섬

출판신고 2008년 12월 1일 제396-2008-000090호
주　소 경기도 고양시 일산동구 백석로 119, 210-1003호.
주문전화 070-7763-7200 팩스 031-907-9420
전자우편 somensum@naver.com
출　력 나모 에디트(주)
인　쇄 우진테크(주)

ISBN 978-89-97454-22-8 03340

이 책은 한국출판문화산업진흥원의 출판콘텐츠 창작자금을 지원받아 제작되었습니다.

이 책의 출판권은 섬앤섬 출판사가 소유합니다. 저작권법에 따라 보호를 받는 저작물이므로 무단 전재와 복제를 금합니다.